McGraw-Hill Education

Intermediate
Spanish
Grammar

Luis Aragonés and Ramón Palencia

New York   Chicago   San Francisco   Athens   London   Madrid
Mexico City   Milan   New Delhi   Singapore   Sydney   Toronto

Published by McGraw-Hill Global Education Holdings, LLC © 2014, under license from SM™.

1 2 3 4 5 6 7 8 9 10   RHR/RHR   1 0 9 8 7 6 5 4

ISBN   978-0-07-184067-5
MHID   0-07-184067-2

e-ISBN   978-0-07-184068-2
e-MHID   0-07-184068-0

Library of Congress Control Number 2014940123

Proyecto editorial
Equipo de Idiomas de SM

Autores
Luis Aragonés
Ramón Palencia

Coordinación editorial
Yolanda Lozano Ramírez de Arellano
Agata Krzysztalowska

Edición
Alejandro García-Caro García
María Álvarez Pedroso
Marta Oliveira Ramírez

Traducción y revisión lingüística
Gregory John Backes

Asesoramiento lingüístico
Concha de la Hoz Fernández

Ilustración
Ángel Trigo

Diseño
Estudio SM

Maquetación
Preiscam, S. L.
Diego García Tirado

Dirección editorial
Pilar García García

¿Cómo es?

McGraw-Hill Education: Intermediate Spanish Grammar está dirigida a estudiantes de nivel avanzado. Está desglosada en 116 unidades que abordan temas gramaticales muy concretos organizados en dobles páginas de teoría y práctica:

Viñetas de presentación en contexto.

TEORÍA

PRÁCTICA

Ejercicios que trabajan lo expuesto en la página de teoría.

Explicaciones gramaticales sencillas y secuenciadas.

Remisiones a otras unidades para aclarar o completar conceptos.

Cuadros de *Atención* para incidir sobre los puntos que producen mayor dificultad.

Modelos de respuesta para facilitar la realización de los ejercicios.

Espacios para indicar el número de aciertos y realizar la autoevaluación.

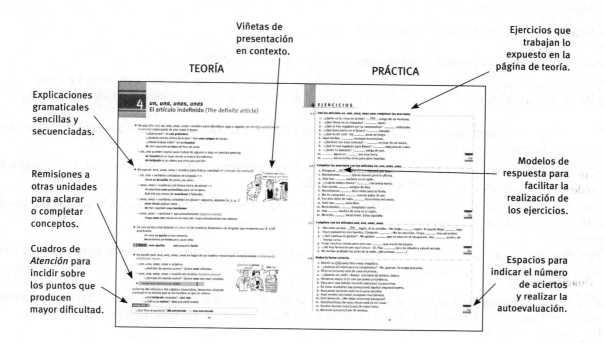

● Es una **gramática clara** en la exposición de los contenidos teóricos.

● Es una **gramática práctica** que incluye gran número de ejemplos y ejercicios.

● Es una **gramática de uso** con un vocabulario actual y rentable y ejemplos contextualizados en situaciones cotidianas.

● Es una **gramática visual** con estructura clara y numerosas ilustraciones y referencias en color para resaltar los contenidos más significativos.

¿Cómo se usa?

● El libro puede trabajarse **en el aula** o bien emplearse como instrumento de **autoaprendizaje**. Por este motivo, se incluyen al final un **solucionario** con las respuestas a todos los ejercicios planteados y un **glosario** traducido al inglés, al francés y al alemán con todo el vocabulario necesario para comprender los ejercicios.

● **Cada una de las unidades del libro puede ser tratada de forma independiente:** profesor o alumno pueden acudir a resolver una cuestión determinada sin necesidad de seguir el libro de principio a fin.

● El acceso al libro se puede hacer, bien a través del **índice inicial,** en el que aparecen las unidades organizadas temáticamente; o bien a través del **índice analítico final,** en el que se incluyen, ordenados alfabéticamente, los conceptos y palabras clave.

Una propuesta de trabajo

- Para trabajar **aspectos gramaticales nuevos** para el estudiante:

  – Lectura de la teoría.

  – Realización de los ejercicios.

  – Revisión de los ejercicios con ayuda del solucionario, resaltando las respuestas incorrectas.

  – Nueva lectura de la teoría, centrándose en la búsqueda de la información que explique las incorrecciones detectadas en los ejercicios.

  – Nueva realización de los ejercicios y posterior revisión de los mismos.

  – Repetición del paso anterior unos días después.

- Para trabajar **aspectos gramaticales ya conocidos** por el estudiante:

  Realización del proceso anterior a partir del segundo paso. La lectura de la teoría se llevará a cabo únicamente para comprobar las razones por las que determinadas respuestas son incorrectas.

- Para trabajar **unidades que contienen aspectos gramaticales y temáticos comunes** y que están relacionadas entre sí a través de llamadas:

  – Para recordar contenidos anteriores necesarios para la comprensión de la nueva unidad, volver a la unidad o unidades indicadas en la llamada y leer la teoría.

  – Para avanzar y profundizar en el estudio de un contenido temático o gramatical, ir a la unidad o unidades indicadas en la llamada, leer la teoría y realizar los ejercicios.

- Para realizar una **autoevaluación** de cada unidad, completar con el número de aciertos el cuadro que aparece en el margen de cada ejercicio.

- Para trabajar **cuestiones básicas referidas a la ortografía del español** se incluye al final del libro una unidad que puede ser estudiada en cualquier momento independientemente del itinerario escogido para las unidades del libro.

1 el hombre, la mujer
Masculino, femenino (masculine, feminine) (1)

● En español, los **nombres de personas** (*proper nouns*) son masculinos o femeninos.

– Los nombres referidos (*refered*) a hombres son masculinos.
– Los nombres referidos a mujeres son femeninos.

el hombre	el padre	la mujer	la madre
el arquitecto	el actor	la arquitecta	la actriz

– Terminaciones (*endings*) de masculino y femenino:

MASCULINO	-o, -e	el niño	el abogado	el esposo	el cliente
FEMENINO	-a	la niña	la abogada	la esposa	la clienta

PERO: *el piloto/la piloto, el modelo/la modelo, el soldado/la soldado, el testigo/la testigo, el detective/la detective, el paciente/la paciente, el ayudante/la ayudante*

MASCULINO	-consonante	el director	el ladrón
FEMENINO	-consonante + a	la directora	la ladrona

PERO: *el joven/ la joven*

MASCULINO	-ante, -ista	el cantante	el periodista
FEMENINO	-ante, -ista	la cantante	la periodista

– Otras terminaciones: *el actor ▸ la actriz, el rey ▸ la reina, el príncipe ▸ la princesa, el alcalde ▸ la alcaldesa, el héroe ▸ la heroína*

– Formas diferentes: *el padre ▸ la madre, el papá ▸ la mamá, el hombre ▸ la mujer, el marido ▸ la mujer, el yerno ▸ la nuera*

– Formas iguales (*same forms*): *el guía ▸ la guía, el colega ▸ la colega, el atleta ▸ la atleta, un policía ▸ una policía*

– Algunos nombres tienen dos formas de femenino: *el médico ▸ la médico/ la médica, el ministro ▸ la ministro/ la ministra, el juez ▸ la juez / la jueza, el jefe ▸ la jefe / la jefa*

> *Mercedes es la jefe/la jefa del departamento.*   *No me gusta nada la juez/la jueza del 46.*

– Algunos nombres son masculinos o femeninos independientemente del sexo de la persona.

el bebé	el genio	el personaje	el fantasma
la persona	la víctima	la estrella (artista)	la visita

> *–¿Cómo se llama el bebé? –María.*   *Roberto es una persona excelente.*

● Algunos **animales** tienen forma de masculino y de femenino.

el perro/ la perra	el gato/ la gata	el oso/ la osa
el lobo/ la loba	el cerdo/ la cerda	el elefante/ la elefanta
el león/ la leona	el mono/ la mona	el gallo/ la gallina
el toro/ la vaca	el carnero/ la oveja	el caballo/ la yegua

PERO: La mayoría (*most*) tienen solo forma de masculino o de femenino. Para indicar su sexo se añaden (*we add*) las palabras *macho* (*male*) o *hembra* (*female*).

el canguro	el cocodrilo	el gorila	el avestruz	el caracol
la jirafa	la tortuga	la mariposa	la liebre	la serpiente

Tengo una tortuga macho.

¡Mira mamá!
Un canguro hembra.

1 EJERCICIOS

1.1. **Escriba el femenino de los siguientes nombres.**

1. vendedor _vendedora_
2. paciente _"_ _"_
3. campeón _campeona_
4. jefe _jefa_
5. médico _medica_
6. novelista _"_ _"_

7. presidente _presidenta_
8. testigo _"_ _"_
9. novio _Novia_
10. director _directora_
11. enfermero _enfermera_
12. juez _jueza_

13. coleccionista _"_ _"_
14. hermano _hermana_
15. dependiente _dependienta_
16. cocinero _cocinera_
17. monje _monja_
18. cantante _"_ _"_

ACIERTOS ...... /18

1.2. **Complete con _el_ o _la_.**

1. ___El___ atleta que ganó es italiano.
2. ___la___ ayudante de Adolfo se llama Julia.
3. ___El___ ayudante de Sofía se llama Antonio.
4. ___la___ guía del museo es española.
5. ___el___ piloto del avión es chileno.

6. ___la___ joven del vestido verde se llama María.
7. ___la___ turista de la gorra roja es alemán.
8. ___El___ policía de la esquina es mi hermano.
9. ___el___ joven de gafas es amigo mío.
10. ___la___ artista ganadora es británica.

ACIERTOS ...... /10

1.3. **Complete con palabras del recuadro. Algunas palabras no son necesarias.**

~~actor~~	~~actriz~~	alcalde	~~alcaldesa~~	héroe	heroína	~~marido~~
~~mujer~~	nuera	princesa	príncipe	~~reina~~	~~rey~~	yerno

1. La ___actriz___ principal de la obra es argentina.
2. El _actor_ de la novela es un chico.
3. Mi _marido_ es arquitecto.
4. El _Rey_ de Mónaco es muy rico.
5. Isabel la Católica fue una _reina_ española.

6. Mi _mujer_ es una gran pintora.
7. El marido de mi hija es mi _yerno_.
8. La _alcaldesa_ de mi pueblo es muy eficiente.
9. La mujer de mi hijo es mi _nuera_.
10. Enrique VIII fue un _rey_ inglés.

ACIERTOS ...... /10

1.4. **Rodee la forma correcta.**

1. Esta niña es (**un**/una) genio.
2. (**El**/La) bebé es una niña.
3. Juan es (un/**una**) buena persona.
4. Tienes (un/**una**) visita. Es un señor muy elegante.
5. Rodolfo Valentino fue (**un**/una) estrella del cine.
6. En esta casa vive (**el**/la) fantasma de una mujer.
7. –¿Cómo se llama (**el**/la) víctima? –Andrés.
8. (**El**/La) personaje principal de la novela es una mujer.

ACIERTOS ...... /8

1.5. **Complete la tabla con los nombres de los animales correspondientes.**

MASCULINO	FEMENINO
1. el elefante	la elefanta
2. el mono	la mona
3. el carnero	la oveja
4. el toro	la vaca

MASCULINO	FEMENINO
5. el cerdo	la cerda
6. el oso	la osa
7. el gallo	la gallina
8. el caballo	la yegua

ACIERTOS ...... /8

1.6. **Rodee la forma correcta. Consulte el diccionario en caso de duda.**

1. (**El**/La) liebre es más grande que el conejo.
2. ¿Es (**un**/una) gorila macho o hembra?
3. Hay (**un**/una) serpiente en aquel árbol.
4. (**El**/La) avestruz es un ave muy fuerte.
5. (**Un**/Una) jirafa macho es más alta que (un/**una**) jirafa hembra.
6. (**El**/La) mariposa es un insecto.
7. ¡Mira! (**Un**/Una) caracol.
8. Tengo (**un**/una) canario hembra.

ACIERTOS ...... /9

2   *el libro, la casa*
Masculino, femenino (2)

En español, los **nombres de cosas** *(common nouns)* son masculinos o femeninos.

● Son masculinos:

　– los nombres acabados en -*o*:　　*el libro*　　*el invierno*　　*el vaso*　　*el ojo*　　*el vino*

▌▌ **PERO:**　*la mano, la foto (la fotografía), la radio, la moto (la motocicleta)*

　　– los días de la semana *(days of the week)*: *el jueves, el viernes*

　　– los nombres compuestos *(compound nouns)*: *el microondas, el lavaplatos, el abrelatas*

　　– los nombres acabados en -*aje*: *el viaje, el garaje, el paisaje, el equipaje*

　　– los nombres de colores *(colors)*: *el rojo, el verde, el marrón, el rosa, el azul*

　　– los nombres de idiomas *(languages)*: *el español, el inglés, el chino, el alemán*

● Son femeninos:

　– los nombres acabados en -*a*:　　*la casa*　　*la botella*　　*la primavera*　　*la puerta*　　*la tortilla*　　*la maleta*

▌▌ **PERO:**　*el día, el idioma, el mapa, el problema, el programa, el sofá, el planeta, el clima, el tranvía*

　　– los nombres acabados en -*ción*, -*sión*, -*dad* o -*tad*: *la estación, la profesión, la ocasión, la exposición, la nacionalidad, la ciudad, la amistad, la libertad*

● Los nombres acabados en –*e* o en consonante pueden ser masculinos o femeninos.

　– Masculinos:　*el pasaporte*　　*el billete*　　*el clavel*　　*el jardín*　　*el azúcar*

　– Femeninos:　*la calle*　　*la tarde*　　*la catedral*　　*la postal*　　*la nariz*

El diccionario indica si una palabra es masculina o femenina.

● En algunos casos, la forma masculina y la forma femenina tienen diferente significado *(meaning)*.

　– nombre en -*o* = árbol　　　　　　　　　　　　– nombre en -*a* = fruta

el naranjo	≠	*la naranja*
el cerezo	≠	*la cereza*
el manzano	≠	*la manzana*
el ciruelo	≠	*la ciruela*
el castaño	≠	*la castaña*
el almendro	≠	*la almendra*

el naranjo　　　　　　　　　　　　　　　　　　la naranja

▌▌ **PERO:**　*el limonero → el limón*

　– masculino = color　　　　　　　　　　　　　– femenino = otros significados

el rosa	≠	*la rosa*
el naranja	≠	*la naranja*
el violeta	≠	*la violeta*

EJERCICIOS

2.1. **Rodee el artículo correcto.**

1. No me gusta (*el*/*la*) invierno.
2. Julián se ha comprado (*un*/*una*) moto.
3. Necesito (*un*/*una*) pijama nuevo.
4. Siéntate en (*el*/*la*) sofá.
5. ¿Dónde está (*el*/*la*) abrelatas?
6. Pásame (*el*/*la*) foto.
7. Tengo (*un*/*una*) problema.
8. (*El*/*La*) alemán es un idioma muy sonoro.
9. ¿Qué haces (*el*/*la*) viernes?
10. Necesitamos (*un*/*una*) sacacorchos.
11. Quiero hacer (*un*/*una*) viaje este verano.
12. (*El*/*La*) rosa es mi color preferido.
13. (*El*/*La*) amistad es algo precioso.
14. Pon el plato en (*el*/*la*) microondas.
15. Estoy escuchando (*el*/*la*) radio.
16. ¿Tienes (*un*/*una*) cortaúñas?

2.2. **Complete con *el* o *la*.**

_la_ falda ___ blusa ___ zapato ___ sombrero ___ bota ___ pantalones

___ chaqueta ___ camisa ___ corbata ___ calcetín ___ abrigo ___ traje

2.3. **Rodee el artículo correcto. Consulte el diccionario en caso de duda.**

1. Mañana tengo (*un*/*una*) examen.
2. Me encanta (*el*/*la*) cine.
3. (*El*/*La*) clase de español es muy divertida.
4. ¿Dónde tienes (*el*/*la*) pasaporte?
5. Pedro está en (*el*/*la*) jardín.
6. (*El*/*La*) catedral de León es una maravilla.
7. Pásame (*el*/*la*) azúcar, por favor.
8. Rosa tiene (*un*/*una*) nariz muy bonita.
9. Mañana vamos a ver (*un*/*una*) exposición.
10. Solo he estado (*un*/*una*) vez en Sevilla.

2.4. **Complete con *un* o *una*.**

_un_ manzano ___ manzana ___ limonero ___ limón

___ almendro ___ almendra ___ cereza ___ cerezo

2.5. **Complete con *el/la* o *un/una*.**

1. Mi color preferido es _el_ rosa.
2. Cómete ___ naranja.
3. ___ violeta es una flor preciosa.
4. ___ naranja es un color bonito.
5. Me han regalado ___ rosa.
6. ___ violeta te sienta muy bien.

3 *niño, niños*
Singular, plural

Se usa el **singular** para hablar de una sola persona, animal o cosa *(a single person, animal or thing)*: *un niño, un gato, una mesa.*

Se usa el **plural** para hablar de más de una persona, animal o cosa *(more than one person, animal or thing)*: *tres niños, unos gatos, dos mesas.*

● Formación del plural

SINGULAR	PLURAL
– Nombres acabados en *-a, -e, -i, -o, -u, -á, -é, -ó*: *cama, coche, vaso, sofá, café, dominó*	+ *s*: *camas, coches, vasos, sofás, cafés, dominós*
– Nombres acabados en *-í, -ú*: *rubí, maniquí, tabú*	+ *s/es*: *rubís/rubíes, maniquís/maniquíes, tabús/ tabúes*
PERO: *esquí ▸ esquís menú ▸ menús champú ▸ champús*	
– Nombres acabados en *–y*: *rey, ley (y=i)*	+ *es*: *reyes, leyes (y como en yo)*
PERO: *jersey ▸ jerséis*	
– Nombres acabados en consonante: *flor, hotel, país*	+ *es*: *flores, hoteles, países*

ATENCIÓN:

-z ▸ -ces: una vez ▸ dos veces   *-ón ▸ -ones: un balón ▸ dos balones*   *-és ▸ -eses: un francés ▸ unos franceses*

– No cambian *(Don't change)* en plural los nombres de dos o más sílabas *(syllables)* acabados en *-as, -es, -is, -os, -us*:

   el lunes ▸ los lunes   *el paraguas ▸ los paraguas*   *el virus ▸ los virus*

COMPARE:

El lunes es fiesta.	*Los lunes son siempre aburridos.*
Me he comprado un paraguas precioso.	*He visto unos paraguas preciosos.*

– Nombres de letras *(letters)*:

PERO: *e ▸ es*

● vocales + *es*: *a ▸ aes   i ▸ íes   o ▸ oes   u ▸ úes*

● consonantes + *-s*: *be ▸ bes   ce ▸ ces   jota ▸ jotas   ka ▸ kas*

– Algunos nombres utilizan solo la forma de plural:

   tijeras   gafas   prismáticos   pantalones   vaqueros

Estas **tijeras** son muy viejas. No **cortan** bien.

● Las palabras que acompañan a estos nombres y el verbo van siempre en plural.

● Para indicar la cantidad exacta *(the exact amount)* con estas palabras y otras, como *zapatos* o *medias*, se utiliza *un par de*:

   un par de pantalones, dos pares de pantalones

ATENCIÓN:

masculino + femenino = plural masculino: *padre + madre = padres   rey + reina = reyes*

   Los reyes de España son Juan Carlos y Sofía.

3 EJERCICIOS

3.1. **Escriba el plural de los siguientes nombres.**

1. reina _reinas_
2. buey _____
3. manatí _____
4. rubí _____
5. chalé _____

6. bebé _____
7. mamá _____
8. jersey _____
9. menú _____
10. domingo _____

11. café _____
12. champú _____
13. rey _____
14. papá _____
15. ley _____

ACIERTOS ..../15

3.2. **Escriba el plural de los siguientes nombres.**

1. camión _camiones_
2. lápiz _____
3. martes _____
4. lavaplatos _____

5. avión _____
6. tenor _____
7. papel _____
8. lunes _____

9. avestruz _____
10. ratón _____
11. autobús _____
12. pastel _____

ACIERTOS ..../12

Complete con la forma plural del nombre entre paréntesis.

1. Este río está lleno de (*pez*) _peces_.
2. Quiero comprarme algunas (*camisa*) _____.
3. Pedro colecciona (*sello*) _____.
4. ¡Qué (*pie*) _____ más grandes tienes!
5. ¿Cuál de estos dos (*sacacorchos*) _____ funciona mejor?
6. ¿Te gustan los (*plátano*) _____?
7. Me han regalado dos (*par*) _____ de medias.
8. ¿Cuántas (*e*) _____ hay en "leer"?
9. ¿Trabajas los (*martes*) _____?
10. En el piso de arriba viven dos (*marroquí*) _____.
11. Antonia tiene los (*ojo*) _____ negros.
12. En "Salamanca" hay cuatro (*a*) _____.
13. Los (*hindú*) _____ son muy religiosos.
14. Antonio pierde todos los (*paraguas*) _____ que se compra.
15. ¿Cuántas (*ce*) _____ tiene "acción"? ¿Una *ce* o dos (*ce*) _____?

ACIERTOS ..../16

3.4. **Rodee la forma correcta.**

1. (*El*/*Los*) lunes (*es*/*son*) fiesta.
2. (*La*/*Las*) tijeras no (*corta*/*cortan*).
3. Necesito (*un*/*unos*) pantalones.
4. No trabajo nunca (*el*/*los*) lunes.

5. Me he comprado (*un*/*unos*) par de pantalones.
6. (*El*/*Los*) virus de la gripe (*es*/*son*) muy potente.
7. Se me (*ha*/*han*) roto (*el*/*los*) paraguas. Necesito otro.
8. Se me (*ha*/*han*) roto (*el*/*los*) vaqueros.

ACIERTOS ..../13

3.5. **Sustituya las palabras subrayadas por una sola palabra.**

1. Mi <u>tío</u> y mi <u>tía</u> son abogados.
   Mis _tíos_ son abogados.
2. El <u>rey</u> y la <u>reina</u> de España viven en Madrid.
   Los _____ viven en Madrid.
3. En mi clase hay un <u>francés</u> y dos <u>francesas</u>.
   En mi clase hay tres _____.
4. ¿Dónde están tu <u>papá</u> y tu <u>mamá</u>?
   ¿Dónde están tus _____?
5. El <u>príncipe</u> y la <u>princesa</u> de Asturias presiden un premio internacional.
   Los _____ de Asturias presiden un premio internacional.
6. En esta tienda trabajan tres <u>dependientas</u> y un <u>dependiente</u>.
   En esta tienda trabajan cuatro _____.

ACIERTOS ..../6

4 un, una, unos, unas
El artículo indefinido (The definite article)

● Se usa *(We use)* **un, una, unos, unas** + nombre para identificar algo o alguien *(to identify something or someone)* como parte de una clase o grupo.

  –¿Qué es eso? –Es **una grabadora**.

  –¿Quiénes son las chicas de la foto? –Son **unas amigas** de Carlos.

  –¿Dónde trabaja Lidia? –En **un hospital**.

  Me han regalado **un disco** de Paco de Lucía.

– **Un, una** pueden usarse para hablar de alguien o algo en sentido general.

  Un hospital es un lugar donde se trata a los enfermos.

  Un bolígrafo es un objeto que sirve para escribir.

● Se usa **un, una, unos, unas** + nombre para indicar cantidad *(to indicate the amount)*.

  – **un, una** + nombres contables en singular = 1

  Deme **un bocadillo** de jamón, por favor.

Tráiganos **un** café y **una** cerveza, por favor.

  – **unos, unas** + nombres con forma única de plural = 1

  He alquilado **unos prismáticos** para ver la ópera.

  Este año nos vamos de **vacaciones** a Tailandia.

  – **unos, unas** + nombres contables en plural = algunos, algunas (2, 3, 4...)

  Unos chicos quieren verte.

  Me han regalado **unos bombones**.

  – **unos, unas** + cantidad = aproximadamente *(approximately)*

  Tengo **unos cien** relojes en mi colección. (=aproximadamente cien relojes)

● Se usa **un** (no **una**) delante *(in front of)* de nombres femeninos en singular que empiezan por $\acute{a}$- o h$\acute{a}$- acentuada.

  He visto **un águila** en esa montaña.

  Necesitamos **un hacha** para cortar leña.

  PERO: **unas águilas**   **una pequeña hacha**

● Se puede usar **uno, una, unos, unas** en lugar de un nombre mencionado anteriormente *(a previously mentioned noun)*.

  – **uno, una, unos, unas** + adjetivo

    –¿Qué tipo de zapatos quiere? –Quiero **unos** cómodos.

¿Qué tipo de **jersey** busca?   **Uno** rojo.

  – **uno, una, unos, unas** + oración de relativo *(relative phrase)*

    –¿Qué tipo de zapatos quiere? –Quiero **unos** que sean cómodos.

  ▶ UNIDAD 102: Oraciones de relativo

La forma del artículo y del adjetivo (masculino, femenino, singular y plural) es la misma que la del nombre al que se refiere.

  –¿Qué **bolígrafo** necesitas? –**Uno** rojo.

  –¿Cuál es tu **maleta**? –**Una** que tiene ruedas.

ATENCIÓN:

–¿Qué libro te gustaría? –~~Un~~ entretenido. → **Uno** entretenido.

4 EJERCICIOS

4.1. Use los artículos *un, una, unos, unas* para completar las oraciones.

1. –¿Quién es la chica de la foto? – _Una_ amiga de mi hermana.
2. –¿Qué llevas en la chaqueta? –_____ clavel.
3. –¿Qué te han regalado por tu cumpleaños? –_____ ordenador.
4. –¿Qué tiene Javier en el brazo? –_____ tatuaje.
5. –¿Qué es un Colt? –Es _____ arma de fuego.
6. Aquí venden _____ naranjas buenísimas.
7. –¿Quiénes son esas señoras? – _____ vecinas de mi madre.
8. –¿Qué te han regalado para Reyes? –_____ máquina de coser.
9. –¿Quién ha llamado? –_____ amiga de Javi.
10. _____ águila es _____ ave muy bella.
11. _____ sacacorchos sirve para abrir botellas.

ACIERTOS ..../12

4.2. Complete las oraciones con los artículos *un, una, unos, unas.*

1. Póngame _un_ café y _____ tostada, por favor.
2. Necesitamos _____ tijeras nuevas para la oficina.
3. Solo hay _____ cuchara en el cajón.
4. –¿Cuánto dinero tienes? –_____ cincuenta euros.
5. Han venido _____ amigas de Ana.
6. Necesitamos _____ doce sillas para la fiesta.
7. Me he comprado _____ nuevas gafas de sol.
8. Ese piso debe de valer _____ doscientos mil euros.
9. Solo hay _____ aula libre.
10. Necesitamos _____ lavaplatos nuevo.
11. Hay _____ medias de lana en el cajón.
12. Necesito _____ vacaciones. Estoy agotada.

ACIERTOS ..../13

4.3. Complete con los artículos *uno, una, unos, unas.*

1. –Necesito un boli. _Uno_ negro, si es posible. –No tengo _____ negro. Te puedo dejar _____ rojo.
2. –Esos pantalones son baratos. Cómprate _____. –No los necesito. Tengo _____ muy parecidos.
3. –¿Qué camisas te gustan? –Me gustan _____ que he visto en el escaparate. Son _____ azules, de manga corta.
4. Tengo muchos relojes pero solo uso _____ que era de mi abuelo.
5. –¿No hay farmacias por aquí cerca? –Sí. Hay _____, pero es sábado y estará cerrada.
6. Se me han acabado las pilas de la radio. ¿Me prestas _____?

ACIERTOS ..../10

4.4. Rodee la forma correcta.

1. Ramón es (un/uno) chico muy simpático.
2. –¿Quieres un móvil para tu cumpleaños? –No, gracias. Ya tengo (un/uno).
3. Elisa es (un/una) ama de casa excelente.
4. –¿Quieres un cedé? –Bueno. (Un/Uno) de música clásica.
5. Veríamos mejor el río con (un/unos) prismáticos.
6. Para abrir esa botella necesito (un/unos) sacacorchos
7. En estas montañas hay (unos/unas) águilas impresionantes.
8. Buscamos (un/una) aula vacía para estudiar
9. Aquí venden (un/unos) paraguas muy baratos.
10. Está lloviendo. ¿Me dejas (un/unos) paraguas?
11. (Un/Uno/Unos) de esos chicos está en mi clase.
12. Puedes llevarte (una/unas) de estas fotos.
13. Necesito (un/unas) par de medias.

ACIERTOS ..../13

5 *Es médico*
Omisión del artículo (Omitting the article)

● Normalmente no se usa *un, una, unos, unas* con nombres no contables *(uncountable nouns)*.

>   –¿*Qué es eso?* –Es **vino**.

PERO: Se usa *un, una, unos, unas* + nombre no contable en los siguientes casos:

– *un, una, unos, unas* = un tipo de, una clase de

>   He comprado **un queso** (= un tipo de queso) *que te va a gustar.*

>   Es **un vino** (= un tipo de vino) *extraordinario.*

– *un, una, unos, unas* = un/una vaso/taza... de cerveza/café...

>   Un café, por favor. (= una taza de café)

● No se usa *un, una, unos, unas* detrás *(after)* de *ser* o *hacerse* con nombres de profesión *(profession)*, religión *(religion)*, nacionalidad *(nationality)* o ideología política *(political ideology)*.

>   *Julia* **es mexicana.**   *Soy* **médico.**

PERO: Se usa *un, una, unos, unas*:

– cuando el nombre va con un calificativo *(description)*.

>   *Julia es* **una arquitecta muy conocida.**
>   –¿*Quién es Hans?* –Es **un ingeniero que trabaja conmigo.**

– cuando se identifica a alguien por su profesión *(profession)*.

>   –¿*Quién era Frida Kahlo?* –Era **una pintora.**

Alberto se ha hecho budista.

Compare:

Winston es **peruano.**	*Es* **un peruano muy simpático.**
–¿*Qué hace Luisa?* –Es **directora de orquesta.**	–¿*Quién es Inma Shara?* –Es **una directora de orquesta.**

● No se usa *un, una, unos, unas* con el objeto directo de un verbo *(direct object of a verb)* cuando nos referimos a algo en general y no a algo concreto.

>   *Antonio* **vende enciclopedias.**   *Rosa* **lleva** *siempre* **vaqueros.**
>   *No* **tengo coche.**   *Alberto no* **come carne.**

PERO: Se usa *un, una, unos, unas*:

– cuando se habla de cantidad *(quantity)*.

>   *La novia de Alfonso* **ha publicado una novela.** (=1)
>   *He comprado* **unos melocotones.** (= algunos melocotones)

– cuando el nombre va con un calificativo *(description)*.

>   *Tengo* **unas enciclopedias muy antiguas.**
>   *Rosa lleva* **unos vaqueros carísimos.**

Compare:

Ramón vende **coches.**	*Hoy ha vendido* **un coche.**
Luis colecciona **sellos.**	*Tiene* **unos sellos muy valiosos.**

● No se usa *un, una, unos, unas* con el segundo nombre de las palabras compuestas formadas por nombre + preposición + nombre.

>   *Julián es* **profesor de universidad.**   *Luisa es* **directora de orquesta.**
>   *Me han regalado una* **corbata de seda.**   *Un* **café con leche,** *por favor.*
>   *Rosa tiene una* **colección de sellos.**   *Aquí venden* **ropa de niño.**

5 EJERCICIOS

5.1. **Complete con *un, una, unos, unas* cuando sea necesario.**

1. ¿Queda ___Ø___ leche en la nevera?
2. ¿Qué prefieres para cenar: _____ carne o _____ pescado?
3. Tengo _____ vino que te va a gustar.
4. En La Mancha hacen _____ quesos buenísimos.
5. Nunca tomo _____ café por la noche.
6. Póngame _____ café, por favor.
7. Esta mesa es de _____ mármol.
8. Esta mesa es de _____ mármol especial.
9. _____ limonada, por favor.
10. Vamos a tomar _____ cervezas.
11. No queda _____ limonada para los niños.
12. No hay ni _____ cerveza en la nevera.

5.2. **Complete con *un, una, unos, unas* cuando sea necesario.**

1. Rubén era ___Ø___ protestante pero luego se hizo _____ católico.
2. Mis abuelos eran _____ cubanos.
3. Borges era _____ escritor argentino.
4. Casi todos mis amigos quieren ser _____ futbolistas.
5. Adela y Marisa son _____ profesoras muy eficaces.
6. Los padres de Alberto son _____ socialistas.
7. Basilia es _____ dominicana muy simpática.
8. Esos chicos son _____ ingenieros informáticos.
9. Mis dos primos son _____ policías.
10. Botero es _____ pintor y escultor colombiano.
11. Ambos hermanos son _____ médicos muy famosos.

ACIERTOS ...... /12

5.3. **Complete con *un, una, unos, unas* cuando sea necesario.**

1. Llevo siempre ___Ø___ guantes en invierno.
2. Me he comprado _____ guantes preciosos.
3. Adolfo escribe _____ novelas de misterio.
4. Lo siento. No puedes llamarme. No tengo _____ teléfono.
5. Colecciono _____ búhos.
6. Mis padres me han regalado _____ búhos africanos.
7. El novio de Ana vende _____ pisos.
8. En esta fábrica hacen _____ juguetes.

ACIERTOS ...... / 8

5.4. **Use *un, una, unos, unas* cuando sea necesario.**

1. Me he comprado ___un___ abrigo de _____ lana.
2. En esta tienda solo venden _____ ropa de _____ hombre.
3. Mañana vamos a ver _____ exposición de _____ grabados.
4. Necesitamos _____ secretaria de _____ dirección.
5. Alberto es _____ buen jugador de _____ póquer.
6. Sebastián es _____ peluquero de _____ señoras.

ACIERTOS ...... /12

19

6 el, la, los, las
El artículo definido (The definite article)

● Se usa *el, la, los, las* + nombre cuando está claro a qué persona o cosa concreta *(person or a specific thing)* nos referimos...

...porque es una persona o cosa única:

El Papa es la cabeza de la iglesia católica. *(La iglesia católica solo tiene un Papa.)*
La mujer de Antón es muy simpática. *(Antón solo tiene una mujer.)*
La catedral de Burgos es de estilo gótico. *(Burgos solo tiene una catedral.)*
Los padres de Julia son muy jóvenes. *(Julia solo tiene unos padres.)*

...por la situación:

Ayer estuve con Lola en un restaurante italiano. **La cena** *fue magnífica.* (= la cena en el restaurante italiano)
Saqué las llaves del coche y abrí **la puerta**. (= la puerta del coche)
¿Dónde está **la entrada**? (= la entrada a ese lugar)
Voy a coger el coche. ¿Dónde están **las llaves**? (= las llaves del coche)

...o porque se ha mencionado antes:

–Y de repente apareció un coche. –¿Quién iba en **el coche**?

Compare:

Andrés no tiene hijos.	**Los** hijos de Ana son muy agradables.

● Se usa *el, la, los, las* + nombre para hablar de algo o alguien en sentido general *(in general)*.

El caballo es un animal muy noble.   **Los libros** ayudan a vivir.
El bolígrafo se usa para escribir.   *Me encanta* **el pescado**.

● Se usa *el, la, los, las* + nombre para referirnos a algo específico de una persona, cosa o animal indeterminado *(person, thing or an indefinite animal)*.

He roto **el cristal** *de una ventana.*
Dibujó **las alas** *de un pájaro.*

Compare:

He roto **un cristal**. Dibujó **unas alas**.	He roto **el cristal** de una ventana. Dibujó **las alas** de un pájaro.

● Se usa *el, la, los, las* + nombre con partes del cuerpo *(body parts)*, ropa *(clothes)* y artículos de uso personal, *(articles for personal use)* en lugar de *mi, tu*...

Me he roto **la pierna** (= mi pierna) *esquiando.*
Raúl ha perdido **la gorra** (= su gorra).

● Se usa *el* (no *la*) delante de nombres femeninos en singular que empiezan por *á-, há-* acentuada.

el aula   el hacha   el agua   el hambre   el arma
La señora Ramírez está en **el aula** 12.

▌ **PERO:** *Mira en* **la otra aula**.

ATENCIÓN:

a + el = al	¿Has visto **al** portero?
de + el = del	Hoy he conocido al hijo **del** vecino.

▌ **PERO:** *a* y *de* + nombres propios *(proper nouns)* con *El*:   *¿Cuándo te vas* **a El Cairo**?
                                                                     Es un artículo **de El Mundo**.

6 EJERCICIOS

6.1. ▷ **Rodee la forma correcta.**

1. (*El*/Un) padre de Lidia es muy simpático.
2. Esto no funciona. Necesitamos (*la/una*) televisión nueva.
3. Estoy trabajando. Apaga (*la/una*) televisión, por favor.
4. –¿Cuándo os vais? –Ahora mismo. Ya he metido (*las/unas*) maletas en (*el/un*) coche.
5. –Hay (*el/un*) coche en la calle. –Sí, es (*el/un*) coche de Jorge.
6. –¿Has hablado con (*el/un*) director? –Sí. Empiezo a trabajar (*el/un*) lunes.
7. Ha llamado Antonio. Te espera en (*la/una*) puerta (*del/de un*) cine.
8. Me he comprado (*los/unos*) pantalones y (*la/una*) camisa. (*Los/Unos*) pantalones son azules y (*la/una*) camisa es blanca.
9. (*Los/Unos*) abuelos de Sandra tienen (*el/un*) coche antiguo.
10. –Anita se encontró un gato. –¿Cómo era (*el/un*) gato?

ACIERTOS ___/18

6.2. ▷ **Ponga *el, la, los, las* donde sea necesario y escriba frases completas.**

1. vida de mariposa es muy breve ___La vida de la mariposa es muy breve.___
2. lluvia es buena para campo _____
3. a españoles les gusta café _____
4. ballenas son unos mamíferos enormes _____
5. salud es más importante que dinero _____
6. desde aquí se ven luces de bahía _____
7. oro es un metal precioso _____
8. me encanta olor de flores _____

ACIERTOS ___/8

6.3. ▷ **Complete con *el, la, los, las* o *un, una, unos, unas.***

1. Marcel Duchamp hizo una escultura con __la__ rueda de _____ bicicleta.
2. Ayer nos encontramos en el campo _____ piel de _____ serpiente.
3. –¿Qué estás dibujando? –_____ cabeza de _____ jirafa.
4. Para hacer este postre necesito _____ clara de _____ huevo.
5. Estos dos vasos están hechos con _____ cuernos de _____ toro.

ACIERTOS ___/10

6.4. ▷ **Rodee la forma correcta.**

1. Tengo (*las*/mis) manos frías.
2. (*Los/Mis*) padres viven en Valencia.
3. He dejado (*la/mi*) moto en el garaje.
4. Me duelen (*los/mis*) pies.
5. Susana está en (*la/su*) casa.
6. Veo poco sin (*las/mis*) gafas.
7. Me ha mordido un perro en (*la/mi*) mano.
8. Tápate (*la/tu*) boca con (*la/tu*) bufanda.
9. Tengo (*el/mi*) coche averiado.
10. Tienes sangre en (*la/tu*) mano derecha.

ACIERTOS ___/10

6.5. ▷ **Complete con *al, del* o *a El, de El.***

1. Hemos visto (*a*) __al__ nuevo profesor en la cafetería.
2. Inés ha salido (*de*) _____ banco a toda prisa.
3. Vamos (*a*) _____ cine casi todas las semanas.
4. ¿Has leído el editorial (*de*) _____ *País*?
5. ¡Salid (*de*) _____ agua ahora mismo!
6. –¿Adónde vais? –(*a*) _____ aula de lengua.
7. Sandra estudia Historia (*de*) _____ Arte.
8. Este es el cañón (*de*) _____ arma.
9. Miguel y Ana han venido (*de*) _____ India muy contentos.
10. Tengo que llamar (*a*) _____ Sr. Sánchez a la oficina.
11. Esta noche vamos a cenar (*a*) _____ *Rincón de Luis.*
12. El domingo haremos una visita (*a*) _____ Escorial.

ACIERTOS ___/12

7 *la blanca, los de oro, lo difícil*
Omisión del nombre (Omitting the noun)

Ponte **la blanca**.
Es más elegante.

¿Qué camisa me pongo?

Esos pendientes no. Enséñeme
los de oro, por favor.

● Cuando hablamos de alguien o algo específico *(someone o something specific)*, se puede usar *el, la, los, las* en lugar de un nombre mencionado anteriormente *(instead of a previously mentioned noun)*, o cuando no es necesario mencionarlo porque todos sabemos *(we all know)* de qué estamos hablando.

– *el, la, los, las* + adjetivo

–¿Qué camisa te gusta más? –**La verde.** (= la camisa verde)
–¿Quién es Laura? –**La alta.** (= la chica alta)

La forma del artículo y del adjetivo (masculino, femenino, singular o plural) es la misma que la del nombre al que se refiere.

–¿Qué **zapatillas** te gustan más? –**Las rojas.**

● Se puede usar *el, la, los, las* + *de* + nombre para indicar origen, posesión, situación o materia *(to indicate origen, possession, situation or material)*.

La de Sevilla es la más simpática. (= la chica de Sevilla)
–¿Quién es Julián? –**El de gafas.** (= el chico que lleva gafas)
–¿Qué vasos prefieres? –**Los de papel.** (= los vasos de papel)

La forma del artículo (masculino, femenino, singular o plural) es la misma que la del nombre al que se refiere.

No me gustan las **sillas** de plástico. Prefiero **las de** madera.

● Se usa el artículo *lo* + adjetivo masculino singular, para referirnos a una cualidad *(characteristic)*.

lo = la cosa, las cosas *(thing, things)*

Lo bueno del verano son las vacaciones. (= la cosa buena del verano)
Lo mejor de Perú es la gente. (= la mejor cosa de Perú)
Me gusta **lo salado.** (= las cosas saladas)
Lo más bonito de la vida son los amigos. (= la cosa más bonita)

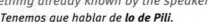

Fui, quise,
vaya, ponga…

Lo difícil del español son
los verbos.

● Se usa lo + de + nombre o adverbio para referirse, sin mencionarlo *(without mentioning it)* , a algo conocido por los interlocutores *(something already known by the speakers)*.

*Tenemos que hablar de **lo de Pili**.*
(= Los dos sabemos qué es "lo de Pili", por ejemplo, un problema que tiene Pili con una amiga.)
Lo de tu hermano ha sido estupendo.
(= Los dos sabemos qué es "lo de tu hermano", por ejemplo, que le ha tocado la lotería.)
Lo de ayer fue extraordinario.
(= Los dos sabemos qué es "lo de ayer", por ejemplo, algo agradable que nos sucedió.)

7 EJERCICIOS

7.1. **Complete con *el, la, los, las* y los adjetivos entre paréntesis.**

1. –¿Quién es Julia? –(*rubio*) La rubia .
2. –¿Quién es Sebastián? –(*alto*) _____ .
3. –¿Qué coche le has dejado a Silvia? –(*viejo*) _____ .
4. –¿Qué chaqueta me pongo? –(*nuevo*) _____ . La otra está muy sucia.
5. –¿Qué vestido me pongo? –(*italiano*) _____ . Es más elegante.
6. –¿Cuáles son tus maletas? –(*azul*) _____ .
7. –¿Qué zapatos prefieres? –(*negro*) _____ .
8. –¿Quiénes son tus hermanas? –(*moreno*) _____ .

7.2. **Complete con *el, la, los, las* o *el, la, los, las* + *de* y las palabras entre paréntesis en la forma correcta.**

1. No me gustan las sillas de plástico. Prefiero (*madera*) las de madera .
2. ¿Cuál es la casa de Andrés, (*grande*) _____ o (*pequeño*) _____ ?
3. –¿Qué chico trajo el champán? –_____ Santander.
4. El único coche que podemos llevarnos es _____ mi padre.
5. ¿Qué manzanas prefieres, (*verde*) _____ o (*rojo*) _____ ?
6. Ahí está mi novia. Es _____ vestido verde.
7. No me gustan esos pantalones. Me gustan más (*gris*) _____ .
8. He quedado con el chico de anoche, _____ pelo blanco.
9. No te pongas los calcetines de algodón. Ponte _____ lana.
10. –¿Qué llaves necesitas? –_____ garaje solamente.

7.3. **Vuelva a escribir lo subrayado usando *lo*.**

1. No me gustan <u>las cosas picantes</u>. → No me gusta lo picante .
2. <u>La peor cosa</u> del invierno es el frío. → _____ del invierno es el frío.
3. <u>La cosa difícil</u> del chino es la escritura. → _____ del chino es la escritura.
4. <u>La cosa mejor</u> de la vida son los amigos. → _____ de la vida son los amigos.
5. No aguanto <u>las cosas frías</u>. → No aguanto _____ .
6. Prefiero <u>las cosas caras</u> a <u>las cosas baratas</u>. → Prefiero _____ a _____ .

7.4. **Vuelva a escribir lo subrayado usando *lo* o *lo de*.**

1. –¿Qué pasa? –Nada. <u>El problema de siempre</u>. → Lo de siempre _____ .
2. ¿Sabes <u>la noticia sobre Arturo</u>? → ¿_____ ? ¡Se ha casado!
3. <u>La cosa buena</u> → _____ de viajar es conocer gente.
4. Me preocupa <u>la cuestión del dinero</u> → _____ .
5. Mi madre cocina mejor <u>las cosas dulces</u> → _____ que <u>las cosas saladas</u> → _____ .
6. En esta vida <u>la cosa importante</u> → _____ es ser honrado.
7. El médico nos ha dicho que <u>la enfermedad de Rafa</u> → _____ no es muy grave.
8. <u>La cosa rara</u> → _____ es que tu abuelo se compre unos patines.
9. Ahora <u>la cosa más fácil</u> → _____ sería no coger el autobús.
10. <u>Lo que pasó ayer</u> → _____ fue tremendo.

7.5. **Complete con *el, la, los, las* o *lo* y los adjetivos entre paréntesis.**

1. ¿Qué naranjas prefiere, (*caro*) las caras o (*barato*) las baratas ?
2. (*bueno*) _____ del accidente fue que nos conocimos.
3. No me gusta (*picante*) _____ .
4. (*barato*) _____ es siempre caro.
5. ¿Ves a aquellas chicas? Mis hermanas son (*alto*) _____ .
6. (*importante*) _____ es ser feliz.
7. (*malo*) _____ del verano es el calor.
8. ¿Qué pendientes te gustan más, (*largo*) _____ o (*corto*) _____ ?
9. –¿Cuál es tu coche? –(*pequeño*) _____ .
10. (*pequeño*) _____ es hermoso.

8 un libro / el libro
Contraste entre el artículo indefinido y el definido
(Contrasting the indefinite and definite articles)

Compare:

- Se usa *un, una, unos, unas* + nombre cuando hablamos de algo nuevo para el oyente (información nueva - *new information*).

    > Estoy leyendo **un libro** sobre **una cantante**....
    > Había **un hombre** y **una mujer** en el salón...

- Se usa *un, una, unos, unas* + nombre cuando hablamos de alguien o algo como parte de una clase o grupo.

    > Es **una casa** muy bonita.
    > **Una hermana** de Pedro es bailarina. (= Pedro tiene varias hermanas.)
    > He visto **una película de terror**...(= una película de esa clase)

Con *un, una, unos, unas* nos referimos a una clase de personas u objetos.

    > Necesito **una lámpara**. (= una lámpara cualquiera)
    > Queremos **una habitación**.

Mejor usa **unas tijeras**.

- Se usa *un, una, unos, unas* + nombre para indicar cantidad (*quantity*).

    > He visto **un león** en el zoo.
    > He cortado **unas rosas**.
    > Compra **unas manzanas**.

- Se usa *el, la, los, las* + nombre cuando hablamos de algo ya mencionado (información conocida por el oyente - *information known by the listener*).

    > ...**El libro** se titula "Mi vida", y **la cantante**...
    > ...**El hombre** parecía extranjero y **la mujer** llevaba...

- Se usa *el, la, los, las* + nombre cuando hablamos de alguien o algo único o específico (único en esa situación - *unique in that situation*).

    > **La casa** de Juan es preciosa.
    > **La hermana** de Luis es profesora. (= Luis tiene solo una hermana.)
    > ...**Los actores** eran extraordinarios. (= los actores de esa película)

Con *el, la, los, las* nos referimos a una persona u objeto concreto (*a specific person or object*).

    > **La lámpara** azul es preciosa. (= esta y no otra)
    > Estamos en **la habitación** 323.

Dame **las tijeras**.

- Se usa *el, la, los, las* + nombre para hablar de algo en sentido general (*to speak about something in general*).

    > **El león** es un animal peligroso.
    > **Las rosas** son mis flores preferidas.
    > **Las manzanas** son mi fruta preferida.

PERO: A veces (*at times*) también se usa *un, una* para hablar de algo en sentido general.

> **Un ratón** es un mamífero roedor.   **El ratón** es un mamífero roedor.

- Se usa *uno, una, unos, unas* + adjetivo o *uno, una, unos, unas* + *de* + nombre cuando hablamos de una clase o grupo ya mencionados (*a type or group already mentioned*).

    > –¿Qué tipo de ordenador busca? –**Uno** potente.
    > –¿Qué tipo de mesa habéis comprado? –**Una de metal**, muy moderna.

- Se usa *el, la, los, las* + adjetivo o *el, la, los, las* + *de* + nombre cuando hablamos de alguien o algo específico ya mencionado (*someone or something already mentioned*).

    > –**El blanco** es muy elegante. Y a ti, ¿cuál te gusta más?
    > –¿Cuál es tu maleta? –**La de plástico**.

8 EJERCICIOS

8.1. Complete con *un, una, unos, unas* o *el, la, los, las.* Utilice *al* o *del* cuando sea necesario.

① Es __una__ comedia. _____ actores son fabulosos. _____ película es sobre _____ médico que se enamora de _____ paciente. _____ médico no sabe cómo decírselo a _____ paciente. Esta tiene _____ hijo y _____ médico tiene _____ hija. _____ hijo de _____ paciente y _____ hija de _____ médico se conocen y se hacen amigos. _____ día dan _____ fiesta e invitan a sus padres a _____ fiesta. _____ película acaba con _____ boda de _____ padres.

② Es _____ cuadro muy famoso. Se ve a _____ hombre y _____ mujer en _____ jardín. _____ hombre está leyendo _____ libro y _____ mujer está tumbada debajo de _____ árbol. En _____ ramas de _____ árbol hay _____ pájaros de muchos colores. _____ pájaros tienen _____ alas extendidas; parece que van a echarse a volar.

ACIERTOS ....../33

8.2. Complete con la forma correcta del artículo.

1. Salta es __una__ ciudad de Argentina.
2. Montevideo es _____ capital de Uruguay.
3. _____ moto de Pedro es española.
4. Tengo _____ casa en Segovia.
5. _____ Primer Ministro español vive en la Moncloa.
6. Necesito _____ pantalones cortos para el verano.
7. Hace tiempo que no veo _____ águila.
8. Ten cuidado. Has vuelto a olvidar _____ llave del portal.

ACIERTOS ....../8

8.3. Complete con la forma correcta del artículo.

1. __Las__ peras son mi fruta preferida.
2. _____ águilas vuelan alto.
3. He comprado _____ naranjas.
4. En el zoo hay _____ panda.
5. He cogido _____ margaritas para llevar a Sonia.
6. _____ gorilas están en peligro de extinción.
7. Me encanta _____ fruta.
8. Dame _____ euros para comprar algo.

ACIERTOS ....../8

8.4. Escriba las respuestas con *uno, una, unos, unas, el, la, los, las* y *de* en caso necesario y las palabras entre paréntesis en la forma correcta.

1. –¿Qué libro estás leyendo? –(*Vargas Llosa*) __Uno de Vargas Llosa__ .
2. –¿Qué tipo de agenda quiere? –(*barato*) _____ .
3. –¿Has visto mi chaqueta? –¿Cuál? –(*lana*) _____ .
4. –Necesito un bolígrafo? –¿De qué tipo? –Es igual. (*azul*) _____ .
5. –¿Qué pantalones me pongo? –(*negro*) _____ . Los otros no me gustan.
6. –¿Qué tipo de sillas vais a comprar? –(*plástico*) _____ . Son para el jardín.
7. –¿Qué tipo de cámara usas? –(*digital*) _____ . Son más prácticas.
8. –¿Con qué chica saliste ayer? –Con (*Valencia*) _____ . Es muy simpática.

ACIERTOS ....../8

9 la señorita Moreno, los Andes
El artículo definido con nombres propios
(The definite article with proper nouns)

● *El, la, los, las* con nombres de personas *(proper nouns)*

– Se usa *el, la, los* o *las* + *señor, señora, señorita, profesor, profesora, capitán...* (+ nombre) + apellido.

  *¿Has visto a **la señorita Moreno**?*   *Estoy en el grupo **del profesor Herrero**.*

PERO: No se usan los artículos definidos en singular delante de *don/doña*, delante de un nombre o un apellido, o cuando hablamos directamente a una persona.

  ***Don Alberto** está enfermo.*   ***Lola** es muy simpática.*
  ***Gutiérrez** no ha venido hoy.*   *¿Quiere usted algo, **señorita Moreno**?*

– Se usa *los* + apellido *(last name)* singular para referirse a una familia.

  ***Los Pérez** son muy agradables.*   *Esta noche cenamos en casa de **los Martínez**.*

– Se usa *el, la* con nombres de periódicos y revistas *(names of newspapers and magazines).*

  *Cómprame **el Hola**, por favor.*   *¿Ha salido **la Gaceta**?*

– Se usa *el, la, los, las* con nombres de monumentos y obras de arte *(names of monuments and works of art).*

  *Hemos visitado **la Alhambra**.*   *¿Habéis visto **el Guernica**?*

● *El, la, los, las* con nombres de lugares *(names of places).*

– Se usa *el, la* + nombres de calles, plazas, avenidas, paseos.

  *El hotel está en **la calle (de) Trafalgar**.*   *Roberto vive en **la Plaza del Carmen**.*

– Se usa *el, la, los, las* + nombres de cines, teatros, hoteles, museos.

  el (hotel) *Nacional*   *el* (teatro) *Real*   *el* (museo) *Reina Sofía*
  el (cine) *Amaya*   *el* (hospital) *Doce de Octubre*   *la* (Universidad) *Complutense*

  *Julio está enfermo. Está en **el Doce de Octubre**.*   *Rosa está haciendo un curso en **la Complutense**.*

– Se usa *el, la, los, las* + nombres de ríos, lagos, mares, océanos, grupos de islas, montañas, cordilleras, volcanes, desiertos.

  el (río) *Ebro, el Nilo*   *el* (océano) *Pacífico, el Atlántico*   *los Alpes, los Andes,*
  el (lago) *Titicaca*   *las* (islas) *Baleares, las Galápagos*   *el* (monte) *Everest*
  el (mar) *Cantábrico, el Egeo*   *el* (volcán) *Teide, el Etna*   *el* (desierto del) *Kalahari*

  ***El Nilo** es el río más largo del mundo.*   *El verano pasado subimos **al Teide**.*

PERO: No se usa *el, la, los, las* con nombres de islas cuando no son un grupo: *Tenerife, Creta, Cuba, Jamaica.*

  *Este verano queremos ir a **Creta**.*

– No se usa *el, la, los, las* con nombres de ciudades, regiones, provincias, países, continentes.

  ● Ciudades: *Salamanca, Berlín, Nueva York, Lima, Guadalajara...*
  ● Países y regiones: *Perú, Brasil, Guatemala, China, Castilla, Arizona, Chiapas...*
  ● Continentes: *Europa, Asia...*

  ***Salamanca** está en **Castilla**.*   ***China** está en **Asia**.*

PERO: Algunos nombres de ciudades, países y regiones llevan *el, la, los, las* como parte del nombre:

  La Habana, El Escorial, La Haya, La Paz, Las Palmas, Los Ángeles, El Cairo, El Salvador, (la) India, (el) Líbano, La Mancha, La Rioja, La Pampa.

– También se usa el artículo definido cuando el nombre del país lleva las palabras *República, Reino* o *Estados*: *la República Argentina, (los) Estados Unidos, el Reino Unido.*

  ***Los Ángeles** está en **los Estados Unidos**.*   ***La Pampa** es una zona de **la República Argentina**.*

ATENCIÓN:

(la) India, (el) Líbano
*¿Has estado alguna vez en **la India**?*

9.1. Complete con una forma del artículo definido cuando sea necesario.

1. – _Ø_ Montejo, ¿dónde está _____ don Alfonso? –Está reunido con _____ señor Gómez.
2. Ayer estuvimos con _____ Marisa en un restaurante cerca de _____ Puerta de Alcalá.
3. _____ Pinto son una familia muy original.
4. ¿Conoce a _____ señora Blanco?
5. _____ Sres. Costa quieren ver _____ Cibeles de noche.
6. Ha estado aquí _____ capitán Moreno. Quería hablar con _____ general Casado.
7. _____ señorita Blanco, ¿sabe dónde está _____ Álvarez?
8. _____ señora Sulleiro solo lee _____ *Voz de Galicia*.
9. Hay un mensaje de _____ señor Córdoba para _____ doctor Casal.
10. _____ Santiago, compra _____ *Gaceta de los Negocios* cuando salgas.
11. Hoy tengo clase con _____ profesora Galán.
12. Aquí mataron a _____ Presidente Kennedy.
13. No he podido hablar con _____ Dr. Rosso. Está ocupado.
14. _____ López nos esperan en _____ Hotel Ritz.
15. ¿Ha corregido ya los exámenes, _____ profesor Mata?
16. _____ Sr. Ministro no ha podido asistir hoy al Consejo.

ACIERTOS ..../26

9.2. Complete con una forma del artículo definido cuando sea necesario.

1. –¿Dónde estudias? –En _la_ Universidad Autónoma.
2. _____ río Misisipi está en _____ Estados Unidos.
3. _____ hotel Central está en _____ Plaza de Roma.
4. –Por favor, ¿sabe dónde está _____ cine París? –Sí, está en _____ calle Palencia.
5. _____ Sáhara llega desde _____ Océano Atlántico hasta _____ Mar Rojo.
6. Los vinos de _____ Rioja son más caros que los de _____ Mancha.
7. El fin de semana pasado estuvimos en _____ Granada y visitamos _____ Alhambra.
8. Siempre veraneamos en _____ República Dominicana.
9. En _____ India tenéis que visitar _____ Benarés. Es muy interesante.
10. _____ Escocia forma parte de _____ Reino Unido de _____ Gran Bretaña e _____ Irlanda del Norte.
11. _____ Líbano tiene frontera con _____ Israel.
12. _____ Ebro desemboca en _____ Mediterráneo.
13. _____ Gran Muralla está en el centro de _____ República Popular China.
14. Este verano queremos ir a _____ Argentina. Vamos a recorrer _____ Pampa y a llegar hasta _____ Tierra del Fuego.

ACIERTOS ..../30

9.3. Complete con una forma del artículo definido cuando sea necesario.

1. En _Ø_ Salamanca hay que visitar _la_ Plaza Mayor.
2. _____ don Antonio vive en _____ Avenida de la Paz.
3. _____ Juárez viven en _____ Ciudad de México.
4. _____ *Guernica* está en _____ Reina Sofía.
5. _____ pirámides están en _____ Cairo.
6. _____ Retiro está cerca de _____ Prado en _____ Madrid.
7. _____ Hamilton no conocen _____ Giralda de Sevilla.
8. _____ Etna está en _____ Sicilia.
9. _____ Texas es un estado de _____ Estados Unidos.
10. _____ Sagrada Familia de Gaudí está en _____ Barcelona.
11. _____ República Sudafricana tiene dos capitales, _____ Pretoria y _____ Ciudad del Cabo.
12. _____ Taj Mahal es uno de los monumentos más importante de _____ India.
13. _____ Amazonia es el pulmón de _____ Tierra.
14. _____ Cícladas están en _____ mar Egeo.
15. _____ Tenerife es isla más grande de _____ Canarias.

ACIERTOS ..../32

10 · el cinco de octubre, dos días a la semana
El artículo definido con expresiones de tiempo y de cantidad (with expressions of time and quantity)

● Se usa *la, las* + horas *(time)*.

> *El partido empieza a **la una**.*
> *–¿A qué hora sale el tren? –A **las catorce** horas.*

● Se usa *el* + fechas *(dates)* o días de la semana *(days of the week)*, cuando hablamos de algún acontecimiento.

> *La boda es **el cinco** de octubre.*
> ***El lunes** tenemos un examen. (= el lunes próximo)*
> *Mis padres **llegaron el jueves**. (= el jueves de esta semana)*

¿Quedamos **el miércoles** para ir al cine?

No, puedo. **El jueves** tengo un examen y tengo que estudiar.

> **PERO:** *Hoy es **dos** de mayo.*
>
> *–¿Qué día es hoy? –**Jueves**. Mañana es **viernes**.*

> **ATENCIÓN:**
>
> día de la semana + fecha → solo un artículo
>
> *La boda es **el domingo**. La boda es **el diecisiete** de junio. → La boda es **el domingo, diecisiete** de junio.*

● Se usa *los* + días de la semana cuando hablamos de una acción habitual *(habitual action)*.

> ***Los lunes** trabajo hasta las diez.*
> *¿Qué sueles hacer **los domingos**?*

● No se usa artículo con los nombres de los meses *(months)*.

> *Ana y Pedro se casan en **marzo**.*

● Se usa *por la* + partes del día *(parts of the day)*: mañana, tarde, noche.

> *No puedo ir **por la mañana**. Estoy ocupado.*
> *Llámame **por la noche**. Es cuando estoy en casa.*

> **PERO:** *a mediodía, de madrugada*
>
> *Regreso a casa **a mediodía**, a la hora de comer.*
> *El camión de la basura pasa **de madrugada**.*

● Frecuencia o cantidad *(frequency or quantity)* + al/a la + período de tiempo *(period of time)*.

una vez	al día	Voy a Bruselas **una vez al mes**.
dos veces	al mes	Ando **una hora al día**.
una hora	a la semana	Tengo clase **un día a la semana**.
ocho horas	a la hora	Bebo **dos litros de agua al día**.
dos litros de agua		

Voy al gimnasio **dos días a la semana**.

● Precio *(price)* + el, la, los, las + unidades de medidas *(units of measure)* (kilo, litro, docena...)

un euro	el kilo, litro...	El aceite ha subido **veinte céntimos el litro**.
diez pesos	la docena...	Esos huevos cuestan **tres euros la docena**.
cinco dólares	los cien gramos...	Es un jamón caro. **Seis euros los cien gramos**.
veinte céntimos		

¿A cómo están los plátanos?

A **dos euros el kilo**.

28

10 EJERCICIOS

10.1 **Complete con el artículo definido cuando sea necesario.**

1. Alberto nació ___el___ seis de ___Ø___ diciembre de 2002.
2. –¿Qué hora es? –_____ dos y cinco.
3. –¿Cuándo es el examen? –_____ martes.
4. –¿Qué día es hoy? –_____ miércoles, _____ seis de _____ febrero.
5. –¿Cuándo llega Ana? –_____ día ocho.
6. –¿A qué hora coméis? –A _____ una y media.
7. –¿Trabajas _____ sábado? –No, _____ sábados no trabajo nunca.
8. El tren sale a _____ quince horas.
9. La exposición se inaugura _____ dieciocho de _____ abril.
10. Se van a casar _____ martes, _____ trece de _____ septiembre.
11. Este año estoy muy ocupado. _____ martes tengo clase de inglés y _____ jueves tengo clase de piano.
12. –¿Qué día fue ayer? –_____ veinticinco de junio.

ACIERTOS ___/20

10.2 **Responda a las preguntas con las palabras entre paréntesis.**

1. –¿Ves mucho la tele? –Unas (*10 horas/semana*) ___diez horas a la semana___.
2. –¿Andas mucho? –(*2 horas/día*) _____.
3. –¿Viajáis mucho? –No, (*2/año*) _____.
4. –¿Ves mucho a Luis? –(*1/mes*) _____.
5. –¿Vas mucho al gimnasio? –No, (*1 día/semana*) _____.
6. –¿Hablas mucho con tu madre? –Sí, (*2/día*) _____.

ACIERTOS ___/6

10.3 **Responda a las preguntas con la información dada.**

1. –¿Cuándo naciste, Alfonso? –(*12/4/95*) ___El doce de abril de 1995.___
2. –¿A qué hora te levantas para ir a trabajar? –(*7.30*) _____
3. –¿A qué hora vuelves a casa? –(*mediodía*) _____
4. –¿A qué hora comes? –(*2.30*) _____
5. –¿Cuándo estudias? –(*noche*) _____
6. –¿Juegas mucho al baloncesto? –(*L, X*) _____

ACIERTOS ___/6

10.4 **Escriba los precios como en el ejemplo.**

Dos euros el kilo. _____

ACIERTOS ___/5

10.5 **Complete con *a*, *de*, *por* y el artículo definido cuando sea necesario.**

1. Mañana salimos para Berlín ___de___ madrugada.
2. Siempre me encuentro a los vecinos _____ mañanas.
3. La gasolina ya está a más de un euro _____ litro.
4. El gimnasio nos cuesta 200 euros _____ trimestre.
5. Beatriz hace gimnasia tres veces _____ semana.
6. Toda la familia se reúne en casa _____ mediodía
7. Jugamos al ajedrez _____ sábados _____ tarde.
8. Es bueno caminar media hora _____ día.
9. Carmen va a revisión médica una vez _____ año.
10. La final de la *Champions* será _____ domingo _____ 25 de mayo.

ACIERTOS ___/12

11 jugar al tenis, el español
Otros usos del artículo definido

Se usa *el, la, los, las* en los casos siguientes:

- Instrumentos musicales *(musical instruments)*
    - Para hablar de un instrumento en general.
        El piano es mi instrumento preferido.
    - Con *tocar*
        Me gustaría saber tocar el violín.

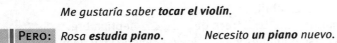

| **PERO:** *Rosa estudia piano.* *Necesito un piano nuevo.*

Tina toca la batería en un grupo de rock.

- Deportes y juegos *(sports and games)*
    - Para hablar de un deporte o juego en general
        El alpinismo es un deporte peligroso.   *El parchís es un juego muy divertido.*
    - Con *jugar*
        Juegas muy bien al tenis.   *¿Quieres aprender a jugar al ajedrez?*

| **PERO:** *Solo hago alpinismo en verano.*   *Mi hijo hace gimnasia y natación.*

- Asignaturas o idiomas *(subjects and languages)*
    ¿Has aprobado la Historia?   *El español es un idioma universal.*

| **PERO:** No con *saber, enseñar, estudiar, hablar*
    Hans enseña Historia.   *Mucha gente estudia español en los Estados Unidos.*

- Nombres de monedas *(Currencies)*: *el euro, el dólar...*
    La libra es una moneda fuerte.   *La moneda de Venezuela es el bolívar.*

- *la policía, el ejército (army), los bomberos (firefighters)*
    El tío de Andrés es capitán del ejército.   *Luis quiere ingresar en la policía.*

- *el cine, el teatro, la radio, la televisión, el periódico, las noticias*
    Nunca escucho la radio por las mañanas.   *Luis, compra el periódico cuando salgas.*

| **PERO:** *Me he comprado una televisión.* (= un aparato de televisión)   *Tengo una buena noticia.*

- *el mar, el campo, la playa, la montaña, el cielo, la naturaleza*
    Es muy sano bañarse en el mar.   *Vamos al campo todos los fines de semana.*
- *ir a la... / venir de la... / estar en la... cárcel, iglesia, oficina, universidad...*
    Mi hermana está en la universidad.   *Los domingos voy a la iglesia.*
- *ir al... / venir del... / estar en el... aeropuerto, banco, cine, colegio, médico...*
    –¿De dónde vienes? –Del médico.   *Tenemos que estar en el aeropuerto a las seis.*

| **PERO:** *ir a... / venir de... / estar en... casa, clase, correos*
    ¿Dónde está Sara? No está en clase.

- Medios de transporte *(means of transportation)*: *el metro, el autobús, el tren...*
    El tren es un medio de transporte muy agradable.

| **PERO:** *ir/ venir/ viajar en metro, autobús, tren...*
    Me gusta viajar en tren, pero para viajes largos, prefiero ir en avión.

11.1. **Complete con el artículo definido cuando sea necesario.**

1. Pedro está en Brasil aprendiendo ___Ø___ portugués.
2. _____ natación es un deporte muy completo.
3. _____ piano es un instrumento muy difícil.
4. Laura enseña _____ Geografía en un instituto.
5. Mis tres hijos estudian _____ piano.
6. Me reúno con unos amigos para jugar a _____ cartas los sábados.
7. –¿Juegas a _____ fútbol? –No, _____ fútbol me aburre.
8. ¿Dónde puedo aprender _____ árabe?
9. –¿Haces _____ natación? –No, solo hago _____ gimnasia.
10. ¿Quién sabe hablar _____ sueco?
11. ¿Alguien de vosotros toca _____ guitarra?
12. Estudiar _____ ruso es duro. Es más difícil que _____ alemán.
13. A veces jugamos a _____ dados en la cafetería.
14. No debes tocar _____ flauta de madrugada, Mariano.

ACIERTOS ...../17

11.2. **Complete con *el, la, los, las* o *un, una*.**

1. Hay alguien en el sótano. Llama a ___la___ policía.
2. _____ euro está más fuerte que _____ dólar.
3. Sale mucho humo de la cocina. Llama a _____ bomberos.
4. –¿Has oído _____ noticias? –No, nunca escucho _____ radio por la mañana.
5. Me gusta leer _____ periódico después de comer.
6. He oído _____ noticia muy rara.
7. –¿Hay _____ teatro por aquí? –No, solo hay _____ cine.
8. –¿Vais mucho a _____ teatro? –No, vamos más a _____ cine.
9. Juan se ha comprado _____ violín antiguo.

ACIERTOS ...../13

11.3. **Complete con el artículo definido cuando sea necesario.**

1. Luisa ha llamado desde ___el___ aeropuerto. Nos espera.
2. Mi hermana va a _____ universidad en _____ autobús.
3. –¿Dónde está Rocío? –En _____ clase.
4. –Va a llover. _____ cielo está muy nublado.
5. –¿Habéis estado en _____ playa este verano? –No, a Pili no le gusta _____ mar.
6. ¿Cómo prefieres volver a _____ casa, en _____ metro o en _____ taxi?
7. –¿Cómo vas a _____ trabajo? –Normalmente voy en _____ coche.
8. Vengo de _____ banco. Voy a _____ dentista.
9. _____ avión es más rápido que _____ tren.
10. Voy a _____ Correos. Quiero enviar un paquete.
11. Prefiero vivir en _____ campo. Estás en contacto con _____ naturaleza.
12. ¿Puedo ir a _____ lavabo?

ACIERTOS ...../20

11.4. **Añada el artículo cuando sea necesario.**

1. Jorge enseña informática en universidad.   Jorge enseña informática en la universidad.
2. El policía hablaba portugués correctamente. _____
3. Nieve cubría campo. _____
4. ¿Hablas francés? _____
5. Nos encantan mar y montaña. _____
6. María hace alpinismo cuando va a montaña. _____
7. Susana quiere ingresar en ejército. _____
8. ¿Dónde enseñas Matemáticas? _____
9. Vengo de colegio. _____

ACIERTOS ...../9

12 este, ese, aquel, eso
Demostrativos (Demonstrative adjective)

Los demostrativos sirven para señalar algo o a alguien *(point out someone or something)*. Identifican el objeto o la persona a los que se refiere el hablante.

● Formas de los demostrativos

MASCULINO	SINGULAR	PLURAL
	este	estos
	ese	esos
	aquel	aquellos

FEMENINO	SINGULAR	PLURAL
	esta	estas
	esa	esas
	aquella	aquellas

Este hotel es bastante caro.
Pásame ese libro.
¿Conoces a aquellos chicos?

¿De quién es esta bolsa?
Esa chica es amiga mía.
La estación está detrás de aquellas casas.

Este *libro.*
(El libro que tengo en la mano, no otro.)

Esa *bolsa.*
(La bolsa que estoy señalando, no otra.)

Aquella *casa.*
(La casa que estoy señalando, no otra.)

– Se usa *este, esta, estos, estas* para señalar a alguien o algo próximo al hablante *(near the speaker)*.

– Se usa *ese, esa, esos, esas* para señalar a alguien o algo un poco alejado del hablante *(a little farther from the speaker)*.

– Se usa *aquel, aquella, aquellos, aquellas* para señalar a alguien o algo alejado del hablante *(far away from the speaker)*.

ATENCIÓN:

A veces se usa *ese, esa, esos, esas* para señalar a alguien o algo alejado del hablante.

¿Ves esa casa? = ¿Ves aquella casa?

● *Este, esta, ese, esa, aquel, aquella...* se pueden usar con nombres o solos *(on their own)*. Tienen la misma forma (masculino o femenino, singular o plural) que el nombre al que acompañan o al que se refieren.

Me gusta mucho este restaurante.
¿Ves a esos chicos?

Este es Juan.
¿Cuál es tu casa, esta o esa?

– También se usan *este, esta, ese, esa, aquel, aquella...* para indicar proximidad o lejanía en el tiempo *(proximity or distance in time)*.

● *este, esta...* → presente y pasado o futuro próximos
Esta mañana tengo mucho trabajo.
Este invierno ha sido muy frío.

● *ese, esa...* → pasado o futuro ya mencionados
Estuve en Perú en 1999. Ese año hubo elecciones.
Edu se casa el 12 de enero, y ese mismo día se va a Perú.

● *aquel, aquella...* → pasado muy lejano
Mi abuelo nació en 1920. En aquella época reinaba Alfonso XIII.

● *Esto, eso* y *aquello* no se usan con nombres. Se usan solos para señalar algo sin decir el nombre porque no se sabe qué es o porque no es necesario decirlo.

¿Qué es aquello que hay detrás de la casa?
Pásame eso, por favor.

– *Eso* se usa también para referirse a algo dicho antes.

–Juan y Luisa se han divorciado. –Eso que dices no es cierto.

– *Esto* se usa también para referirse a algo que vamos a decir a continuación.

Escucha esto: "Han detenido a..."

12 EJERCICIOS

12.1. Complete con *este* o *aquel* en la forma correspondiente.

① _Aquellos_ árboles. ② ____ pantalones. ③ ____ galletas. ④ ____ tijeras.

⑤ ____ vasos. ⑥ ____ perros. ⑦ ____ reloj. ⑧ ____ parada.

ACIERTOS ...../8

12.2. Complete con *este, ese, aquel...*

① Perdone, ¿está libre _esta_ silla?

② El camping está detrás de ____ árboles.

③ ____ son los amigos de mi hermano.

④ Mira. ____ es el nuevo cedé de Juanes.

⑤ ____ maletas son nuestras.

⑥ Mi ordenador es peor que ____.

⑦ Prefiero ____ cuadro. Es más interesante.

⑧ Me encantan ____ sombreros. Son muy elegantes.

ACIERTOS ...../8

12.3. Complete con *este, ese, aquel...*

1. _Este_ verano vamos a ir a Ibiza.
2. Nací en 1983. ____ mismo año nació mi prima.
3. ¿Qué vais a hacer ____ domingo?
4. 2001 fue un buen año. ____ verano conocí a Lu.
5. Mis padres vivieron en Perú entre 1950 y 1965. ____ fueron los mejores años de su vida.
6. ____ mes ha sido fabuloso. He encontrado piso.
7. Luis se casó en 1970. En ____ época no trabajaba.
8. ____ semana ha sido agotadora.
9. –Doy una fiesta el día 15. –No puedo ir. ____ día regresan mis padres.
10. ____ verano no ha hecho mucho calor.

ACIERTOS ...../10

12.4. Complete con *esto, eso* o *aquello*.

1. ¿Es _esto_ suyo? Estaba en el suelo.
2. ¿Has leído ____? Es muy interesante.
3. –¿Sabes que Pedro está saliendo con Inés? –¡____ no es verdad!
4. –¿Qué es ____ que hay en ese pico? –No lo veo bien. Está muy lejos.
5. Léeme ____, por favor. No tengo las gafas.
6. –¿Qué es ____ que hay en el suelo? –No sé. Parece un móvil.
7. –Ana es muy antipática. –No sé por qué dices ____. No es verdad.
8. Luis, ven aquí. Lleva ____ a tu madre.

ACIERTOS ...../8

33

13 inteligente, enfermo, español
Adjetivos: género y número (Adjectives: gender and number)

Los adjetivos añaden información sobre una persona, animal o cosa. Nos dicen cómo son *(what they are like)* (*inteligentes, salvajes, grandes*), cómo están *(how they are)* (*enfermos, sucios*) o cuál es su origen *(where they are from)* (*española, belga*).

*Rosana es una chica muy **inteligente**.*	*Luis está siempre **enfermo**.*
*Tengo miedo a los animales **salvajes**.*	*Estos vasos están **sucios**.*
*Ana vive en una casa muy **grande**.*	*Tengo una guitarra **española**.*

● **Género** de los adjetivos

ADJETIVOS CALIFICATIVOS		ADJETIVOS DE NACIONALIDAD	
MASCULINO	FEMENINO	MASCULINO	FEMENINO
-o *limpio*	**-a** *limpia*	**-o** *polaco*	**-a** *polaca*
-or *trabajador*	**+a** *trabajadora*	**-consonantes**	**+a**
-án *charlatán*	**+a** *charlatana*	*francés*	*francesa*
-ón *llorón*	**+a** *llorona*	*español*	*española*
-ín *chiquitín*	**+a** *chiquitina*	*andaluz*	*andaluza*
▌**PERO:** *mayor/ menor* *mejor/ peor* *marrón*	*mayor/ menor* *mejor/ peor* *marrón*		
otras terminaciones: *inteligente, joven, gris, fácil, optimista*	no cambian: *inteligente, joven, gris, fácil, optimista*	otras terminaciones: *marroquí, belga, canadiense, hindú*	no cambian: *marroquí, belga, canadiense, hindú*

● **Número** de los adjetivos

SINGULAR	PLURAL	SINGULAR	PLURAL
-vocal	**+s**	**-vocal**	**+s**
limpio	*limpios*	*española*	*españolas*
inteligente	*inteligentes*	*canadiense*	*canadienses*

▌**PERO:** **-í, -ú → +s/es:** *marroquí → marroquís/marroquíes, hindú → hindús/hindúes*

SINGULAR	PLURAL	SINGULAR	PLURAL
-consonante	**+es**	**-consonante**	**+es**
trabajador	*trabajadores*	*francés*	*franceses*
joven	*jóvenes*	*español*	*españoles*
fácil	*fáciles*	*andaluz*	*andaluces*

ATENCIÓN: ▌		
francés → franceses	*andaluz → andaluces*	*feliz → felices*

● Los adjetivos tienen la misma forma (masculino, femenino, singular o plural) que la persona, animal o cosa a la que se refieren.

*Me encanta la **comida china**.*	*No me gustan los **coches grandes**.*
*Ana es **morena**, pero su hermano es **rubio**.*	*Rita lleva siempre **blusas blancas**.*

ATENCIÓN: ▌

masculino + femenino → plural masculino

*Juan y Ana están **solteros**.*   *Saca los **cuchillos** y las **cucharas negros**.*

13.1. **Complete con la forma correcta de los adjetivos entre paréntesis.**

1. ¡Qué elegante! Lleva un vestido (*rojo*) __rojo__, zapatos (*blanco*) _____ y una chaqueta (*rojo*) _____.
2. Los hermanos de Sofía son (*alto*) _____, (*fuerte*) _____ y muy (*guapo*) _____.
3. La economía (*capitalista*) _____ es muy potente.
4. Alberto tiene la nariz (*grande*) _____.
5. Quiero comprarme una blusa (*azul*) _____.
6. Me gustan los coches (*veloz*) _____.
7. Luisa es una persona (*encantador*) _____, pero es un poco (*mandón*) _____.
8. Luisa y su hermano son (*rubio*) _____.
9. No me gustan los chistes (*fácil*) _____.
10. Ana es (*joven*) _____, pero muy (*inteligente*) _____.

13.2. **Complete con la forma correcta de los adjetivos entre paréntesis.**

1. El madroño es una fruta (*comestible*) __comestible__
2. Estoy cansada. Ha sido un día (*agotador*) _____.
3. Sonia es una chica (*adorable*) _____, pero está siempre (*triste*) _____.
4. Rosa y Luis están (*divorciado*) _____.
5. Pepa y Andrés son muy (*feliz*) _____. Tienen unos hijos (*encantador*) _____.
6. Me he comprado una falda (*marrón*) _____.
7. Necesito una talla (*mayor*) _____.
8. Nuria y Olga son muy (*cursi*) _____.
9. ¿Dónde está mi camisa (*gris*) _____?
10. Compra esa otra cámara. Es (*mejor*) _____.
11. Alberto y su hermano son muy (*cortés*) _____.
12. ¿Por qué eres siempre tan (*pesimista*) _____, Sergio?

13.3. **Complete con la forma correcta del adjetivo correspondiente.**

andaluz	belga	canadiense	chileno	francés	griego	iraní	israelí	~~marroquí~~ (2)

1. Mohamed es de Marruecos. Es __marroquí__.
2. Nana y Sofía son de Grecia. Son _____.
3. Tomás y Elsa son de Chile. Son _____.
4. Mi amiga Hada es de Irán. Es _____.
5. Rocío y Belén son de Andalucía. Son _____.
6. Hilary y Susan son de Canadá. Son _____.
7. Fátima y Zoraida son de Marruecos. Son _____.
8. David y Sharon son de Israel. Son _____.
9. Jean es de Bélgica. Es _____.
10. Marie es de Francia. Es _____.

13.4. **Complete con la forma correcta del adjetivo correspondiente.**

brasileño	canadiense	~~escocés~~	estadounidense	finlandés	hindú	iraquí	japonés	peruano	ruso

1. Glasgow es una ciudad ___escocesa___.
2. El yen es la moneda _____.
3. Ivan y Vladimir son nombres _____.
4. Kennedy y Reagan fueron presidentes _____.
5. Helsinki es la capital _____.
6. São Paulo es una ciudad _____.
7. El sol es la moneda _____.
8. Montreal es una ciudad _____.
9. Bagdad y Basora son ciudades _____.
10. Kali es una diosa _____.

14 un niño pobre, un pobre niño
Adjetivos: colocación (adjective placement)

● Colocación de los adjetivos respecto al nombre

– Los adjetivos van normalmente detrás del nombre *(after the noun)*. En este caso el adjetivo diferencia a esa persona, animal o cosa de las demás personas, animales o cosas.

>   Hemos comprado **un piso nuevo**. (= no un piso viejo)   Magritte era un **pintor belga**. (= de esa nacionalidad, no de otra)

– Los adjetivos pueden ir delante del nombre *(before the noun)* para dar énfasis o para destacar una cualidad.

>   Jorge ha tenido **un grave accidente**.   Estoy leyendo "Don Quijote", **la célebre obra** de Cervantes.

Compare:

nombre + adjetivo	adjetivo + nombre
Necesitamos una **persona joven**. (= hay limitación: solo personas jóvenes.)	Ayer estuve con mi **joven amigo Roque**. (= un amigo en concreto que tiene una cualidad concreta.)

– Los ordinales *(ordinal numbers)* y otros adjetivos que indican orden *(order)*: *antiguo, nuevo, anterior, próximo, último...* suelen ir delante del nombre.

>   La academia está en el **tercer piso**.   –¿Has leído mi **nueva novela**? –Sí, voy por el **décimo capítulo**.
>   López es un **antiguo compañero** de colegio.   Nos pagan el **último día** del mes.

▌ **PERO:** Con *piso, planta* o *capítulo*, los ordinales también pueden ir detrás del nombre.

>   La academia está en el **piso tercero**.   Voy por el **capítulo décimo**.

– Con los nombres de reyes o papas *(kings or popes)*, los ordinales van siempre detrás.

>   Felipe V (quinto)   Juan Pablo II (segundo)

– *Mejor* y *peor* suelen ir delante del nombre.

>   El sábado es el **peor día** para salir.

– En algunos casos, la colocación del adjetivo cambia el significado.

Compare:

nombre + adjetivo	adjetivo + nombre
un niño pobre (= sin dinero) *un libro grande* (= tamaño) *un piso nuevo* (= sin usar) *un amigo viejo* (= de edad)otro) *un viejo amigo* (= de mucho tiempo)	*un pobre niño* (= desgraciado) *un gran libro* (= calidad) *un nuevo piso* (=

▐ **ATENCIÓN:** ▌

> *bueno, grande, malo* + nombre → *buen, gran, mal*
>
>   Madrid es una **gran ciudad**.   Es un **buen hombre**.   Hoy tengo un **mal día**.

▌ **PERO:** Es una **buena mujer**.   Londres y Paris son dos **grandes ciudades**.

● Colocación de los adjetivos respecto al verbo

– Con los verbos *ser, estar, parecer, sentirse, ponerse* los adjetivos van detrás del verbo.

>   El novio de Ángela **es italiano**.   La sala **está vacía**.
>   **Pareces asustado**.   No **se sienten felices**.

– También van detrás del verbo cuando indican el resultado de una acción.

>   **Llegaron cansados**.   Tuvieron un accidente, pero **salieron ilesos**.

14 EJERCICIOS

14.1. **Coloque los nombres y adjetivos en el orden correcto.**

1. No me gustan las (*personas/egoístas*) __personas egoístas__.
2. Pon (*platos/limpios*) _____.
3. Javier y Marta tienen (*problemas/serios*) _____.
4. Me he comprado una (*chaqueta/azul*) _____.
5. Es una (*persona/mala*) _____.
6. He visto a mi (*amigo/bueno*) _____ Tomás.
7. Hoy he tenido un (*día/malo*) _____.
8. Hemos visto el *Guernica*, el (*cuadro/famoso*) _____ de Picasso.
9. He tenido una (*discusión/fuerte*) _____ con mi jefe.
10. Me he comprado un cedé de *Parsifal*, la (*ópera/maravillosa*) _____ de Wagner.

14.2. **Coloque los nombres y adjetivos en el orden correcto.**

1. Jorge vive en el (*piso/décimo*) __piso décimo/décimo piso__.
2. El domingo es el (*día/último*) _____ de la semana.
3. El actual rey de España es _____ (*Juan Carlos/primero*).
4. Mi (*esposa/primera*) _____ murió muy joven.
5. Ayer vi a Pepa con su (*marido/anterior*) _____.
6. ¿Has leído ya el (*capítulo/quinto*) _____?
7. Mi (*jefe/antiguo*) _____ era holandés.
8. Las oficinas están en el _____ (*piso/segundo*).
9. El (*domingo/próximo*) _____ es mi cumpleaños.
10. ¿Quién fue el (*rey/último*) _____ de Francia?
11. ¿Cuál es la (*hora/mejor*) _____ para visitar la exposición?
12. Creo que esa es la (*solución/peor*) _____ de todas.

ACIERTOS ...... /12

14.3. **Coloque los nombres y adjetivos en el orden correcto.**

1. Luis trabaja en un comedor para (*niños/pobres*) __niños pobres__.
2. ¡(*Niños/pobres*) _____! No tienen padres.
3. Ese cuadro es pequeño. Necesito un (*cuadro/grande*) _____ para esa pared.
4. Mi abuelo era un (*hombre/grande*) _____. Medía 185 cm.
5. Picasso fue un (*pintor/grande*) _____.
6. ¿Has leído mi (*novela/nueva*) _____?
7. Pedro y yo nos conocemos hace muchos años. Somos (*amigos/viejos*) _____.
8. Amalia y Jorge han tenido un (*hijo/nuevo*) _____.
9. Tengo (*amigos/jóvenes*) _____ y (*amigos/viejos*) _____.
10. Londres y París son dos (*ciudades/grandes*) _____ europeas.

ACIERTOS ...... /11

14.4. **Ordene las frases.**

1. rotos / están / los vasos __Los vasos están rotos.__
2. cansados / mis padres / se sienten _____
3. parece / Luis / nervioso _____
4. han llegado / rotos / los huevos _____
5. mala / la carne / se ha puesto _____
6. es / esa falda / cara. _____
7. malas / esas naranjas / están _____
8. triste / me siento _____
9. rojo / se ha puesto / Carlos _____

ACIERTOS ...... /9

15

más alto, el más alto
Comparativo y superlativo de superioridad e inferioridad (comparative and superlative)

*El Guadiana es **más largo** que el Guadalquivir.*
*El Ebro es **el río más largo** de España.*

*Marta es **menos inteligente** que Laura.*
*Jorge es **el menos inteligente** de la clase.*

Más largo, menos inteligente son formas comparativas *(comparative forms)*; sirven para comparar dos términos –personas, animales o cosas– entre sí.

El más largo, el menos inteligente son formas superlativas *(superlative forms)*; sirven para comparar un término –personas, animales o cosas– con todos los elementos de su grupo.

● Formación del comparativo y superlativo de superioridad *(comparative and superlative for superiority)*

comparativo: *más* + adjetivo (+ *que*)	superlativo: *el/la/los/las* (+ nombre) + *más* + adjetivo (+ *de*)
Alberto es **más trabajador** que su padre. Chile está **más poblado** que Argentina. El Everest es **más alto** que el Teide.	Buenos Aires es **la ciudad más poblada** de América del Sur. El Everest es **la montaña más alta** del mundo. Alberto es **el más trabajador** de su familia.

● Formación del comparativo y superlativo de inferioridad *(comparative and superlative for inferiority)*

comparativo: *menos* + adjetivo (+ *que*)	superlativo: *el/la/los/las* (+ nombre) + *menos* + adjetivo (+ *de*)
Paraguay está **menos poblado** que Uruguay. Hugo es **menos simpático** que Rodri.	Paraguay es **el país menos poblado** de América del Sur. Hugo es **el menos simpático** de mis amigos.

Formas irregulares:

+ *viejo* → mayor, mayores	el/la mayor, los/las mayores	Mario es **mayor** que Javi.
+ *joven* → menor, menores	el/la menor, los/las menores	Andrés es **el menor** de todos mis hijos.
+ *malo* → peor, peores	el/la mejor, los/las mejores	Tu ordenador es **peor** que el mío.
+ *bueno* → mejor, mejores	el/la peor, los/las peores	Estas naranjas son **las mejores** de España.

ATENCIÓN:

mejor/mejores, peor/peores + nombre	*Julián es el **mejor alumno** de la clase.*

● Construcciones de comparativo y de superlativo

– *más/menos* + adjetivo + *que* + nombre/yo, tú.../ayer, hoy.../el mío, el tuyo...

   *Soy **más simpático** que mi hermano.*   *Mi hermano es **más listo** que yo.*
   *Hoy está **menos nublado** que ayer.*   *Mi ordenador es **menos potente** que el tuyo.*

– *más/menos* + adjetivo + *de lo que* + oración

   *Este piso es **más caro de lo que** pensábamos.*

– *el, la... más/menos* + adjetivo + *de* + nombre/nosotros...

   *Hoy es **el día más feliz** de mi vida.*   *¿Quién es **el menos puntual** de vosotros?*

– *el, la...más/menos* + adjetivo + *que* + oración

   *Elena es la chica **más inteligente** que conozco.*

● Cuando está claro a que nos referimos, no es necesario mencionar el segundo término de comparación.

   *Este televisor es **mejor**, pero es **más caro**. (= que los otros que les he enseñado)*
   *Este televisor es **el más caro**. (= de todos los televisores de esta tienda)*

15 EJERCICIOS

15.1. **Escriba las frases comparando a Antonio y a Sofía.**

	1.7.	2.	3.	4.	5.	6.	6.
Antonio	25 años	178 cm	(–) inteligente	(–) trabajador	(–) popular	(+) alegre	(–) simpático
Sofía	23 años	175 cm	(+) inteligente	(+) trabajadora	(+) popular	(–) alegre	(+) simpática

1. Soy __mayor que Sofía__ .
2. Soy _____ .
3. Soy _____ .
4. Soy _____ .
5. Soy _____ .
6. Soy _____ .
7. Soy _____ .

ANTONIO ⇐ ⇒ SOFÍA

1. Soy __más joven que Antonio__ .
2. Soy _____ .
3. Soy _____ .
4. Soy _____ .
5. Soy _____ .
6. Soy _____ .
7. Soy _____ .

ACIERTOS ...../14

15.2. **Complete las frases con un superlativo.**

1. ¿Cuál es (*ciudad, + bonito*) __la ciudad más bonita__ de Cuba?
2. ¿Cuál es (*país, – poblado*) __el país menos poblado__ de Latinoamérica?
3. ¿Cuál es (*ciudad, + grande*) _____ de Bolivia?
4. ¿Cuál es (*volcán, + alto*) _____ de Perú?
5. ¿Cuál es (*ciudad, – contaminado*) _____ de España?
6. ¿Cuál es (*río, + largo*) _____ de México?
7. ¿Cuál es (*capital, + alto*) _____ de América del Sur?
8. ¿Cuál es (*isla, + pequeño*) _____ del Caribe?

ACIERTOS ...../8

15.3. **Observe la información del recuadro y escriba frases sobre este grupo de amigos.**

	Lucas	Marina	Cristina	Leo
simpático	++	– –	+	–
trabajador	+	++	++	–
inteligente	+	+	–	++
elegante	+	– –	++	– –
atractivo	–	++	+	++

1. Cristina es (*simpático*) __más simpática__ que Marina.
2. Lucas es (*simpático*) __el más simpático__ de sus amigos.
3. Marina es (*simpático*) __la menos simpática__ .
4. Marina es (*trabajador*) _____ que Lucas.
5. Marina y Cristina son (*trabajador*) _____ .
6. Leo es (*trabajador*) _____ .
7. Lucas es (*inteligente*) _____ que Leo.
8. Cristina es (*inteligente*) _____ .
9. Leo es (*elegante*) _____ que Lucas.
10. Cristina es (*elegante*) _____ .
11. Marina y Leo son (*elegante*) _____ .
12. Lucas es (*atractivo*) _____ .
13. Marina es (*atractivo*) _____ que Cristina.
14. Marina y Leo son (*atractivo*) _____ .

ACIERTOS ...../14

15.4. **Complete estos eslóganes publicitarios.**

1. Agua de Monteviejo, (*bebida, + sano*) __la bebida más sana__ y (*+ refrescante*) __la más refrescante__ .
2. "Regina", (*reloj, + caro*) _____ del mundo.
3. Ordenadores portátiles Misima, (*+ pequeño*) _____ y (*+ potente*) _____ .
4. Ropa deportiva "Libre", (*+ cómodo*) _____ y (*+ elegante*) _____ .
5. Galletas Artaneda, (*+ bueno*) _____ para el desayuno.
6. Leche fresca "Norte", (*+ bueno*) _____ para su familia.

ACIERTOS ...../9

15.5. **Complete las frases con un comparativo o superlativo y *de, del que* o *de lo que*.**

1. Julia es (*chica, + alegre*) __la chica más alegre que__ conozco.
2. Marieta es (*+ vieja*) __mayor de lo que__ parece.
3. Para mí, el café de Colombia es (*+ bueno*) _____ el mundo.
4. Santiago y Pedro son (*estudiante, + malo*) _____ la clase.
5. Las ruinas de Machu Picchu son (*+ impresionante*) _____ he visto.
6. Ramón es (*+ guapo*) _____ me dijiste.
7. ¿Cuál es (*novela, + bueno*) _____ has leído?
8. Rosita es (*+ viejo*) _____ mis hermanas.

ACIERTOS ...../8

16 tan alto, igual de alto
Comparativo de igualdad (comparative of equality)

*Rosa es **tan alegre como** Jorge.*
*Rosa es **igual de alegre que** Jorge.*
*Rosa y Jorge son **igual de alegres**.*

*Una bici no es **tan rápida como** una moto.*
*Una bici no es **igual de rápida que** una moto.*
*Una bici y una moto no son **igual de rápidas**.*

Tan alegre, tan rápida, igual de alegre, igual de rápida son expresiones comparativas (*comparative expressions*). Se usan para indicar si cierta cualidad - *alegre, rápida* - es igual o no en dos términos (personas, animales o cosas).

Mis padres son **tan mayores** como **los tuyos**.
Los osos no son **tan altos** como **las jirafas**.

Roberto es **igual de antipático** que **sus hermanos**.
Li y Ula son **igual de encantadoras**.

- Formación del comparativo de igualdad (*comparative of equality*)

tan + adjetivo (+ *como*)	*Julia es **tan alta como** Marta, pero no es **tan guapa**.*
igual de + adjetivo (+ *que*)	*Soy **igual de alto que** mi hermano.* *Mi hermano y yo somos **igual de altos**.*

- El adjetivo tiene la misma forma (masculino o femenino, singular o plural) que la persona, animal o cosa a la que se refiere.

*Mi **piso** es igual de **pequeño** que el tuyo.*
*Mi **hermana** es tan **trabajadora** como yo.*

***Ana y su madre** son igual de **guapas**.*
***Estos dos televisores** son igual de **caros**.*

- Construcciones con el comparativo de igualdad

tan + *adjetivo* + *como* *igual de* + adjetivo + *que*	+ nombre + yo, tú... + el mío, el tuyo...	*Rafa no es **tan simpático** como su hermano.* *Yo soy **igual de inteligente** que vosotros.* *Mi coche no es **tan rápido** como el tuyo.*
tan + adjetivo + *como*	+ oración	*Julio no es **tan guapo como** tú dices.* *El español no es **tan difícil como** yo pensaba.*

- Cuando está claro a qué nos referimos, no es necesario mencionar el segundo término de comparación.

*–Felipe es muy amable. –Pues su hermana no es **tan amable**.*
*–Los argentinos son muy agradables. –Pues los chilenos son **igual de agradables**.*

16.1. **Complete con el adjetivo en la forma correcta.**

1. Mis hermanos son igual de (*alto*) __altos__ .
2. Ana es tan (*alto*) _____ como su madre.
3. Fernando es igual de (*guapo*) _____ que su padre.
4. Roberto y Luis son igual de (*simpático*) _____ .
5. Nuria es igual de (*antipático*) _____ que su hermana.
6. Tus amigas son tan (*simpático*) _____ como tú.
7. Un perro puede ser tan (*grande*) _____ como un lobo.
8. Una moto puede ser tan (*caro*) _____ como un coche.
9. Ana y Sofía son igual de (*trabajador*) _____ .
10. Ana es igual de (*estudioso*) _____ que Sofía.

ACIERTOS ...... /10

16.2. **Lea la información y haga comparaciones con el comparativo de igualdad.**

1. 178 cm	1. 175 cm	1. 175 cm
2. inteligente (+)	2. inteligente (++)	2. inteligente (++)
3. trabajador (+)	3. trabajadora (+)	3. trabajador (++)
4. popular (+)	4. popular (++)	4. popular (+)
5. alegre (++)	5. alegre (+)	5. alegre (++)
6. amable (++)	6. amable (++)	6. amable (+)
Raúl	Sonia	Paco

1. Sonia es __tan alta como/igual de alta que Paco__ .
2. Sonia y Paco son _____ .
3. Raúl es _____ .
4. Paco es _____ .
5. Raúl y Paco son _____ .
6. Raúl y Sonia son _____ .

ACIERTOS ...... /6

16.3. **Vuelva a escribir las frases con el comparativo de igualdad y los adjetivos del recuadro en la forma correcta.**

alto	amable	grande	inteligente	joven (2)	simpático	trabajador

1. Luisa es más antipática de lo que yo pensaba. __Luisa no es tan simpática como yo pensaba__ .
2. Mi casa es más pequeña que la tuya. _____ .
3. Rafa es menos inteligente de lo que piensas. _____ .
4. Leandro es más bajo de lo que parece. _____ .
5. Juan es menos trabajador que Alfonso. _____ .
6. Antonio es menos amable que tú. _____ .
7. Mis padres son más viejos que los tuyos. _____ .
8. Alicia es menos joven de lo que dice. _____ .

ACIERTOS ...... /8

16.4. **Complete los diálogos con el comparativo de igualdad.**

1. –Adolfo es muy inteligente. –Pues sus hijos son __tan inteligentes como él/igual de inteligentes__ .
2. –Mi casa es muy moderna. –Pues la mía no es _____ .
3. –Tu vestido es precioso. –Pues el tuyo es _____ .
4. –El pescado es muy sano. –Pues la fruta es _____ .
5. –Mis profesores son muy divertidos. –Pues los míos no son _____ .
6. –Tu novio es muy guapo. –Pues el tuyo _____ .
7. –Eres muy creativo. –Pues tú eres _____ .
8. –Mi ordenador es muy antiguo. –Pues el mío no es _____ .

ACIERTOS ...... /8

17 mi, mío; tu, tuyo; su, suyo...
Posesivos (possessives) (1)

Mi, mío, tu, tuyo, su, suyo, nuestras... son posesivos. Se usan para indicar posesión *(possession)* y otro tipo de relaciones, como familia *(family)*, origen *(origen)*, autoría *(authorship)*, etc.

> –¿Por qué no usas **tu ordenador**? –Prefiero **el tuyo**.
> –¿Está Sofía? –No, ha salido con **sus padres**.

> Este fin de semana quiero ir a **mi pueblo**.
> Mira, ese es Barceló, el pintor. Me encantan **sus cuadros**.

● Formas de los posesivos

POSEEDOR	SINGULAR		PLURAL	
	MASCULINO	FEMENINO	MASCULINO	FEMENINO
(yo)	mi/mío	mi/mía	mis/míos	mis/mías
(tú)	tu/tuyo	tu/tuya	tus/tuyos	tus/tuyas
(usted)	su/suyo	su/suya	sus/suyos	sus/suyas
(él, ella)	su/suyo	su/suya	sus/suyos	sus/suyas
(nosotros, nosotras)	nuestro	nuestra	nuestros	nuestras
(vosotros, vosotras)	vuestro	vuestra	vuestros	vuestras
(ustedes)	su/suyo	su/suya	sus/suyos	sus/suyas
(ellos, ellas)	su/suyo	sus/suya	sus/suyos	sus/suyas

– *mi, tu, su, ... + nombre*

> **Tu profesor** es argentino, ¿no?   –¿Dónde está Santi? –Está en **su habitación**.

– *ser + mío, tuyo...* expresa posesión *(possession)* o autoría *(authorship)*

> –¿De quién es este abrigo? –**Es mío**.   ¿**Es tuyo** este cuadro? Es precioso.

– *el, la, lo, las + mío, tuyo...* en lugar de *(instead of)* mi, tu ... + nombre cuando no es necesario repetir el nombre

> –Esta **calculadora** no funciona. –Puedes usar **la mía**. (= mi calculadora)
> –Nuestro **jefe** es muy agradable. ¿Y **el vuestro**? (= vuestro jefe) –También.

– *Mi, mío, mía, tu, tuyo, tuya...* tienen la misma forma (masculino o femenino, singular o plural) que el sustantivo al que acompañan o al que se refieren.

> –Déjame **tu cámara**, por favor. –¿Y **la tuya**? ¿No funciona?   **Mis padres** son de Granada. ¿Y **los tuyos**?

ATENCIÓN:

su, suyo, suya, sus, suyos, suyas = de él, de ella, de usted, de ellos, de ellas, de ustedes

Pablo y **su novia**.   Rosa y **su novio**.   **Su café**, don Antonio.   Luis y Pili con **su hija**.

> –Este diccionario es mío. –¿Y cuál es el de Héctor? **El suyo** es igual.
> –Mi hija estudia Medicina. ¿Y **la suya**, don José? ¿Qué hace?

Generalmente, la situación indica a quién se refiere *su, suyo, suya, sus, suyos, suyas*.

> –¿Son estas las maletas de Felisa? –No, **las suyas** son azules. (= las de Felisa)
> –¿Son estas mis maletas? –No, **las suyas** son más pequeñas. (= las de usted)

En caso necesario, se usa *de* + pronombre personal o nombre propio para dejar claro a quién se refiere.

> –¿De quién son estas gafas? –Son suyas. –¿Mías? –No, **de ella/de Andrea**.
> –¿Dónde está Guadalupe? –En su casa. –¿En mi casa? –No, en casa **de ella**.

● Se usa *el, la, los, las*, no *mi, tu*... con partes del cuerpo, ropa y otros objetos personales. En estos casos, si el verbo lo permite, se usa además un pronombre personal de objeto indirecto.

> Tienes **la nariz** rota.   Lo siento. **Te** he estropeado **el coche**.   **Me** duele **la cabeza**.   ¿**Os** lavo **las camisetas**?

ATENCIÓN:

Me he hecho daño en ~~mi~~ brazo → Me he hecho daño en **el brazo**.   ~~Ponte tu~~ gorra. Hace frío. → Ponte **la gorra**.

Se ha averiado ~~mi~~ moto. → Se **me** ha averiado **la moto**.

17.1. **Complete con la forma correcta de *mi, tu, su...* o *mío, tuyo, suyo...***

1. –¿Es __tuyo__ ese coche? –No, no es _____. Yo no tengo coche.
2. ¿Te gusta _____ coche? Lo acabo de comprar.
3. –¿De quién son esas fotos? –Son _____. Me han regalado una cámara.
4. –Alicia, ¿son _____ estos cedés? –No, no son _____.
5. Ayer estuve con Alberto y _____ familia.
6. –Raúl y yo guardamos _____ cosas en este armario.
7. –¿Dónde está Sonia? –Está de viaje con _____ padres.
8. –¿Dónde está Raquel? –Está en _____ casa. Acaba de llamarme.
9. –¿Son _____ estos dibujos, Mario? Son estupendos. –Gracias.
10. –¿De quién son estas maletas? ¿Son de Rosa? –Sí, son _____.
11. –¿Es eso de Andrés? –Sí, es _____.
12. –Julia, Ana, ¿son _____ estas llaves? –No, no son _____.
13. –¿Has visto _____ gafas? –Sí, están encima de la tele.
14. Tenéis que dejarme _____ pasaportes.
15. –¿De quién es ese ordenador? ¿Es de Ana? –No, no es _____. Es de una amiga.

ACIERTOS ...../18

17.2. **Complete con la forma correcta de *el, la, los, las* + *mío, tuyo, suyo...***

1. –¿Es este tu abrigo? –No, __el mío__ es gris.
2. –¿Son esas las fotos de Carlos? –No, _____ son en color.
3. –¿Nos prestas el coche? _____ está averiado.
4. –¿De quién son esos dibujos? ¿Son de Andrés? –No, _____ son mejores.
5. –¿De quién es la habitación 10? ¿Es la nuestra? –No, _____ es la 30.
6. –¿Has visto mi ordenador? –Está bien, pero _____ es mejor.
7. –Mi madre es de Zamora. ¿Y _____? –_____ es de Ávila.
8. –¿Me prestas la bici? –¿Dónde está _____?
9. Este no es el abrigo de Inés. _____ es negro.
10. –Mira. El perro de Jorge. –No, _____ es más grande.
11. –¿Es esa vuestra profesora? –No, _____ es rubia.
12. –¿De quién son estas entradas? ¿Son nuestras? –No, _____ las tiene Ángel.

ACIERTOS ...../13

17.3. **Complete los diálogos con *de* + pronombre personal como en el ejemplo.**

1. –Pedro está durmiendo en su habitación, Sr. López. –¿En mi habitación? –Sí, en __la habitación de usted__.
2. –Sr. Pérez, Margarita y Mercedes están en su casa. –¿En mi casa? –No, en _____.
3. –He visto a Rita con su perro. –¿Con mi perro? –No, con _____.
4. –He visto a Flor con sus hijos, don Alberto. –¿Con mis hijos? –Sí, con _____.
5. –Los señores Palacio están pasando unos días en su pueblo. –¿En mi pueblo? –No, en _____.
6. –Ismael está jugando con sus hijas, doña Rosalía. –¿Con mis hijas? –No, con _____.

ACIERTOS ...../6

17.4. **Escriba frases con las palabras dadas.**

1. duele / boca __Me duele la boca.__
2. tengo / camisa sucia _____
3. hecho daño en / pierna _____
4. poneos / abrigos _____
5. he roto / gafas _____
6. tienes / cara sucia _____
7. he perdido / cartera _____
8. se ha averiado / coche _____
9. ¿duele / cabeza / a vosotros? _____
10. tenemos / frigorífico estropeado _____

ACIERTOS ...../10

18 *mi profesor / un profesor mío*
Posesivos (2)

Juan, te presento a Silvia, **mi novia**.

Mira, **una foto tuya** de pequeña.

● Se usan *mi, tu, su...* + nombre cuando nos referimos a alguien o algo único o específico (único en esa situación - *unique in that situation*).

> *Te presento a Silvia, mi novia.* (Solo tengo una novia.)
> *He visto a tu compañero de oficina.* (Solo tiene un compañero en la oficina, o es el compañero con el que trabaja.)

● Se usa *un/una, dos, tres... unos/unas* + nombre + *mío, tuyo...* cuando hablamos de alguien o algo como parte de un grupo *(part of a group)*.

> *Mira, una foto tuya de pequeña.* (Una de tus muchas fotos.)
> *Un primo mío es campeón de kárate.* (Uno de mis muchos primos.)
> *Tengo unas medallas tuyas de cuando hacías atletismo.* (Algunas de tus medallas.)

Compare:

mi, tu, su... + nombre (único o único en la situación)	*un/una, dos...* + nombre + *mío, tuyo...* (uno o unos de un grupo)
Mi profesor de español es de Palencia. (Solo tengo un profesor de español.)	*Un profesor mío es de Palencia.* (Uno de mi grupo de profesores.)
Tu dibujo es excelente. (El dibujo que me acabas de enseñar.)	*He enmarcado un dibujo tuyo.* (Uno de un conjunto; hay más.)
Sus dos hermanas viven en México. (Las dos hermanas que tiene.)	*Dos hermanas suyas viven en México.* (Dos de las hermanas que tiene; tiene más.)

● Se usa *ser* + nombre + *mío, tuyo...* para indicar únicamente relaciones *(relationship)*.

> *Alonso es **cuñado mío**.*   *Rosa y Teresa son **compañeras mías**.*

Compare:

Juan es mi sobrino. (Solo tengo un sobrino o es el sobrino del que te hablé.)	*Juan es un sobrino mío.* (Tengo más sobrinos.)	*Juan es sobrino mío.* (Solo indico la relación; puedo tener más sobrinos o no)

● Para hablar de alguien o algo como parte de un grupo, se puede usar también *uno/una, dos...* + *de* + *mis, tus, sus...* + nombre.

un/una, dos... + nombre + *mío, tuyo...*	*uno/una, dos... de* + *mi, tu, su...* + nombre plural
Un profesor mío es de Palencia.	*Uno de mis profesores es de Palencia.*
He enmarcado un dibujo tuyo.	*He enmarcado uno de tus dibujos.*
Dos hermanas suyas viven en México.	*Dos de sus hermanas viven en México.*

> **ATENCIÓN:**
>
> *su, suyo, suya, sus, suyos, suyas = de él, de ella, de usted, de ellos, de ellas, de ustedes*
>
> Generalmente, la situación indica a quién se refiere *su, suyo, suya, sus, suyos, suyas*.
>
> *He visto a Jesús con uno de **sus** profesores.* (= de él, de Jesús)
> *Don Alberto, ¿me presta una de **sus** corbatas?* (= de usted, de don Alberto)
>
> En caso necesario, se usa *de* + pronombre personal o nombre para dejar claro a quién se refiere.
>
> *–He visto a Lola con **una amiga suya**, doña Teresa. –¿Con una amiga mía? –No, con **una amiga de ella**.*

18.1. **Complete con *mi, tu, su...* o *mío, tuyo, suyo...***

1. El hombre alto es ___mi___ padre.
2. Tengo dos libros _____. Te los devuelvo cuando los acabe.
3. Un amigo _____ habla chino perfectamente.
4. Rocío me dijo que una prima _____ vivía en Colombia.
5. Ayer estuve con Andrés y _____ novia.
6. −Ayer vi a Ana con Elisa. −¿Quién es Elisa? −Una prima _____.
7. −Necesito escribir una carta. −Usa _____ ordenador. Ahora no lo necesito.
8. Acabo de hablar con _____ madre, Pedro. Es muy simpática.
9. Amparo, yo y dos amigos _____ queremos ir a Grecia.
10. ¿Dónde podemos guardar _____ ropa, Adela?
11. Mi madre tiene unas fotos _____, de ti y de Alfonso.
12. Le he comprado a Tina unos cuadros _____. Son muy buenos.

ACIERTOS
....../12

18.2. **Complete las frases con el posesivo correspondiente y el nombre dado.**

1. (Tengo un hermano) "Juan trabaja con (*yo/hermano*) ___mi hermano_____."
2. (Tengo tres hermanos) "Juan trabaja con (*yo/hermano*) __un hermano mío_."
3. (Elena tiene varios profesores) "(*ella/profesor*) _____ es argentino."
4. (Alberto tiene tres hermanas) "(*él/hermanas*) _____ están casadas."
5. (Doña Rosario tiene dos hijas) "Trabajo con (*usted/hija*) _____, doña Rosario."
6. (Luis y Ana tienen una abuela) "Acabo de ver a (*vosotros/abuela*) _____."
7. (Joaquín tiene muchos sellos) "Joaquín ha vendido (*él/algunos sellos*) _____"
8. (Sofía ha escrito varios libros) "He leído (*tú/libro*) _____, Sofía."
9. (Alberto tiene muchos amigos. "Alberto está cenando con (*él/unos amigos*) _____."
10. (Gema tiene muchos alumnos) "Gema se preocupa mucho por (*ella/alumnos*) _____."
11. (Elena tiene dos abuelos) "Elena pasa la Navidad con (*ella/abuelo*) _____."
12. (Mi hermano y yo tenemos tres perros) "Todas las tardes paseo a (*nosotros/perros*) _____."

ACIERTOS
....../12

18.3. **Vuelva a escribir las frases como en el ejemplo.**

1. Una amiga mía toca en una orquesta. ___Una de mis amigas toca en una orquesta.___
2. Un profesor suyo está enfermo. _____
3. Le he comprado un cuadro suyo. _____
4. ¿Me prestas un libro tuyo? _____
5. Dos primos míos viven en Brasil. _____
6. Un hermano nuestro es catedrático de Historia. _____
7. Déjame una corbata tuya. _____
8. Hemos conocido a dos vecinos vuestros. _____
9. Estamos veraneando con dos compañeros nuestros. _____
10. Marta sale con un alumno suyo. _____

ACIERTOS
....../10

18.4. **Vuelva a escribir las frases subrayadas con *de* + pronombre personal como en el ejemplo.**

1. (El compañero es de Lola.) He visto a Lola con *un compañero suyo*, don Diego. __Un compañero de ella.__
2. (El amigo es de doña Asunción) He visto a Pedro con *un amigo suyo*, doña Asunción. _____
3. (La prima es del Sr. Villa) −¿Dónde trabaja Eva? −Con *una prima suya*, Sr. Villa. _____
4. (El tío es de Diego) −¿Dónde está Diego? −En Buenos Aires, con *un tío suyo*. _____
5. (Los amigos son de Luisa y Alberto) −¿Con quién están cenando Luisa y Alberto? −Con *unos amigos suyos*, don Luis. _____

ACIERTOS
....../5

todos, algunos, varios, uno, ninguno, alguno
Indefinidos (Indefinite reference) (1)

- Se usan *todos, algunos, varios, uno, ninguno, alguno* para referirse a los componentes de un grupo *(parts of a group)*.

  > **Todos mis amigos** son simpáticos. (= la totalidad del grupo)
  > **Algunos de mis amigos** son estudiantes. (= una parte indeterminada del grupo)
  > **Varios de mis amigos** son arquitectos. (= un número indeterminado del grupo)
  > **Uno de mis amigos** habla chino. (= uno indeterminado; no digo cuál)
  > **Ninguno de mis amigos** es antipático. (= nadie del grupo)

- *todos, todas*

  – *todos, todas* + *los, las.../mis, tus.../estos, esos...* + nombre plural; *todos* + *nosotros, vosotros...* ; *todas* + *nosotras...*

  > **Todos los asientos** están ocupados.   **Todas mis amigas** hablan español.
  > Deme **todas esas manzanas**, por favor.   **Todos vosotros** sois muy amables.

- *un, una, algún, alguna, algunos, algunas, ningún, ninguno, ninguna*

  – *uno, una, ningún, ninguna, algún, alguna* + nombre singular

  > **Una señora** ha preguntado por ti.   No veo **ningún elefante**.   ¿Ha llegado **algún alumno**?

  – *algunos, algunas* + nombre plural   **Algunas setas** pueden ser venenosas.

  – *uno, una, alguno, alguna, algunos, algunas, ninguno, ninguna* + *de* + *los, las.../mis, tus.../estos, esos...* + nombre plural; *uno, una, alguno...* + *de* + *nosotros, vosotros...*

  > **Una de las ruedas** está rota.   ¿**Alguna de tus tías** vive en Caracas?
  > **Algunos de esos libros** son muy raros.   No veo a **ninguno de los niños**.
  > ¿**Alguno de vosotros** conduce?

  – *algún, alguno* y *alguna* se suelen emplear en preguntas. Preguntan por cantidad e identidad indeterminadas.

  > ¿Tienen **algún libro nuevo**?   ¿**Alguno de vosotros** habla árabe?

Compare:

Te está esperando **un alumno**.	¿Hay **algún alumno** en la clase?
(= cantidad determinada e identidad indeterminada)	(= cantidad e identidad indeterminadas)

ATENCIÓN:

algún, ningún + nombre singular masculino
   ¿Hay ~~alguno~~ paquete abierto? → ¿Hay **algún paquete** abierto?

algún, ningún + nombre femenino singular empezando por *á-* o *há-* acentuadas
   ¿Has visto **algún águila** por esta zona?   No hay **ningún aula** libre en toda la academia.

ningún, ninguno, ninguna + verbo afirmativo → **Ninguno** de mis amigos **habla** chino.

verbo negativo + *ningún, ninguno, ninguna* → **No habla** chino **ninguno** de mis amigos.

- *varios, varias* = un número indeterminado *(indefinite number)* de personas o cosas

  – *varios, varias* + nombre plural   Me gustan **varios escritores** españoles.

  – *varios, varias* + *de* + *los, las.../mis, tus.../estos, esos.../nosotros, vosotros...* + nombre plural
  > Quiero comprar **varios de esos recuerdos**.   Ya he leído **varios de los libros** que me prestaste.
  > Tengo malas noticias para **varios de vosotros**.   Conozco a **varias de tus primas**.

- *Todos, todas, uno, una, alguno, alguna, algunos, algunas, varios, varias* y *ninguno, ninguna* se pueden usar solos cuando está claro de quién o de qué se habla.
  > –Conozco a **todas esas chicas**. –Pues yo no conozco a **ninguna**.   –¿Has leído **alguna obra** de Borges? –Sí, **varias**.

19.1. **Complete con la forma correcta del indefinido entre paréntesis.**

1. ¿Has escrito (*todo*) ____todas____ las cartas?
2. No conozco a (*ninguno*) _____ de tus amigos.
3. Necesito cambiar (*uno*) _____ de las ruedas.
4. ¿Hay (*alguno*) _____ ordenador en esta escuela?
5. (*Alguno*) _____ personas son muy amables.
6. Os podéis ir (*todo*) _____ vosotros.
7. ¿Quieres (*alguno*) _____ de esos libros?
8. ¿(*Alguno*) _____ de vosotros tiene coche?
9. Todavía no ha llegado (*ninguno*) ____ alumno.
10. No me hablo con (*ninguno*) ____ de esas chicas.

19.2. **Complete según la clave siguiente, añadiendo *de* en caso necesario.**

1. ¿Conoces a (♣ ♣) __alguno de__ mis amigos?
2. No conozco a (∅) _____ tus amigos.
3. Tira (♣ ♣ ♣) _____ las manzanas. Están malas.
4. (♣) _____ señor quiere hablar con usted.
5. (♣ ♣) _____ tus vecinos son muy desagradables.
6. ¿Conoces a (♣ ♣) _____ colombiano?
7. Han vendido (♣ ♣ ♣) _____ las entradas.
8. (♣ ♣) _____ personas tienen mucha suerte.
9. (♣) _____ mis primos es cirujano.
10. En Navidad como con (♣ ♣ ♣) _____ mis hijos.
11. (♣) _____ mis tías quiere conocerte.
12. ¿(♣ ♣) _____ vosotras quiere venir al cine?

> todos: (♣ ♣ ♣ ♣)
> alguno: (♣ ♣)
> uno: (♣)
> ninguno: (∅)

13. (∅) _____ nosotros habla árabe.
14. ¿Hay (♣ ♣) _____ aula libre?
15. (∅) _____ ellos quiere ayudarme.

19.3. **Vuelva a escribir las frases como en los ejemplos.**

1. Ninguno de mis hijos estudia. __No estudia ninguno de mis hijos.__
2. No ha aprobado ninguno de vosotros. __Ninguno de vosotros ha aprobado.__
3. No quiso venir ninguna de mis amigas. _____
4. No habla inglés ninguno de nosotros. _____
5. Ninguna de mis hijas trabaja. _____
6. Ninguna de esas maletas es mía. _____

19.4. **Complete con *uno/una* (★) o *varios/varias* (★ ★ ★) y la palabra entre paréntesis.**

1. Tomás tiene (★ ★ ★, *casa*) __varias casas__.
2. Esta semana tengo (★, *día*) _____ libre.
3. (★ ★ ★, *mi compañero*) _____ tienen título universitario.
4. Solo he recibido (★, *tu carta*) _____.
5. (★ ★ ★, *nosotros*) _____ ya hemos aprobado ese examen.
6. Algunas culturas permiten tener (★ ★ ★, *esposa*) _____.
7. Puede pagar el televisor en (★ ★ ★, *plazo*) _____.
8. Quiero (★, *esa caja*) _____.

19.5. **Complete con las palabras entre paréntesis en la forma correcta según la clave siguiente.**

> todos: (✗ ✗ ✗ ✗) varios: (✗ ✗ ✗) alguno: (✗ ✗) uno: (✗) ninguno: (∅)

1. –¿Has visto (✗ ✗ ✗, *película*) __alguna película__ de Amenábar? –Sí, (✗ ✗ ✗) __varias__.
2. –He leído (✗ ✗ ✗ ✗, *ese libro*) _____. –Pues yo no he leído (∅) _____.
3. –Me he comprado (✗ ✗ ✗, *pañuelo*) _____. –¡Qué bonitos! Me gustan (✗ ✗ ✗ ✗) _____.
   – Te puedo prestar (✗) _____.
4. ¿(✗ ✗, *vosotros*) _____ tiene una cámara de vídeo?
5. –¿Quieres (✗ ✗, *esa manzana*) _____? –Sí, las quiero (✗ ✗ ✗ ✗) _____. Voy a hacer una tarta.
6. –Nunca me ha tocado (∅, *premio*) _____. –Pues a mí me han tocado (✗ ✗ ✗) _____.

20 *un, otro*
Indefinidos (2)

● *un, una, unos, unas*

Te ha llamado **una amiga**.

Me voy. He quedado con **unos amigos**.

un, una = un elemento indeterminado
(No se dice cuál.)

unos, unas = identidad y cantidad indeterminadas
(No se dice cuáles ni cuántos.)

un, una + nombre singular	*Rosa está saliendo con **un italiano**.* *Te ha llamado **una amiga**.*
unos, unas + nombre plural	*Me han regalado **unas flores**.*

uno, una + *de*	+ *nosotros, vosotros...*	***Uno de vosotros** tiene que ayudarme.*
	+ *los, las* + *mis, tus...* + *estos, esos...* — + nombre plural	*Julián es **uno de los participantes**.* *He visto a **una de tus hermanas**.* *Quiero **una de esas carteras**.*

● *otro, otra, otros, otras*

– *otro, otra, otros, otras* = más elementos del mismo tipo
   *Los Blanco van a tener **otro hijo**.* (= un hijo más)
   *Han llegado **otros tres alumnos**.* (= tres alumnos más)

– *otro, otra, otros, otras* = elementos diferentes
   *Hoy estoy ocupado. Ven **otro día**.* (= un día distinto a hoy)
   *–¿Ya no vives aquí? –No, ahora vivo en **otro barrio**.* (= un barrio diferente)

Otro vaso de agua, por favor.

(el, la) *mi, tu...* *este, ese...*	+ *otro, otra* + nombre singular	*Pásame **el otro plato**.* *Este es **mi otro hijo**.* *Prefiero **ese otro plátano**.*

(los, las) *mis, tus* *estos,* *esos...*	+ *otros, otras*	+ *(dos,* *tres...)* + nombre plural	*Esas no. Quiero **las otras botas**.* ***Mis otros dos primos**.* ***Esas otras manzanas** son mejores.*

otro, otra + *de*	+ *nosotros, vosotros...*	*Quiere que vaya **otro de nosotros**.*
	+ *los, las...* + *mis, tus...* + *estos, esos...* — + nombre plural	*Pásame **otro de los pasteles** de chocolate.* *He perdido **otra de mis plumas**.* *Dame **otra de esas ciruelas**.*

– *el otro día, la otra mañana/tarde/noche* = pasado reciente *(recent past)*
   ***El otro día** vi a Kika.* (= hace unos días)
   ***La otra noche** salimos todos los de la oficina.* (= hace unas noches)

– *otro, otra, otros, otras* = se pueden usar solos cuando está claro de quién o de qué se está hablando
   *–¡Qué ricos están los pasteles! –Coge **otro**.* (= otro pastel)

20 EJERCICIOS

20.1. Complete con *un/uno, una, unos, unas* y *de* en caso necesario.

1. Pásame ___uno de___ esos pasteles, por favor.
2. Compra _____ pasteles.
3. Tenéis que leer _____ estos libros.
4. Sofía es _____ las favoritas del concurso.
5. Puedes ir al concierto con _____ tus padres.
6. –¿Quién ha tirado esos papeles? –Ha sido _____ ellos.
7. –Le ha tocado el premio a _____ nosotros, pero no sabemos a quién.
8. _____ vosotras tiene que ayudarme.
9. He invitado a _____ compañeras mías.
10. _____ mis amigas se casa el sábado.
11. Te ha llamado _____ amigo.

20.2. Sustituya lo subrayado por una frase con *otro, otra, otros, otras*.

1. Se han matriculado *dos alumnos más*. ___Otros dos alumnos.___
2. Quiero *un vaso diferente*. _____
3. Prefiero *una película diferente*. _____
4. Los Fernández han comprado *un coche más*. _____
5. Puedes invitar a *tres personas más*. _____
6. Laura trabaja en *una empresa diferente*. _____
7. Póngame *una cerveza más*, por favor. _____
8. He vendido *dos cuadros más*. _____
9. Tenéis que hacer *un examen más*. _____
10. Elsa sale con *unas amigas diferentes*. _____
11. Quiero hacerlo *una vez más*. _____
12. Llámame *un día diferente*. _____

20.3. Complete las frases con *otro, otra, otros, otras* y *de* en caso necesario.

1. He recibido ___otra___ postal de Carlos.
2. Mira, ahí va Rosa con _____ sus sombreros.
3. Pásame la _____ jarra. Esta está vacía.
4. Necesito que me ayude _____ vosotros.
5. Pásame _____ esos plátanos, por favor.
6. Me quedan _____ dos años para acabar la carrera.
7. Tía Sara ya está aquí y mis _____ dos tías vienen mañana.
8. Este coche no es muy bueno, pero mi _____ coche es un Ferrari.
9. Julia vino a verme el _____ día.
10. Ya he leído tus libros.
11. La _____ tarde estuve con Carlos.
12. Cántame _____ tus canciones.

20.4. Complete con *otro, otra, otros, otras*.

1. –Pásame una botella. –¿Esta? –No, esa no. La ___otra___.
2. –¿Quieres estas flores? –No, esas no me gustan. Quiero _____.
3. –¿Cuántos hijos tienen los Vicent? –Cinco, pero van a tener _____.
4. –¿Cuál de los dos retratos prefieres? ¿Este? –No, me gusta más el _____.
5. Esta botella está vacía. Traiga _____, por favor.
6. Estos balones son viejos. Necesitamos _____.

20.5. Complete con *un/uno, una, unos, unas* u *otro, otra, otros, otras*.

1. No tengo ninguna pluma. Necesito ___una___.
2. Esta pluma no funciona. Necesito _____.
3. Solo tenemos cinco euros. Necesitamos _____ cinco.
4. Tenemos que llevarle algo a Marta. Compra _____ flores.
5. Esas camisas no me gustan. Enséñeme _____.
6. Tenemos dos entradas, pero si vienen Juan y Carlos necesitaremos _____ dos.
7. Este helado estaba riquísimo. Quiero _____.

21 *cada, cualquiera*
Indefinidos (indefinite reference) (3)

● *cada*

Cada alumno tiene un ordenador.

Una de **cada tres manzanas** está podrida.

cada = todos los componentes de un grupo individualmente

cada = los componentes de un grupo agrupados en una cantidad *(quantity)* determinada

| *cada* | + nombre singular | | *Hay un sillón diferente en **cada** habitación.* |
| | + número (*dos, tres*) + nombre plural | | *Hay un ordenador para **cada** dos alumnos.* |

cada uno/una de	+ *nosotros, vosotros…*		***Cada uno de nosotros** tiene su trabajo.*
	+ *los, las*	+ nombre plural	*Leo **cada una de las cartas** que recibo.*
	+ *mis, tus…*		*Quiero hablar con **cada uno de mis** alumnos.*
	+ *estos, esos…*		*Deme tres de **cada uno de esos pasteles**.*

Compare:

*Quiero hablar con **todos los alumnos**.* (= con todos los alumnos en grupo)

*Quiero hablar con **uno de mis alumnos**.* (= con un solo alumno)

*Quiero hablar con **cada uno de mis alumnos**.* (= con todos los alumnos individualmente)

– Se usa *cada uno, cada una* cuando está claro de quién o de qué estamos hablando.

　　*He comprado un helado **para cada uno**.* (Para cada uno de nosotros o de vosotros.)

● *cualquier, cualquiera*

　　cualquier, cualquiera = uno, no importa cuál, no conocido *(unknown)* ni identificado

| *cualquier* + nombre singular | ***Cualquier día** voy a verte.* |
| *un, una* + nombre singular + *cualquiera* | *Déjame **una raqueta cualquiera**.* |

cualquiera de	+ *nosotros, ustedes…*		***Cualquiera de ustedes** puede hacerlo.*
	+ *los, las*	+ nombre plural	*Pásame **cualquiera de los bolígrafos**.*
	+ *mis, tus…*		*Ponte **cualquiera de mis trajes**.*
	+ *estos, esos…*		***Cualquiera de esos chicos** es más amable que tú.*

– Se usa *uno, una* + *cualquiera* cuando está claro de qué estamos hablando.

　　*–¿Qué libro prefieres? –Es igual. Déjame **uno cualquiera**.*

– *cualquiera* = cualquier persona

　　***Cualquiera** puede cometer un error.*　　　　*Rodrigo habla con **cualquiera**.*

21 EJERCICIOS

21.1. **Complete con *cada, cada uno, cada uno de* o *cada una de*.**

1. Pon una botella por ____cada____ cuatro invitados.
2. _____ alumno tiene su mesa.
3. Quiero por igual a _____ mis hijos.
4. Os llamaré uno a uno. Quiero hablar con _____ vosotros.
5. He comprado un regalo para _____ mis amigas.
6. Hay que poner flores en _____ mesa.
7. En casa _____ tiene su habitación.
8. ¿Cuánto cuesta _____ entrada?
9. En esta empresa _____ tiene su responsabilidad.
10. _____ vez que veo esta película, lloro.
11. Tienes que tomar una de estas pastillas _____ ocho horas.
12. _____ de los regalos cuesta más de cien euros.
13. _____ debe tomar sus propias decisiones.

21.2. **Complete con *todos, todas, uno, una*, o *cada uno, cada una*.**

1. Ayer vi a ____uno____ de tus amigos, a Jorge.
2. Llama a todo el mundo. El jefe quiere decirnos algo a _____ .
3. ¿Pongo la ensalada en un plato para _____ o en un plato para _____?
4. –Somos cinco. ¿Preparo un bocadillo para _____?
5. Aquí no se puede trabajar bien. Hay solo un ordenador para _____.
6. Solo hay que preparar _____ habitación. Solo hay un huésped.
7. –¿Compro una botella de agua para _____? –Sí, compra una botella grande.
8. Aquí solo hay comida para _____.
9. Compra comida para _____. Luego te damos el dinero.
10. –¿Has escrito a tus amigas? –Sí, he escrito una carta a _____.

ACIERTOS /10

21.3. **Complete con *cualquier, cualquiera* o *cualquiera de*.**

1. Esto lo puedes encontrar en ___cualquier___ tienda.
2. Eso es complicado. No lo puede hacer _____ vosotros.
3. Para preparar el examen te sirve _____ estos libros.
4. Si quieres que te ayude, ven _____ mañana. Estoy siempre libre.
5. Usa _____ esos ordenadores. Todos funcionan.
6. Dale una excusa _____. Por ejemplo, que estás enfermo.
7. –¿Qué quieres comer? –Es igual. Yo como _____ cosa.
8. _____ tus hermanos te puede ayudar. Todos hablan inglés.
9. No es muy difícil. _____ puede hacerlo.
10. –¿Qué trabajo quieres hacer? –_____. Necesito trabajar.
11. Necesito que me ayude _____ vosotros.
12. _____ mis amigos tiene más fuerza que yo.

ACIERTOS /12

21.4. **Complete con *un, uno, una* y *cualquiera*, y la palabra entre paréntesis donde la haya.**

1. –El domingo es el cumpleaños de Antonio. ¿Qué le regalo? –Cómprale (cedé) __un cedé cualquiera__.
2. –¿Qué película vemos? –Es igual. _____.
3. –¿A qué restaurante vamos? – A _____. Tengo mucha hambre.
4. –¿A quién pregunto? – A (*persona*) _____.
5. –¿Qué camisa me pongo? –_____.
6. –Necesitamos una maleta. –Compra (*maleta*) _____. No te gastes mucho dinero.
7. Déjame (*libro*) _____. Estoy aburrido.
8. –¿Qué falda me pongo? –Ponte (*falda*) _____. No vamos a ningún sitio elegante.

ACIERTOS /8

51

22 alguien, algo, nadie, nada
Indefinidos (4)

● Se usan *alguien, algo, nadie* y *nada* para referirse a personas o cosas de identidad desconocida *(of unknown identity)*.

alguien = una persona (o varias), pero no decimos quién	*Te ha llamado **alguien**.*
nadie = ninguna persona	***Nadie** conoce al Sr. Rojas.*
algo = una cosa (o varias), pero no decimos qué	*Tengo **algo** para ti. Es una sorpresa.*
nada = ninguna cosa	*No hay **nada** en la caja.*

— Se usan *alguien* y *nadie* para hablar de personas y *algo* y *nada* para hablar de cosas.
> –¿Ha llamado **alguien**? Estoy esperando una llamada de un amigo italiano. –No, lo siento. No ha llamado **nadie**.
> –Mañana es mi cumpleaños. Espero que mis hijos me regalen **algo**. El año pasado no me regalaron **nada**.

— Se pueden usar adjetivos detrás de *alguien, algo, nadie* y *nada*. El adjetivo va en singular masculino.
> –¿Con quién está hablando José? –No sé. Parece **alguien muy importante**.
> –¿Qué quieres para tu cumpleaños? –Quiero **algo bonito**. No quiero **nada caro**.

● *Alguien de, nadie de*

— Para hablar de una (o varias) personas de identidad desconocida de un grupo, se usan *alguien de, nadie de*.
> –¿Quién me llamó? –No me acuerdo ahora. Era **alguien de tu familia**.
> –¿Quién ha roto la ventana? –No ha sido **nadie de esta clase**.

ATENCIÓN:

nadie, nada + verbo afirmativo	***Nadie** quiere hacerlo.*	***Nada** le importa.*
verbo negativo + *nadie, nada*	***No** quiere hacerlo **nadie**.*	***No** le importa **nada**.*
	***Nunca** viene **nadie**.*	***Nunca** quiere **nada**.*

● *Alguien, algo, alguno, nadie, nada, ninguno*

— *Alguien, algo, nadie, nada* no dan información alguna sobre la persona o cosa a la que se refieren.
> Ha llamado **alguien**, pero no ha dicho el nombre. (No sabemos nada sobre la persona que ha llamado.)
> Te han comprado **algo** para tu cumpleaños. (No sabemos nada sobre el regalo.)

— *Algún, alguno, alguna, ningún, ninguno, ninguna* dan información sobre el grupo o se refieren a algo mencionado anteriormente *(previously)*.
> –¿Has visto a **alguna de mis amigas**? –No, no he visto a **ninguna**. (Sabemos que es una amiga.)
> ***Ninguno de mis alumnos** ha suspendido.* (Sabemos que son alumnos.)

Compare:

*¿Hay **algo** en la mesa?* (No se especifica ningún tipo de objeto.)	*¿Hay **algún paquete** en la mesa?* (Se especifica un tipo de objeto.)

ATENCIÓN:

alguien de, nadie de + nombre singular
*No conozco a **nadie de tu familia**.*   *Ha llamado **alguien de tu familia**.*
alguno de, alguna de, algunos de, algunas de, ninguno de, ninguna de + nombre plural
*Conozco a **alguno de tus amigos**.*

● *Alguien, algo, nadie, nada, algún/alguno, alguna, ningún/ninguno, ninguna* + *más* (*más* = otro, otros)
> Enfermera, ¿hay **alguien más** esperando?   ¿Tienes **alguna pregunta más**?
> –¿Postre? –No, gracias. Estoy lleno. No quiero **nada más**.

22 EJERCICIOS

22.1 **Complete con *alguien, algo, nadie* o *nada* y el adjetivo entre paréntesis donde lo haya.**

1. Quiero hacer (*divertido*) ___algo divertido___ .
2. Ayer vi a Julia con (*sospechoso*) _____ .
3. –Te llama Lola. –Lo siento. No quiero hablar con _____ .
4. –¿Qué te ha regalado Andrés? –_____ . Es muy tacaño.
5. ¿Quieres hacer _____ este domingo?
6. Me gustaría conocer a (*interesante*) _____ .
7. Estoy cansada. No tengo ganas de hacer _____ .
8. No conozco a _____ en la fiesta.

ACIERTOS ...... / 8

22.2 **Complete con *alguien* o *nadie*. Utilice *de* en caso necesario.**

1. Me gustaría conocer a ___alguien de___ mi país.
2. No conozco a _____ esta clase.
3. No conocemos a _____ en Lima.
4. Alicia no conoce a _____ mi familia.
5. Me gustaría ser _____ importante.
6. Si tienes un problema, habla con _____ la dirección.

ACIERTOS ...... / 6

22.3 **Vuelva a escribir las frases.**

1. No me llama nadie. ___Nadie me llama.___
2. No me ha visto nadie. _____
3. Nadie ha visto la película. _____
4. Para Luisa, nada tiene importancia. _____
5. Nadie quiso acompañarme. _____
6. A Luis, nada le altera. _____

ACIERTOS ...... / 6

22.4 **Complete según la clave siguiente y con las palabras entre paréntesis en la forma adecuada. Use *de* cuando sea necesario.**

(+): *alguien, algo, algún/alguno/alguna/algunos/algunas*   (–): *nadie, nada, ningún/ninguno/ninguna*

1. ¿Conoces a (+, *esos chicos*) ___alguno de esos chicos___ ?
2. No me ha ayudado (–)_____ .
3. ¿Quiere venir (+) _____ al teatro?
4. No quiero (–, *tus regalos*) _____ .
5. Gabriel no se habla con (–, *su clase*) _____ .
6. ¿Te ha regalado Alberto (+)_____ ?
7. ¿Conoces a (+, *actor*) _____ ?
8. (+, *tus amigos*) _____ son muy antipáticos.
9. No quiere ayudarme (–) _____ .
10. No quiere ayudarme (–, *mis compañeros*) _____ .
11. –¿De quién es esto? –No sé. Será de (+, *mis tías*) _____ .
12. (+, *esas tiendas*) _____ son muy caras.

ACIERTOS ...... / 12

22.5 **Complete con *alguien, algo, nadie* o *nada, alguno* y *más* en caso necesario.**

1. –Ayer me vio Pedro en el parque. –¿Te vio ___alguien más___ ?
2. Solo tenemos dos velas. Compra _____ .
3. –Ayer estuve en una discoteca con Carmen. –¿Te vio _____ ?
4. –Póngame dos kilos de naranjas y uno de plátanos. –Aquí tiene. ¿Quiere _____ ? –No, gracias.
5. –Ya tienes muchas corbatas. –Sí, pero quiero _____ .
6. Ya tengo dos relojes. No me regales _____ .
7. –He invitado a 20 personas. –No invites a _____ . Somos muchos.
8. Juan y yo vamos a ir a Toledo el domingo. ¿Quiere venir _____ ?

ACIERTOS ...... / 8

23 más, menos, tanto
Comparación con nombres (comparison with nouns)

No quiero **más** vino. Gracias.

¡Qué bien! Hoy hace **menos** calor
que ayer.

más = mayor cantidad (+)   *menos* = menor cantidad (–)

Más y *menos* sirven para indicar cantidad indeterminada.

● *más, menos*

más *menos*	+ nombre singular no contable (*agua, aire...*)	*Necesitamos **más lluvia**.* *Hoy hace **menos calor**.*

más *menos*	+ nombre contable plural	*Jorge tiene **más libros** que yo.* *Tienes que trabajar **menos horas**.*

otro/otra, un/una + nombre contable singular (*otros/otras*) *dos, tres...* + nombre contable plural	+ *más* + *menos*	*Compra **otro litro más**.* *Ahora tenemos **un coche menos**.* *Necesitamos **dos entradas más**.* *Estaría mejor con **cinco kilos menos**.*

–*Más* y *menos* se pueden usar solos cuando está claro de qué estamos hablando.

> *–¿Quieres carne? –No quiero **más** (carne), gracias.*
> *–He comprado tres refrescos. –Necesitamos **dos más** (refrescos). Somos cinco.*

ATENCIÓN:

–Tengo dos hijos. –Yo tengo ~~un~~ más. Tengo tres. → *–Yo tengo **uno más**. Tengo tres.*

● *más de* (= por encima de), *menos de* (= por debajo de)

más de *menos de*	+ cantidad	*Había **más de cien personas** en la conferencia.* *Este cedé tiene que costar **menos de 20 euros**.*

● *Más, menos* y *tanto* se usan para hacer comparaciones con nombres.

más (+) *menos* (–)	+ nombre	(+ *que*)	*En mi barrio hay **más árboles que** en el tuyo.* *Hoy ha venido **menos gente que** ayer.*

tanto, tanta, *tantos, tantas* (=)	+ nombre	(+ *como*)	*Esta ciudad tiene **tanto tráfico como** cualquier otra.* *No tengo **tantos amigos como** mi hermana.*

–*que/como* + pronombres personales de sujeto

> *Voy a ayudar a Luisa. Tiene **más trabajo que yo**.*   *No tengo **tanta suerte como tú**.*

–Normalmente no se usa *que/como* + término de comparación cuando está claro con qué se compara.

> *Hoy hace **menos calor**.* (= menos que ayer)   *Ahora estoy **más tranquilo**.* (= más que hace un momento)

● *Más, menos, tanto/a/os/as* se pueden usar solos cuando el nombre al que se refieren se ha mencionado anteriormente.

> *–Tienes mucha **suerte**. Te ha tocado la lotería. –Tú tienes **más**. Te toca casi todas las semanas.*
> *Alberto y yo coleccionamos **sellos**. Yo tengo unos dos mil, pero Alberto no tiene **tantos**.*

PERO: En frases afirmativas *tanto/a/os/as* va siempre con *como* + término (*element*) de comparación.

> *–Elisa tiene una gran colección de mariposas. –~~Yo tengo tantas~~.* → *–Yo tengo **tantas como ella**.*

23.1. Vuelva a escribir las frases con *más* o *menos* en el lugar adecuado.

1. Necesitamos pan. (+) ___Necesitamos más pan.___
2. Hay que comprar comida. (–) _____
3. Compra dos kilos. (+) _____
4. Echa agua a las plantas. (–) _____
5. Quiero sopa. (–) _____
6. Han venido otros dos invitados. (+) _____
7. Hoy hace frío. (+) _____
8. Me han dado veinte euros. (–) _____
9. Necesito otra hora. (+) _____
10. Hoy tengo tiempo. (+) _____

ACIERTOS /10

23.2. Complete con *más, menos* y las cantidades entre paréntesis donde las haya.

1. –He comprado dos kilos de naranjas. –Compra (1) _un kilo más_. Somos muchos.
2. –Hoy hace frío. –Sí, pero ayer hizo _____.
3. –En mi calle hay muchos árboles. –Sí, pero en la mía hay _____.
4. –Tengo poco dinero. –Pues yo tengo _____.
5. –Tenemos cinco hijos. –Nosotros tenemos (2) _____. Tenemos tres.
6. –Tengo poca suerte. –Pues yo tengo _____.
7. –Hay seis sillas. –Necesitamos (1) _____. Somos siete.
8. –Hoy hay mucha gente. –Sí, pero ayer hubo _____.
9. –Tengo seis copas. –Necesitamos (3) _____. Vamos a ser nueve.
10. –Tengo dos ordenadores. –Yo tengo (1) _____. Tengo tres.

ACIERTOS /10

23.3. Complete con *más, más de, menos* y *menos de.*

1. Aquí no hay mucha gente. Hay ___menos de___ veinticinco personas.
2. No hay suficiente. Necesitamos _____ comida.
3. Cinco kilos son muchas. Compra _____ naranjas.
4. Fue un gran éxito. Había _____ mil personas.
5. Eso es muy caro. No pagues _____ cincuenta euros.
6. Daniel tiene una gran colección de plumas. Tiene _____ quinientas.
7. Hay mucha gente. Necesitamos _____ sillas.
8. Si cuesta _____ diez euros, es barato.
9. Sara no puede entrar al casino. Tiene _____ dieciocho años.
10. Trabajas mucho. Tienes que trabajar _____ horas.

ACIERTOS /10

23.4. Escriba comparaciones con las palabras dadas.

1. Julio / tiene / + / corbata / Rafa ___Julio tiene más corbatas que Rafa.___
2. Ana / tiene / = / pulsera / yo _____
3. En esta ciudad / hay / + / tráfico / en Madrid _____
4. Tú / tienes / + / vacaciones / Marta _____
5. Hoy / hace / = / calor / ayer _____
6. Hoy / hay / + / nube _____
7. Hugo / tiene / – / juguete / su hermana _____
8. Hoy / tengo / – / sueño / anoche _____
9. Hoy / hay / = / gente / el domingo pasado _____
10. No hablo / = / idioma / mi padre _____

ACIERTOS /10

23.5. Complete con *tanto/a/os/as.*

1. –Tienes mucha suerte. –Pues tú tienes ___tanta como yo___.
2. –Tengo muchas vacaciones. Treinta días. –Yo no tengo _____. Solo veinte días.
3. –Ayer hizo mucho frío. –Pues hoy hace _____.
4. –En mi empresa hay muchos trabajadores. –Pues en mi empresa no hay _____.
5. –Bebo mucha agua. Dos litros al día. –Pues yo no bebo _____. La mitad.
6. –Rosana tiene casi treinta alumnos. –Pues yo no tengo _____.

ACIERTOS /6

24 primero, undécimo, vigésimo primero
Numerales (numbers) (1)

● Los números ordinales *(ordinal numbers)* se usan para indicar el orden *(the order)* en una clasificación o secuencia (*primero* = que ocupa el lugar número uno, *milésimo* = que ocupa el lugar número mil).

> Jesús vive en **el segundo (2º) piso**.   El Getafe va **duodécimo (12º)** en la Liga.

● Números ordinales: formas

1º / 1ª	primero, primer/primera	20º / 20ª	vigésimo/vigésima
2º / 2ª	segundo/segunda	30º / 30ª	trigésimo/trigésima
3º / 3ª	tercero, tercer /tercera	40º / 40ª	cuadragésimo/cuadragésima
4º / 4ª	cuarto/cuarta	50º / 50ª	quincuagésimo/quincuagésima
5º / 5ª	quinto/quinta	60º / 60ª	sexagésimo/sexagésima
6º / 6ª	sexto/sexta	70º / 70ª	septuagésimo/septuagésima
7º / 7ª	séptimo/séptima	80º / 80ª	octogésimo/octogésima
8º / 8ª	octavo/octava	90º / 90ª	nonagésimo/nonagésima
9º / 9ª	noveno/novena	100º / 100ª	centésimo/centésima
10º / 10ª	décimo/décima	1000º / 1000ª	milésimo/milésima

11º / 11ª	undécimo/undécima	21º / 21ª	vigésimo primero/vigésima primera
12º / 12ª	duodécimo/duodécima	32º / 32ª	trigésimo segundo/trigésima segunda
13º / 13ª	decimotercero/decimotercera	43º / 43ª	cuadragésimo tercero/cuadragésima tercera
14º / 14ª	decimocuarto/decimocuarta	54º / 54ª	quincuagésimo cuarto/quincuagésima cuarta
15º / 15ª	decimoquinto/decimoquinta	65º / 65ª	sexagésimo quinto/sexagésima quinta
16º / 16ª	decimosexto/decimosexta	76º / 76ª	septuagésimo sexto/septuagésima sexta
17º / 17ª	decimoséptimo/decimoséptima	87º / 87ª	octogésimo séptimo/octogésima séptima
18º / 18ª	decimoctavo/decimoctava	98º / 98ª	nonagésimo octavo/nonagésima octava
19º / 19ª	decimonoveno/decimonovena	99º / 99ª	nonagésimo noveno/nonagésima novena

ATENCIÓN:

primero, tercero + nombre masculino singular = *primer, tercer*
> Esta empresa ocupa el **vigésimo primer puesto** en la lista de empresas más eficientes.

● En el habla diaria, los ordinales se usan solo hasta el décimo (10º).

Compare:

*Jesús vive en **el segundo piso**.* *–¿En qué puesto has quedado? –En **el quinto**.*	*Vivo en **el piso veinte**.* *–¿En qué puesto has quedado? –En **el cuarenta y cuatro**.*

● En lenguaje formal también se usan los ordinales a partir del undécimo (11º) para:

aniversarios: *Este año se celebra **el centésimo aniversario** del nacimiento de Picasso.*
clasificaciones: *España ha quedado **duodécima** en las Olimpiadas de Matemáticas.*
          *Margarita está en el **centésimo puesto** de la lista de candidatos.*
acontecimientos *(events):* ***Decimoctava** Escuela de Verano.*
          *Mañana se celebra la **vigésima séptima edición** del Festival de Benidorm.*
colocación en series: *Hoy se corre la **decimoquinta etapa** de la Vuelta a España.*

● Los números ordinales pueden ir con nombres o solos.

> *Este mes es el **vigésimo quinto aniversario** de la fundación del club.*   *–¿Qué etapa es esta? –**La undécima**.*

Tienen la misma forma (masculino, femenino, singular o plural) que el nombre al que acompañan o al que se refieren.

> *Siempre me aburro en **los primeros días** de las vacaciones.*   *Esta es la **cuarta obra** que publico.*
> ***El equipo** español de natación ha quedado **decimotercero** en los Mundiales.*

24 EJERCICIOS

24.1. Escriba los ordinales correspondientes a estas clasificaciones.

1. 1ª ___primera___
2. 4ª _____
3. 9º _____
4. 10ª _____
5. 11ª _____
6. 12º _____

7. 15º _____
8. 18º _____
9. 20ª _____
10. 23º _____
11. 26ª _____
12. 38º _____

13. 40º _____
14. 41ª _____
15. 57º _____
16. 76º _____
17. 104º _____
18. 1001ª _____

24.2. Complete con los ordinales o cardinales correspondientes.

1. –¿En qué piso está la academia? –En el (1º) ___primero___.
2. Alquilan una oficina en el piso (20º) _____.
3. –¿En qué año de la carrera está Jesús? –En (3º) _____.
4. Este libro es muy largo. Tiene 40 capítulos y voy por el (19º) _____.
5. El abuelo de Ramón nació en el siglo XIX (_____).
6. –¿En qué puesto vais en la liga? –En el (12º) _____.
7. He empezado a escribir el (3º) _____ capítulo de mi novela.
8. Juan XXIII (_____) fue un buen Papa.
9. –¿Quién es la reina de Inglaterra? –Isabel II (_____).
10. Esta es la (3º) _____ vez que veo esta película.
11. –¿Cuántos candidatos hay? –Unos quinientos. –¿Y en qué lugar estas tú? –En el (125º) _____.
12. Este año celebramos nuestro (25º) _____ aniversario de boda.
13. Mi obra preferida es la (5º) _____ Sinfonía de Beethoven.
14. La niña de Carlos nació a principios del siglo XXI (_____).

ACIERTOS ___ /14

24.3. Complete con los ordinales correspondientes.

1. Pronto se va a celebrar el (50º) _____ aniversario de la muerte de Picasso.
2. Este año se celebra la (15ª) _____ edición de la Feria de Arte.
3. Esta universidad ocupa el (32º) _____ puesto mundial en la lista de calidad.
4. Hoy se corre la (17ª) _____ etapa de la Vuelta a España.
5. En 2008 se celebró la (60ª) _____ edición de la Feria del Libro de Francfurt.
6. El Primer Ministro acudió a la fiesta del (100º) _____ aniversario de la fundación de la empresa.
7. En noviembre se celebra la (34ª) _____ edición del Festival de Cine de Huelva.
8. La (16ª) _____ prueba de los campeonatos del mundo se celebra en Brasil.
9. El equipo español quedó en el (21º) _____ puesto de la clasificación.
10. Mañana se juega la (25ª) _____ jornada del campeonato de Liga.
11. La (18ª) _____ Cumbre Iberoamericana se celebró en El Salvador.
12. Pronto se va a celebrar la (40ª) _____ edición de la Olimpiada de Ajedrez.
13. En 2008 se celebró la (22ª) _____ Feria Internacional del Libro de Guadalajara.
14. ¿Cuándo se celebra la (100ª) _____ edición del Campeonato español de Liga?

ACIERTOS ___ /14

24.4. Complete con los ordinales correspondientes en la forma correcta.

1. Fuimos los (1º) ___primeros___ en llegar a la fiesta.
2. Es la (2ª) _____ vez que salgo con Marta.
3. La cantante española quedó (13ª) _____ en el concurso de Eurovisión.
4. Ana y Rosa fueron las (2ª) _____ clasificadas por equipos.
5. Es la (4ª) _____ película que vemos esta semana.
6. Los atletas españoles quedaron (13º) _____ en la clasificación final.
7. Yo soy la (3ª) _____ de mis hermanas.
8. Teresa y su hermana quedaron (10ª) _____ en el concurso del colegio.

ACIERTOS ___ /8

57

25 la mitad, el doble
Numerales (2)

Eso es mucho. Ponme solo **la mitad**.

No es justo. Pepe trabaja **el doble** que Alberto.

La mitad y *el doble* se usan para referirse a cantidades en relación a la unidad o a otras cantidades. Pueden referirse a cantidades menores, como *la mitad* (fracciones), o a cantidades mayores, como *el doble* (múltiplos).

● Cantidades menores: fracciones *(fractions)*

– Para referirse a cantidades inferiores a la unidad o a otras cantidades se usa:

1/2	medio, media (+ nombre)	1/3	un tercio (de), una/la tercera parte (de)
1/2	la mitad (de)	2/3	dos tercios (de), (las) dos terceras partes de

*Trabajo solo **medio día**.* *Quiero solo **la mitad** del filete.* ***Un tercio de** mis alumnos no son europeos.*

– Entre 1/4 y 1/10 se usan los números ordinales *(ordinal numbers)*.

1/4	un cuarto (de), una/la cuarta parte (de)	1/8	un octavo (de), una/la octava parte (de)
1/5	un quinto (de), una/la quinta parte (de)	1/9	un noveno (de), una/la novena parte (de)
1/6	un sexto (de), una/la sexta parte (de)	1/10	un décimo (de), una/la décima parte (de)
1/7	un séptimo (de), una/la séptima parte (de)		

*Póngame **un cuarto de** kilo de zanahorias.* ***Una quinta parte** de la población no tiene estudios primarios.*

– A partir de 1/11 se usan los números cardinales *(cardinal numbers)* + *-avo, -ava*.

1/11	un onceavo (de), una/la onceava parte (de)	1/13	un treceavo (de), una/la treceava parte (de)
1/12	un doceavo (de), una/la doceava parte (de)	1/20	un veinteavo (de), una/la veinteava parte (de)

Las cantidades con *–avo, –ava* no son muy comunes. Se prefiere usar el número cardinal correspondiente y *veces menos* o *veces menor*.

*He pagado **la veinteava parte** de lo que vale. = He pagado **veinte veces menos** de lo que vale.*
*La finca era un **doceavo** de lo que decían. = La finca era **doce veces menor** de lo que decían.*

– La palabra *kilo* se suele omitir en cantidades menores.

*Quiero **un cuarto** (de kilo) de carne picada, por favor.*

● Cantidades mayores: múltiplos *(multiples)*

Para referirse a cantidades mayores en relación a otras se usa:

(x2)	el doble	(x4)	el cuádruple, cuádruplo	(x6)	el séxtuplo	(x8)	el óctuplo
(x3)	el triple	(x5)	el quíntuple, quíntuplo	(x7)	el séptuplo		

*Arturo estudia **el doble** que tú.* *Esta casa es **el triple** que la mía.* ***El séxtuplo** de cinco es treinta.*

Solo *doble* y *triple* se usan comúnmente. Para el resto se suele usar el cardinal y *veces más* o *veces mayor*.

*Esto vale **un quíntuplo** de lo que pensaba. = Esto vale **cinco veces más** de lo que pensaba.*
*Tienen una fortuna **un séxtuplo** de lo que yo pensaba. = Tienen un fortuna **seis veces mayor** de lo que yo pensaba.*

● *de* + nombre Necesitamos **el doble de manzanas**.

de + nosotros, vosotros... **La mitad de nosotros** tiene coche.

de lo que + oración Eso es solo **la cuarta parte de lo que vale**. Felipe gana **el cuádruple de lo que yo gano**.

> **PERO:** En comparaciones se usa *que* + nombre/ *yo, tú...*/ *el mío...* *Juan trabaja **la mitad/el triple** que su hermano*.

25 EJERCICIOS

25.1. **Indique la cantidad subrayada con un quebrado (/) o un multiplicador (x).**

1. Esto es solo _una décima parte_ de lo que tienes que hacer. __1/10__
2. Compra _medio_ kilo de manzanas. _____
3. Juan está _el doble_ de gordo que hace un año. _____
4. A Antonio le corresponde _un quinto_ de la herencia. _____
5. Teresa gana _el triple_ que yo. _____
6. El _séptuplo_ de 7 es 49. _____
7. Este trozo es _la doceava parte_ de la tarta. _____
8. Han aprobado _dos tercios_ de mis alumnos. _____
9. Quiero _tres cuartos_ de filetes. _____
10. Mi piso me ha costado _el cuádruple_ que el tuyo. _____
11. Un iceberg muestra solo _un cuarto_ de su tamaño. _____
12. _Un tercio_ de los españoles no hace deporte. _____

25.2. **Vuelva a escribir las frases con la palabra _parte_.**

1. Esto es un quinto de mi biblioteca. _____ Esto es una quinta parte de mi biblioteca.
2. Más de un cuarto de la población no suele votar en las elecciones. _____
3. Felipe pasa un sexto de su tiempo libre viendo la tele. _____
4. Enrique solo ha dado un tercio de lo que prometió. _____
5. Esto es solo un décimo de mi colección. _____

ACIERTOS /5

25.3. **Complete con el numeral indicado entre paréntesis.**

1. Prefiero ganar menos, pero trabajar (1/2) ____la mitad____.
2. Póngame, (1/2) _____ kilo de cerezas, por favor.
3. –Te doy 50 euros por ese cedé. –¿Estás loco? Es (x5) _____ de lo que vale.
4. (1/3) _____ de mis amigos son extranjeros.
5. Mi hija gana (32) _____ que yo.
6. Antonia me ha devuelto solo (1/5) _____ de lo que me debe.
7. Esto es solo (1/10) _____ parte de lo que puedes ganar con nosotros.
8. Ya solo queda (1/2) _____ tarta.
9. Este año he ganado (33) _____ que el año pasado.
10. (36) _____ de 10 es 60.

ACIERTOS /10

25.4. **Vuelva a escribir las frases con _veces más/mayor_ o _veces menos/menor_.**

1. Esto es el quíntuplo de lo que necesitamos. ____ Esto es cinco veces más de lo que necesitamos.
2. Me han pedido 2000 euros por ese cuadro. Es el cuádruple de lo que vale. _____
3. He regateado y lo he comprado por un quinto de lo que pedía. _____
4. El piso costaba un tercio de lo que anunciaban. _____
5. Este paquete pesa un décimo de lo que debería. _____
6. Este año tenemos el séxtuplo de alumnos que el año pasado. _____
7. Este año ha ganado el séptuplo de lo que esperaba. _____
8. He conseguido una doceava parte de las firmas que necesitamos. _____
9. Esto es un octavo de lo que me prometiste. _____
10. La piscina de Enrique es el triple de grande que la tuya. _____

ACIERTOS /10

25.5. **Complete con _de_, _que_ o _de lo que_.**

1. Dame la mitad ____de____ ese bocadillo.
2. Esto es el doble _____ yo esperaba.
3. Ana gana la mitad _____ yo.
4. Eso es dos veces menos _____ me dijiste.
5. Luis duerme el triple _____ nosotros.
6. La mitad _____ nosotros trabajamos en una empresa.
7. Esto es solo una quinta parte _____ te voy a dar.
8. Necesitamos el doble _____ alumnos.

ACIERTOS /8

59

26 *yo, para mí, conmigo*
Pronombres personales de sujeto y con preposición

● Pronombres personales de sujeto *(subject pronouns)* y con preposición *(preposition)*: formas

pronombre de sujeto	yo	tú	usted	él	ella	nosotros nosotras	vosotros vosotras	ustedes	ellos	ellas
con preposición (*a, de...*)	mí	ti	usted	él	ella	nosotros nosotras	vosotros vosotras	ustedes	ellos	ellas

ATENCIÓN:

masculino + femenino = plural masculino   *Tengo un paquete para **Marta y Juan**.* → *Tengo un paquete para **ellos**.*

● Los pronombres de sujeto se usan para referirnos a la persona que hace la acción del verbo o de la que se dice algo (sujeto).

> **Yo** *he viajado por todo el mundo.*   **Ustedes** *no fuman, ¿verdad?*

– Normalmente no es necesario usar los pronombres de sujeto con el verbo.

> (*Nosotras*) *trabajamos en una empresa alemana.*
> –¿*Qué haces* (*tú*)? –(*Yo*) *estudio Arquitectura.*

– Se usan los pronombres personales de sujeto:

● para indicar contraste, dar énfasis *(stress)* o dejar claro de quién se está hablando.

> **Nosotras** *estamos trabajando todo el día y **él** siempre está en casa.*
> *¿Qué dices?* **Tú** *estás loco.*

● cuando van con otras personas.

> **Jorge y tú** *hacéis muy buena pareja.*

● solos, para identificar a alguien.

> –¿*Quién ha usado el microondas?* –**Yo**.

¿De dónde es la Sra. Lu y el Sr. Yao?

Él *es de Shanghái y* **ella** *es de Pekín.*

– No se usan nunca los pronombres personales *ellos, ellas* cuando se refieren a un sujeto desconocido o no identificado previamente.

> *Llaman a la puerta.*   *Me han invitado a una fiesta.*

Compare:

pronombre de sujeto posible: referencia conocida	pronombre de sujeto no posible: referencia desconocida
–¿*Qué dicen tus padres?* –(*Ellos*) *quieren que estudie.*	–~~*Ellos*~~ *me han gastado una broma.* –¿*Quién?* –*Unos chicos. No los conozco.*

● Las formas *usted/él, ella, nosotros/-as, vosotros/-as, ustedes/ellos/ellas* se usan también con preposiciones.

> –¿*Habéis visto a David?* –*Sí, ayer estuvimos* **con él**.   –¿*Para quién es esto? ¿Es* **para nosotras**?
> –¿*Es esto* **de ustedes**?

– *Yo* y *tú* se usan con las siguientes preposiciones: *entre, excepto, hasta* (= incluso), *incluso, menos, según.*

> *Esto lo hemos hecho* **entre Jaime y yo**.   **Incluso yo** *podría llevar ese camión.*
> **Según tú**, *¿quién es el culpable?*   *Han aprobado todos* **menos yo**.
> *Todo el mundo puede aprender un idioma,* **hasta tú**.   *Me felicitó todo el mundo* **excepto tú**.

– Con el resto de preposiciones, se usan *mí* y *ti* en lugar de *yo* y *tú*.

> *¿Para quién es esto? ¿Es* **para mí**?   *¿Quién te lo ha dicho* **a ti**?

ATENCIÓN:

con + *mí* = *conmigo*   *Ven* **conmigo**. *Quiero enseñarte algo.*
con + *ti* = *contigo*   *No me gusta jugar* **contigo**. *Haces trampas.*

26.1. Sustituya las palabras ente paréntesis por pronombres.

1. (Mario) ___Él___ se va a casar con (Mar) ___ella___ en verano.
2. Van a vivir con (los padres de Mar) _____.
3. (Mi hermana y yo) _____ los conocemos.
4. Han traído un paquete para (Sara y Lola) _____.
5. ¿Queréis venir a casa (Rosa y tú) _____?
6. Señor López, tengo algo para (usted y su señora). _____.
7. (Joaquín y yo) _____ tenemos una sorpresa para (Luis y Carlos) _____.
8. ¿Esto es para (Susana) _____ o para (Alberto) _____?
9. (Susana) _____ no estudia, pero (Alberto) _____ está en segundo de Medicina.
10. (Fernando) _____ vive con (sus padres) _____.

26.2. Complete con el pronombre adecuado, cuando sea necesario.

1. ¿Has visto a Rita? Tengo un recado para ___ella___.
2. _____ sé de ese asunto más que nadie.
3. −Esta noche _____ no salgo. −_____ haz lo que quieras.
4. _____ gritan como locos.
5. _____ no vemos mucho a Tolo. ¿Y _____? Si _____ lo ves, dale nuestra nueva dirección.
6. Los chicos nos necesitan. _____ no saben hacer nada sin _____.
7. Mi madre está enfadada con José. Según _____, _____ gasta mucho en teléfono.
8. ¿No sabes _____ la noticia? _____ se casan en mayo.
9. ¿Has puesto sal a la sopa? _____ está muy sosa.
10. Es _____ muy amable, Sr. Cobo.
11. −_____ me quedo en casa. −¿Qué vas a hacer _____?
12. ¿Son _____ los últimos, Sres. López?
13. _____ no trabajo, pero _____ estudio muchísimo.
14. ¿Sabes _____ leer?
15. _____ no me han aprobado.

26.3. Rodee la forma correcta.

1. Según (ti/tú), ¿quién es el mejor cantante del mundo?
2. Hace tiempo que no sé nada de (ti/tú).
3. Todos trajeron regalos menos (yo/mí).
4. ¿Quién estaba (contigo/tú) anoche?
5. Eva siempre se acuerda de (tú/ti).
6. Daremos la fiesta entre Tomás y (mí/yo).
7. Pensaremos en (ti/tú) cuando no estés aquí.
8. Todos tendremos que pagar la multa, incluso (ti/tú).
9. No podré vivir sin (tú/ti).
10. A (yo/mí) no me dijeron la verdad.
11. Alicia subió al autobús detrás de (ti/tú).
12. ¿Han traído algún paquete para (mí/mi)?
13. ¿Quién viene al cine (conmigo/yo)?
14. Estoy triste. Han aprobado todos excepto (yo/mí).

26.4. Complete con la forma adecuada del pronombre personal.

1. Nuestros hijos vienen con ___nosotros___ a todas partes.
2. ¿Dónde están tus amigas? Tengo algo para _____.
3. Según _____ y tus amigos, yo tengo la culpa.
4. Voy a dar un paseo. ¿Vienes con _____?
5. ¿Has visto a Sabina? Un chico pregunta por _____.
6. Entre tú y _____: aquí todos están locos.
7. Rosa, toma. Tengo algo para _____.
8. Todos quieren que me vaya, hasta _____, Pedro.
9. ¿Un paquete para _____? No estoy esperando nada.
10. ¿Estás cansada? Quiero bailar con _____.

27 *me ama, me ha regalado una pluma*
Pronombres personales de objeto (1)

● Pronombres personales de objeto directo *(direct object)* (OD) y objeto indirecto *(indirect object)* (OI): formas

	OD	OI		OD	OI
(yo)	me	me	(nosotros/-as)	nos	nos
(tú)	te	te	(vosotros/-as)	os	os
(usted)	lo (le), la	le	(ustedes)	los (les), las	les
(él)	lo (le)	le, se	(ellos)	los (les)	les
(ella)	la	le, se	(ellas)	las	les

ATENCIÓN:

masculino + femenino = plural masculino   *Vi a Sofía y a Carlos.* → *Los vi.*

● *Me, te, lo, la...* se usan como objeto directo del verbo para referirse a alguien presente o a personas, animales o cosas mencionadas anteriormente.

–*¿**Me oyes**? – Sí, ahora **te oigo** bien.*
*Tengo **coche**, pero **lo** uso muy poco.*

–*¿Has visto **al gato**? –No, no **lo** he visto.*
–*¿Son nuevas **las puertas**? –No, pero **las han pintado**.*

– Algunas personas usan *le, les* en lugar de *lo, los* para referirse a personas.

–*¿Ves a Juan? –No, no **le veo**.*

– Nunca se usan *le, les* en lugar de *lo, los* para referirse a cosas.

Necesito el diccionario. ¿Me ̶l̶e̶ dejas? → *Necesito el diccionario. ¿Me **lo** dejas?*

● *Me, te, le...* se usan como objeto indirecto del verbo para referirse a alguien presente o a personas, animales o cosas mencionadas anteriormente.

*¿Qué **te** han preguntado en el examen?*
–*¿Ha ido **Luisa** al médico? –Sí, **le ha dicho** que está bien.*

*Ese perro no anda bien. ¿Qué **le han hecho**?*
*No veo bien **la televisión**. ¿Qué **le pasa**?*

– Nunca se usan *(We never use)* la, las como objeto indirecto de un verbo.

¿ ̶L̶a̶ has preguntado a Carmen? → *¿**Le** has preguntado a Carmen?*

– *le, les + lo, los, la, las = **se** lo, **se** los, **se** la, **se** las.*

*Ya no tengo coche. **Se lo** he vendido a Marta.*

● *Lo* se usa como objeto directo de un verbo para referirse a una información dada *(given)* antes o después.

–*¿Sabes que **Chávez está muy enfermo**? –Sí, **lo** sé.*   *No **lo** entiendo. Ahora dice que **no quiere estudiar**.*
–*¿Le has dicho a Juan que **me caso**? –Sí, se **lo** he dicho, pero no se **lo** cree.*

– También se usa *lo* para referirse al objeto de los verbos *ser, estar* o *parecer*. A veces indica oposición ante una información anterior.

–*Felipe no es **argentino**. –Claro que **lo** es.*
–*Pareces **cansado**. –Pues no **lo** estoy.*

–*Sara no está **casada**. –Sí, **lo** está.*

● Colocación de los pronombres de objeto

OD	(no) me, te, lo...	
OI	(no) me, te, le...	+ forma personal del verbo
OI + OD	(no) me, te, se... | + me, te, lo...	

–*¿**Me oyes**? –Sí, ahora **te oigo** bien.* –*¿Ves a Juan? –No, **no lo veo**.*
–*¿Ha ido Luisa al médico? –Sí, **le ha dicho** que está bien.*
–*¡Qué corbata más bonita! –**Me la regaló** Andrea.*

▶ UNIDAD 28: Pronombres personales de objeto (2)
UNIDAD 30: Pronombres de objeto con el imperativo, el infinitivo y el gerundio

27 EJERCICIOS

27.1 **Responda a las preguntas usando los pronombres adecuados.**

1. –¿Conoces a Manuel? –Sí, _lo_ conozco.
2. –¿Ves a mi hermana? –Sí, _____ veo.
3. –¿Traes el periódico? –Sí, _____ traigo.
4. –¿Nos llamaste anoche? –No, no _____ llamé.
5. –¿Ayudas a tus padres? –Sí, _____ ayudo.
6. –¿Me oyes? –Sí, _____ oigo.
7. –¿Te ha invitado Juana? –Sí, _____ ha invitado.
8. –¿Me vieron tus padres? –No, no _____ vieron.
9. –¿Has arreglado la impresora? –No, no _____ he arreglado.
10. –¿Te ha llamado Alberto? –Sí, _____ ha llamado.
11. –¿Nos han llamado? –No, a ustedes no _____ han llamado.
12. –¿Me viste en la ópera? –No, a usted no _____ vi.
13. –¿Has comprado las velas? –No, no _____ he comprado.
14. –¿Os ha visto alguien? –No, no _____ ha visto nadie.
15. –¿Has llamado a Cristina? –No, no _____ he llamado.
16. –¿Les han invitado a ustedes? –Sí, _____ han invitado.

ACIERTOS /16

27.2 **Escriba las oraciones cambiando las palabras subrayadas por un pronombre.**

1. ¿Dijiste _a Pedro_ la verdad? _____ ¿Le dijiste la verdad?
2. Trajeron las flores _a Lucía._ _____
3. Regalé bombones _a las niñas._ _____
4. Conté el chiste _a mi novia._ _____
5. Sirvieron _a los chicos_ la sopa. _____
6. Dieron dinero _a Felipe y a mí._ _____
7. ¿Ha devuelto Rosa el libro _a ti_? _____
8. He devuelto _a Julio_ el anillo. _____
9. María ya ha escrito _a sus padres._ _____
10. ¿Has dado las gracias _a tu prima_? _____
11. Laura mandó besos _a mí._ _____
12. Tengo miedo _a las arañas._ _____

ACIERTOS /12

27.3 **Responda a las preguntas usando los pronombres adecuados.**

1. –¿Has dado el correo a Gloria? –Sí, _se_ _lo_ he dado.
2. –¿Has devuelto la grabadora a Carlos? –Sí, _____ _____ he devuelto.
3. –¿Le has dado las raquetas a Anita? –No, no _____ _____ he dado.
4. –¿Le has prestado los prismáticos a Juan? –Sí, _____ _____ he prestado.
5. –¿Le has regalado tu ordenador a Javi? –Sí, _____ _____ he regalado.

ACIERTOS /10

27.4 **Complete con los pronombres adecuados.**

1. –¿_Le_ has dicho a Juan que necesito el coche? –Sí, _____ _____ he dicho, pero dice que él también _____ necesita.
2. –¿Sabes que me voy a Colombia? –No, no _____ sabía.
3. –Ángela dice que tiene mucho dinero. ¿Es cierto? –_____ es, pero no _____ parece.
4. –¿Sabe papá que necesito dinero? –_____ sabe, pero dice que _____ _____ pidas a mamá.
5. No _____ entiendo. _____ he ofrecido ayuda a Tere, pero no _____ ha aceptado.
6. –Tú no eres actriz. –Claro que _____ soy, pero no _____ sabe nadie.
7. –Juan y Lola se han casado. –Nunca imaginé que _____ harían.
8. –Se ha muerto Momo. –¡Cuánto _____ siento! Yo _____ quería mucho.

ACIERTOS /18

27.5 **Ordene las palabras para formar frases.**

1. –(¿_Ves/me_?) _¿Me ves?_ –No, (_no/veo/te_) _no te veo_ bien.
2. –¿Qué (_ha dicho/te_) _____ el médico? –(_ha dicho/me_) _____ que estoy bien.
3. Este bolso (_lo/regaló/me_) _____ Jesús.
4. –¿(_Han dicho/lo/se_) _____ ya? –No, (_no/se/han dicho/lo_) _____ todavía.
5. –¿(_Prestas/lo/me_) _____? –No, (_puedo/lo/no/te_) _____ prestar.

ACIERTOS /9

63

28

La comida la pago yo. A mí no me ha dado nada
Pronombres personales de objeto (2)

A veces se usa doble objeto (nombre y pronombre).

● Se usan *lo, los, la, las* (OD), además de la persona, animal o cosa a la que se refiere:

– cuando decimos esta en primer lugar para dar énfasis.

  nombre + pronombre + verbo (+ sujeto)

  La comida la *pago yo.*
  Este cuadro lo *ha pintado Rosa.*
  Estas casas las *construyó mi abuelo.*

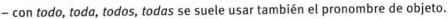

La tarta la ha hecho Juan.

Compare:

*Yo pago **la comida**.*	***La comida la*** *pago yo.*
*Conozco **a esas chicas**.*	***A esas chicas las*** *conozco.*

– con *todo, toda, todos, todas* se suele usar también el pronombre de objeto.

  *Víctor es un desastre. **Lo** rompe **todo**.*   *–Me quedan cinco entradas. –**Las** quiero **todas**.*

● Se usan *le, les* o *se* (OI), además de la persona, animal o cosa a la que se refieren cuando se mencionan por primera vez.

  *–**Le** he prestado 100 pesos **a Ivana**. –Yo no **le** prestaría nada.*
  *–¿Qué **les** has comprado **a los niños**? –**Les** he comprado juguetes.*
  *¿Dónde está el coche? ¿**Se** lo has dejado **a Charo**?*
  ***A Juana le** he regalado un collar y **a mis padres les** he comprado unos cedés.*

Compare:

se mencionan por primera vez	se han mencionado anteriormente
*¿Qué **le** pasa **a la radio**?*	***Les** he dicho que estoy bien.*
*¿Qué **les** has dicho **a tus padres**?*	*Sí, ya **se** lo he contado.*
*¿**Se** lo has contado **a Ana**?*	*No **le** pasa nada.*

● Cuando se habla de personas se usa *a mí, a ti, a él...*, además de los pronombres personales de objeto:

– para dejar claro a quién nos referimos.

*Ayer **las** vi en el parque.*	*(¿A ustedes o a ellas?)*	→ *Ayer **las** vi **a ustedes** en el parque.*
		→ *Ayer **las** vi **a ellas** en el parque.*
***Le** dije que no era verdad.*	*(¿A usted, a él o a ella?)*	→ ***Le** dije **a usted** que no era verdad.*
		→ ***Le** dije **a ella** que no era verdad.*
		→ ***Le** dije **a él** que no era verdad.*
		→ *¿**Se** lo ha enseñado **a usted**?*
		→ *¿**Se** lo ha enseñado **a él**?*
*¿**Se** lo ha enseñado?*	*(¿A usted, a él, a ella, a ustedes,*	→ *¿**Se** lo ha enseñado **a ella**?*
	a ellos o a ellas?)	→ *¿**Se** lo ha enseñado **a ustedes**?*
		→ *¿**Se** lo ha enseñado **a ellos**?*
		→ *¿**Se** lo ha enseñado **a ellas**?*

– para indicar contraste.

  *Ramón ama a María, pero María no **lo** ama **a él**.*

– para dar énfasis.

  *–¿Te ha dado el dinero? –**A mí** no **me** ha dado nada.* (Puede que lo haya dado a otros, pero a mí no.)
  ***A nosotros** no **nos** conoce.* (Puede que conozca a otros, pero a nosotros no).

En este caso, *a mí, a ti, a él...* suelen ir al principio *(at the beginning)* de la frase.

  ***A vosotros** os quiere mucho.* (No sé si quiere a otros, pero a vosotros sí.)
  ***A mí** no me mientas.*

▶ UNIDAD 27: Pronombres personales de objeto (1)

28.1. Vuelva a escribir las frases comenzando con las palabras dadas.

1. Conozco a esta chica. A esta chica _la conozco_.
2. Veo todos los días a Rafa. A Rafa _____.
3. Yo pago los helados. Los helados _____.
4. Jesús compra las entradas. Las entradas _____.
5. Elena llama a David y yo llamo a Delfín. A David _____ y a Delfín _____.
6. Nadie llama a Mercedes. A Mercedes _____.
7. Nosotras haremos la cena. La cena _____.
8. Yo escribo los libros. Los libros _____.

ACIERTOS ..... /9

28.2. Vuelva a escribir las frases añadiendo pronombres de objeto en el lugar correspondiente.

1. –¿Has regalado algo a Celia? –_¿Le has regalado algo a Celia?_. –He regalado un collar. – _Le he regalado un collar._
2. –¿Qué te pasa? –Estoy arruinado. He perdido todo. _____
3. –¿Dónde tienes la bicicleta? –He dejado a Lidia. _____
4. –¿Qué has dicho a Jesús? _____. –No he dicho nada. _____
5. –¿Tienes entradas? –No, he vendido todas. _____
6. –¿Has contado a Antonio la historia? _____. –No, no he contado. _____

ACIERTOS ..... /9

28.3. Complete con el pronombre de objeto y *a* + pronombre personal.

① _Los_ conozco _a ellos_.
② _____ conozco _____
③ Anoche _____ vi _____ en la feria.
④ Anoche _____ vi _____ en la feria.

ACIERTOS ..... /8

28.4. Complete con *me, te, lo...* y *a mí, a ti, a él...*

1. Yo conozco a esa chica, pero ella no _me_ conoce _a mí_.
2. Desde aquí vemos a Roberto, pero él no _____ ve _____.
3. Teresa quiere a Alfredo, pero él no _____ quiere _____.
4. Esas señoras me conocen, pero yo no _____ conozco _____.
5. Ustedes me conocen, pero yo no _____ conozco _____.
6. Usted vio a Julia, don José, pero Julia no _____ vio _____.
7. Esos chicos conocen a Miguel, pero Miguel no _____ conoce _____.
8. Iván ama a Patricia, pero Patricia no _____ ama _____.

ACIERTOS ..... /16

28.5. Escriba preguntas y respuestas, como en el ejemplo.

1. ¿Te dijo algo Luis? –_A mí no me dijo nada_.
2. (a ustedes) _¿Les dijo algo a ustedes?_ – _A nosotros no nos dijo_ nada.
3. (a Marcela) ¿_____? –_____ nada.
4. ¿Os ha preguntado algo Lola? –_____ nada.
5. (a Tomás) ¿_____? –_____ nada.
6. (a usted) ¿_____? –_____ nada.
7. ¿Te ha comprado algo Joaquina? –_____ nada.
8. (a nosotros) ¿_____? –_____ nada.
9. (a su hermano) ¿_____? –_____ nada.

ACIERTOS ..... /15

29 me baño, nos queremos
Pronombres reflexivos y con valor recíproco
(with reciprocal value)

● Pronombres reflexivos: formas

(yo)	me		(nosotros, nosotras)	nos
(tú)	te		(vosotros, vosotras)	os
(usted)	se		(ustedes)	se
(él, (ella)	se		(ellos, ellas)	se

– Los pronombres reflexivos se usan para indicar que la acción del verbo la recibe *(receive it)*:

● la misma persona que la realiza.

*¿**Te ves** bien en ese espejo?*

*En verano **me baño** todos los días.*

● una parte del cuerpo de esa persona.

***Me he cortado** un dedo.*

*Mis hermanas **se lavan** el pelo una vez a la semana.*

● o ropa de esa persona.

***Me he roto** la falda.*

Compare:

¡Has manchado el mantel!

¡Te has manchado la camisa!

● *Nos, os* y *se* se usan también para indicar que la acción del verbo la realizan dos o más personas de manera recíproca *(reciprocal)*.

– *nos* = yo a ti y tú a mí, yo a él/ella y él/ella a mí, todos los miembros de un grupo del que yo formo parte.

*Tomás y yo **nos** queremos. (Tomás me quiere a mí y yo quiero a Tomás.)*

*Somos todos nuevos en clase. No **nos conocemos**. (Yo no te conozco a ti ni al resto de compañeros, tú no me conoces a mí ni al resto de compañeros, etc.)*

Nos queremos.

– *os* = tú a él/ella y él/ella a ti, todos los miembros de un grupo del que tú formas parte.

*¿**Os** veis mucho Marisa y tú? (¿Ves tú mucho a Marisa y Marisa te ve mucho a ti?)*
*En tu familia, ¿**os hacéis** regalos por Navidad? (¿Tú le regalas algo a tu padre y tu padre te regala algo a ti, tu padre le regala algo a tu madre y tu madre le regala algo a él, etc.)*

– *se* = él/ella a él/ella, todos los miembros de un grupo del que ni yo ni tú formamos parte.

*Juan y su padre **se** entienden muy bien. (Juan entiende a su padre y su padre entiende a Juan.)*

● Colocación

pronombres + forma personal del verbo

*¿**Os habéis** duchado ya?*
*Lucia y José **se quieren** mucho.*
*Mis amigas y yo **nos vemos** todos los sábados.*

*Los jugadores **se pegaron** en el campo.*

▶ **UNIDAD 30:** Pronombres de objeto con el imperativo, el infinitivo y el gerundio

29.1 **Complete con el pronombre reflexivo adecuado.**

1. Javier __se__ ha partido una uña.
2. Los alumnos _____ han bañado en el río.
3. Hoy no _____ has afeitado, Ángel.
4. Vosotros no _____ laváis nunca las manos antes de comer.
5. El sábado yo _____ rompí el tobillo esquiando.
6. ¿Dónde _____ corta usted el pelo?
7. Belén y yo _____ levantamos muy tarde los sábados.
8. ¿_____ acuestan ustedes tarde?
9. ¿Por qué no _____ cortas el pelo, Elvira?
10. Gerardo y tú _____ mancháis mucho.

ACIERTOS ..../10

29.2 **Complete con el pronombre reflexivo adecuado, si es necesario.**

1. Por las mañanas __me__ levanto sobre las siete. __Me__ ducho y __me__ lavo el pelo todos los días.
2. Juan _____ despierta temprano y luego _____ despierta a sus hijos.
3. Mi padre _____ afeita una vez a la semana.
4. ¿Quién _____ ha roto el jarrón?
5. Alberto _____ ha roto una pierna.
6. _____ lavamos las cortinas dos veces al año.
7. ¿Cuándo _____ ducháis vosotros, por la mañana o por la noche?
8. ¿Quién _____ ha cortado el pan?
9. ¿Qué _____ pones para trabajar?
10. ¿Quién _____ viste a los niños por la mañana?

ACIERTOS ..../13

29.3 **Vuelva a escribir las frases con _nos, os_ o _se_, cambiando la forma del verbo.**

1. Felipe saludó a David y David saludó a Felipe. _____ Felipe y David se saludaron.
2. Roque no habla a Julio y Julio no habla a Roque. _____
3. Tú quieres a Roque y Roque te quiere a ti. _____
4. Sofía escribe a Lina y Lina escribe a Sofía. _____
5. Andrés me conoce muy bien a mí y yo conozco muy bien a Andrés. _____
6. Rodrigo ayuda a su hermana y su hermana ayuda a Rodrigo. _____
7. En Navidad, mi mujer me hace un regalo y yo le hago un regalo a ella. _____
8. Tus amigos te ven a ti y tú los ves a ellos los domingos. _____
9. Gregorio me entiende y yo le entiendo a él. _____
10. Lola te insultó y tú insultaste a Lola. _____

ACIERTOS ..../10

29.4 **Complete con _me, te, se..._ en el lugar adecuado cuando sea necesario.**

1. Teresa y Antonio conocen muy bien. _____ Teresa y Antonio se conocen muy bien.
2. ¿Por qué no quieren Isabel y Leo? _____
3. ¿Por qué no quieres a tu hermano? _____
4. Conozco muy bien a Fernando. _____
5. No veo muy bien en este espejo. _____
6. Siempre acuesto temprano a los niños. _____
7. ¿Por qué peleáis tú y Juan? _____
8. ¿Veis mucho Alfonso y tú? _____
9. María y Alfredo ven todos los días. _____
10. Hoy no voy a poner el abrigo. No hace frío. _____

ACIERTOS ..../10

30 *ámame, verte, diciéndole*
Pronombres de objeto con el imperativo, el infinitivo y el gerundio

- **Pronombres de objeto con el imperativo** *(the imperative)*

  – Imperativo afirmativo

    verbo-pronombres de objeto (OD, OI, OI + OD)

    Ámame.
    Roberto necesita el coche. Dale las llaves.
    Esas gafas son de Lola. Dáselas.
    Ponte un jersey; hace frío.

    Ese coche ya está muy viejo. Véndelo.
    Dime la verdad.
    –¿Es tuyo este libro? –Sí, dámelo.
    Amaos los unos a los otros.

Ese cuadro es muy interesante. **Míralo** bien.

  – Imperativo negativo

    no + pronombres de objeto (OD, OI, OI + OD) + verbo

    No me mires. No sabe conducir.
    No me digas nada.
    No me gusta. No me lo enseñes.
    Basta ya. No os peguéis más.

    No le dejes el coche.
    Esas gafas no son suyas. No se las des.
    Ten cuidado. No te cortes.

- **Pronombres de objeto con el infinitivo** *(the infinitive)*

  – Infinitivo-pronombres de objeto (OD, OI, OI + OD)

    • con el infinitivo como sujeto

      Hacerlo es complicado.
      Es inútil decírselo.

      Es imposible hablarle.
      Me gusta contárselo.

    • con verbos como *lamentar, sentir...*

      Siento molestarle, don Jesús.

    • con *parecer*

      Parece entenderlo, pero no estoy segura.

      Pedro y Ana parecen odiarse.

Me gusta **ayudarlos** con los deberes.

  – verbo + infinitivo-pronombres objeto (OD, OI, OI + OD) o pronombres objeto (OD, OI, OI + OD)) + verbo + infinitivo

    No quiero verte.
    Ruth y Carlos quieren conocerse.
    ¿Puedes ayudarme?
    Voy a decírselo.

    No te quiero ver.
    Ruth y Carlos se quieren conocer.
    ¿Me puedes ayudar?
    Se lo voy a decir.

- **Pronombres de objeto con el gerundio** *(the gerund)*

  – con el gerundio solo: gerundio-pronombres objeto (OD, OI, OI + OD)

    Toma este libro. Leyéndolo, aprenderás.

  – verbo + gerundio-pronombre de objeto (OD, OI, OI + OD) o pronombre objeto (OD, OI, OI + OD) + verbo + gerundio

    Estoy viéndolo.
    Sigo buscándolas.
    Llevo un mes haciéndolo.
    Lola y María están siempre llamándose por teléfono.

    Lo estoy viendo.
    Las sigo buscando.
    Lo llevo haciendo un mes.
    Lola y Maria se están siempre llamando por teléfono.

30 EJERCICIOS

30.1. **Sustituya las palabras subrayadas por pronombres. Ponga las tildes cuando sea necesario.**

1. Manda *el dinero a Manolo*. ___Mándaselo.___
2. No grabes *la película*. _____
3. Calentad *la sopa*. _____
4. Trae *el periódico a Luis y a mí*. _____
5. No suba *las maletas*. _____
6. Di la verdad *a tus padres*. _____
7. Da *las llaves a Antonio*. _____
8. Comprad el regalo *a vuestros primos*. _____
9. No pongas *la tele*. _____
10. Llama *a tus tías* esta noche. _____
11. Llévame *los libros*. _____
12. No te pongas *la chaqueta*. _____

30.2. **Conteste las preguntas usando los pronombres adecuados para las palabras subrayadas. Dé las dos respuestas posibles donde las haya.**

1. ¿Fue difícil encontrar *el libro?* No, ___no fue difícil encontrarlo___.
2. ¿Quieres ver *a Antonio*? No, ___no quiero verlo / no lo quiero ver___.
3. ¿Fue complicado traer *la impresora*? Sí, _____.
4. ¿Le vas a contar *el libro a Pepe*? No, no _____.
5. ¿Fue imposible llevar *la moto*? Sí, _____.
6. Parece entender *la pregunta*. Sí, _____.
7. ¿Lamentas perder *tu trabajo*? No, _____.
8. ¿Puedes ayudar *a Sonia y a Juana* a subir *las maletas*? Sí, _____.
9. ¿Fue imposible comprar *las entradas*? Sí, _____.
10. Parecen odiar *a Olga*. Sí, _____.
11. ¿Quieres comprar *ese cedé a Pablo*? No, _____.
12. ¿Van a vender *la casa a Tomás*? No, _____.

ACIERTOS ___/12

30.3. **Complete con el gerundio y los pronombres adecuados. Ponga las tildes cuando sea necesario.**

1. Escucha *esa música*. (*Escuchando*) ___Escuchándola___ te relajarás.
2. Di *la verdad a tus padres*. (*Diciendo*) _____ te sentirás mejor.
3. Yo *me* levanto pronto. (*Levantando*) _____ pronto aprovecho la mañana.
4. No me gusta pelar *patatas*. Siempre me corto (*pelando*) _____.
5. Échate *una siesta*. (*Echando*) _____ descansarás.
6. Lee *estas novelas*. (*Leyendo*) _____ te reirás mucho.
7. Lleva tú *el coche*. (*Llevando*) _____ no te aburrirás.
8. Tómate *una aspirina*. (*Tomando*) _____ se te pasará el dolor de cabeza.

ACIERTOS ___/8

30.4. **Conteste a las preguntas utilizando los pronombres adecuados para las palabras subrayadas. Dé las dos respuestas posibles.**

1. –¿Estás acabando *el trabajo*? –Sí, ___lo estoy acabando / estoy acabándolo___.
2. –¿Llevan ustedes una semana preparando *la fiesta*? –Sí, _____.
3. –¿Sigues queriendo *mi chaqueta negra*? –Sí, _____.
4. –¿Están pintando *la casa*? –Sí, _____.
5. –¿Estás buscando *a Julián*? –Sí, _____.
6. –¿Sigues llevando *flores a Asunción*? –Sí, _____.
7. –¿Estás preparando *la comida a los invitados*? –Sí, _____.
8. –¿Llevas una hora haciendo *este ejercicio*? –Sí, _____.

ACIERTOS ___/8

31 que, el que, quien
Relativos (relatives) (1)

¿Has visto el paquete **que** ha llegado?

El chico con **el que** sale Lucía es bombero.

Que, el que son relativos. Se usan para **añadir información** sobre un nombre anterior.

> *He recibido **una revista** en **la que** escribe Clara.*

– En algunos casos, la información sirve para **identificar** *(identify)* el nombre al que se refiere.

> *–¿Quién es tu hermano? –**El chico que está hablando** con Jorge.*

– En otros, sirve para **definir** *(define)* el nombre al que se refiere.

> *Un abstemio es **una persona que no bebe nada** de alcohol.*

● Formas

a, con, de...	que
	+ el que, la que, los que, las que
	+ quien, quienes

– *Que* sirve para referirse a personas, animales o cosas. Es una forma única.

> ***La chica que** me presentaste ayer es muy simpática.*
>
> *Mira, ese es **el perro que** mordió a Alberto.*
>
> *He acabado **los libros que** me dejaste. Me han gustado mucho.*

– *El que, la que, los que, las que* sirven para referirse a personas, animales o cosas. El artículo tiene la misma forma (masculino, femenino, singular o plural) que el nombre al que se refieren. Se usan:

  ● después de una preposición.

  > *Las chicas **con las que** estaba jugando son mis sobrinas.*
  >
  > *Ese es el perro **del que** te hablé.*

  ● en lugar de un nombre mencionado anteriormente.

  > *–¿Cuál es **tu maleta**? –**La que** tiene ruedas.* (= la maleta que tiene ruedas)
  >
  > *Me gusta más **este libro** que **el que** me recomendó Luis.* (= el libro que me recomendó Luis)
  >
  > *–¿Quiénes son **tus hermanas**? –**Las que** están junto a la ventana.*

– *Quien* (singular) y *quienes* (plural) se suelen usar después de una preposición para referirse únicamente a personas.

> *El chico **con quien** sale Nieves es bombero.*
>
> *Mira, estas son **las chicas de quienes** tanto te he hablado.*

● Cuando hablamos de personas, se pueden usar *el que, la que, los que, las que* y *quien, quienes* sin referirse a ningún nombre específico. En este caso, hablamos en sentido general o está claro a quién nos referimos.

> ***El que estudia**, aprueba. / **Quien estudia**, aprueba.* (= todas las personas que estudian)
>
> *Estas entradas son **para el que quiera** ir a mi concierto. / Estas entradas son **para quien quiera** ir a mi concierto.* (= para aquellas personas que quieran ir a mi concierto)
>
> ***Las que quieran** venir a la excursión que levanten la mano. / **Quienes quieran** venir a la excursión que levanten la mano.* (= todas las chicas de ese grupo que quieran venir a la excursión)

31.1. **Una las dos frases con** *que, el que, la que, los que, las que.*

1. Tengo un ventilador. Funciona con pilas.
Tengo _un ventilador que funciona con pilas_ .

2. La vicuña es un mamífero. Vive en los Andes.
La vicuña _____ .

3. Ayer comimos ostras. ¿Te gustaron?
¿Te gustaron _____?

4. Estoy leyendo un libro. Me gusta mucho.
Me gusta mucho _____ .

5. Paco trabaja con una señora. La señora es venezolana.
La señora _____ .

6. He comprado unos cuadros. Te había hablado de esos cuadros.
He comprado _____ .

7. Ayer conocí a unas chicas. Ana vivía con ellas.
Ayer _____ .

8. Ayer vi la cama. Carlos V dormía en ella.
Ayer _____ .

9. Ese es el colegio. Mi hermana estudió ahí.
Ese es el colegio _____ .

10. Esa empresa era alemana. Mi padre trabajó en ella.
La empresa _____ .

ACIERTOS ...... /10

31.2. **Complete con** *que, el que, la que, los que o las que.*

1. –¿Quién es esa chica? –_La que_ trabaja con Roberto.
2. –¿Qué libro estás leyendo? –_____ me prestó Antonio.
3. Mi casa es _____ está en aquella esquina.
4. –¿Cuál es tu sombrero? –_____ tiene una pluma verde.
5. –¿Quiénes son esas chicas? –_____ estuvieron en mi fiesta.
6. –¿Quiénes son Guille y Silverio? –_____ viven en el sexto.
7. –Mis amigos son _____ llevan las bufandas rojas.
8. –El reloj _____ te regalaron no tenía pilas.

ACIERTOS ...... /8

31.3. **Rodee la forma correcta en cada caso.**

1. Ese es el señor con (*que*/*quien*) tienes que hablar.
2. Necesito el dinero (*que*/*quien*) te presté.
3. Tengo un amigo (*que*/*quien*) vive en Panamá.
4. Ese es el chico con (*que*/*quien*) sale Eva.
5. Usa los pañuelos (*que*/*quienes*) están en el baño.
6. Ayer conocimos a las chicas con (*que*/*quienes*) trabaja Jorge.
7. Sebastián es el chico (*que*/*quien*) está hablando con Lola.
8. ¿Conoces a la señora (*que*/*quien*) nos ha saludado?
9. Estas son las chicas de (*que*/*quienes*) tanto te he hablado.
10. Los amigos (*que*/*quienes*) me presentaste son simpáticos.

ACIERTOS ...... /10

31.4. **Complete con** *el que, la que, los que, las que o quien, quienes.*

1. _El que / Quien_ quiera más sopa, que lo diga.
2. _____ mal anda, mal acaba.
3. Pueden salir _____ hayan terminado el examen.
4. _____ salga la última, que apague la luz.
5. _____ tengan entradas, que pasen.
6. _____ no estudian, suspenden.
7. _____ no estén cansadas, pueden seguir corriendo.
8. _____ quiera más carne, que lo diga.
9. Esto es para _____ lo quiera.

ACIERTOS ...... /9

32 donde, cuando, como
Relativos (2)

Esa es la escuela **donde** yo estudié.

Recuerdo una época **cuando** no había muchos coches.

Ana viste **como** quiere.

Donde, cuando y *como* en las frases anteriores son relativos. Se refieren a lugares, momentos y modos o maneras.

- Se puede usar *donde* y *adonde* para referirse a lugares.

  – *donde* = en el que, en la que, en los que, en las que, el lugar en el que
    *Esta es **la casa donde** nació Cervantes.* (= en la que)
    *Me gustó mucho **el restaurante donde** comimos ayer.* (= en el que)
    *Este es **el lugar donde** quiero construir el chalé.* (= en el que)
    *Es **aquí donde** conocí a Marisa.* (= el lugar en el que)

Esta es la curva **donde** tuve el accidente.

  – *adonde* = al que, a la que, a los que, a las que, al lugar en el que
    *Esta es **la piscina adonde** van los niños en verano.* (= a la que)

  – En algunos casos se pueden usar solos, sin mencionar el lugar al que se refieren.
    *Podemos quedar **donde** el otro día.* (= en el lugar donde quedamos el otro día)
    *Vamos **adonde** tú quieras.* (= al lugar al que tú quieras)

- Se puede usar *cuando* para referirse a una expresión de tiempo.
    *Es **en verano cuando** más viajo.*
    *2007 fue **el año cuando** nos conocimos.*

  – También se puede usar *cuando* (= en el momento que) sin referirse a un expresión de tiempo específica.
    *Lo haré **cuando** tú digas.* (= en el momento en que tú digas)
    *Ven **cuando** quieras.* (= en el momento en que quieras)

- Se puede usar *como* para indicar la manera en que se hace o sucede algo.

  – *como* = del modo que, de la manera que, de la forma que
    *El partido terminó **como** yo pensaba.* (= de la manera que yo pensaba)
    *Lo hizo **como** él quiso.* (= de la forma que él quiso)

32.1. **Una las frases con *donde* o *adonde*.**

1. Esta es la casa. Aquí nació Neruda. _Esta es la casa donde nació Neruda._
2. Me gustó mucho el restaurante. Comimos en él ayer. _____
3. Esa es la playa. Ahí vamos los fines de semana. _____
4. Pronto veremos el castillo. Es el lugar al que nos llevó tu amigo _____
5. Este es el hospital. Aquí me operaron hace dos años. _____
6. Ese es el hotel. Nos alojamos en él la primera vez. _____
7. Este es el castillo. Aquí murió Isabel la Católica. _____
8. Esa es la clínica. Allí nació Mario. _____

ACIERTOS
........./ 8

32.2. **Vuelva a escribir las frases con *cuando*.**

1. 2006 fue el año en el que acabé la carrera. _2006 fue el año cuando acabé la carrera._
2. Te llamaré en el momento en que llegue Marta. _Te llamaré cuando llegue Marta._
3. Saldremos de viaje en el momento en que haga menos calor. _____
4. El accidente ocurrió en el momento en que estábamos nosotros en clase. _____
5. El martes es el día en que llegan mis abuelos. _____
6. Fue agosto el mes en que cogí las vacaciones. _____
7. Agustín se casó en cuanto consiguió el empleo. _____
8. La reconocí en el momento en que oí su voz. _____

ACIERTOS
........./ 8

32.3. **Vuelva a escribir las frases con *como*.**

1. Puedes pintar la habitación de la forma que quieras. _Puedes pintar la habitación como quieras._
2. Elena vive del modo que le gusta. _____
3. Canta de la manera que quiere. _____
4. Mi tía habla de la misma forma que tú. _____
5. Lo haremos del modo que nos digan. _____
6. Tienes que hacerlo de la manera que lo hace Jorge. _____
7. No me gusta la manera en que dice las cosas. _____

ACIERTOS
........./ 7

32.4. **Complete con *donde*, *adonde*, *cuando* o *como*.**

1. Rocío es la dueña de la casa ____donde____ vive Matías.
2. Esta es la escuela _____ estudié.
3. Son los domingos _____ más gente viene.
4. Siempre hacemos todo _____ quiere Luis.
5. Este es el edificio _____ trabaja Marisa.
6. Lima es la ciudad _____ está enterrado Pizarro.
7. Esta es la dirección _____ tienes que mandar el paquete.
8. Haz el ejercicio _____ lo hace la profesora.
9. Normalmente es a las dos _____ comemos.
10. Fue en Colombia _____ conocí a mi marido.
11. El pueblo _____ nació Adolfo ya no existe.
12. ¿Cuál es el pueblo _____ vais en verano?
13. La película acabó _____ yo pensaba. Se casan.
14. Este es el hotel _____ nos alojamos el año pasado.
15. Recuerdo una época _____ no había muchos coches en Madrid.

ACIERTOS
........./ 15

33 ¿quién?, ¿qué?, ¿cuál?
Interrogativos (interrogatives) (1)

¿Quién?, ¿qué? y ¿cuál? son interrogativos. Se usan para pedir información sobre personas, animales o cosas.

● Se usa ¿quién?, ¿quiénes? para preguntar por personas.

(a/de/con...) +	¿quién?/¿quiénes?		¿**Quién** ha roto la ventana? ¿**Quiénes** son los hermanos de Mercedes? ¿**A quién** has vendido el ordenador? ¿**Para quién** es este paquete?
	¿quién?/¿quiénes? + de	+ estos, esos... (+ nombre) + nosotros, vosotros...	¿**Quién de estos chicos** es tu mejor amigo? ¿**Quién de vosotros** tiene un coche negro?

● Se usa ¿qué? para preguntar por cosas, acciones o situaciones.

(a/de/con...) +	¿qué?	¿**Qué** quieres para tu cumpleaños? ¿**Con qué** lo has cortado? ¿**Qué** hicisteis ayer? ¿**Qué** te pasa?
	¿qué? + nombre	¿**En qué pueblo** de Toledo nació Mariano?

– Se usa ¿qué? + nombre para preguntar por una clase de cosas o animales (¿Qué clase de...?)

–¿**Qué queso** habéis comprado? (¿Qué clase de queso?) –Queso de bola.
–¿**Qué animales** viven en la tierra y en el agua? –Los anfibios.

● Se usan ¿cuál? ¿cuáles? o ¿qué? + nombre para pedir información sobre uno o varios elementos de un grupo específico de personas o cosas. La pregunta da a elegir (allows you to choose) entre los elementos de ese grupo.

(a/de/con...) +	¿qué? + nombre		¿**Qué escritor argentino** murió en Suiza? ¿**Por qué ciudades españolas** pasa el Duero?
	¿cuál?/¿cuáles?		¿**Cuál** es tu aula?
	¿cuál?/¿cuáles? + de	+ estos, esos... (+ nombre) + los, la... + nombre + mis, tus... + nombre + nosotros, vosotros...	¿**Cuál de estas** (maletas) es vuestra? ¿**Cuál de los coches** es el tuyo? ¿**Cuál de mis libros** te gustaría leer? ¿**Cuál de ellos** te gusta más?

ATENCIÓN:

¿~~Qué~~ es tu coche? → ¿**Cuál** es tu coche?

¿En ~~cuál ciudad española~~ está la Giralda? → ¿**En qué ciudad española** está la Giralda?

Observe el orden normal de las palabras en las preguntas: ¿(preposición +) interrogativo + verbo (+ sujeto) (+ objetos)?

¿Quién ha llegado primero?   ¿A quién ha llamado Gloria?
¿A quién le ha vendido Luis su coche?   ¿Con cuál de tus primas se casó Roberto?

33 EJERCICIOS

33.1. **Complete las preguntas con *quién, quiénes* o *qué*.**

1. ¿___Qué___ hay en el cajón?
2. ¿_____ mamíferos viven en el mar?
3. ¿_____ vais a ir a la excursión?
4. ¿A _____ hora sales de la oficina?
5. ¿_____ edad tendrá esa señora?
6. ¿A _____ ha llamado Jaime?
7. ¿_____ son esas señoras?
8. ¿Para _____ son esas flores?
9. ¿_____ de vosotros ha apagado la luz?
10. ¿_____ de los hermanos es el más inteligente?
11. ¿_____ vino prefieres?
12. ¿Con _____ haces la paella?

ACIERTOS ...../12

33.2. **Complete las preguntas con *cuál, cuáles* o *qué*.**

1. ¿___Cuál___ de estos es el teléfono de Esteban?
2. ¿_____ son tus mejores recuerdos?
3. ¿_____ de los dos restaurantes me recomiendas?
4. ¿_____ periódico lees ahora?
5. ¿_____ de estas plantas está seca?
6. ¿A _____ plantas te refieres?
7. ¿_____ de los dos chicos es el novio de Belén?
8. ¿Con _____ cuchillo has partido el queso?
9. ¿Con _____ de esas dos camisas te quedas?
10. ¿De _____ equipo eres?
11. ¿_____ es el país de los tulipanes?
12. ¿_____ era la dirección del museo?

ACIERTOS ...../12

33.3. **Complete las preguntas con *quién, quiénes, cuál, cuáles* o *qué*. Añada una preposición cuando sea necesario.**

1. –¿___Con quién___ sale Lorena? –Con Jorge.
2. –¿_____ has quedado esta tarde? –Con Raquel.
3. –¿_____ de las dos raquetas es mejor? –La de Miguel.
4. –¿_____ van a la excursión del colegio? –Toda la clase.
5. –¿_____ es la capital de Uruguay? –Montevideo.
6. –¿_____ fueron Daoíz y Velarde? –Dos militares españoles.
7. –¿_____ ocurrió en la fiesta? –Hubo una bronca.
8. –¿_____ hospital trabaja Alfredo? –En el Central.
9. –¿_____ tienen la llave del garaje? –Todos los vecinos.
10. –¿_____ sabían lo del accidente? –Solo su hermana.
11. –¿_____ escritor argentino ganó el Premio Cervantes en 2007? –Juan Gelman.
12. –¿_____ saludabas en el concierto? –A mi prima Elisa.

ACIERTOS ...../12

33.4. **Ponga las palabras en el orden correcto.**

1. ¿habéis tomado / hoy / qué/ de postre? ___¿Qué habéis tomado hoy de postre?___
2. ¿tus intenciones / son / cuáles? _____
3. ¿qué/hablaban / tus padres / en la cena / de? _____
4. ¿quiénes / a la boda / vinieron? _____
5. ¿qué / esas tijeras / para / son? _____
6. ¿los insectos / cuáles / que viven / más tiempo / son? _____
7. ¿animales / en la tundra / viven / qué? _____
8. ¿estos relojes / cuáles / son / suizos / de? _____
9. ¿de / está hecho / qué / este mantel? _____
10. ¿qué calle / se va / a la catedral / por? _____

ACIERTOS ...../10

34 ¿quién?/¿qué poeta famoso?/¿cuál de estos poetas?
Contraste entre interrogativos

● Preguntar por personas: *¿quién?, ¿quiénes?, ¿qué?, ¿cuál?, ¿cuáles?*

Compare:

preguntas generales *¿quién?/¿quiénes?*	preguntas específicas *¿qué + nombre?*	*¿cuál?/¿cuáles?*
–*¿Quién escribió "Alturas del Machu Picchu"? –Pablo Neruda.*	–*¿Qué poeta famoso escribió "Alturas del Machu Picchu"? –Pablo Neruda.*	–*¿Cuál de estos poetas escribió "Alturas del Machu Picchu, Neruda, Alberti o Lorca? –Neruda.*
–*¿Quién te ha visto? –La doctora Serrano.*	–*¿Qué médico te ha visto? –La doctora Serrano.*	–*¿Cuál de los médicos te ha visto? –La doctora Serrano.*
–*¿Quién vive aquí? –Una amiga mía.*		–*Tengo cinco hermanos. –¿Y cuál vive en Colombia? –El mayor, Antonio.*
–*¿Quién sabe esquiar? –Yo.*		–*¿Cuál de vosotros sabe esquiar? –Yo.*

ATENCIÓN:

~~*¿Cuál escritor español*~~ *escribió "Bodas de Sangre"?* → *¿Qué escritor español escribió "Bodas de Sangre"?*

~~*¿Quién poeta*~~ *escribió el Romancero Gitano?* → *¿Qué poeta escribió el Romancero Gitano?*

● Preguntar por cosas: *¿qué?, ¿cuál?, ¿cuáles?*

Compare:

preguntas generales *¿qué?*	preguntas específicas *¿qué + nombre?*	*¿cuál?/¿cuáles?*
–*¿Qué quieres? –Un libro.*	–*¿Qué libro quieres? –El de Vargas Llosa.*	–*¿Cuál de estos libros quieres? –Es igual. Cualquiera.*
¿Qué has comprado? –Vino.	–*¿Qué vino has comprado? –El más barato.*	–*¿Cuál de estos vinos prefieres? –El de La Mancha.*
¿Qué venden? –Un piso.	–*¿Qué piso venden? –El 2º derecha.*	–*¿Cuál de esos pisos venden? –El 2º derecha.*
		–*Tengo entradas para dos películas. ¿Cuáles quieres?*

ATENCIÓN:

~~*¿Cuál chaqueta*~~ *prefieres?* → *¿Qué chaqueta prefieres? /¿Cuál de estas chaquetas prefieres?*

● Preguntas con *ser* (personas, animales, cosas): *¿qué?, ¿quién?, ¿quiénes?, ¿cuál?, ¿cuáles?*

Compare:

preguntas generales *¿qué?*	preguntas específicas *¿quién?/¿quiénes?*	*¿cuál?/¿cuáles?*
–*¿Qué es un cirujano? –Un médico que hace operaciones.*	–*¿Quién es tu cirujano? –El doctor Sulleiro.*	–*¿Cuál de tus hermanos es cirujano? –Enrique.*
–*¿Qué es una capital? –La ciudad donde está el gobierno de un país.*		–*¿Cuál es la capital de Chile? –Santiago.*
–*¿Qué es un apellido? –El nombre de una familia.*		–*¿Cuáles son tus apellidos? –Rodríguez Moreno.*

ATENCIÓN:

~~*¿Quién es un alpinista?*~~ → *¿Qué es un alpinista? / ¿Quién es alpinista?*

~~*¿Qué es tu nombre?*~~ → *¿Cuál es tu nombre?*

34.1. **Complete las preguntas con** *quién, quiénes, qué, cuál, cuáles.*

1. ¿__Quién__ ha puesto la radio?
2. ¿_____ son los actores de esa obra?
3. ¿_____ médicos estaban de servicio?
4. ¿_____ de tus parientes vive en Chile?
5. ¿_____ músico compuso "El amor brujo"?
6. ¿_____ preguntó anoche por mí?
7. ¿_____ sacaron las entradas para el partido?
8. ¿_____ de tus cuñados es informático?
9. ¿_____ sabían mi apellido?
10. ¿_____ cantantes actuaron en el festival?
11. ¿_____ ganará la Liga esta temporada?
12. ¿_____ pagaron la cena del Palace?
13. ¿_____ cogió mi ordenador ayer?
14. ¿_____ de tus amigos conocen Cuba?

ACIERTOS ...../14

34.2. **Use** *qué* **y** *cuál* **para preguntar por lo subrayado de las oraciones siguientes.**

1. Necesito *una corbata* para la boda. ¿__Qué__ necesitas para la boda?
2. Mi silla es *la negra*. ¿_____ es tu silla?
3. Alfonso quiere *casarse pronto*. ¿_____ quiere Alfonso?
4. Le compré *la moto* a Carmen. ¿_____ le compraste a Carmen?
5. Mi amigo Jenaro es *policía*. ¿_____ es tu amigo Jenaro?
6. Luis lleva *gafas de sol*. ¿_____ lleva Luis?
7. El primo *Carlos* cenó en casa. ¿_____ de tus primos cenó en tu casa?
8. Ramón bebe cerveza *sin alcohol*. ¿_____ cerveza bebe Ramón?
9. En ese bar sirven *buen café*. ¿_____ sirven en ese bar?
10. "*Pedro Páramo*" es la mejor novela de Rulfo. ¿_____ es la mejor novela de Rulfo?
11. Marga habla *chino*. ¿_____ habla Marga?
12. Jorge lee *muchas novelas policíacas*. ¿_____ novelas lee Jorge?
13. Mi perro *Momo* está enfermo. ¿_____ de tus perros está enfermo?
14. Ayer comimos *mucho espaguetis*. ¿_____ comisteis ayer?

ACIERTOS ...../14

34.3. **Complete las preguntas con** *qué, quién, quiénes, cuál, cuáles.*

1. ¿__Qué__ es un bolero?
2. ¿_____ era la chica de gafas?
3. ¿_____ era el ejercicio más sencillo?
4. ¿_____ es la carretera de la playa?
5. ¿_____ son tus planes para el verano?
6. ¿_____ eran los profesores de Lengua?
7. ¿_____ ha sido la mejor actriz del año?
8. ¿_____ ha sido la mejor noticia del año?
9. ¿_____ fueron las causas del accidente?
10. ¿_____ son esos dibujos que haces?
11. ¿_____ sería el chico que iba con Estrella?
12. ¿_____ es el planeta más cercano al Sol?
13. ¿_____ son los países andinos?
14. ¿_____ han sido tus asignaturas preferidas?
15. ¿_____ son los vecinos de arriba?
16. ¿_____ es lo que más te gustó de México?

ACIERTOS ...../16

35 ¿dónde?, ¿cuándo?, ¿cuánto?
Interrogativos (2)

● Se usa (*de/por...*) + *dónde* para pedir información sobre un lugar.

–*¿**Dónde** estudias?* –*En Salamanca.*   –*¿**Por dónde** pasa el Guadalquivir?* –*Por Sevilla.*

– Se usa *adónde* cuando se pregunta por el lugar al que va alguien o algo.

–*¿**Adónde** vais?* –*A casa de Arturo.*   –*¿**Adónde** hay que enviar este paquete?* –*A Guadalajara.*

● Se usa (*desde/hasta*) + *cuándo* para pedir información sobre el momento de realización de una acción.

–*¿**Cuándo** acaba la exposición?* –*El próximo domingo.*   –*¿**Desde cuándo** estudias español?* –*Desde hace un año.*

–*¿**Hasta cuándo** tenéis vacaciones?* –*Hasta el 2 de agosto.*

● Se usa *cuánto, cuánta, cuántos, cuántas* para pedir información sobre cantidad. Tiene la misma forma que el nombre con el que van o al que se refieren.

¿(a, con, en...) + cuánto/a/os/as	(+ nombre)?
	+ *de* + estos, esos... (+ nombre)?
	+ mis, tus... + nombre?
	+ los, las... + nombre?
	+ nosotros, vosotros...?

–*¿**Cuántos alumnos** hay en esta clase?* –*Ocho.*   –*¿**Cuántas de vosotras** habéis estado en México?* –*Solo Mónica y yo.*

–*¿**Para cuántas personas** es la cena?* –*Para once.*   –*¿**Cuántos de tus amigos** hablan español?* –*Bastantes.*

–*¿**Con cuántos amigos** vas?* –*Con dos solo.*   –*¿Quedan entradas para el concierto?* –*Sí. ¿**Cuántas** quieres?*

– Se puede usar *cuánto* solo cuando está claro de qué estamos hablando.

–*¿**Cuánto** mide Mario?* (¿cuántos metros/centímetros?) –*Un metro ochenta y dos.*

–*¿**Cuánto** se tarda en llegar a Monterrey?* (¿cuánto tiempo?) –*Unas siete horas.*

● Se usa *cómo*:
 – para pedir información sobre el modo o la manera en que se realiza una acción.

–*¿**Cómo** cocina Ricardo?* –*Muy bien. Es un gran cocinero.*

–*¿**Cómo** te has roto la pierna?* –*Jugando al fútbol.*

 – para pedir información sobre el estado de alguien o algo.

–*¿**Cómo** te sientes?* –*Un poco mareada.*   –*¿**Cómo** está la casa?* –*Bastante sucia.*

 – para pedir información sobre las características de alguien o algo.

–*¿**Cómo** es tu profesora?* –*Es muy agradable y explica muy bien.*   –*¿Y **cómo** son las clases?* –*Muy divertidas.*

● Se usa *por qué* para pedir información sobre las causas o los motivos de una acción.

–*¿**Por qué** estudias español?* –*Quiero viajar a Sudamérica.*

 – *Por qué no* se puede usar también para hacer sugerencias.

–*¿**Por qué no** llamas a Juan?* –*Bueno. Lo llamo está noche.*

● Se usa *para qué* para pedir información sobre el objetivo o la finalidad de una acción o sobre el uso de un objeto.

–*¿**Para qué** necesitas el coche?* –*Quiero ir a la sierra.*

–*¿**Para qué** sirve ese aparato?* –*Para encender y apagar la televisión.*

ATENCIÓN:

Observe el orden común de las palabras en las preguntas: ¿(preposición +) interrogativo + verbo (+ sujeto) (+ objetos)?

¿Dónde viven tus padres?   ¿Cómo abrió Sofía la puerta?   ¿Por qué no dijo Antonio nada?

En algunos casos, puede haber cambios en la colocación del sujeto.

¿Cómo abrió **Sofía** la puerta? / ¿Cómo abrió la puerta **Sofía**?

¿Por qué no dijo **Antonio** nada? / ¿Por qué **Antonio** no dijo nada? / ¿Por qué no dijo nada **Antonio**?

35.1 **Haga preguntas con *dónde, adónde, cuándo* y las preposiciones necesarias.**

1. –Vivo en Quito desde 1999. –¿___Desde cuándo___ vives en Quito?
2. –Este verano vamos a ir a China. –¿_____ vais a ir este verano?
3. –Mis hermanos estuvieron ayer en el circo. –¿ estuvieron ayer tus hermanos?
4. –Águeda nos llevó a la estación. –¿_____ os llevó Águeda?
5. –Terminaré el libro para fin de mes. –¿_____ terminarás el libro?
6. –Ese mal olor viene del lavabo. –¿_____ viene ese mal olor?
7. –Debes dirigirte hacia el sur. –¿_____ debo dirigirme?
8. –Felipe llegó hasta los acantilados. –¿_____ llegó Felipe?
9. –Esperé a Santiago en el portal. –¿_____ esperaste a Santiago?
10. –Benito entró en la farmacia corriendo. –¿_____ entró Benito corriendo?

ACIERTOS ..../10

35.2 **Complete las preguntas con *cuánto/a/os/as* y *de* en caso necesario.**

1. –¿___Cuántas___ hijas tiene Leticia? –Dos.
2. –¿Me prestas unos huevos? –¿_____ necesitas?
3. –¿_____ vosotros queréis helado? –Todos.
4. –¿A _____ esas chicas conoces? –A todas.
5. –¿_____ azúcar hace falta para las natillas? –Medio kilo.
6. –¿_____ costó el televisor? –Unos 400 euros.
7. –¿_____ leche queda en la nevera? –Un par de litros.
8. –Pela unas patatas para la cena. –¿_____ pelo?
9. –¿Para _____ personas reservo la mesa? –Para doce.
10. –¿Con _____ años entró Juan en la empresa? –Con veinte.
11. –¿_____ vendrán a la excursión? –Quizá treinta.

ACIERTOS ..../11

35.3 **Complete las preguntas con *cómo, por qué* o *para qué*.**

1. ¿___Cómo___ es París?
2. ¿_____ sirve una brújula?
3. ¿_____ se llega hasta esa plaza?
4. ¿_____ no salimos esta noche?
5. ¿_____ lloraba Silvia esta mañana?
6. ¿_____ son las gafas azules?
7. ¿_____ no te sientas?
8. ¿_____ trabajas? ¿Para comprarte el coche?
9. ¿_____ te asustas? ¿Tienes miedo?
10. ¿_____ se llama tu compañera de piso?

ACIERTOS ..../10

35.4 **Complete la entrevista con los interrogativos adecuados.**

1. ¿___Dónde___ vive actualmente?
2. ¿_____ vive allí?
3. ¿_____ conoció a Silverio Ramos?
4. ¿_____ está aprendiendo español?
5. ¿_____ empezó a estudiarlo?
6. ¿_____ empieza el rodaje de su próxima película?
7. ¿_____ va a ser?
8. ¿_____ se va a llamar la película?

En Barcelona.
Me gusta la ciudad.
Trabajamos juntos en mi última película.
Quiero trabajar en España.
Hace seis meses.
Dentro de una semana.
En Brasil y Paraguay.
Ruta peligrosa.

ACIERTOS ..../8

35.5 **Ordene las palabras para formar frases.**

1. ¿en Santander / cuándo / hasta / vais a estar? ___¿Hasta cuándo vais a estar en Santander?___
2. ¿están / los enfermos / cómo? _____
3. ¿dónde / Peter / de / es? _____
4. ¿para / es / cuándo / la boda? _____
5. ¿qué / esas / tenazas / sirven / para? _____
6. ¿dónde / nos dirigimos / hacia? _____

ACIERTOS ..../6

36 ¡qué!, ¡cuánto!, ¡cómo!, ¡quién!
Exclamativos (exclamatories)

Hombre, Félix ¡**Qué alegría!**
¡**Cuánto tiempo** sin vernos!

¡**Cómo bailan**! Parecen profesionales.

- *¡Qué!, ¡cuánto!* y *¡cómo!* son exclamativos *(exclamatories)*. Se usan para expresar diferentes sentimientos *(feelings)*: alegría, sorpresa, admiración, desagrado...

    sorpresa: ¡**Qué casa** más grande! Pensé que sería más pequeña.
    admiración: ¡**Qué salón** más bonito! Es muy moderno.
    desagrado: ¡**Cuánto** fumas! Te va a dar algo.

- *¡Qué!* sirve para expresar sentimientos sobre las características de alguien o algo, sobre la manera de hacer algo o sobre una situación.

¡Qué	+ adjetivo + adverbio + nombre	(+ verbo) (+ sujeto)!	¡**Qué alta** (es Linda)! ¡**Qué bien** conduces! ¡**Qué frío** (hace)! ¡**Qué suerte** tiene (Pablo)!
¡Qué	+ nombre + *tan/más*	+ adjetivo (+ verbo) (+ sujeto)!	¡**Qué pendientes tan/más** caros! ¡**Qué casa tan/más** bonita (tiene Lola)!

– El adjetivo tiene la misma forma (masculino, femenino, singular o plural) que la persona, animal o cosa a la que se refiere.

    ¡Qué **rubio** es **Jesús**! ¡Y qué **morena** es **Ángela**!

- *¡Cuánto!, ¡cuánta!, ¡cuántos!, ¡cuántas!* sirve para expresar sentimientos de sorpresa, admiración, desagrado, etc., ante una cantidad o ante la intensidad de alguna acción.

¡Cuánto/a/os/as	+ nombre	(+ verbo)	(+ sujeto)!	¡**Cuánto dinero** se gasta Pili! ¡**Cuántos sellos** (tienes)!
¡Cuánto	+ verbo	(+ sujeto)!		¡**Cuánto trabaja** (Lidia)!

– *¡Cuánto!, ¡cuánta!, ¡cuántos!, ¡cuántas!* con nombres tienen la misma forma (masculino, femenino, singular o plural) que el nombre al que se refiere.

    ¡Qué horror! ¡**Cuánta gente**!
    ¡Qué maravilla! ¡**Cuántos libros** tiene Marcela!

– *¡Cuánto!* con verbos es invariable.

    ¡**Cuánto come** Rosa! ¡Y **cuánto comen** sus hijos!

- *¡Cómo!* sirve para indicar sentimientos de sorpresa, admiración, desagrado, etc., ante la manera de hacer algo o ante la intensidad de alguna acción.

¡Cómo + verbo	(+ sujeto)!	¡**Cómo canta** Ángela! ¡Tiene una voz preciosa! ¡**Cómo come**! Se nota que tiene hambre. ¡**Cómo nieva**!

- *¡Quién!* sirve para expresar sorpresa ante algún hecho o situación inesperada *(unexpected)*.
    ¡**Quién** iba a decirlo!   ¡**Quién** podía saberlo!   ¿**Quién** podía imaginarlo?

36.1. **Vuelva a escribir las frases con oraciones exclamativas con _qué_.**

1. Jorge tiene muy mala suerte. _____¡Qué mala suerte tiene Jorge!_____
2. Lotta habla español muy bien. _____
3. Estamos muy cansadas. _____
4. Alfonso conduce muy mal. _____
5. Sara y Eva son muy listas. _____
6. Rodri come muy deprisa. _____
7. Lucio es muy guapo. _____
8. Tengo suerte. _____

ACIERTOS ...../8

36.2. **Complete usando los adjetivos del recuadro en la forma correcta.**

| alto   amable   caluroso   ~~caro~~   divertido   fácil   inteligente   rápido |

1. –Esa casa vale 800 000 euros. –_____¡Qué casa tan/más cara!_____
2. –Esa chica mide 190 cm. –_____
3. –Ese coche puede ir a 250 km/h. –_____
4. –Los niños siempre nos ayudan. –_____
5. –Todo el mundo aprobó el examen. –_____
6. –Mara nunca suspende un examen. –_____
7. –Nos lo pasamos muy bien en la fiesta. –_____
8. –Ayer hubo 38°C en Madrid. –_____

ACIERTOS ...../8

36.3. **Complete las exclamaciones con _cuánto/a/os/as_.**

1. ¡___Cuánto___ duerme José!
2. ¡_____ estrellas!
3. ¡_____ corren tus hijos!
4. ¡_____ llueve!
5. ¡_____ libros tiene Marisa!
6. ¡_____ gente hay en la calle!
7. ¡_____ accidentes de coche!
8. ¡_____ come ese perro!
9. ¡_____ agua ha caído!
10. ¡_____ le gustan las motos!

ACIERTOS ...../10

36.4. **Escriba las exclamaciones con _cómo_.**

1. Esos niños lloran mucho. _¡Cómo lloran esos niños!_
2. Tus hijos corren mucho. _____
3. Manuel habló muy bien. _____
4. El pastel estaba estupendo. _____
5. Mariano se comió todo el cordero. _____
6. El domingo llovió a cántaros. _____

ACIERTOS ...../6

36.5. **Complete las exclamaciones con _qué, cuánto/a/os/as, cómo_ o _quién_.**

1. ¡___Quién___ podía pensar en esa boda!
2. ¡_____ noche tan fría!
3. ¡_____ barbaridad! ¡_____ cuesta ese cuadro!
4. ¡_____ vago es Darío! No le gusta nada trabajar.
5. ¡_____ tarde es! Tengo que irme.
6. ¡_____ canta ese canario! Me encanta oírlo por la mañana.
7. ¡_____ podía pensar en la separación! Se casaron hace un mes.
8. ¡_____ come Irma! Se ha terminado la hamburguesa en un minuto.
9. ¡_____ me gusta que me inviten a cenar!
10. ¡_____ iba a pensar que Blanca y José se casarían!
11. ¡_____ podía saber la verdad!
12. ¡_____ podría imaginar que nos veríamos en Cuzco!
13. ¡_____ niebla! Hoy no vamos a poder salir de viaje.

ACIERTOS ...../14

soy, estoy
Presente de indicativo de *ser* y *estar*

	ser	estar
(yo)	soy	estoy
(tú)	eres	estás
(él, ella)	es	está
(usted)	es	está
(nosotros, nosotras)	somos	estamos
(vosotros, vosotras)	sois	estáis
(ustedes)	son	están
(ellos, ellas)	son	están

Sandra, **soy** Hans. **Estoy** en Madrid.

● Se usa *ser* para:

– identificar o definir.
> –¿Qué es eso? –**Es un avión.**
> El Sol **es una estrella.**

– indicar profesión, nacionalidad o ideología.
> Ernestina **es dentista.**
> ¿**Sois italianos**?
> La mayoría de los polacos **son católicos.**

– para indicar relación o parentesco.
> Ana y yo **somos compañeros.**
> La Sra. Blanca **es mi suegra.**

– indicar las características permanentes de alguien o algo.
> El caviar **es caro.**
> Alberto **es tímido.**
> Las fresas **son rojas.**

– hacer valoraciones.
> Esta película **es muy divertida.**
> Este vino **es bueno.**

– indicar tiempo, cantidad o precio.
> Hoy **es domingo.**
> En mi familia **somos cinco.**
> –¿**Cuánto es** un café y una tostada?
> –**Son tres** euros.

– la hora y el lugar de un acontecimiento.
> –¿**A qué hora es** la fiesta? –A las siete.
> –¿**Dónde es** la clase? –En el aula tres.

– indicar origen, materia o posesión (*de* + nombre).
> Mis abuelos **son de Madrid.**
> Ese jersey **no es de lana.**
> Este bolso **es de Gema.**

● Se usa *estar* para:

– indicar situación física o temporal.
> –¿**Dónde está** Carlos? –**Está en clase.**   Ya **estamos en primavera.**

– indicar las características o estados anormales o temporales de alguien o algo.
> **Estoy resfriado** y un poco **cansado.**   El coche **está averiado.**

– *estar de* + nombre = situaciones temporales
> –¿Dónde está Alicia? –**Está de vacaciones.**   Este año **están de moda** las faldas largas.

● Algunas expresiones cambian de significado según se use *ser* o *estar*.

ser aburrido = que no sabe divertirse o que no divierte	*estar aburrido* = no tener nada para divertirse
ser bueno = de buen comportamiento o buena calidad	*estar bueno* = sabroso o recuperado de una enfermedad
ser *despierto* = inteligente	*estar despierto* = no dormido
ser listo = inteligente	*estar listo* = preparado
ser malo = de mal comportamiento o de mala calidad	*estar malo* = enfermo
ser moreno = tener el pelo oscuro	*estar moreno* = tener la piel bronceada
ser orgulloso = vanidoso, que se cree superior	*estar orgulloso* = sentir satisfacción por algo
ser rico = con dinero	*estar rico* = sabroso
ser verde = de color verde	*estar verde* = no maduro

> No quiero salir con Jorge. **Es muy aburrido.**
> Ana **es muy lista.** Tiene tres carreras.
> Felipe **es muy orgulloso.** Se cree más listo que nadie.

> ¿Qué puedo hacer? **Estoy aburrido.**
> ¿**Está lista** la comida?
> Marta ha terminado la carrera. **Estoy orgulloso** de ella.

37.1. **Complete con las formas de *ser*.**

1. –¿Qué __es__ eso? –_____ un sombrero.
2. –¿De dónde _____ ustedes? –_____ ecuatorianos.
3. –¿Cuánto _____ un café? –_____ dos euros.
4. –¿Quiénes _____ esas señoras? –_____ mis abuelas.
5. Este jamón _____ excelente.
6. –¿Qué día _____ hoy? –_____ jueves.
7. –¿A qué hora _____ la clase? –A las cinco. _____ en el aula 3.
8. –¿Quién _____ Sonia? –_____ una prima de Arturo. _____ abogada.
9. –Hola, _____ Gracia. –Encantado, Gracia. Yo _____ Lolo.
10. –¿Vosotros quiénes _____? –_____ unos compañeros de Julia.

ACIERTOS ..../20

37.2. **Complete con las formas de *estar*.**

1. –¿Dónde __está__ Raquel? –_____ de vacaciones. Su novio y ella _____ en México.
2. –¿Cómo _____? –Yo _____ bien, pero Susana _____ un poco resfriada.
3. Cuidado con el puré. _____ muy caliente.
4. –¿Dónde _____ mis prismáticos? –_____ en ese cajón, pero creo que _____ rotos.
5. Este año _____ de moda el negro.
6. –¿Dónde _____, Lucía? –_____ en la sierra. _____ todo nevado.

ACIERTOS ..../14

37.3. **Rodee la forma correcta.**

1. –¿Dónde (*es*/*está*) Carlos? –No sé. (*Son*/*Están*) las cinco menos cinco y la clase (*es*/*está*) a las cinco.
2. Juan (*es*/*está*) normalmente muy activo, pero hoy (*es*/*está*) cansado.
3. –¿Dónde (*es*/*está*) la boda? –(*Es*/*Está*) en una iglesia. Ana y Raúl (*son*/*están*) católicos. –Sí, pero ¿dónde (*es*/*está*) la iglesia?
4. Hoy (*es*/*está*) 21 de diciembre. Ya (*somos*/*estamos*) en invierno.
5. (*Soy*/*Estoy*) abogado, pero ahora (*soy*/*estoy*) de vendedor en una empresa.
6. –Papá, (*soy*/*estoy*) María. Ya (*soy*/*estoy*) en casa. –De acuerdo. ¿(*Eres*/*Estás*) sola?
7. –¿De dónde (*es*/*está*) usted? –(*Soy*/*Estoy*) checo. –¿Y dónde (*es*/*está*) su equipaje?
8. –¿(*Sois*/*Estáis*) contentos? –Por supuesto; (*somos*/*estamos*) de vacaciones.

ACIERTOS ..../21

37.4. **Complete con formas de *ser* o *estar*.**

1. No me gusta salir con Jorge. __Es__ muy aburrido.
2. El bebé de Sara _____ muy despierto. Tiene cara de inteligente.
3. _____ muy orgulloso de mis hijos. _____ muy buenos.
4. Este arroz _____ riquísimo. Enhorabuena.
5. Los padres de María _____ muy ricos. Tienen una cadena de tiendas.
6. ¡Pobre Juan! _____ malo y no puede venir a la fiesta.
7. _____ aburridas. No tenemos nada que hacer.
8. No le digas nada a Alberto. _____ muy orgulloso.
9. ¿_____ listo, Antonio? Vamos a llegar tarde.
10. Estas manzanas _____ verdes. No las comáis.
11. Esa película _____ muy mala. _____ muy aburrida.
12. Luis no está durmiendo. Ya _____ despierto.
13. Sebastián ha tenido la gripe, pero ya _____ bueno.

ACIERTOS ..../15

38

hay, estoy
Presente de indicativo de *haber* impersonal y *estar*

Perdone, ¿**hay** una estación de metro por aquí?

Sí, Gran Vía. **Está** un poco más arriba.

● **Se usa *hay* (singular y plural) para:**

– indicar o preguntar por la existencia de alguien o algo.

> *Aquí **hay** mucha gente. Vámonos.*
> *En esta clase **hay** doce alumnos.*
> *–¿**Hay** alguien ahora en la consulta? –No, ahora ya no **hay** nadie.*
> *–¿**Hay** plátanos? –No, no **hay** nada de fruta.*

– preguntar por la situación de alguien o algo desconocido.

> *–¿Dónde **hay** un policía por aquí?* (No sé si hay policías por aquí.)
> *–¿Dónde **hay** un enchufe?* (No sé si hay enchufes.)

Para indicar existencia en otros tiempos, se usa la 3ª persona del singular de *haber* del correspondiente tiempo verbal.

> **Pretérito imperfecto:** *Hace 50 años no **había** muchos coches en Madrid.*
> **Pretérito perfecto:** *Este año **ha habido** muchos incendios.*
> **Futuro simple:** *Dentro de pocos años **habrá** seis mil millones de personas en el mundo.*

● **Se usa *estar* para:**

– indicar o preguntar por la situación de alguien o algo único, conocido o mencionado anteriormente.

> *–¿Dónde **está** la Alhambra? –En Granada.*
> *–¿Dónde **está** el Teatro Monumental? –En la calle Atocha.*
> *–¿Dónde **están** tus alumnos? –En clase.*
> *–Hay un supermercado nuevo. **Está** en la calle Viriato.*

Compare:

– Se usa *hay* para hablar de la **existencia** de algo o alguien no conocido (información nueva). *Hay una señora que quiere verlo.* *–¿Hay plátanos? –Sí. s)?*	– Se usa *estar* para indicar la **situación** de algo o alguien mencionado anteriormente (información conocida). *(La señora) Está en la sala de espera.* *¿Dónde están (los plátano*
– Se usa *hay* para hablar de la **situación** de algo o alguien indeterminado. *Hay una cafetería en el primer piso.*	– Se usa *estar* para hablar de la **situación** de algo único o específico. *La cafetería del museo está en el primer piso.*

● *Hay* no se usa nunca con *el, la, los, las* o *mi, tu, su...*

> *¿Dónde hay ~~el teléfono~~?* → *¿Dónde **está** el teléfono? / ¿Dónde **hay** un teléfono?*
> *¿Dónde hay ~~mis cosas~~?* → *¿Dónde **están** mis cosas?*

▶ **UNIDAD 37:** Presente de indicativo de *ser* y *estar*

38 EJERCICIOS

38.1. **Escriba frases con *hay* y las palabras dadas.**

1. ¿Dónde/un estanco? _____ ¿Dónde hay un estanco?
2. No/mucha gente/en la cola. _____
3. ¿queso/en la nevera? _____
4. ¿alguien/en la clase? _____
5. cuatro cines/en esta calle. _____
6. ¿Dónde/una estación de metro? _____
7. En esta academia/muchos alumnos. _____
8. Aquí/no/aeropuerto. _____

38.2. **Complete con la forma correcta: *hay, había, ha habido, habrá*.**

1. Mañana __hay__ una fiesta en casa de Lola.
2. Cuando yo era pequeño, aquí no _____ casas.
3. –Esta semana _____ elecciones en Italia. –¿Quién ha ganado?
4. El año que viene _____ más alumnos.
5. ¿Qué _____ esta noche en la tele?
6. Aquí no _____ nunca cine. Es un pueblo muy pequeño.
7. Hace unos años _____ mucha gente en este pueblo, pero ahora _____ muy poca.
8. Muy pronto _____ un hospital en este barrio.

38.3. **Complete con la forma correcta: *hay, está* o *están*.**

1. En España __hay__ muy buenos quesos.
2. Unos amigos míos _____ ahora en Irlanda.
3. _____ un comedor en el sótano.
4. El hospital no _____ muy lejos de aquí.
5. –¿Dónde _____ una farmacia? –_____ una en la calle Ponzano.
6. _____ un señor que pregunta por usted. _____ en la recepción.
7. ¿Dónde _____ el Museo Reina Sofía?
8. En El Prado _____ cuadros muy importantes.
9. ¿Dónde _____ la cafetería?
10. _____ un bar nuevo. _____ en la calle Segovia.
11. El cuadro de Sofía _____ en el salón.
12. –¿_____ fruta? –Sí. _____ en esa bolsa.
13. No _____ mucha leche en la nevera.
14. ¿Dónde _____ mis libros?
15. ¿Dónde _____ una parada de taxis?
16. En mi calle _____ muchos árboles.
17. ¿Qué _____ en ese cajón?
18. –¿Aquí _____ biblioteca? –Sí, _____ una. _____ en la Plaza Mayor.

38.4. **Escriba frases completas con *hay, está* o *están*.**

1. Un paquete → en la entrada. __Hay un paquete en la entrada.__
2. La fruta → en la nevera. _____
3. Las oficinas → en el primer piso. _____
4. ¿Dónde → los servicios? _____
5. Tres platos → en la mesa. _____
6. Una oficina → en el segundo piso. _____
7. ¿Dónde → un estanco? _____
8. El teléfono → en el salón. _____

39 trabajo, como, vivo
Presente de indicativo: verbos regulares

● Formación del presente de indicativo: verbos regulares

	trabaj-ar	com-er	viv-ir
(yo)	trabaj-o	com-o	viv-o
(tú)	trabaj-as	com-es	viv-es
(usted)	trabaj-a	com-e	viv-e
(él, ella)	trabaj-a	com-e	viv-e
(nosotros, nosotras)	trabaj-amos	com-emos	viv-imos
(vosotros, vosotras)	trabaj-áis	com-éis	viv-ís
(ustedes)	trabaj-an	com-en	viv-en
(ellos, ellas)	trabaj-an	com-en	viv-en

ATENCIÓN:

Verbo ver: ve-o, v-es, v-e, v-e, v-emos, v-eis, v-en

Verbos en –*ger*: coger: **cojo**, coges, coge, coge, cogemos, cogéis, cogen, cogen
Otros: *escoger, proteger, recoger*

Verbos en –*cer*: ven**c**er → ven**z**o, vences, vence, vence, vencemos, vencéis, vencen, vencen
Otros: *convencer*

ATENCIÓN:

continuar: contin**ú**o, contin**ú**as, contin**ú**a, contin**ú**a, continuamos, continuáis, contin**ú**an, contin**ú**an
enviar: env**í**o, env**í**as, env**í**a, env**í**a, enviamos, enviáis, env**í**an, env**í**an
prohibir: proh**í**bo, proh**í**bes, proh**í**be, proh**í**be, prohibimos, prohibís, proh**í**ben, proh**í**ben

● Usos del presente de indicativo

– Pedir o dar información sobre el presente.

> **Trabajo** en una ONG.
> Mis padres **viven** en Perú.

Trabajo en una orquesta.
¿En qué **trabajas**?

– Hablar de lo que hacemos habitualmente (todos los días, una vez a la semana, siempre, nunca, etc.).

> Los domingos por la mañana **recojo** mi habitación.
> –¿A qué hora **cenáis**? –A las diez.
> Juan Luis **lee** dos periódicos todos los días.
> –¿Un poco de vino? –No, gracias. No **bebo** vino.

– Hablar de verdades generales o universales

> Los osos **comen** pescado.
> Las mariposas **no viven** mucho tiempo.

¿Qué **ves**?
Una chica. **Lleva** una gorra de béisbol.

– Describir acciones que están sucediendo en el momento de hablar.

> –¿Qué **comes**? –Una manzana. Está muy rica.
> –¿Por qué **corres**? –**Tengo** prisa. Voy a llegar tarde a clase.

▶ UNIDAD 42: Presente de indicativo: otros usos

39.1. **Complete con los verbos entre paréntesis.**

1. Rolf y Fiona (*hablar*) __hablan__ cuatro idiomas.
2. Los osos (*vivir*) _____ en zonas frías.
3. Siempre (*recoger*) _____ yo la mesa.
4. Mi perro no (*comer*) _____ carne.
5. Soy un padre muy blando. (*Proteger*) _____ demasiado a mis hijos.
6. Laura es una buena decoradora. (*Escoger*) _____ muy bien los colores.
7. Mis tíos siempre nos (*enviar*) _____ una postal de Navidad.
8. Rosario siempre (*convencer*) _____ a sus padres.
9. Esta película no (*acabar*) _____ hoy. (*Continuar*) _____ el próximo lunes.
10. Juan y Arturo no son muy listos. (*Escoger*) _____ muy mal a sus amigos.
11. El jefe (*prohibir*) _____ comer en la oficina.
12. ¿Por qué (*discutir*) _____ tanto tú y tu hermana?

ACIERTOS ..../13

39.2. **Complete con los verbos entre paréntesis.**

1. –¿Tú (*creer*) __crees__ en fantasmas? –No, no _____ en nada de eso.
2. –¿Qué (*coger*) _____ para ir a trabajar? –_____ el metro.
3. –¿Quién (*escoger*) _____ los muebles? –Los _____ mi mujer.
4. –¿A qué hora (*cenar*) _____ tu mujer y tú? –_____ a las diez.
5. –¿(*Vosotros, ver*) _____ mucho a Carlos? –Sí, lo _____ casi todos los sábados.
6. –¿A qué hora (*llegar*) _____ a casa por la tarde, Rosa? –Normalmente _____ a eso de las cinco.
7. –¿Cuándo (*recoger*) _____ la basura en este barrio? –La _____ todas las noches.
8. –¿Qué (*escribir*) _____ Antonio? –_____ novelas históricas.

ACIERTOS ..../16

39.3. **Complete con los verbos entre paréntesis en forma afirmativa o negativa, según su caso.**

1. (*Trabajar*) __Trabajo/No trabajo__ por las tardes.
2. (*Tocar*) _____ el piano.
3. (*Montar*) _____ en moto.
4. En mi país, los bancos (*abrir*) _____ por las tardes.
5. (*Comer*) _____ mucha fruta.
6. (*Beber*) _____ mucho café.
7. (*Ver*) _____ muchas películas españolas.
8. Mis amigos (*hablar*) _____ español.
9. Mis compañeros (*estudiar*) _____ mucho.
10. (*Convencer*) _____ fácilmente a mis amigos.

ACIERTOS ..../10

39.4. **Complete con los verbos del recuadro.**

comer convencer ganar (2) hablar (2) llevar (2) necesitar pasar (2) trabajar vender (2) ver (2) vivir (2)

1. –¿Qué __comes__? –Pistachos. ¿Quieres?
2. –¿Dónde _____ ahora? –_____ en el centro.
3. –¿Estás triste? ¿Qué te _____? –Tranquilo, no me _____ nada.
4. –¿Qué _____ en la cartera? –_____ libros y documentos.
5. –¿_____ bien el escenario? –No lo _____ muy bien.
6. –Lo siento, pero no me _____. Creo que no tienes razón.
7. –¿Qué _____ aquella señora? –_____ productos de la región.
8. –¿Por qué _____ tan despacio Elisa? –Porque Hans no _____ bien español.
9. –¿Quién _____? –No _____ nadie. Van empatados.
10. –¿Por qué _____ tanto vosotros? –Porque _____ dinero.

ACIERTOS ..../18

40 *quiero, mido, sueño*
Presente de indicativo: verbos irregulares (1)

Formación del presente de indicativo: verbos irregulares

	● e ▸ ie	● e ▸ i	● o ▸ ue		● u ▸ ue
	quer-er	**ped-ir**	**dorm-ir**	**mov-er**	**jug-ar**
(yo)	quier-o	pid-o	duerm-o	muev-o	jueg-o
(tú)	quier-es	pid-es	duerm-es	muev-es	jueg-as
(usted)	quier-e	pid-e	duerm-e	muev-e	jueg-a
(él, ella)	quier-e	pid-e	duerm-e	muev-e	jueg-a
(nosotros, nosotras)	quer-emos	ped-imos	dorm-imos	mov-emos	jug-amos
(vosotros, vosotras)	quer-éis	ped-ís	dorm-ís	mov-éis	jug-áis
(ustedes)	quier-en	pid-en	duerm-en	muev-en	jueg-an
(ellos, ellas)	quier-en	pid-en	duerm-en	muev-en	jueg-an

Otros como *querer*: -ar: *calentar, cerrar, comenzar, despertar(se), empezar, fregar, gobernar, merendar, pensar, regar, recomendar*; -er: *defender, encender, entender, perder*; -ir: *divertir(se), mentir, preferir, sentir(se)*

> **ATENCIÓN:**
>
> venir: **vengo, vie**nes, **vie**ne, **vie**ne, venimos, venís, **vie**nen, **vie**nen
>
> tener: **tengo, tie**nes, **tie**ne, **tie**ne, tenemos, tenéis, **tie**nen, **tie**nen

Otros como *pedir*: *elegir, conseguir, corregir, despedir, freír, impedir, medir, perseguir, reír, repetir, seguir, servir, sonreír, vestir(se)*

> **ATENCIÓN:**
>
> decir: **digo**, dices, dice, dice, decimos, decís, dicen, dicen
>
> verbos en *–gir*: eli**j**o, eliges, elige, elige, elegimos, elegís, eligen, eligen
>
> verbos en *–guir*: si**g**o, sigues, sigue, sigue, seguimos, seguís, siguen, siguen

Otros como *dormir*: -ar: *acordarse, acostar(se), comprobar, contar, costar, encontrar, probar, recordar, sonar, soñar, volar*; -er: *devolver, llover, morder, poder, soler, volver*; -ir: *morir*

> **ATENCIÓN:**
>
> cocer: **cuez**o, **cue**ces, **cue**ce, **cue**ce, cocemos, cocéis, **cue**cen
> Otros: *torcer*
>
> oler: **h**uelo, **h**ueles, **h**uele, **h**uele, olemos, oléis, **h**uelen, **h**uelen

*Roberto siempre **duerme** la siesta después de comer.*

● Usos del presente de indicativo

– Pedir o dar información sobre el presente.
   Prefiero *el cine al teatro.*   *Ernesto no me **quiere**.*

– Hablar de lo que hacemos habitualmente (todos los días, una vez a la semana, siempre, nunca, etc.).
   Riego *las plantas dos veces a la semana.*   ***No juego*** *nunca a las cartas.*

– Hablar de verdades generales o universales.
   *Los osos **duermen** en invierno.*   *El Sol **calienta** la Tierra.*

– Acciones que suceden en el momento de hablar.
   No encuentro *mis gafas.*   *–¿De dónde **vienes**? –De la universidad.*

40 EJERCICIOS

40.1. Complete con las formas correspondientes de los verbos entre paréntesis en presente de indicativo.

1. Mis hijos me (*querer*) __quieren__ mucho.
2. ¿Cuánto (*medir*) _____ una jirafa?
3. Esta comida (*oler*) _____ muy bien.
4. Esta estufa no (*calentar*) _____ bien.
5. Yo siempre (*cocer*) _____ poco las verduras.
6. Nosotras no (*mentir*) _____ nunca.
7. Roberto (*querer*) _____ ser médico.
8. En Marruecos no (*llover*) _____ mucho.
9. Yo (*soñar*) _____ mucho, pero luego no (*recordar*) _____ casi nada.

10. Tranquilo. Este perro no (*morder*) _____.
11. Olga (*decir*) _____ muchas tonterías.
12. Las mariposas (*morir*) _____ muy pronto.
13. Este bebé (*sonreír*) _____ mucho.
14. Alicia (*conseguir*) _____ todo lo que quiere.

ACIERTOS
......./15

40.2. Complete las preguntas y las respuestas.

1. –¿Cuántas horas (*vosotros, dormir*) __dormís__ al día? –Normalmente _____ siete horas.
2. –¿(*Tú, regar*) _____ mucho las plantas? –Las _____ una vez a la semana.
3. –¿(*Tú, querer*) _____ ir al cine? –No, (*preferir*) _____ salir a cenar.
4. –¿(*Poder*) _____ ayudarme, Roberto? –Lo siento. Ahora no _____.
5. –¿Por qué (*tú, seguir*) _____ aquí? –Porque no (*tener*) _____ sueño.
6. –¿Quién (*corregir*) _____ los exámenes? –Los _____ yo.
7. –¿Cuánto (*medir*) _____, Petri? –_____ 160 cm.
8. –¿Cuándo (*volver*) _____ tus padres? –_____ el domingo.
9. –¿Qué (*tú, preferir*) _____, carne o pescado? –Nada. No (*tener*) _____ hambre.
10. –¿(*Tú, venir*) _____ mucho por aquí? –No, no _____ mucho. Una vez al mes.
11. –¿(*Vosotros, jugar*) _____ al fútbol? –No, nosotros _____ al baloncesto.

ACIERTOS
......./22

40.3. Escriba frases afirmativas o negativas.

1. En mi país, las tiendas (*cerrar*) __cierran/no cierran__ los domingos.
2. (*Yo, querer*) _____ ser presidente de mi país.
3. (*Yo, empezar*) _____ a trabajar a las ocho.
4. (*Yo, medir*) _____ 190 cm.
5. (*Yo, dormir*) _____ ocho horas todos los días.
6. (*Yo, jugar*) _____ al golf los fines de semana.
7. (*Yo, volver*) _____ a casa tarde por la noche.
8. (*Yo, soñar*) _____ todas las noches.
9. (*Yo, tener*) _____ mucho dinero.
10. Ahora mismo (*yo, tener*) _____ hambre.

ACIERTOS
......./10

40.4. Complete los diálogos con los verbos del recuadro.

| costar   decir   entender   jugar   oler (2)   pensar   ~~querer~~ (2)   recomendar (2)   recordar (2)   tener (2)   venir (2) |

1. –¿Qué __quieres__? –No _____ nada. Gracias.
2. –¿Qué _____ en la mano? –No _____ nada.
3. –¿A qué _____? –_____ a comida.
4. –¿De dónde _____ Ana y tú? –_____ de casa de Pili.
5. –¿Qué _____? Habla más claro. No te _____.
6. –¿A qué _____? –Al póquer.
7. –¿_____ el cumpleaños de Alejandro? Fue muy divertido –¡Claro que lo _____! ¡Nos lo pasamos genial!
8. –¿Cuánto _____ esa revista? –Cinco euros.
9. –¿En qué _____? –En nada. Estaba distraído.
10. –¿Qué nos _____? –Les _____ el pescado. Es muy fresco.

ACIERTOS
......./17

89

41 voy, hago, conozco
Presente de indicativo: verbos irregulares (2)

● Primera persona del singular (yo) irregular

– dar:	**doy**	das	da	da
	damos	dais	dan	dan
– traer:	**traigo**	traes	trae	trae
	traemos	traéis	traen	traen

Otros como *traer*: *caer*

Doy clases de francés.

– hacer:	**hago**	haces	hace	hace
	hacemos	hacéis	hacen	hacen
– saber:	**sé**	sabes	sabe	sabe
	sabemos	sabéis	saben	saben
– poner:	**pongo**	pones	pone	pone
	ponemos	ponéis	ponen	ponen

Otros como *poner*: *mantener, suponer*

– salir:	**salgo**	sales	sale	sale
	salimos	salís	salen	salen

Otros como *salir*: *valer*

Lo siento.
No **sé** hablar chino.

– conocer:	**conozco**	conoces	conoce	conoce
	conocemos	conocéis	conocen	conocen

Otros: *aparecer, desconocer, obedecer, nacer, ofrecer, parecer, reconocer*

– conducir:	**conduzco**	conduces	conduce	conduce
	conducimos	conducís	conducen	conducen

Otros como *conducir*: *deducir, introducir, producir, reducir, traducir*

● Todas las personas irregulares excepto *nosotros, nosotras* y *vosotros, vosotras*

– huir:	**huyo**	**huyes**	**huye**	**huye**
	huimos	huís	**huyen**	**huyen**

Otros como *huir*: *concluir, construir, contribuir, destruir, incluir, influir*

– oír:	**oigo**	**oyes**	**oye**	**oye**
	oímos	oís	**oyen**	**oyen**

● Todas las personas irregulares

– ir:	**voy**	**vas**	**va**	**va**
	vamos	**vais**	**van**	**van**

¿Adónde **vas**?

Voy a clase.

● Usos del presente de indicativo

– Pedir o dar información sobre el presente.

  *¿**Sabes** conducir?*   *Estoy un poco sordo. **No oigo** bien.*

– Hablar de lo que hacemos habitualmente (todos los días, una vez a la semana, siempre, nunca, etc.).

  *Los domingos **doy** una vuelta por el parque.*   *Los sábados **salgo** por la noche.*

– Hablar de verdades generales o universales.

  *Las cigüeñas **hacen** nidos en las torres.*

– Acciones que suceden en el momento de hablar.

  *–¿Por qué **huyen**? –Están asustados.*

41 EJERCICIOS

41.1. Complete con los verbos del recuadro en presente de indicativo.

construir dar (2) hacer huir ir (2) parecer poner (2) ~~saber~~ (3) traducir

1. Andrés no __sabe__ cocinar.
2. Soy profesora. _____ clases de Historia.
3. Gloria y yo no _____ nunca al cine.
4. No (yo) _____ hablar inglés.
5. Marta ____ a Punta del Este todos los veranos.
6. Sara es bailarina. _____ clases de ballet.
7. Las gallinas _____ muchos huevos.
8. Las cigüeñas _____ sus nidos en lugares altos.
9. (Yo) _____ la radio todas las noches.
10. Los López _____ un viaje todos los años.
11. Hans _____ latino. Es muy moreno.
12. Laura no _____ nadar.
13. Muchos animales _____ cuando hay peligro.
14. Soy traductora. _____ libros del sueco.

ACIERTOS ...... /14

41.2. Complete las preguntas y las respuestas con los verbos del recuadro.

1. –¿__Sabes__ cocinar? –Sí, pero no _____ muy bien.
2. –¿Cómo _____ a la universidad? –Normalmente _____ en autobús.
3. –¿_____ a muchos famosos? –No, no _____ a ninguno.
4. –¿Qué _____ los domingos? –_____ con mi novia.
5. –¿_____ usted muchas fiestas? –No, solo _____ una en Navidad.
6. –¿_____ usted hablar inglés? –No, solo _____ hablar español.
7. –¿_____ usted Buenos Aires? –No, no lo _____.
8. –¿Adónde _____ usted en verano? –Normalmente _____ a la playa.
9. –¿Qué _____ (vosotros) los domingos? –_____ una vuelta o _____ a bailar.
10. –¿_____ (vosotros) mucho al teatro? –_____ dos o tres veces al año.
11. –¿_____ ustedes mucho deporte? –No, solo _____ largos paseos.
12. –¿_____ ustedes Grecia? –Sí, la _____ muy bien. _____ allí con frecuencia.

conocer (6)	dar (2)
hacer (5)	ir (8)
~~saber~~ (4)	salir

ACIERTOS ...... /26

41.3. Complete con los verbos del recuadro en forma afirmativa o negativa.

conocer huir ~~ir~~ (2) oír parecer saber traer

① ¿Adónde __vais__?

② ¿Por qué _____?

③ ¡Socorro! _____ _____ nadar.

④ Habla más alto. _____ bien.

⑤ _____ una bruja.

⑥ Perdone, ¿adónde _____ este autobús?

⑦ ¡_____ pasteles!

⑧ Perdona, ____ te _____ ¿Cómo te llamas?

ACIERTOS ...... /8

41.4. Complete con los verbos del recuadro en forma afirmativa o negativa, según su caso.

hacer (2) ir saber (2) ~~salir~~ (2)

1. Los domingos __salgo / no salgo__ con mis amigos.
2. _____ cocinar.
3. _____ gimnasia todos los días.
4. _____ al cine todas las semanas.
5. _____ hablar árabe.
6. Mis amigos _____ muchas fiestas.
7. Mis amigos _____ todas las noches.

ACIERTOS ...... /7

91

42 ¿Qué haces el domingo?
Presente de indicativo: otros usos

● Usos del presente de indicativo

  ▶ UNIDAD 39: Presente de indicativo: verbos regulares

● Otros usos del presente de indicativo

  – Hablar del futuro próximo cuando algo está ya acordado o programado, con expresiones como *hoy, esta noche, mañana, la semana que viene...*

> ¿**Tienes** clase mañana?
> **Me examino** en junio.
> Sara y Joselu **se casan** el mes que viene.

  Con frecuencia, estas acciones futuras están referidas a horarios

> –¿Vamos tarde? –No, el concierto **es a las ocho**.
> –¿A qué hora **llega** el tren? –A las diez y quince.

  – Dar instrucciones.

> Primero **pelas** los tomates y luego los **partes**.

Baja usted por esta calle hasta el final
y luego **tuerce** a la izquierda.

  – Hacer sugerencias.

> –¿Por qué no **salimos** está noche? –Vale. ¿**Vamos** a bailar?
> –¿**Cenamos**? –Todavía no; es pronto.
> –Por favor, ¿el Teatro Calderón? –Lo siento, no conozco el barrio. ¿Por qué no **preguntan** en ese quiosco?

  – Pedir consejo u opinión.

> –¿**Echo** más sal? –No, creo que tiene suficiente.
> –No sé qué hacer. ¿**Llamo** a Alberto? –Sí. Deberías disculparte.

  – Ofrecer ayuda.

> –¿Le **bajo** la maleta? –Gracias. Muy amable.
> –¿Te **llevo** alguna bolsa? –Gracias. Son muchas para mí.

¿Te **quito** el abrigo?

  – Pedir favores.

> –¿Me **dejas** los apuntes? –Bueno, pero solo esta tarde.
> –¿Me **hacéis** un favor? ¿Me **regáis** las plantas la semana que viene? Me voy fuera. –Bueno, pero déjanos las llaves.
> Perdone, ¿me **dice** la hora?

42.1. **Complete con los verbos del recuadro.**

acabar comer elegir empezar hacer ir jubilarse operar salir tener ~~trabajar~~

1. Este domingo no __trabajo__. Podemos salir.
2. –¿Qué (*vosotros*) _____ este verano? –_____ a Benidorm, como siempre.
3. La Feria de Antigüedades _____ el domingo.
4. La semana que viene (*nosotros*) _____ tres exámenes.
5. Date prisa. El tren _____ dentro de media hora.
6. Mañana _____ al director. ¿Quién será?
7. (*Yo*) _____ dentro de dos meses.
8. Cristina está mal. La _____ el martes.
9. He encontrado trabajo. _____ la semana que viene.
10. Recuerda que el domingo (*nosotros*) _____ con los Sierra.

ACIERTOS ...../11

42.2. **Complete las instrucciones con las palabras del recuadro.**

①

añadir
cortar
mezclar
~~pelar~~
poner
triturar

Primero __pelas__ los tomates y _____ un poco de cebolla y pimiento. _____ todo en un recipiente y _____ sal, aceite, ajo y pan mojado. Lo _____ todo y lo _____ a enfriar en la nevera.

~~abrir~~ cerrar colocar comprobar

Es muy fácil. __Abres__ la cámara, _____ la película y la _____. Luego _____ que la película se mueve.

② ③

esperar meter pulsar ~~seleccionar~~

Yo se lo explico. Usted __selecciona__ la bebida, _____ las monedas necesarias, _____ el botón y _____.

ACIERTOS ...../14

42.3. **Escriba las frases según el ejemplo.**

1. (Haga una sugerencia a unos amigos: *dar un paseo*) __¿Por qué no damos un paseo?__
2. (Ofrezca ayuda a un desconocido: *abrir la puerta*) _____
3. (Pida consejo: *comprar este sombrero*) _____
4. (Haga una sugerencia a unos amigos: *comer en este restaurante*) _____
5. (Pida un favor a un amigo: *ayudarle a subir las bolsas*) _____
6. (Pida un favor a un amigo: *dejar el móvil*) _____
7. (Pida consejo: *salir con Luis*) _____
8. (Ofrezca ayuda a un amigo: *cortar el pelo*) _____
9. (Haga una sugerencia a unos desconocidos: *coger un taxi*) _____
10. (Pida un favor a un desconocido: *abrir la puerta*) _____
11. (Pida un favor a un amigo: *coger ese libro*) _____
12. (Pida un favor a un amigo: *llevar a casa*) _____
13. (Haga una sugerencia a unos amigos: *hacer una fiesta*) _____
14. (Ofrezca ayuda a un amigo: *llevar a casa*) _____

ACIERTOS ...../14

43 Vivo en México desde 1998
Presente para expresar períodos de tiempo

Elsa llegó a México en 1998.   Elsa sigue viviendo en México.

Vivo en México **desde** 1998.

● Se usa el presente de indicativo para referirse a la duración de acciones o situaciones que empezaron en el pasado y continúan en el presente.

– presente de indicativo + *desde* + fecha

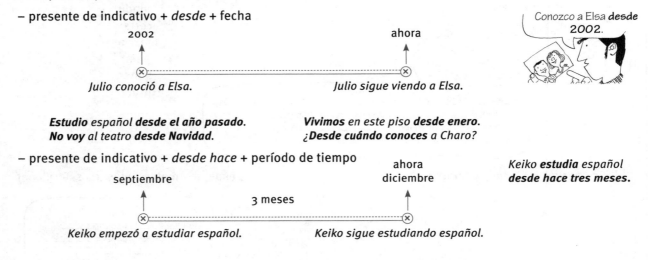

2002   **ahora**

Julio conoció a Elsa.   Julio sigue viendo a Elsa.

Conozco a Elsa **desde 2002.**

> **Estudio** español **desde el año pasado.**   **Vivimos** en este piso **desde enero.**
> **No voy** al teatro **desde Navidad.**   **¿Desde cuándo conoces** a Charo?

– presente de indicativo + *desde hace* + período de tiempo

septiembre   ahora
                                    diciembre

3 meses

Keiko empezó a estudiar español.   Keiko sigue estudiando español.

Keiko **estudia** español **desde hace tres meses.**

> Rosana y Alberto **viven** en Argentina **desde hace dos años.**   **No veo** a Pili **desde hace mucho tiempo.**

– *hace* + período de tiempo + *que* + presente de indicativo

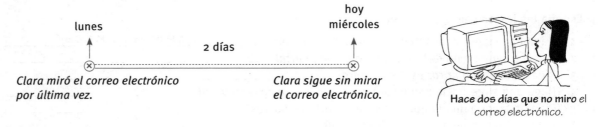

                                    hoy
lunes   miércoles

2 días

Clara miró el correo electrónico   Clara sigue sin mirar
por última vez.   el correo electrónico.

Hace dos días que no miro el correo electrónico.

> **Hace un año que estudio** español.   **¿Cuánto tiempo hace que trabajas** aquí?

● Cuando nos referimos a una acción pasada, que ya no continúa en el presente, se usa el pretérito indefinido.

Compare:

Trabajé en un banco el año pasado. (=ya no trabajo allí)	**Trabajo** en un banco desde el año pasado. (=sigo trabajando allí)
Hans **estudió** español de pequeño. (=ya no estudia español)	Li **estudia** español desde que era pequeño. (=sigue estudiando español)

43 E J E R C I C I O S

43.1. **Complete con la forma adecuada del verbo.**

1. –¿Cuánto tiempo hace que (*tú, vivir*) ___vives___ en Caracas? –Tres años.
2. –¿Hablas español? –Sí, lo (*hablar*) _____ desde que era pequeño.
3. –¿Hace mucho que (*conocer*) _____ a Ronaldo? –Sí, lo (*conocer*) _____ desde 1995.
4. –¿Cuánto tiempo hace que (vosotros, estudiar) _____ español? –Seis meses.
5. –¿Desde cuándo (*ser*) _____ amigos Jorge y tú? –(*ser*) _____ amigos desde hace unos cinco años.
6. –¿Desde cuándo no (*ver*) _____ a Petra? –No la (*ver*) _____ desde el verano pasado.
7. –¿Hace mucho que (*conducir*) _____? –Unos tres años.
8. –¿Dónde trabajas ahora? –Hace un mes que (*trabajar*)_____ en una agencia de viajes.
9. –¿Hace mucho que (*tú, salir*) _____ con Paula? –Sí, casi dos años.
10. –¿Desde cuándo (*vosotros, tener*) _____ este piso? –Lo (*tener*) _____ desde el año pasado.

ACIERTOS ...../14

43.2. **Exprese la información dada en una frase comenzando con las palabras indicadas y el presente de indicativo en forma afirmativa o negativa.**

1. Lupe conoce a Jaime. Lo conoció en 2001. Lupe ___conoce a Jaime desde 2001___.
2. Yasir estudia español. Empezó a estudiarlo hace seis meses. Yasir _____.
3. La última vez que bebimos café fue hace un año. Hace _____.
4. Patricia dejó de hablarme el día de su cumpleaños. Patricia _____.
5. La última vez que mis padres me escribieron fue en Navidad. Mis padres _____.
6. Salgo con Rosario. Empecé a salir con ella hace un mes. Hace _____.
7. La última vez que fui al cine fue hace dos semanas. Hace _____.
8. Vivo en Guayaquil. Llegué allí en 199   9. Vivo _____.
9. Andrés empezó a trabajar aquí hace tres meses. Hace _____.
10. La última vez que tuvimos vacaciones fue en 2007. No tenemos _____.

ACIERTOS ...../10

43.3. **Escriba preguntas para las respuestas.**

1. –¿___Cuánto (tiempo) hace que conoces a César___? –Hace cinco años que conozco a César.
2. –¿___Desde cuándo no fumas___? –No fumo desde hace un mes.
3. –¿_____? –Hace dos años que vivimos en Mérida.
4. –¿_____? –Asun y yo salimos juntos desde que teníamos dieciséis años.
5. –¿_____? –Mi padre trabaja en esta empresa desde que tenía veinte años.
6. –¿_____? –Estudiamos español desde hace dos años.
7. –¿_____? –Conduzco desde que tenía dieciocho años.
8. –¿_____? –Tengo este reloj desde que tenía diez años.
9. –¿_____? –Hace un año que no voy al cine.
10. –¿_____? –Hace cinco años que no como carne.

ACIERTOS ...../10

43.4. **Rodee la forma correcta.**

1. (*Vivo/Viví*) en Montevideo en 1999.
2. Adolfo (*vive/vivió*) en Toledo desde 1998.
3. (*Estamos/Estuvimos*) en la Patagonia hace dos años.
4. Hace una semana que (*estoy/estuve*) en Atenas. Llegué el día 8.
5. Hace casi un mes que no (*vemos/vimos*) a John.
6. No (*sé/supe*) nada de Julián desde hace más de un año.
7. Hace dos días (*vemos/vimos*) a Clara.
8. (*Conozco/Conocí*) a Lucas cuando vivía en Chicago.
9. (*Conocemos/Conocimos*) a Marta desde que vivíamos en Granada.
10. Miguel (*pinta/pintó*) desde muy joven. Le gusta mucho.
11. –¿Cuándo (*vives/viviste*) en El Salvador? – Hace muchos años.
12. –¿Desde cuándo (*trabajas/trabajaste*) aquí? –Desde hace seis meses.

ACIERTOS ...../12

95

44

Llevan siete meses casados
Llevar para expresar duración

● Se usa el verbo *llevar* para resaltar la duración de una acción o situación entre dos momentos.

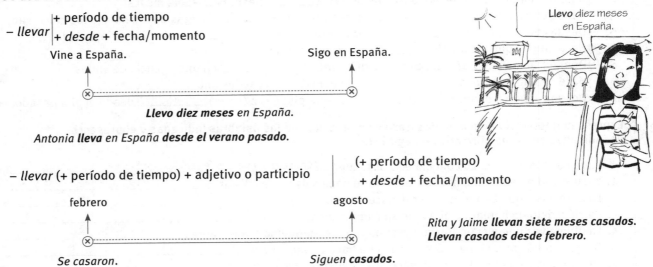

– *llevar* | + período de tiempo
          | + *desde* + fecha/momento

Vine a España.   Sigo en España.

Llevo diez meses en España.

Antonia **lleva** en España **desde el verano pasado**.

– *llevar* (+ período de tiempo) + adjetivo o participio | (+ período de tiempo)
                                                       | + *desde* + fecha/momento

febrero   agosto

Se casaron.   Siguen **casados**.

Rita y Jaime **llevan siete meses casados**.
Llevan casados desde febrero.

Felisa **lleva tres meses enferma**. / Felisa **lleva enferma tres meses**.
Felisa **lleva enferma desde Navidad**.
María **lleva dos días enfadada** con Luis.

Los adjetivos y participios tienen la misma forma (masculino, femenino, singular o plural) que la persona, animal o cosa a la que se refieren.

La televisión lleva rota desde el lunes.   *Toni y Carlos **llevan** dos días **enfermos**.*

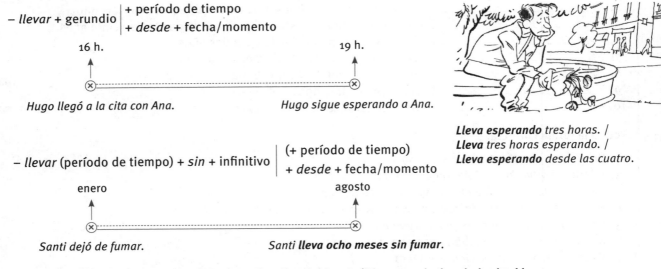

– *llevar* + gerundio | + período de tiempo
                  | + *desde* + fecha/momento

16 h.   19 h.

Hugo llegó a la cita con Ana.   Hugo sigue esperando a Ana.

Lleva esperando tres horas. /
Lleva tres horas esperando. /
Lleva esperando desde las cuatro.

– *llevar* (período de tiempo) + *sin* + infinitivo | (+ período de tiempo)
                                                  | + *desde* + fecha/momento

enero   agosto

Santi dejó de fumar.   Santi **lleva ocho meses sin fumar**.

Llevamos sin dormir dos días./ **Llevamos dos días sin dormir**./ **Llevamos sin dormir desde el lunes**.

Compare:

He estado tres meses en Perú. (Ya no estoy en Perú.)	*Llevo tres meses en Perú*. (Todavía estoy en Perú.)
He estado esperando dos horas. (Ya no estoy esperando.)	*Llevo dos horas esperando*. (Todavía estoy esperando

44.1. **Complete con *desde* en caso necesario.**

1. Llevo ___Ø___ dos semanas trabajando en este bar.
2. Llevamos en España _____ 2007.
3. Lucas y Alba llevan _____ cuatro años casados.
4. ¿_____ cuándo lleváis esperando?
5. Llevo estudiando alemán _____ que tenía dieciocho años.
6. Este ascensor lleva roto _____ la semana pasada.
7. Llevo estudiando _____ la una.
8. Llevamos _____ una hora corriendo.

ACIERTOS ...... / 8

44.2. **Vuelva a escribir las frases con el verbo *llevar* y los participios o adjetivos correspondientes.**

1. Nos casamos hace seis años. Seguimos casados. ___Llevamos seis años casados./Llevamos casados seis años.___
2. La lavadora se rompió la semana pasada. Sigue rota. _____
3. Enfermé hace dos días. Sigo enfermo. _____
4. Me enfadé con Lola el mes pasado. Sigo enfadada. _____
5. Me ensucié los zapatos anoche. Siguen sucios. _____
6. Esa tienda cerró hace dos meses. Sigue cerrada. _____
7. El teléfono se estropeó el domingo. Sigue estropeado. _____
8. Ese bar abrió en verano. Sigue abierto. _____

ACIERTOS ...... / 8

44.3. **Vuelva a escribir las frases utilizando el presente de indicativo de *llevar* y el gerundio correspondiente.**

1. Vivimos en Quito. Vinimos a Quito hace diez meses. ___Llevamos diez meses viviendo en Quito.___
2. Estoy buscando mis gafas. Empecé a buscarlas hace una hora. _____
3. Alberto está leyendo. Se puso a leer a las diez. _____
4. Trabajo en este bar. Empecé hace dos semanas. _____
5. Jesús está esperando a Marta. Llegó a la cita hace media hora. _____
6. Alicia está durmiendo. Se acostó hace diez horas. _____
7. Sonia está viajando por América del Sur. Comenzó el viaje en julio. _____
8. Conduce Pedro. Empezó a conducir a las ocho. _____

ACIERTOS ...... / 8

44.4. **Vuelva a escribir las frases con el presente de indicativo de *llevar* y el infinitivo correspondiente.**

1. Dejé de beber alcohol en julio. ___Llevo desde julio sin beber alcohol.___
2. La última vez que mis padres comieron carne fue hace cinco años. _____
3. La última vez que fui a clase fue hace un mes. _____
4. La última vez que Josefa durmió bien fue hace una semana. _____
5. La última vez que comí en un restaurante fue el año pasado. _____
6. La última vez que Mónica fue al teatro fue en Navidad. _____
7. Dejé de fumar hace diez años. _____
8. La última vez que jugué al fútbol fue cuando tenía veinte años. _____

ACIERTOS ...... / 8

44.5. **Complete con la construcción adecuada de *llevar*.**

1. ¿Cuánto tiempo (*aprender*) ___llevan aprendiendo___ español los amigos de Óscar?
2. El ordenador (*estropear*) _____ una semana.
3. (*Yo, despertar*) _____ una hora.
4. Estoy agotado. (*dormir*) _____ bien dos días.
5. –¿Cuánto tiempo (*tú, esperar*) _____? –Desde las siete.
6. –¿Cuándo se divorciaron Pepe y Ana? –(*Divorciarse*) _____ más de cinco años.
7. (*Yo, ver*) _____ a Carlos más de un mes. Tengo que llamarlo.
8. –¿Cuánto tiempo (*tú, estudiar*) _____ chino? –Casi dos años.

ACIERTOS ...... / 8

45 Me aburro
Verbos con *me*, *te*, *se*...

● Verbos regulares con *se*: presente de indicativo

	aburrir**se**		
(yo)	me aburro	(nosotros, nosotras)	nos aburrimos
(tú)	te aburres	(vosotros, vosotras)	os aburrís
(usted)	se aburre	(ustedes)	se aburren
(él, ella)	se aburre	(ellos, ellas)	se aburren

● Verbos irregulares: los verbos con *se* tienen las mismas irregularidades que los correspondientes verbos sin *se*.

> *En verano **me despierto** muy temprano.*
> *Mis padres **se duermen** en los conciertos.*

> *Jean Paul **no se despide** nunca.*
> *Hoy **no me pongo** el abrigo. No hace frío.*

● Algunos verbos solo tienen la forma con *se*.

> arrepentirse: *No **me arrepiento** de nada.*
> quejarse: *Ana **se queja** siempre de los profesores.*

> atreverse: *¿**Te atreves** a tirarte desde aquí?*

> ~~*Arrepiento* de no haber estudiado.~~ → ***Me arrepiento** de no haber estudiado.*

● En otros verbos, las formas con *se* sirven para indicar que la acción o su efecto recae:
  – sobre la misma persona que la realiza.

> ***Silvia se cansa** cuando corre.*

> ***Se defienden** como pueden.*

  – sobre una parte del cuerpo o de la ropa de esa persona.

> *Los niños **se manchan** mucho la ropa.*

> *Luis **se pone corbata** los domingos.*

Compare:

***Acuesto** a los niños.*	***Me acuesto** temprano.*
***Aburre** a sus amigos.*	*Cuando estamos solos, **nos aburrimos.***
*Benito **pinta** paisajes de Andalucía.*	*Marta **se pinta** mucho.*

● En algunos casos, cuando hablamos de cantidades, el verbo con *se* enfatiza la acción del verbo. El significado es el mismo, pero con mayor intensidad.

> *Luis **lee** mucho. **Se lee** una novela todas las semanas.*

Compare:

*Enrique **come** muchos bocadillos.*	*Enrique **se come** dos bocadillos todas las mañanas.*
***Aprende** con mucha rapidez.*	***Se aprende** una lección en una tarde.*
*Julián **bebe** mucha leche. a.*	***Se bebe** tres vasos al dí*

> ~~*Me bebo* leche para desayunar.~~ → ***Bebo** leche para desayunar.* / ***Me bebo dos vasos de leche** para desayunar.*

● Algunos verbos tienen significados diferentes con o sin *se*.

despedir = echar de un trabajo o decir adiós	*despedirse* = irse de un trabajo voluntariamente o decir adiós
dormir = descansar	*dormirse* = quedarse dormido o aburrirse
dejar = prestar	*dejarse* = olvidarse
encontrar = hallar, descubrir	*encontrarse* = reunirse o sentirse
ir = dirigirse o asistir	*irse* = marcharse
llamar = telefonear	*llamarse* = tener un nombre
llevar = transportar, usar ropa	*llevarse* = quitar algo a alguien
parecer = tener apariencia	*parecerse* = ser similar

*Rosa **va** a clase de alemán los sábados.* (Asiste a clase de alemán.) *Héctor **se va** a Brasil.* (Emigra a Brasil.)
*John siempre **lleva** paraguas.* (Va siempre con paraguas.) *¡Cuidado! **Te llevas** el paraguas de John.* (Coges el paraguas de John.)

45.1 Complete con los verbos del recuadro y *me, te, se...* en caso necesario.

aburrir   acostar   afeitar (2)   arreglar   arrepentirse   atreverse (2)   bañar
defender (2)   hacer   ~~levantar~~ (2)   poner   quejarse

1. –¿A qué hora __te levantas__, Pili? –Normalmente __me levanto__ a las siete.
2. –¿(*Vosotras*) _____ a saltar desde aquí? –No, yo no _____.
3. Javi _____ cuando está solo.
4. –¿A qué hora (*tú*) _____ a los niños? –A las nueve, antes de acostarlos.
5. Eduardo no _____ abrigo en invierno.
6. Sé que no he sido bueno, pero no _____ de nada.
7. –¿Quién _____ a Ernesto en el juicio? –_____ él mismo. Es abogado.
8. Marisa es costurera. _____ ropa.
9. Mis hijos no _____ nunca tarde. A las diez o las once como mucho.
10. Marisa no se compra nunca ropa. _____ la ropa ella misma.
11. –¿Quién te _____? –Nadie, _____ yo solo.
12. Nosotros no _____ nunca de la comida.

45.2 Complete con los verbos del recuadro en forma afirmativa o negativa, según su caso.

aburrirse   acostarse (2)   lavarse   ~~levantarse~~   pintarse   ponerse   reírse

1. (Yo) __Me levanto/No me levanto__ temprano.
2. _____ el pelo todos los días.
3. _____ los labios.
4. _____ pijama para dormir.
5. _____ tarde por la noche.
6. Mis amigos _____ tarde los sábados por la noche.
7. Mis amigos _____ en las fiestas.
8. Mis amigos _____ mucho en las comedias.

45.3 Complete con los verbos del recuadro.

aprender   aprenderse   beber   beberse   ~~comer~~   comerse   leer   leerse

1. –¿__Comes__ mucho? –__Me como__ dos bocadillos todas las mañanas.
2. Antonio no _____ bebidas alcohólicas.
3. El Sr. Castro _____ tres cafés después de las comidas.
4. Luis _____ con mucha rapidez. _____ una lección en una tarde.
5. Ramón solo _____ novelas policíacas. _____ una todas las semanas.

45.4 Complete con los verbos del recuadro y *me, te, se...* en caso necesario.

1. Don Marcial __lleva__ sombrero.
2. ¿Cómo _____ tu novia?
3. ¿_____ bien? Estás un poco pálida.
4. ¿Cuántas horas _____ al día, Ramón?
5. No falla. Javi siempre _____ en la ópera.
6. –¿Adónde _____ Pedro? –A Canadá.
7. Alberto y Andrés _____ a su abuelo.
8. Olga no _____. Se va sin decir adiós.
9. ¿_____ a Alfonso? Creo que está en casa.
10. ¡Qué cabeza tengo! Siempre _____ las llaves en casa.
11. Jesús _____ inteligente, pero no lo es.

dejar   despedir   dormir (2)   ir
llamar (2)   ~~llevar~~   parecer (2)   sentir

46 Me gusta la ópera
Verbos con *me, te, le...*

● *Gustar, encantar*: presente de indicativo

(a mí)	me		
(a ti)	te		
(a usted)	le	gusta	+ singular
(a él, ella)	le	encanta	
(a nosotros, nosotras)	nos		
(a vosotros, vosotras)	os	gustan	+ plural
(a ustedes)	les	encantan	
(a ellos, ellas)	les		

¿No **te gusta** la ópera?

Sí, **me gusta** mucho, pero hoy **me duele** la cabeza.

No **me gusta** salir mucho.
Me encanta la novela negra.
–¿**Les gustan** estos bombones? – Sí, **nos encantan**.

● Otros verbos con la misma construcción: *apetecer, doler, importar, interesar, molestar, quedar* (= tener o sentar), *sentar...*

(a mí)	me	apetece	
(a ti)	te	duele	+ singular
(a usted)	le	importa	
(a él, ella)	le		
(a nosotros, nosotras)	nos	apetecen	
(a vosotros, vosotras)	os	duelen	+ plural
(a ustedes)	les	sientan	
(a ellos, ellas)	les		

Te sientan muy bien esos pantalones, pero **te quedan** un poco cortos.

*¿**Me sientan** bien estos pendientes?*   *¿**Te apetece** dar un paseo?*
*A Luisa **le duelen** las muelas.*   ***Me molestan** los zapatos.*
*Esta chaqueta **te queda** corta. (Es corta para ti.)*   *Solo **nos quedan** veinte euros. (Tenemos solo veinte euros.)*
*No **me importa** madrugar.*   *¿**Te interesan** las matemáticas?*

ATENCIÓN:

me, te... gusta/ apetece/ interesa... + infinitivo(s)
    *Me **apetece andar** un poco.*   *Me **apetece comer y beber** algo.*
a + nombre/nombre propio
    ***A mis amigos** no les importa prestarme dinero.*   ***A Liu** le sienta muy bien el rojo.*
no + me, te... + gusta, duele, interesa, molesta...
    *Hoy **no me duele** nada.*   *Ya **no me molestan** los zapatos.*

● Se usa *a mí, a ti...* para:

– dar énfasis.

    *¿Cuánto tenéis? **A mí me quedan** solo cinco euros.*

– establecer un contraste.

    *–**Este sombrero no me sienta** bien. –Pues **a mí me sienta** fenomenal.*

– dejar claro a quién nos referimos.

    *¿**Le interesa** la política?* ⟶ *¿**Le interesa a usted** la política?*
    ⟶ *¿**Le interesa a él** la política?*
    ⟶ *¿**Le interesa a ella** la política?*

46 EJERCICIOS

46.1. Complete según la siguiente clave: encantar (☺☺), gustar (☺) y no gustar (☹).

1. A Sofía (☺☺) ___le encanta___ salir.
2. A mí (☹) _____ los deportes.
3. –¿A vosotras (☺)_____ el marisco? –(☺☺)_____.
4. –¿Qué tipo de música (☺)_____, Alfonso? –(☺☺) _____ la ópera.
5. A mis padres (☺)_____ viajar y visitar países exóticos.
6. A mí (☺☺)_____ las noches de verano.
7. –A María (☺☺)_____ pasear. –Pues a mí (☹) _____.
8. A mis amigas (☺☺)_____ los programas de humor, pero a mí (☹) _____.
9. –(☺☺) _____ trabajar y escuchar música al mismo tiempo. ¿Y a ti, Laura? –A mí (☹) _____.
10. –John, Luisa, ¿qué tipo de dulce (☺) _____? –(☺☺) _____ los pasteles, pero (☹) _____ los bombones.

ACIERTOS /17

46.2. Complete con los verbos del recuadro.

| apetecer (3) | ~~doler~~ (2) | importa (3) | interesar (2) | molestar | quedar (3) | sentar |

1. Hoy ___me duele___ mucho la espalda.
2. –Juan, Sofía, ¿_____ salir el sábado? –Sí, _____ mucho.
3. Elena, ¡qué bien _____ esos pendientes!
4. –¿Cuánto dinero _____, Lola? –_____ solo cincuenta euros.
5. –¿Qué te pasa, Alicia? –_____ mucho los pies.
6. A Eduardo solo _____ sus amigos. Su familia no _____ nada.
7. Estos zapatos _____ muchísimo. Necesito una par más grande.
8. Esos pantalones _____ pequeños, Andrés. Necesitas una talla más.
9. Mamá, ¿_____ que traiga un amigo a casa? _____ invitarlo.
10. Quiero ir a una escuela de idiomas. _____ aprender chino y perfeccionar el griego.
11. ¿_____ venir mañana un poco antes?

ACIERTOS /15

46.3. Ordene las palabras y escriba las frases.

1. llegar tarde / a mis compañeros / encanta / les ___A mis compañeros les encanta llegar tarde.___
2. no / gustan / las uvas / le / a Hans _____
3. ¿os / madrugar / importa / a vosotros? _____
4. los ruidos / no / a nosotras / molestan / nos _____
5. la espalda / duele / le / a mi madre _____
6. ayudarme / a mis amigos / importa / no / les _____
7. el negro / le / a Pedro / sienta / muy bien _____
8. no / interesa / la política / a nosotros / nos _____
9. le / los bombones / A Carla / encantan _____
10. ¿te / pasear / gusta / a ti? _____

ACIERTOS /10

46.4. Complete con los verbos entre paréntesis y los pronombres personales correspondientes con *a*.

1. –No me interesa nada la informática. –Pues (*yo, interesar*) ___a mí me interesa___ mucho.
2. –¿(*Tú, gustar*) _____ la música? –(*Yo, encantar*) _____ la ópera.
3. –No me sienta bien este vestido. –Pues (*ella, sentar*) _____ estupendamente.
4. –No me molesta nada ese ruido. –Pues (*nosotras, molestar*) _____ mucho.
5. –No me duelen nada las piernas. –Pues (*él, doler*) _____ muchísimo.
6. –¿(*Ustedes, importar*) _____ que abra la ventana? –No, (*nosotros, importar*) _____.
7. –¿(*Tú, apetecer*) _____ salir? –(*Yo, apetecer*) _____ nada.
8. –¿(*Vosotros, apetecer*) _____ comer algo? –(*Nosotros, apetecer*) _____ nada.
9. –¿(*Tú, quedar*) _____ aspirinas? –(*Yo, quedar*) _____ ninguna.
10. –¿(*Usted, interesar*) _____ los deportes? –(*Yo, interesar*) _____ mucho.

ACIERTOS /16

47 Están jugando en el jardín
Estar + gerundio y contraste con el presente de indicativo

● Presente de indicativo de *estar* + gerundio

▶ **UNIDAD 93: Gerundio**

(yo)	estoy		
(tú)	estás		
(usted)	está		estudiando
(ella)	está	**+**	escribiendo
(nosotros, nosotras)	estamos		bebiendo
(vosotros, vosotras)	estáis		
(ustedes)	están		
(ellos, ellas)	están		

¿Cómo están los niños?

Bien. Ahora **están jugando** en el jardín.

ATENCIÓN:

Verbos con *se*:	*me, te, se...* + *estar* + gerundio	*Se está peinando.*
	estar + gerundio-*me, te, se...*	*Está peinándose.*

● Se usa *estoy, estás...* + gerundio para:

– hablar de acciones que están sucediendo en el momento de hablar.

> *–¿Está Javier? –Sí, pero **está durmiendo**.*

– hablar de una situación temporal, no habitual, con expresiones de tiempo como *hoy, este mes, últimamente...*

> *Este mes **estamos gastando** mucho.*   *–¿Qué **estas haciendo** este año? –**Estoy haciendo** un curso de informática.*

– criticar acciones o situaciones que se producen con demasiada frecuencia, con expresiones de tiempo como *todo el rato, siempre, a todas horas, todo el día...*

> *Antonio **está siempre pensando** en Belén. (No debería hacerlo.)*
> ***Estáis todo el día jugando** y no estudiáis. (No deberíais hacerlo.)*

● No se usa *estar* + gerundio:

– con los verbos *ir* y *venir*.

> *–¿Adónde **vas**? –**Voy** a casa de Julia. Me está esperando.   –¿De dónde **venís**? –**Venimos** del gimnasio. Estamos agotadas.*

– con los verbos siguientes: *conocer, comprender, costar* (= tener precio), *entender, gustar, querer, necesitar, amar, preferir, odiar, parecer, saber, sentir, tener, llevar.*

> *–¿Qué **quieren**? –Dos zumos de naranja, por favor.*   *Mira, es Benito. **Parece** cansado.*
> *–¿Qué **tienes** en la mano? –Un caramelo.*   *Hoy **llevo** dos jerséis. Hace mucho frío.*

– con los verbos *ver* y *oír* (cuando no significan *mirar* o *escuchar*).

> *–¿Qué **ves**? –**No veo** nada. Hay mucha niebla.*

▌ PERO: *–¿Qué haces? –**Estoy viendo** la tele. (=mirando)*

● *Estar* + gerundio y presente de indicativo

Compare:

presente de indicativo: acción habitual	estar + gerundio: acción temporal
Comemos a las dos. (=normalmente)	*¿Qué **estás** comiendo?* (=en este momento)
Pinto pisos. (=normalmente; es mi trabajo)	*Estoy pintando* un retrato de Carla. (=es algo temporal, hasta que lo acabe)
Vivimos en Toledo. (=siempre)	*Sonia **está viviendo** en Roma.* (=temporalmente)

● También se usa el presente de ind. para hablar de acciones que se están realizando en el momento de hablar.

> *–¿Qué **lees**?/–¿Qué **estás leyendo**? –Una novela de intriga.*
> *–¿Qué **haces**?/–¿Qué **estás haciendo**? –Estoy preparando la cena.*

47 EJERCICIOS

47.1 ¿Qué están haciendo? Complete con los verbos del recuadro.

| afeitarse | dormir | estudiar | jugar | limpiarse | practicar |

1. ___Está practicando___ para un concierto.
2. _____ al fútbol.
3. _____
4. _____
5. _____ los dientes.
6. _____

47.2 Complete con los verbos entre paréntesis.

1. Mi hijo (estudiar) ___está estudiando___ en Roma este año. Tiene la beca Erasmus.
2. –Esta semana Javi (dormir) _____ poco. Tiene mucho trabajo.
3. Julián y su hermano (discutir) _____ siempre _____.
4. –¿Por qué (llorar) _____, José? –(Cortar) _____ una cebolla.
5. –¿Has visto a Sonia? –No, creo que este mes (trabajar) _____ en otra zona.
6. ¿Por qué (vosotros, jugar) _____ todo el día?
7. ¿Por qué (vosotros, pegarse) _____ siempre _____?
8. –¿Vas a salir ahora? –No, (llover) _____.
9. Últimamente (comer) _____ mucho, Ramón. Vas a engordar.

47.3 Complete con el verbo entre paréntesis en la forma correcta del presente de indicativo o de estar + gerundio.

1. –¿Qué (mirar) ___miras___? –(Parecer) _____ Manolo. (Llevar) _____ un sombrero negro.
2. –¿De dónde (venir) _____? –(Venir) _____ del Instituto Electrónico. (Hacer) _____ un curso de electrónica esta semana.
3. –¿Qué (preferir) _____ para comer? –Pescado. Siempre (comer) _____ carne.
4. –¿Qué (vosotros, oír) _____? –Un debate político, pero (gritar) _____ todo el rato.
5. –¿Qué (vosotros, ver) _____? –Una película de acción. (Luchar) _____ todo el rato.
6. –¿Con quién (bailar) _____ María? –No (saber) _____. No lo (conocer) _____.
7. –¿Por qué no (venir) _____ Sonia? –(Peinarse) _____.
8. –¿(Oír) _____ algo? –No (oír) _____ nada. Los niños (hacer) _____ mucho ruido.
9. –¿Qué (tener) _____ Joaquín en la mano? –Es un pincel. (Pintar) _____.

47.4 Complete con la forma correcta del verbo entre paréntesis: presente de indicativo o estar + gerundio.

1. –¿Qué (hacer) ___hace___ Amancio? –Es profesor. (Trabajar) ___Trabaja___ en un instituto.
2. Mis padres siempre (viajar) _____. Ahora (hacer) _____ un viaje por las Cícladas.
3. –¿A qué hora (vosotros, comer) _____ en tu casa? –Normalmente (comer) _____ a las dos, pero esta semana (comer) _____ más tarde porque (tener) _____ mucho trabajo.
4. Padilla es un gran pintor. (Pintar) _____ unos paisajes bellísimos.
5. –¿Dónde (vivir) _____ Juana? –(Vivir) _____ en el centro, pero ahora (vivir) _____ con su hermana porque le (arreglar) _____ el piso.
6. –¿Qué periódico (leer) _____? –Normalmente (leer) _____ Las Noticias, pero a veces también (leer) _____ El Globo.
7. –¿Qué (vosotros, hacer) _____? –(Practicar) _____ para el examen.

De joven, viví en México
Pretérito indefinido: verbos regulares

● Formación del pretérito indefinido: verbos regulares

	trabaj-ar	com-er	viv-ir
(yo)	trabaj-é	com-í	viv-í
(tú)	trabaj-aste	com-iste	viv-iste
(usted)	trabaj-ó	com-ió	viv-ió
(él, ella)	trabaj-ó	com-ió	viv-ió
(nosotros, nosotras)	trabaj-amos	com-imos	viv-imos
(vosotros, vosotras)	trabaj-asteis	com-isteis	viv-isteis
(ustedes)	trabaj-aron	com-ieron	viv-ieron
(ellos, ellas)	trabaj-aron	com-ieron	viv-ieron

ATENCIÓN:

dar: d-i, d-iste, d-io, d-io, d-imos, d-isteis, d-ieron, d-ieron

Verbos en -car → sacar: **saqué**, sacaste, sacó, sacó, sacamos, sacasteis, sacaron, sacaron

Verbos en -zar → empezar: **empecé**, empezaste, empezó, empezó, empezamos, empezasteis, empezaron, empezaron

Verbos en -gar → llegar: **llegué**, llegaste, llegó, llegó, llegamos, llegasteis, llegaron, llegaron

Verbos en -guar → averiguar: **averigüé**, averiguaste, averiguó, averiguó, averiguamos, averiguasteis, averiguaron, averiguaron

Cuando Lola se casó, **dio** una gran fiesta.   **Empecé** a estudiar alemán hace tres años.
Cuando **llegué** a casa, no había nadie.

● Se usa el pretérito indefinido para hablar de acciones o situaciones pasadas. Nos dice qué sucedió en un momento concreto del pasado: *anoche, ayer, el domingo (pasado), la semana pasada, hace dos meses, en 1995, cuando era joven...*

Ayer me acosté muy tarde.   **El año pasado pasé** las vacaciones en Isla Margarita.
De joven, viví cuatro años en México.

– No hace falta referencia temporal cuando los hablantes saben que están hablando de algo pasado.

El partido **duró** dos horas. (El partido de ayer, del domingo pasado...)

– Se puede usar en una secuencia de acciones, todas acabadas una después de otra.

El profesor **entró** en el aula,...

...**abrió** el libro...

...y **empezó** a explicar.

Cuando **acabó** la película, **encendieron** las luces.   **Comimos** y luego **salimos** al jardín.

– Se usa normalmente en narraciones y biografías.

MIGUEL ÁNGEL ASTURIAS **nació** en Ciudad de Guatemala en 1899. **Estudió** derecho en su país y pronto **se interesó** por las antiguas religiones y culturas de América Central. **Publicó** su primer libro, *Leyendas de Guatemala*, en Madrid, en 1930. **Recibió** el Premio Nobel de Literatura en 1967.

48.1. Complete con el pretérito indefinido de los verbos del recuadro.

| averiguar empezar gustar llegar llevar regalar sacar ~~salir~~ ~~terminar~~ trabajar vender |

1. Cuando __terminó__ de llover, __salimos__ a dar un paseo.
2. –¿Os _____ la fiesta? –Sí, fue muy divertida.
3. _____ a trabajar en el banco hace tiempo.
4. Teresa _____ de camarera durante el verano.
5. Remedios _____ a Carlos al aeropuerto la semana pasada.
6. Elena me _____ unos guantes por mi cumpleaños.
7. Yo mismo _____ las maletas del coche cuando _____ del viaje a la costa el otro día.
8. Ayer mismo _____ la nueva dirección del dentista.
9. Cecilio _____ el piso de la playa hace tres años.

ACIERTOS ...../ 11

48.2. Complete con el pretérito indefinido de los verbos del recuadro.

| abrir aparcar costar empezar ganar (2) llegar olvidar pagar ~~vivir~~ |

1. –¿Cuánto tiempo __vivió__ Petra en Cuba? –Seis años.
2. –¿Por qué _____ la cena María? –Porque era su cumpleaños.
3. –¿Cuánto te _____ esa chaqueta? –Unos 200 euros.
4. –¿Cómo _____ la puerta? –Con mi propia llave.
5. –¿Cuándo _____ la carta? –Hace dos días.
6. –¿Cuándo _____ las clases? –En septiembre.
7. –¿Dónde _____ el coche ayer, Juan? –Delante de un café.
8. –¿Quién _____ el Premio Cervantes 2007? –Juan Gelman.
9. –¿Qué te _____ en ese bar? –Mi monedero.
10. –¿Quién _____ anoche el partido? –El Celta.

ACIERTOS ...../10

48.3. Complete con el pretérito indefinido de los verbos entre paréntesis.

Una noche me (despertar) __despertó__ un ruido. (Levantarse)_____, (encender) _____ la luz y (acercarse) _____ a la ventana. En la calle (ver) _____ una figura vestida de blanco. Cuando la figura me (ver) _____, me (llamar) _____ con la mano. (Dar) _____ un grito y la figura (alejarse) _____. (Regresar) _____ a la cama, (apagar) _____ la luz y (acostarse) _____. Nunca más (volver) _____ a verla.

ACIERTOS ...../ 13

48.4. Complete la biografía de Isabel Allende. Utilice los tiempos del pasado con los verbos del recuadro.

| casarse divorciarse empezar escribir ~~nacer~~ (2) publicar refugiarse regresar trasladarse vivir |

Isabel Allende es chilena, pero __nació__ en Lima, Perú, en 1942. En 1945 sus padres _____ y su madre _____ a Chile. En 1962 _____ por primera vez y al año siguiente _____ su hija Paula. En 1967 _____ a escribir en una revista y en 1973 _____ dos cuentos infantiles. Dos años después del golpe militar en Chile, en 1975, Isabel _____ en Caracas, Venezuela, donde _____ durante trece años y _____ su gran éxito, *La casa de los espíritus*. En 1987 _____ a los Estados Unidos, donde reside actualmente con su segundo marido.

ACIERTOS ...../ 11

49
Murió en 1616
Pretérito indefinido: verbos irregulares

● Irregularidades en *usted, él, ella, ustedes, ellos, ellas*

	● e ▸ i ped-ir	● o ▸ u dorm-ir	● i ▸ y le-er	● i ▸ y o-ír
(yo)	ped-í	dorm-í	le-í	o-í
(tú)	ped-iste	dorm-iste	le-íste	o-íste
(usted)	pid-ió	durm-ió	le-yó	o-yó
(él, ella)	pid-ió	durm-ió	le-yó	o-yó
(nosotros, nosotras)	ped-imos	dorm-imos	le-ímos	o-ímos
(vosotros, vosotras)	ped-isteis	dorm-isteis	le-ísteis	o-ísteis
(ustedes)	pid-ieron	durm-ieron	le-yeron	o-yeron
(ellos, ellas)	pid-ieron	durm-ieron	le-yeron	o-yeron

Otros como *pedir: divertirse, elegir, mentir, preferir, repetir, seguir, sentir(se), servir*

Otros como *dormir: morir*

Otros como *leer/oír: caer(se), creer, construir, destruir, huir, influir*

> Adán me **pidió** ayuda para hacer los ejercicios.   ¿Cuándo **murieron** los padres de Elena?
> Rosario **se cayó** a una piscina cuando tenía tres años.

● Todas las personas irregulares

estar	▸	estuv-		
haber	▸	hub-	-e	(yo)
hacer	▸	hic-/hiz-	-iste	(tú)
poder	▸	pud-	-o	(usted)
poner	▸	pus-	-o	(él, ella)
querer	▸	quis-	-imos	(nosotros, nosotras)
saber	▸	sup-	-isteis	(vosotros, vosotras)
tener	▸	tuv-	-ieron	(ustedes)
andar	▸	anduv-	-ieron	(ellos, ellas)
venir	▸	vin-		

			-e	(yo)
			-iste	(tú)
decir	dij-		-o	(usted)
traducir	traduj-		-o	(él, ella)
traer	traj-		-imos	(nosotros, nosotras)
			-isteis	(vosotros, vosotras)
			-eron	(ustedes)
			-eron	(ellos, ellas)

Otros: conducir, deducir, producir, atraer, distraer

– *ir, ser:* fui, fuiste, fue, fue, fuimos, fuisteis, fueron, fueron

> –¿Qué **hicisteis** anoche? –**Fuimos** al teatro.   Rafa **trajo** muchos recuerdos de la India.
> Ayer **estuvimos** con Eva y Lucas.   ¿Qué os **dijeron** en el hospital?
> ¿Cuándo **supisteis** lo de Ana?   Los venecianos **fueron** grandes comerciantes.
> Hace unos años **traduje** un libro sobre Goya.

● Se usa el pretérito indefinido para hablar de acciones o situaciones pasadas.

> Anoche **oí** ruidos en el sótano.
> Cuando **estuvimos** en Roma **nos divertimos** mucho.
> **Hicimos** muchas fotos en las vacaciones.
> Ayer **tuve** mucho trabajo. No **pude** llamarte.

– Se usa el pretérito indefinido de *ser* para valorar hechos o situaciones del pasado.

> –¿Te gustó la fiesta de Lidia? –No. **Fue muy aburrida.**
> Los romanos **fueron** grandes arquitectos.

¿Quién **construyó** la ciudad de Tikal?   Los mayas.

49.1. **Complete con el pretérito indefinido de los verbos entre paréntesis.**

1. Esta casa la (*construir*) __construyó__ el padre de Óscar hace cincuenta años.
2. ¿Cuándo (*morir*) _____ los abuelos de Miriam?
3. Laura (*caerse*) _____ la semana pasada y (*romperse*) _____ un brazo.
4. –¿Cuándo (*saber*) _____ usted que estaba enferma? –Cuando me lo (*decir*) _____ el médico.
5. –¿Qué (*pasar*) _____ anoche? –(*Haber*) _____ un incendio en el bloque de Ángel.
6. ¿Cuándo (*usted, conducir*) _____ un coche por primera vez?
7. La semana pasada (*yo, hacer*) _____ un viaje a Granada con mi familia. El viaje (*ser*) _____ horrible. (*Tener*) _____ mal tiempo y no (*poder*) _____ encontrar un hotel cerca de La Alhambra.
8. Ayer (*haber*) _____ un accidente en nuestra calle. Cuando Andrés (*oír*) _____ la sirena de la ambulancia (*ponerse*) _____ nervioso.
9. Bécquer (*influir*) _____ en la obra de muchos poetas hispanoamericanos.
10. Aquella mañana los atracadores (*huir*) _____ en una furgoneta negra cuando (*oír*) _____ los coches de la policía.
11. El otro día Eusebio nos (*traducir*) _____ una canción de Sting. Nos (*decir*) _____ que era muy buena.
12. Roberto (*sentir*) _____ un fuerte olor a gasolina al arrancar el coche.

49.2. **Utilice los siguientes verbos para completar estas frases sobre la historia de América Latina.**

> comenzar   construir   fundar   ~~independizarse~~   llegar   morir   tener   traer

1. Cuba __se independizó__ en 1898.
2. Bolívar _____ en 1830.
3. Los primeros esclavos africanos _____ a América en el siglo XVI.
4. Los incas _____ Machu Picchu en el siglo XIII.
5. Los españoles _____ el tomate y la patata de América.
6. La decadencia de la cultura maya _____ a mediados del siglo XV.
7. Pizarro _____ Lima en 1529.
8. La segunda fundación de Buenos Aires _____ lugar en 1580.

49.3. **Complete con el pretérito indefinido de los verbos entre paréntesis.**

1. –¿Qué (*hacer*) __hiciste__ el fin de semana, Pablo? –Poca cosa. (*Estar*) _____ con mis amigos todo el tiempo. (*Andar*) por el centro por las mañanas y, por las tardes, (*ir*) al cine un día y, otro día, (*estar*) _____ en una bolera.
2. –¿Quién te (*traer*) anoche del aeropuerto, Ramiro? –Me (*traer*) ▸ mis hermanas. Pero no (*poder*) aparcar cerca del aeropuerto y (*tener*) ▸ que andar bastante para llegar al coche.
3. –¿Cuando (*ser*) _____ tu cumpleaños, Silvia? –Hace una semana.
4. –¿Y por qué no me (*decir*) _____ nada? –No (*querer*) decírtelo. No se lo (*decir*) _____ a ninguno de mis amigos.

49.4. **Complete con la forma correcta del pretérito indefinido de *ser*.**

1. Alfredo Kraus __fue__ un gran tenor español.
2. Para Arturo _____ un gran honor asistir anoche a esa charla.
3. ¿Cómo _____ tus primeros años de colegio?
4. Ayer _____ muy amable al comprarme esas flores, Ángel.
5. Daniel y tú _____ los mejores del partido.
6. Pelé y Di Stéfano _____ unos futbolistas muy famosos.
7. Las noches que pasé en La Habana _____ muy divertidas.

50 *He tenido un accidente*
Pretérito perfecto de indicativo

● Formación del pretérito perfecto de indicativo

	presente de indicativo de *haber*	+ participio del verbo principal
(yo)	he	
(tú)	has	
(usted)	ha	
(él, ella)	ha	+ trabajado
(nosotros, nosotras)	hemos	comido
(vosotros, vosotras)	habéis	vivido
(ustedes)	han	
(ellos, ellas)	han	

Hablas muy bien español.

He vivido muchos años en Hispanoamérica.

▶ UNIDAD 95: Participio ▮

ATENCIÓN: ▮

– La forma del participio no cambia nunca.

*He **visto** a Ana.*   *Hemos **visto** a Sofía y a Juan.*

– *Haber* y el participio van siempre juntos.

Carmen ~~ha me regalado~~ una corbata. → *Carmen **me ha regalado** una corbata.*

● Se usa el pretérito perfecto de indicativo para:

– hablar de acciones o situaciones pasadas ocurridas en un período de tiempo que llega hasta ahora: *hoy, este año/mes, esta mañana/tarde/ semana...*

Hoy no hemos estudiado *mucho.*
Esta semana hemos salido *dos veces.*
*Sara **ha publicado** dos novelas **este año**.*

– hablar de acciones o situaciones pasadas consideradas inmediatas, con expresiones como *hace poco, hace un rato, hace un momento, últimamente...*

*–¿Has visto a Rodri? –Sí, **he estado** con él **hace un momento**.*
*¿**Has leído** alguna novela interesante **últimamente**?*
*–¿Está Silvia? –No, **hace cinco minutos que se ha ido**.*

– hablar de acciones pasadas recientes con consecuencias en el presente

*Siento llegar tarde. **He perdido** el autobús.*

Voy a llegar tarde.
He tenido un accidente.

– dar noticias recientes.

*–¿Qué **ha pasado**? –**Ha dimitido** el Presidente.*
*Tengo una noticia estupenda. Nacho **ha encontrado** trabajo.*

– hablar de experiencias personales pasadas, sin decir cuándo ocurrieron

He leído el Quijote tres veces.
*¿**Has probado alguna vez** la tortilla de patatas?*
*No **hemos estado nunca** en casa de Nacho.*

– con *ya* y *todavía no*, para preguntar o decir si algo ha ocurrido antes del momento de hablar.

Preguntar: *ya* → *–¿**Ha empezado ya** la película? –Sí, hace un rato.*
Afirmar: *ya* → *Ya **he terminado**. Podemos irnos.*
Negar: *no... todavía* → *Espérame. **No he acabado todavía**.*
    todavía no → *Todavía no **he acabado** la carrera.*

50.1. **Escriba frases con las palabras dadas y el verbo en pretérito perfecto.**

1. (Yo) no / estar / en la playa / este verano ___No he estado en la playa este verano___ .
2. tu hermana / hacer / este verano / qué ¿_____?
3. Ana / no / levantarse / temprano / hoy _____ .
4. Cristina / venir / hoy ¿_____?
5. Toñi / trabajar / hoy ¿_____?
6. Jesús y Carmen / no / trabajar / esta semana _____ .
7. Luisa / llamar dos veces / esta tarde _____ .
8. mis padres / salir / hace cinco minutos _____ .
9. qué / hacer (vosotros)/ en la clase de italiano/ esta semana ¿_____?
10. Marta y Antonio / casarse / hace muy poco _____ .

ACIERTOS /10

50.2. **Complete con el pretérito perfecto de los verbos del recuadro.**

| atracar   dormir   haber   olvidar   pedir   poder   prometer   ~~reservado~~   tomar   traer |

1. –¿___Has reservado___ mesa para cenar en *Xamán*? –Sí, para mañana a las 21.00 h.
2. Me siento muy cansado. _____ poco esta noche.
3. –Sebas se _____ una aspirina porque le duele la cabeza.
4. –Este fin de semana _____ muchas muertes en la carretera.
5. –El nuevo gobierno _____ bajar los impuestos.
6. –No puedo abrir la puerta. Me _____ las llaves en la oficina.
7. –Anoche volví tarde a casa y hoy no _____ levantarme temprano.
8. –Eugenio, ¿_____ el coche? –No, últimamente vengo al trabajo en metro.
9. –¿Qué dice la tele? –Que dos hombres _____ una joyería.
10. La oposición _____ la dimisión del alcalde.

ACIERTOS /10

50.3. **Complete con el pretérito perfecto de los verbos del recuadro.**

| casarse   escribir   leer   ~~pasar~~   probar   ser   ver   viajar   visitar   vivir |

1. ¿Cuántos años ___ha pasado___ Maite en Argentina?
2. Miguel _____ mucho por la Patagonia.
3. ¿_____ vosotros alguna vez un iceberg?
4. Yo _____ *Pedro Páramo* tres veces.
5. ¿_____ tus padres el ceviche de pescado?
6. Joaquín _____ cantante de ópera.
7. Elena _____ dos veces con el mismo hombre.
8. Vargas Llosa _____ mucho sobre Perú.
9. ¿_____ Jaime El Prado alguna vez?
10. Mis amigos chilenos _____ mucho tiempo en España.

ACIERTOS /10

50.4. **Complete con el pretérito perfecto de los verbos entre paréntesis y *ya* o *todavía no*.**

1. –¿(*Tú, leer*) ___Has leído ya___ el periódico? –Sí, puedes cogerlo.
2. –¿(*Salir*) _____ los resultados de los exámenes? –Sí, esta mañana.
3. Alicia está buscando empleo. (*encontrar*) _____ nada.
4. Es tarde y tu hermano (*terminar*) _____ de ducharse.
5. ¿(*Tú, llamar*) _____ a Mariela? Ahora debe de estar en casa.
6. Alicia (*encontrar*) _____ piso y vive con su madre.
7. Alfredo (*despedirse*) _____ de sus compañeros de oficina. Nadie sabe que se marcha.
8. ¿(*Tú, reservar*) _____ el hotel de Málaga?

ACIERTOS /8

51 ha llamado / llamó
Contraste entre pretérito perfecto y pretérito indefinido

Compare:

PRETÉRITO PERFECTO	PRETÉRITO INDEFENIDO

● Se usa el pretérito perfecto para hablar de acciones realizadas en un pasado inmediato: *hace poco, hace un rato, hace una hora.*

> *No esquío bien. **He aprendido** hace poco.*
> *Me **ha llamado** Rosa hace un momento.*

● Se usa el pretérito indefinido para hablar de acciones realizadas en un pasado no inmediato: *hace una semana, hace un mes...*

> *Esquío bastante bien. **Aprendí** hace muchos años.*
> *Me **llamó** Rosa hace dos semanas.*

En algunos casos, cuando hablamos de un pasado inmediato, es posible utilizar el pretérito perfecto o el pretérito indefinido indistintamente.

> *Hace media hora que **se ha ido.*** | *Hace media hora que **se fue.***

● Se usa el pretérito perfecto para hablar de una acción realizada en un momento que forma parte del presente: *hoy, esta mañana, este mes, este verano...*

```
este año
        este verano
              hoy
                    ahora
————————————————————•————
```

> *Hoy **he trabajado** diez horas.*
> *Este verano no **he tenido** vacaciones.*
> *Este año **ha llovido** mucho.*

● Se usa el pretérito indefinido para hablar de una acción realizada en un momento ya pasado: *ayer, el mes pasado, aquel verano...*

```
                              ahora
——x————————x———————x——————•————
el año    el verano   ayer
pasado    pasado
```

> *Ayer no **trabajé**.*
> *El verano pasado **tuve** tres semanas de vacaciones.*
> *El año pasado **llovió** muy poco.*

● Se usa el pretérito perfecto para hablar de experiencias pasadas, sin indicar el momento concreto de su realización.

```
                        ahora
——?——?——?——————————•————
```

> *He hecho muchos viajes en globo.*
> *He conocido a muchos famosos.*

● Se usa el pretérito indefinido cuando se indica el momento en el que sucedió la acción.

```
                              ahora
——x————————————————x——————•————
hace unos          el verano
años               pasado
```

> *El verano pasado **hice** un viaje en globo.*
> *Hace unos años **conocí** a dos actores famosos.*

● Se usa el pretérito perfecto con *ya* y *todavía no* para preguntar o decir si ha ocurrido algo antes del momento de hablar, sin indicar cuándo.

> –¿**Has acabado ya** la carrera?
> –Sí, ya la **he acabado.**
> –No, **todavía no** la **he acabado.**

● Se usa el pretérito indefinido cuando algo ocurrió en un momento concreto del pasado.

> –¿**Has acabado ya** la carrera?
> –Sí. La **acabé el año pasado.**

– No se usa el pretérito perfecto con expresiones de tiempo pasado.

> ~~Han estudiado español el curso pasado~~.
> → **Han estudiado** español.

> → *El año pasado **estudiaron** español.*

> ~~Ya hemos visitado Segovia el domingo pasado~~.
> → **Ya hemos visitado** Segovia.

> → *El domingo pasado **visitamos** Segovia.*

51.1. Complete con el pretérito indefinido o el pretérito perfecto de los verbos entre paréntesis.

1. (*Nosotros, comprar*) ___Compramos___ esos cuadros hace mucho tiempo.
2. Mis padres (*vivir*) _____ en México hace años.
3. ¿Cuándo (*independizarse*) _____ México de España? –México (*independizarse*) _____ de España hace unos 190 años.
4. (*Yo, hablar*) _____ con el médico hace cinco minutos.
5. (*Yo, hablar*) _____ con el médico hace ya tiempo.
6. (*Nosotros, salir*) _____ de la oficina hace un momento.
7. Mis primos son muy pesados. Los (*tener*) _____ en casa hasta hace un par de días.
8. –¿Cuándo (*tú, estar*)_____ en Chiapas? –Hace muchos años.

ACIERTOS ___/9

51.2. Complete con el pretérito indefinido o el pretérito perfecto de los verbos entre paréntesis.

1. Esta mañana (*yo, tener*) ___he tenido___ muchas visitas. (*Hablar*) _____ con muchas personas y (*quedar*) _____ agotado.
2. La semana pasada (*nosotros, estar*) _____ en la sierra. (*Caminar*) _____ por los senderos y (*comer*) _____ en los mesones de los pueblos. (*Tener*) _____ un tiempo estupendo y nos lo (*pasar*) _____ estupendamente.
3. Ayer (*decir*) _____ el hombre del tiempo que el año pasado (*ser*) _____ uno de los más secos del siglo.
4. Anoche (*llamar*) _____ tu hermana desde Buenos Aires. Dice que (*tener*) _____ un calor horrible estas Navidades.
5. Este mes (*tener, nosotros*) _____ muchos gastos. (*Pintar*) _____ la casa y (*cambiar*) _____ los suelos.

ACIERTOS ___/15

51.3. Complete con el pretérito indefinido o el pretérito perfecto de los verbos entre paréntesis.

1. Mi primo Agustín (*navegar*) ___ha navegado___ por todos los mares.
2. Manuela (*estar*) _____ varias veces en Colombia y nunca (*tener*) _____ problemas. La semana pasada, sin embargo, (*estar*) _____ en Bogotá y le (*perder*) _____ las maletas.
3. Sonia (*casarse*) _____ tres veces. La última vez (*casarse*) _____ hace dos años.
4. –(*Yo, leer*) _____ *El Quijote* tres veces. –Pues yo no lo (*leer*) _____.
5. –¿(*Tú, viajar*) _____ mucho? –Solo (*salir*) _____ una vez de España. El año pasado (*ir*) _____ a Austria.
6. Mi mujer y yo (*vivir*) _____ en muchos países. En Italia (*vivir*)_____ cuatro años, de 2001 a 2005.

ACIERTOS ___/14

51.4. Complete con el pretérito indefinido o el pretérito perfecto de los verbos entre paréntesis y con *ya* o *todavía no*.

1. –¿(*Traer*) ___Han traído ya___ el ordenador? –Sí. Lo _____ ayer.
2. –¿(*Poner*) _____ la mesa , Carlos? –No puedo ahora. Estoy terminando los deberes.
3. Me voy a la cama. (*Acabar*) _____ la película de la tele.
4. Desde que llegué de viaje (*tener*) _____ tiempo de deshacer las maletas.
5. –¿(*Tú, casarse*) _____, Javier? –Sí. _____ el verano pasado.
6. –¿(*Volver*) _____ tus padres? –_____ el martes.
7. –¿(*Tú, sacar*) _____ al perro? –No. No es la hora.
8. No sé lo que hay en el paquete. No lo (*abrir*) _____.

ACIERTOS ___/11

52 Quería ser astronauta
Pretérito imperfecto de indicativo

● Verbos regulares

	trabaj-ar	com-er	viv-ir
(yo)	trabaj-aba	com-ía	viv-ía
(tú)	trabaj-abas	com-ías	viv-ías
(usted)	trabaj-aba	com-ía	viv-ía
(él, ella)	trabaj-aba	com-ía	viv-ía
(nosotros, nosotras)	trabaj-ábamos	com-íamos	viv-íamos
(vosotros, vosotras)	trabaj-abais	com-íais	viv-íais
(ustedes)	trabaj-aban	com-ían	viv-ían
(ellos, ellas)	trabaj-aban	com-ían	viv-ían

● Verbos irregulares

	ver	ser	ir
(yo)	**veía**	**era**	**iba**
(tú)	**veías**	**eras**	**ibas**
(usted)	**veía**	**era**	**iba**
(él, ella)	**veía**	**era**	**iba**
(nosotros, nosotras)	**veíamos**	**éramos**	**íbamos**
(vosotros, vosotras)	**veíais**	**erais**	**ibais**
(ustedes)	**veían**	**eran**	**iban**
(ellos, ellas)	**veían**	**eran**	**iban**

● Se usa el pretérito imperfecto para hablar de acciones habituales en el pasado. Informa de lo que era normal en una época del pasado o de lo que hacíamos habitualmente en determinada época de nuestra vida: *cuando era joven, de pequeño, en aquella época, antes...*

> De pequeño, **quería** ser astronauta.   Los romanos **no comían** espaguetis.

– Se suelen emplear expresiones de frecuencia como *normalmente, siempre, a menudo, con frecuencia, nunca, de vez en cuando, todos los días, en invierno...*

> De pequeño, **no comía nunca** pescado.   Antes de casarme, **salía** con mis amigas **de vez en cuando**.

● Se usa también el pretérito imperfecto para describir personas, cosas o lugares en pasado.

> La casa de mis abuelos **era** preciosa. **Era** de piedra. **Tenía** dos pisos, y en la parte de atrás **había** un jardín.
> Los incas **tenían** la piel oscura y no **eran** muy altos.

● Se usa el pretérito imperfecto para hablar de acciones o situaciones en desarrollo en un momento del pasado en el que sucedió algo.

> **Estaba** en el balcón cuando explotó la bomba.   **Iba** por la Gran Vía cuando me llamaste.

– Se usa el pretérito imperfecto para la acción en desarrollo y el pretérito indefinido para la acción que interrumpe.

> Los ladrones **entraron** mientras **dormíamos**.   **Íbamos** a casa de Antonio cuando **oímos** la noticia.

● Se usa el pretérito imperfecto para hablar de las circunstancias en las que sucedió algo.

> Cuando conocí a Joaquín **era** invierno. **Llovía** y **hacía** mucho viento. **Yo estaba** en la parada del autobús...

● Se usa también el pretérito imperfecto para expresar cortesía en el presente.

> –¿**Querías** algo de mí? –Sí, ¿puedes ayudarme?   Buenos días. **Buscaba** un libro de cocina china.

52.1. **Complete con el pretérito imperfecto de indicativo de los verbos entre paréntesis.**

1. De pequeño me (*encantar*) ___encantaba___ bañarme en el río del pueblo. El río (*ser*) _____ estrecho, pero profundo e (*nosotros, ir*) _____ por las mañanas, antes de comer. A veces nos (*llevarse*) _____ unos bocadillos y (*comer*) _____ en la orilla con los amigos.
2. De niño Ruperto (*ser*) _____ muy miedoso. Siempre (*llorar*) _____ cuando alguien (*levantar*) _____ la voz.
3. Cuando era pequeño mis tíos (*portarse*) _____ siempre muy bien conmigo. Mi hermana, sin embargo, siempre (*decir*) _____ que a ella no le (*hacer*) _____ mucho caso.
4. Hace años, cuando mi familia (*pasar*) _____ los veranos en la costa, desde nuestra azotea (*ver*) _____ la puesta de sol sobre el mar. (*Durar*) _____ poco. (*Ser*) _____ una vista magnífica y muchos amigos (*venir*) _____ a verla.

ACIERTOS
......./16

52.2. **Complete con el pretérito imperfecto o el pretérito indefinido de los verbos entre paréntesis.**

1. El perro me (*morder*) ___mordió___ mientras lo (*acariciar*) _____.
2. Ángel se (*torcer*) _____ un pie cuando (*correr*) _____ por el parque.
3. Mi hermano (*estar*) _____ acostado cuando alguien (*llamar*) _____ a la puerta.
4. ¿Dónde (*estar*) _____ ustedes cuando (*empezar*) _____ el fuego?
5. Cuando (*nosotros, tener*) _____ el accidente, (*ir*) _____ conduciendo Lara.
6. (*Yo, ver*) _____ el accidente mientras (*esperar*) _____ el autobús.
7. El avión (*estrellarse*) _____ cuando (*intentar*) _____ aterrizar.
8. ¿Dónde (*estar*) _____ vosotros cuando (*llegar*) _____ la policía?
9. Cuando (*nosotros, regresar*) _____ a casa, (*estallar*) _____ una tormenta.

ACIERTOS
......./18

52.3. **Complete con el pretérito imperfecto o el pretérito indefinido de los verbos entre paréntesis.**

1. Cuando (*yo, llegar*) ___llegué___ a España, no (*hablar*) _____ nada de español y no (*entender*) _____ a nadie.
2. Cuando (*nosotros, salir*) _____ del cine, ya (*ser*) _____ de noche y (*haber*) _____ muy poca gente por la calle.
3. Recuerdo que el día que (*yo, conocer*) _____ a Teresa (*ser*) _____ domingo. (*Ser*) _____ primavera, pero (*hacer*) _____ un frío terrible.
4. Y de repente (*nosotros, oír*) _____ un disparo. Maite y yo (*estar*) _____ en el salón y Jesús (*estar*) _____ en su habitación, pero no (*saber*) _____ dónde (*estar*) _____ Elena.
5. Recuerdo todo claramente. (*Ser*) _____ verano. (*Tener*) _____ vacaciones, pero no (*tener*) _____ dinero. Y una mañana me (*llamar*) _____ Benjamín.
6. Cuando (*yo, tener*) _____ el accidente, (*haber*) _____ mucha niebla y la carretera (*estar*) _____ resbaladiza.

ACIERTOS
......./22

52.4. **Complete con el pretérito imperfecto de los verbos del recuadro.**

1. ___Venía___ a hablarle de un asunto, don Francisco.
2. ¿_____ algo más, caballero?
3. ¿_____ usar el teléfono un momento?
4. _____ pedirte un favor, Ricardo.
5. ¿Cómo _____ ustedes que se _____?
6. ¿_____ usted a alguien, señora?

decir
esperar
llamarse
necesitar
poder
querer
~~venir~~

ACIERTOS
......./7

53 monté/montaba
Contraste entre pretérito indefinido y pretérito imperfecto de indicativo

Compare:

| PRETÉRITO INDEFINIDO | PRETÉRITO IMPERFECTO |

PRETÉRITO INDEFINIDO

- Se usa el pretérito indefinido para hablar de acciones o situaciones pasadas, ocurridas en un momento concreto del pasado.

la semana pasada

———x←————————•——————
                ahora

*La semana pasada **monté** a caballo por primera vez.*
*El domingo **jugamos** al baloncesto contra otra clase.*

– Informa de lo que se hizo o sucedió *ayer, el domingo (pasado), la semana pasada, hace un mes...*

    El sábado (pasado) jugué al golf con María.

Hace un mes **hicimos** una fiesta
en casa de Pablo.

- Se usa el pretérito indefinido para hablar de una acción o situación acabada en el pasado.

el verano pasado

———x————————•——————
             ahora

*El verano pasado **estuvimos** en Managua.*
*Ayer **llovió** mucho.*

– Generalmente sirve para referirse a hechos pasados.

    *Ayer **fuimos** a la playa.*
    *Los ladrones **entraron**.*
    *Anoche **vi** a Marisa.*

PRETÉRITO IMPERFECTO

- Se usa el pretérito imperfecto para hablar de acciones habituales en el pasado.

                    ahora
———x—x—x—x————————•——

*Cuando era joven, **montaba** a caballo.*
*Antes del accidente, **jugaba** al baloncesto*

– Informa de lo que se hacía o sucedía *normalmente, siempre, todos los días, los domingos,* etc.

    Cuando vivía en Escocia, jugaba al golf todas las semanas.

Cuando **era** mi cumpleaños **hacíamos**
siempre una fiesta.

- Se usa el pretérito imperfecto para hablar de una acción o situación en desarrollo en un momento del pasado en el que sucedió algo.

estábamos
en Managua   ahora

—————————————————
———x————————•——————
comenzó
la huelga

Estábamos en Managua cuando comenzó la huelga.
Llovía mucho cuando comenzó el partido.

– Generalmente sirve para referirse a las circunstancias que rodeaban un hecho pasado.

    *...**Hacía** mucho calor y **había** mucha gente.*
    *...mientras **dormíamos** la siesta.*
    *...**Estaba** con José y **llevaba** un vestido precioso.*

53 EJERCICIOS

53.1. Complete con el pretérito imperfecto de indicativo o el pretérito indefinido de los verbos del recuadro.

1. De joven Jorge __jugaba__ mucho al fútbol. _____ delantero en el equipo del colegio y, a veces, _____ de portero. Un día _____ una fuerte patada en la pierna y los compañeros _____ que llevarlo al hospital. No _____ jugar más.

> jugar (2)   querer
> recibir   ser   tener

2. Casi todos los compañeros de Eva __iban__ al colegio a pie, pero a algunos los _____ en coche sus padres. Eva los _____ porque ella _____ lejos. Unas Navidades su padre le una bici. _____ muy contenta. Ya solo _____ que ir al colegio a pie cuando _____.

> envidiar   ir
> llevar   llover
> ponerse   regalar
> tener   vivir

3. Los viernes Vicente _____ al cine con unos amigos. _____ las películas extranjeras que _____ en el cine Rex. Les _____ mucho. Luego _____ a los bolos en una bolera cercana.

> ir   jugar   gustar
> poner   ver

ACIERTOS ...../19

53.2. Complete con el pretérito imperfecto de indicativo o el pretérito indefinido de los verbos entre paréntesis.

1. Ayer (*nosotros, estar*) __estábamos__ en la carretera cuando (*empezar*) __empezó__ una tormenta.
2. La semana pasada (*yo, encontrarse*) _____ a Ángel mientras (*yo, esperar*) _____ el autobús.
3. Alguien me (*robar*) _____ el móvil en la playa mientras (*yo, bañarse*) _____.
4. El viernes pasado (*yo, salir*) _____ con Paula. (*Ella, estar*) _____ contenta porque (*tener*) _____ permiso para volver tarde a casa.
5. Hace unos días Salvador (*torcerse*) _____ un tobillo mientras (*bajar*) _____ del autobús
6. Cuando (*acabar*) _____ el partido, no (*llover*) _____, pero después (*ponerse*) _____ a llover a mares.
7. Ayer (*haber*) _____ mucha gente en la plaza cuando (*empezar*) _____ el concierto.
8. El árbitro (*expulsar*) _____ a dos jugadores en la primera parte.

ACIERTOS ...../17

53.3. Complete con el pretérito indefinido o el pretérito imperfecto de los verbos del recuadro.

1. Una noche __estaba__ yo en la cama cuando __llamaron__ al timbre. _____ el despertador; _____ las doce. _____ a abrir, pero cuando _____ la puerta no _____ nadie.

> abrir   bajar   estar
> haber   llamar
> mirar   ser

2. _____ invierno. _____ y _____ mucho viento. De repente se _____ un ruido tremendo y _____ en el cielo una luz muy brillante...

> aparecer   hacer
> llover   oír   ser

3. La semana pasada _____ un día al banco. No _____ mucha gente. Yo _____ en la cola, cuando de repente uno de los clientes _____ una pistola y nos _____ que no nos moviéramos. El ladrón _____ a dos metros de mí, de espaldas...

> decir   estar (2)
> haber   ir   sacar

4. Una noche _____ un sueño muy extraño. Yo _____ en medio de un bosque cuando _____ a alguien que _____. ¡_____ caníbales!

> acercarse   estar
> ser   tener   ver

ACIERTOS ...../23

53.4. Complete con los verbos entre paréntesis en pretérito indefinido o pretérito imperfecto.

Una noche, cuando (*tener*) __tenía__ once o doce años, mis padres (*salir*) _____ y me (*dejar*) _____ solo. (*Estar*) _____ feliz porque (*sentirse*) _____ adulto. Me (*preparar*) _____ algo para comer, (*ver*) _____ la tele y sobre las doce (*irse*) _____ a mi habitación. De repente, (*oír*) _____ un ruido en el piso de abajo. (*Cerrar*) _____ con llave la puerta de mi habitación y (*escuchar*) _____. Al cabo de un rato (*abrir*) _____ la puerta y (*bajar*) _____ las escaleras con mucho miedo. (*Haber*) _____ algo que (*moverse*) _____ cerca de una ventana. De repente, una sombra negra (*saltar*) _____ sobre mí. (*Ser*) _____ un gato. (*Desmayarse*) _____ y cuando (*regresar*) _____ mis padres, me (*encontrar*) _____ caído en el suelo.

ACIERTOS ...../20

115

54 *estaba trabajando / trabajé*
Estaba + gerundio y contraste con el pretérito indefinido

● Pretérito imperfecto de *estar* + gerundio del verbo principal

(yo)	estaba		
(tú)	estabas		
(usted)	estaba		trabajando
(él, ella)	estaba	**+**	comiendo
(nosotros, nosotras)	estábamos		viviendo
(vosotros, vosotras)	estabais		
(ustedes)	estaban		
(ellos, ellas)	estaban		

▶ UNIDAD 93: Gerundio

● Se usa *estaba* + gerundio para hablar de una acción en desarrollo en un momento concreto del pasado. Informa de lo que se hacía, por ejemplo ayer a determinada hora o cuando sucedió algo.

–*Anoche te llamé a las ocho. ¿Dónde **estabas**?*
–*Estaba en el jardín. **Estaba regando** los rosales.*

*Cuando sonó el teléfono **me estaba duchando**.*

– Generalmente sirve para hablar de las circunstancias que rodeaban un hecho pasado.

*Cuando **llegaron** los novios, yo **estaba aparcando** y Mar y Luis **estaban cruzando** la calle.*

Compare:

Se usa *estaba* + gerundio para hablar de una acción en desarrollo. ***Estábamos comiendo**...a.*	Se usa el pretérito indefinido para hablar de una acción breve que interrumpe la acción en desarrollo. *...cuando **llegaron** los amigos de An*

● Se usa el pretérito indefinido para hablar de una secuencia de acciones que tuvieron lugar una después de otra.

***Comimos** cuando **llegaron** los amigos de Ana.*

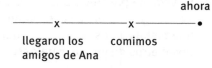

Compare:

***Estábamos jugando** cuando **empezó** a llover.*

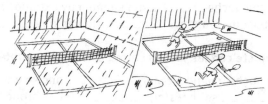

*Cuando **dejó** de llover, **jugamos**.*

> **ATENCIÓN:**
>
> No se suele usar *estaba* + gerundio con determinados verbos: *comprender, entender, saber, querer, necesitar, amar, preferir, odiar, parecer, tener, llevar, ir, venir*. En su lugar se usa el pretérito imperfecto de indicativo.
> *~~Estaba teniendo~~ algo de fiebre cuando me llamaste.* → ***Tenía** algo de fiebre cuando me llamaste.*

54 EJERCICIOS

54.1. Ayer a las seis de la tarde hubo un accidente en un cruce de calles. La policía entrevistó a varios testigos. Observe las ilustraciones y escriba sus respuestas. Utilice las expresiones del recuadro.

aparcar	~~comprar el periódico~~	cruzar la calle	echar una carta	esperar el autobús
hablar por teléfono		leer el periódico		mirar un escaparate

1. Ricardo: No vi nada. En ese momento _____ estaba comprando el periódico _____.
2. Mar: Mi novio y yo lo vimos todo. _____.
3. Samuel: Mi novia y yo no vimos nada. Ella _____ y yo _____.
4. Sr. Márquez: Mi mujer y yo no vimos nada. _____.
5. Tomás: Lo vi todo. En ese momento _____.
6. Maite: No vimos nada. Mis padres _____ y yo _____.

ACIERTOS /8

54.2. Escriba las preguntas y las respuestas con las palabras dadas.

1. –¿Qué / ustedes / hacer / anoche a las doce? –¿Qué estaban haciendo ustedes anoche a las doce?
   –pasear por el Parque del Oeste – Estábamos paseando por el Parque del Oeste.
2. –¿nevar / cuando saliste? _____
   –No / llover _____
3. –¿Qué / tú / hacer / cuando te vio Sofía? _____
   –hablar con unas amigas _____
4. –¿Qué / usted / ver / cuando se apagó la luz? _____
   –No / ver / nada. Escuchar / la radio _____

ACIERTOS /8

54.3. Una las frases. Utilice *estaba* + gerundio, el pretérito imperfecto o el pretérito indefinido.

1. Ángela/ducharse → teléfono/sonar Ángela estaba duchándose cuando sonó el teléfono.
2. Marcelo/llamar → nosotros/salir Salimos cuando llamó Marcelo.
3. yo / subir ascensor → luz/cortarse _____
4. yo / leer una novela → teléfono/sonar _____
5. nosotros / llegar → la clase / empezar _____
6. Pedrito / jugar al fútbol → caerse → romperse una pierna _____
7. jefe/llegar → Fina y Celia / irse _____
8. Manuel / lavar el coche → empezar a llover _____

ACIERTOS /8

54.4. Rodee la forma correcta.

1. –¿Qué te (*pasaba*/*estaba pasando*) anoche? –(*Tenía*/*Estaba teniendo*) mucho sueño.
2. ¿Adónde (*ibas*/*estabas yendo*) ayer cuando te vio Tere?
3. –¿Dónde estaban tus hermanas la semana pasada? –(*Viajaban*/*Estaban viajando*) por Argentina.
4. Cuando nos encontramos con Nacho, (*llevaba*/*estaba llevando*) un poncho chileno muy bonito. (*Parecía*/*Estaba pareciendo*) un mapuche.
5. ¿De dónde (*venían*/*estaban viniendo*) cuando tuvieron el accidente?
6. Fui a ver a Anita porque (*necesitaba*/*estaba necesitando*) dinero.

ACIERTOS /8

117

55 *había trabajado*
Pretérito pluscuamperfecto de indicativo

Cuando llegué al banco, ya **había cerrado**.

Ayer me encontré con Lolo y no lo reconocí.
Se había afeitado la cabeza.

Había cerrado y *se había afeitado* son formas del pretérito pluscuamperfecto.

● Formación del pretérito pluscuamperfecto

pretérito imperfecto del verbo *haber* + participio del verbo principal

(yo)	había		
(tú)	habías		
(usted)	había		trabajado
(él, ella)	había	+	comido
(nosotros, nosotras)	habíamos		vivido
(vosotros, vosotras)	habíais		
(ustedes)	habían		
(ellos, ellas)	habían		

▶ **UNIDAD 95: Participio**

● Se usa el pretérito pluscuamperfecto para referirse a una acción pasada concluida antes de otra acción o situación también pasada.

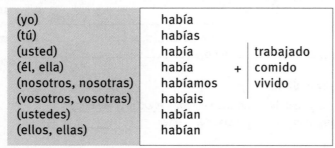

14:00	14:15	ahora		ahora
——x——	——x——	—●	——x——x——	—●
(1)	(2)		(1) (2)	
el banco cerró	llegué al banco		el tren se fue llegamos a la estación	

Cuando llegué (2) al banco, ya **había cerrado** (1).   Cuando llegamos a la estación (2), el tren ya **se había ido** (1).

– A veces sirve para explicar los resultados o consecuencias de una acción o situación pasadas.

*–¿Por qué suspendiste? –No **había estudiado** nada.*

– Se usa con *ya* para decir o preguntar si una acción se había realizado antes de un momento pasado.

*Cuando conocí a Teresa, **ya había tenido** el niño.   Cuando Helga vino a España, ¿**había estudiado ya** algo de español?*

– Se usa con *todavía no/ no... todavía* para indicar que una acción no se había realizado antes de un momento pasado.

*Cuando Mariano y Concha se conocieron, **Concha todavía no había acabado** la carrera.*
*Cuando llamé a casa de Antonio, **no se había levantado todavía**.*

● Cuando nos referimos a una acción que sucedió después de otra en el pasado, se usa el pretérito indefinido.

*Cuando **llegamos** a la estación **cogimos** un taxi.*

Compare:

acción anterior a otra en el pasado	acción posterior a otra en el pasado
*–¿Viste a Marta en la fiesta de Julio? –No. **Ya se había ido** cuando **llegué**.* (se fue Marta → llegué yo)	*–¿Viste a Marta en la fiesta de Julio? –Sí, pero **se fue** cuando **llegué**.* (llegué yo → se fue Marta)

55 EJERCICIOS

55.1. Una las dos frases.

1. La reunión acabó → llegué a la oficina. _____ Cuando llegué a la oficina, la reunión había acabado. _____
2. El avión se fue → llegamos al aeropuerto. _____
3. Recogimos toda la casa → llegaron mis padres. _____
4. Cerraron las tiendas → Aurora quiso comprar comida. _____
5. La película acabó → llegué al cine. _____

6. Hubo un accidente → Nos pararon en la carretera. _____

55.2. Una las acciones o situaciones de la izquierda con sus consecuencias y escriba las frases.

1. Me dejé la tarjeta de crédito.　　　　　　　　　　　　　　　　a. Estaba muy delgado.
2. Mis padres se dejaron encendidas las luces del salón.　　　b. Aprobó todo.
3. Felix y Paqui se dejaron las llaves dentro.　　　　　　　　　c. Tuvieron que volver a casa.
4. No comiste nada.　　　　　　　　　　　　　　　　　　　　　　d. No pude comprar nada.
5. Armando tuvo una enfermedad.　　　　　　　　　　　　　　　e. No pudieron entrar en casa.
6. Paloma se tiñó el pelo.　　　　　　　　　　　　　　　　　　　f. No pudimos comer en casa.
7. Mila estudió mucho.　　　　　　　　　　　　　　　　　　　　g. Te desmayaste.
8. Víctor tuvo un pequeño accidente.　　　　　　　　　　　　　h. No pude hablar con él.
9. El profesor se fue.　　　　　　　　　　　　　　　　　　　　　i. No la reconocimos.
10. Ramón no compró comida.　　　　　　　　　　　　　　　　　j. Llegó tarde.

1. _____ No pude comprar nada porque me había dejado la tarjeta de crédito. _____
2. _____
3. _____
4. _____
5. _____
6. _____
7. _____
8. _____

9. _____
10. _____

55.3. ¿Cuál era la situación cuando Javier llegó a casa de sus amigos? Utilice *ya* y *todavía no*.

| desayunar | hacer la cama | recoger la habitación | levantarse | vestirse |

1. _____ Fernando no se había levantado todavía _____.
2. Lidia _____.
3. Miguel _____.
4. Rosa _____.
5. Ángel y Pilar _____.

55.4. Una las frases con el pretérito pluscuamperfecto o el pretérito indefinido.

1. llamé a Luisa → vino _____ Luisa vino cuando la llamé. _____
2. empezó la película → llegamos _____ Cuando llegamos la película había empezado. _____
3. vi a Carlos en Mendoza → me dio recuerdos para ti. _____
4. se averió el coche → llame a una grúa _____
5. Elisa se acostó → la llamé _____

6. se fueron mis padres → llamé a casa _____

56

trabajaré, podré, haré...
Futuro simple

● **Formación del futuro simple**

verbos regulares

trabajar- comer- vivir-	-é -ás -á -á -emos -éis -án -án	(yo) (tú) (usted) (él, ella) (nosotros, nosotras) (vosotros, vosotras) (ustedes) (ellos, ellas)	

verbos irregulares

haber ▸ habr- poder ▸ podr- saber ▸ sabr- poner ▸ pondr- salir ▸ saldr- tener ▸ tendr- valer ▸ valdr- venir ▸ vendr- decir ▸ dir- hacer ▸ har- querer ▸ querr-	-é -ás -á -á -emos -éis -án -án	(yo) (tú) (usted) (él, ella) (nosotros, nosotras) (vosotros, vosotras) (ustedes) (ellos, ellas)	

● **Se usa el futuro simple para:**

– hablar de acciones o situaciones futuras. Informa de lo que sucederá *mañana, el (próximo) lunes/martes..., el próximo mes/año..., la próxima semana..., el mes/año que viene..., la semana que viene...*

Llegaremos a Salamanca **el próximo domingo.**   **Iré** a verte **la semana que viene.**

Se usa también con las siguientes expresiones y construcciones:

luego, más tarde, pronto   *No se preocupe. La **llamaremos pronto.***
dentro de + periodo de tiempo   ***Recibirá** el paquete **dentro de diez días.***
cuando + situación futura.   *Te **compraré** la moto **cuando apruebes.***

▶ **UNIDAD 103 y 104: Oraciones temporales (1) y (2)** ▮

Con *ya* se refiere a un futuro no determinado.

*–¿Vas a comprarte la moto? –No sé. **Ya lo pensaré.** (No digo cuándo, solo que lo haré.)*

– hacer predicciones.

***Viajará** mucho y **tendrá** una vida muy feliz.*
***En el siglo XXII** los niños **no irán** al cole. **Estudiarán** en casa.*

– expresar opiniones o hipótesis sobre el futuro, con las siguientes expresiones.

creo que   *Creo que **encontraré trabajo.***
estoy seguro/a de que   *Estoy seguro de que **aprobaréis.***
(me) imagino que   *Me imagino que **vendréis** a la fiesta.*
supongo que   *Supongo que **habrá** comida para todos.*
probablemente   *Probablemente **lloverá** esta noche.*
posiblemente   *Posiblemente **será** verdad.*
seguramente   *Seguramente **sabrá** nadar.*

– expresar probabilidad o suposición en el futuro.

*–¿Vas a hacer tú la cena esta noche? –¿Yo? No. La **hará** Martina. (Supongo que la hará Martina.)*
*–¿Quién va a ir a correos? –**Irá** Raquel. Siempre va ella. (Supongo que irá Raquel.)*

– expresar probabilidad o suposición en el presente.

*–¿Qué hora es? –No sé; no tengo reloj. **Serán** sobre las tres. (Supongo que son las tres.)*
*Alberto parece bastante joven. ¿Cuántos años **tendrá**? (¿Cuántos años crees que tiene?)*

▶ **UNIDAD 108, 109, 110: Oraciones condicionales (1), (2) y (3)** ▮

*¡Qué casa! ¿Cuánto **valdrá**?*

56.1. **Complete con el futuro simple de los verbos entre paréntesis.**

1. Le (*nosotros, llamar*) __llamaremos__ la semana que viene.
2. –¿Cuándo te casas? –No lo sé. Te lo (*decir*) _____ cuando lo sepa.
3. Mañana (*nosotros, saber*) _____ los resultados del examen.
4. No te preocupes. (*Tú, aprobar*) _____ el año que viene.
5. Marta (*alegrarse*) _____ mucho cuando os vea.
6. (*Usted, tener*) _____ noticias nuestras muy pronto.
7. Os (*yo, ver*) _____ dentro de dos semanas.
8. No te preocupes. (*Nosotros, salir*) _____ pronto.

ACIERTOS ...../8

56.2. **Conteste las preguntas con *ya* y el futuro simple.**

1. –¿Cuándo os vais a casar?– Ni idea. __Ya nos casaremos.__
2. –¿Cuándo me vas a invitar a tu casa? –No sé. _____
3. –¿Cuándo vas a arreglar la lavadora? –No tengo tiempo ahora. _____
4. –¿Cuándo te vas a afeitar? –Ahora no me apetece. _____
5. –¿Cuándo vais a ir a ver a Sara? –No sabemos. _____
6. –¿Cuándo van a traer los muebles nuevos? –Ni idea. _____
7. –¿Cuándo va a venir Matías? –No seas impaciente. _____
8. –¿Cuándo vas a hacer una fiesta? –Tranquilo. _____ una.

ACIERTOS ...../8

56.3. **Complete estas predicciones. ¿Cómo será la vida en el futuro? Escriba frases con las palabras dadas.**

1. la vida / ser / muy diferente. En el futuro __la vida será muy diferente.__
2. la gente / vivir / más _____
3. la gente / trabajar / menos _____
4. (nosotros) comer / alimentos artificiales _____
5. muchas enfermedades / desaparecer _____
6. haber / menos guerras _____
7. los niños / no ir / al colegio _____
8. (nosotros) ser / más inteligentes _____
9. las casas / estar / informatizadas _____
10. (nosotros) poder / vivir cien años _____

ACIERTOS ...../10

56.4. **Complete con los verbos entre paréntesis.**

1. ¿Quién crees que (*ganar*) __ganará__ la copa?
2. Me imagino que cuando tenga cincuenta años, (*estar*) _____ calvo y (*tener*) _____ arrugas.
3. –¿Qué vais a hacer este verano? –Seguramente (*ir*) _____ a Viña.
4. –¿Has invitado a Carlos y a Toñi? –Sí, pero supongo que no (*venir*) _____.
5. No he visto a Lucía esta semana. ¿Crees que (*acordarse*) _____ de la cita?
6. –¿Qué vas a estudiar, Alfonso? –No lo sé aún. Probablemente (*estudiar*) _____ Medicina.
7. Tranquilos. Estoy seguro de que no (*pasar*) _____ nada.
8. –¿Cuándo es el examen? –No estoy segura, pero posiblemente (*haber*) _____ uno la semana que viene.

ACIERTOS ...../9

56.5. **Complete las respuestas.**

1. –¿Sabes dónde está Julia? –__Estará__ en casa. No sale nunca.
2. –¿Tienes tú las entradas? –¿Yo? No, las _____ Blanca. Las ha comprado ella.
3. –¿A qué hora va a venir Jorge? –Yo le cité a las cinco, pero _____ tarde. Siempre viene tarde.
4. –¿Cuántas personas crees que hay en el teatro? –_____ unas doscientas.
5. –¿Quién es la chica que está con Pedro? –No la conozco. _____ una amiga.
6. –¿Sabes a qué hora empieza el concierto? –No. Lo _____ Amalia. Ella tiene el programa. Pero creo que _____ sobre las 11.00 h.

ACIERTOS ...../7

57 voy a trabajar / trabajaré
Contraste entre el futuro simple e *ir a* + infinitivo

● Se usa *ir a* + infinitivo para:

– hablar de intenciones o planes futuros próximos. Informa de lo que se piensa hacer de manera inmediata o *esta tarde, esta noche, mañana, este verano...*

> –**Voy a recoger** la mesa. (Pienso hacerlo ahora mismo.)
> Espera un momento. **Voy a ponerme** un jersey. (Pienso hacerlo ahora mismo.)
> ¿Qué **vais a hacer** el domingo? (¿Cuáles son vuestros planes para el domingo?)

– referirse a algo que, por las circunstancias del presente, parece seguro que va a suceder.

> *No hay nubes. Parece que **no va a llover**.*
> *Han apagado las luces. **Va a empezar** el concierto.*

El número siete
viene solo. ¡**Va a ganar**!

Compare:

FUTURO SIMPLE	IR A + INFINITIVO
● Se usa el futuro simple para: – referirse a algo que sucederá en un momento futuro. > *Algún día te **diré** la verdad.* > *Cuando vayamos a Moscú, **veremos** la Plaza Roja.* – hacer predicciones. > *Le **llegará** un dinero extra* > *Mañana **lloverá** en Galicia.*	● Se usa *ir a* + infinitivo para: – referirse a planes o intenciones actuales para el futuro. > *¿Qué le **vas a decir** a José?* > *El domingo **vamos a ver** una exposición de Picasso.* – referirse a algo que, por las circunstancias presentes, parece seguro que va a suceder. > *Hay mucho tráfico. **Vamos a llegar** tarde.* > *Mira esas nubes. **Va a llover**.*
 **Tendrá** un accidente pero no **será** grave.	¡**Va a** estrellarse! 

57.1. Complete con la forma correcta de *voy a, vas a...* + infinitivo.

1. –¿Qué (*vosotros, hacer*) __vais a hacer__ el domingo? –(*Ir*) _____ a Segovia.
2. –¿Qué (*tú, hacer*)_____? –Estoy sucio. (*Ducharse*) _____.
3. (*Acostarse*) _____. Tengo mucho sueño.
4. –¿Adónde vas, Miguel? –(*Salir*) _____. He quedado con unos compañeros.
5. Este verano (*nosotros, hacer*) _____ un viaje por África.
6. Estoy aburrido. (*Ver*) _____ la televisión un poco.
7. –Y ustedes, ¿qué (*hacer*) _____ en Nochevieja? –(*Cenar*) _____ con unos amigos.
8. Los compañeros de Alfonso le (*dar*) _____ un homenaje por su jubilación.

....../11

57.2. ¿Qué va a pasar? Observe las ilustraciones y complete las frases con los verbos del recuadro.

> caerse ~~despegar~~ disparar estrellarse ganar romperse

① Mira, **va a despegar**

② ¡Mira _____!

③ Corre. _____

④ Los libros _____

⑤ _____

⑥ _____

....../6

57.3. Complete las frases con el futuro simple o *voy, vas...* + infinitivo de los verbos entre paréntesis.

1. Te (*llamar*) __llamaré__ cuando llegue a casa.
2. –¿Adónde (*vosotros, ir*) _____ este domingo? –A la sierra.
3. –¿Qué (*vosotros, hacer*) _____ en verano? –No lo sé. Te lo (*decir*) _____ cuando lo sepa.
4. (*Yo, acabar*) _____ la carrera dentro de dos años.
5. –¿Cuándo (*tú, acabar*) _____ tu proyecto? –No tengo prisa. Ya lo (*acabar*) _____
6. Algún día esta empresa (*ser*) _____ tuya, hijo mío.
7. Te (*yo, ayudar*) _____ cuando pueda. No te preocupes.
8. El domingo (*nosotros, ver*) _____ una película china. ¿Vienes?
9. Cuando sea viejo, no (*querer*) _____ viajar.

....../11

57.4. Complete con el futuro simple o *voy, vas...* + infinitivo de los verbos entre paréntesis.

1. Alonso va en cabeza. (*Ganar*) __¡Va a ganar!__
2. (*Tú, ganar*) _____ un premio muy importante y (*ser*) _____ muy famoso.
3. (*Tú, conocer*) _____ a una persona maravillosa, (*vosotros, casarse*) _____ y (*vosotros, ser*) _____ muy felices.
4. Mira cómo conduce ese chico. (*Tener*) _____ un accidente.
5. Es mucho peso. (*Romperse*) _____ la bolsa.
6. (*Usted, tener*) _____ mucha suerte en el futuro. Le (*llegar*) _____ una gran fortuna.
7. Ponte un jersey. (*Resfriarte*) _____.
8. Están jugando muy mal. (*Perder*) _____.
9. Hay mucho tráfico. (*Nosotros, llegar*) _____ tarde.
10. Lo veo en las cartas, (*ustedes, vivir*) _____ muchos años y (*tener*) _____ una vida muy feliz.

....../15

58

haré / voy a hacer / hago
Contraste entre el futuro simple, *ir a* + infinitivo y el presente de indicativo

Compare:

FUTURO SIMPLE

- Se usa el futuro simple para:

  - referirse a algo que sucederá en un momento futuro, o expresar una opinión o hipótesis sobre el futuro.

      *Creo que **volveré** pronto. (=en algún momento del futuro)*
      *No se preocupe. Se **pondrá** bien en un par de semanas.*

      *La **llamaremos** dentro de unos días.*
      *–Tienes que arreglar la lámpara. –Lo **haré** cuando tenga tiempo.*

  - expresar probabilidad o suposición en el presente.

      *–¿Dónde está Luis? No está en la casa. –No sé. **Estará** en el jardín.* (Supongo que está en el jardín.)

¿Qué hora es?   No sé. **Serán** las cinco.

Supongo que es esa hora.

PRESENTE DE INDICATIVO

- Se usa el presente de indicativo para:

  - referirse a algo futuro ya acordado o programado.

      *Arturo **vuelve** el lunes.* (=se sabe cuándo)

      *Me **examino** la semana que viene.* (Ya se sabe el día y la hora del examen.)

  - para ofrecerse a hacer algo en un futuro inmediato.

      *–Tenemos que invitar a Ana. –Está bien. Yo la **llamo**.*
      *–Hay que escribir a Julia. –No te preocupes. Lo **hago** esta noche.*

  - expresar un hecho cierto en el presente.

      *–¿Dónde está Luis? –**Está** en el jardín.* (Sé que está en el jardín.)

¿Qué hora es?   **Son** las cinco.

Sé que es esa hora.

IR A + INFINITIVO

- Se usa *ir a* + infinitivo para:

  - referirse a algo que, por las circunstancias presentes, parece seguro que va a pasar.

      *¡Daos prisa! **Va a salir** el tren.*

  - referirse a planes o intenciones actuales para el futuro.

      *El domingo **vamos a ir** a esquiar.* (Son nuestros planes actuales.)
      *¿Cuánto tiempo **os vais a quedar**?* (¿Cuáles son vuestros planes?)

PRESENTE DE INDICATIVO

- Se usa el presente de indicativo para:

  - referirse a actividades futuras que forman parte de un horario programado.

      *Tenemos tiempo. El tren **sale** a las diez.*

  - referirse a algo futuro ya acordado o programado.

      *Esta noche **vamos** a un concierto en el auditorio.* (El concierto ya está programado y tenemos entradas.)
      ***Nos quedamos** dos días en Viena y otros dos días en Praga.* (Es lo programado.)

58 EJERCICIOS

58.1. Complete con el presente de indicativo o el futuro simple de los verbos entre paréntesis.

1. –¿Cuándo (*volver*) __vuelve__ José? –No sé, pero creo que (*volver*) __volverá__ pronto.
2. Mañana (*yo, tener*) _____ una entrevista.
3. –Tenemos que llamar a Pili. –La (*yo, llamar*) _____ esta noche. No te preocupes.
4. –Llaman a la puerta. –Ahora (*yo, abrir*) _____.
5. –Supongo que (*tú, aprobar*) _____ este año. –Por supuesto. El lunes (*examinarse*) _____ de Matemáticas y me lo sé todo.
6. –Doctor, ¿cree que (*yo, ponerse*) _____ bien? –Tranquila. Dentro de un mes (*estar*) _____ usted perfectamente.
7. –Estoy cansado. –No te preocupes. Yo (*conducir*) _____.
8. –Necesitamos una nevera nueva. –La (*nosotros, comprar*) _____ cuando tengamos dinero.

ACIERTOS ...../11

58.2. Complete con el presente de indicativo o el futuro simple de los verbos entre paréntesis.

1. –¿Dónde está Luis? – (*Estar*) __Está__ en su casa. Acabo de hablar con él.
2. –¿Dónde está Rosa? –No sé. (*Estar*) _____ en la oficina. Acaba a las tres.
3. –¿Quién es esa chica? –(*Ser*) _____ la hermana de Arturo. Me la presentó la semana pasada.
4. –¿Quién es ese chico? –No lo conozco. (*Ser*) _____ un amigo de Teresa.
5. –¿Es tuyo este paraguas? –No. (*Ser*) _____ de Andrés. Siempre lleva paraguas.
6. –¿Dónde viven los Blanco? –(*Vivir*) _____ en Bruselas. Tienen una casa muy bonita.
7. –¿Dónde vive Gaspar? –No sé donde (*vivir*) _____.
8. –¿Dónde estudia Sara? –No sé. (*Estudiar*) _____ en la Autónoma. Está cerca de su casa.
9. Rosa (*tener*) _____ novio. Es un chico de su pueblo.
10. –¿Sabe si Ramón tiene móvil? –No sé, pero lo (*tener*) _____. Todo el mundo lo tiene.

ACIERTOS ...../10

58.3. Complete con el presente de indicativo o *voy a, vas a...+* el infinitivo de los verbos entre paréntesis.

1. Mira a esos novios. (*Casarse*) __Van a casarse.__
2. Tenemos que esperar. El banco no (*abrir*) _____ hasta las nueve.
3. –¿A qué hora (*empezar*) _____ la película? –A las diez. Tenemos tiempo.
4. Apaga el móvil. (*Empezar*) _____ la película.
5. Sube el volumen. (*Hablar*) _____ el Presidente.
6. El Presidente (*dar*) _____ una rueda de prensa a las doce.
7. –¿A qué hora (*salir*) _____ tu vuelo? –A las dos y veinte.
8. –¿A qué hora (*tú, acabar*) _____ de trabajar esta tarde? –A las seis. Ven a buscarme.

ACIERTOS ...../8

58.4. Complete con el presente de indicativo o *voy a, vas a...* + el infinitivo de los verbos entre paréntesis.

1. Esta noche (*yo, salir*) __salgo__ con Marta. (*Nosotros, ir*) _____ a la ópera.
2. –Este verano (*nosotros, ir*) _____ a México.
3. –Ya tenemos los billetes para el viaje. (*Salir*) _____ el lunes, (*estar*) _____ dos días en Córdoba y luego (*ir*) _____ a Granada. (*Regresar*) _____ el viernes. –¿Qué (*vosotros, ver*) _____ en Córdoba?
4. –¿Cuándo (*vosotros, venir*) _____ a vernos? –Ahora no podemos. Mañana (*irse*) _____ a Rusia.
5. La conferencia (*ser*) _____ a las ocho. Daos prisa.
6. –¿Cuándo (*vosotros, casarse*) _____? –No tenemos prisa.
7. Tomad la invitación. Teresa y yo (*casarse*) _____ el 3 de mayo.
8. Las elecciones (*celebrarse*) _____ el 7 de septiembre.

ACIERTOS ...../14

59 *habré trabajado*
Futuro perfecto

Cuando lleguemos, ya **habrán cenado**.

● Formación del futuro perfecto

	Futuro perfecto de *haber*	participio
(yo)	habré	
(tú)	habrás	
(usted)	habrá	trabajado
(él, ella)	habrá +	comido
(nosotros, nosotras)	habremos	vivido
(vosotros, vosotras)	habréis	
(ustedes)	habrán	
(ellos, ellas)	habrán	

Habrán cenado es una forma del futuro perfecto.

● Se usa el futuro perfecto para:

– referirse a una acción futura (1) que estará acabada antes de un momento posterior en el futuro (2).

```
ahora                     julio (2)
●──────────?──────────x──────
      fin del (1)
      curso
```

Podemos ir de vacaciones en julio. (2)
*Ya **habremos acabado** el curso. (1)*

–*Profesor, ¿cuándo nos va a dar las notas?* –*Seguramente el lunes. (2) Para entonces **habré corregido** los exámenes. (1)*
*Llámame a las siete. (2) Creo que a esa hora ya **habré terminado**. (1)*

– referirse a una acción futura (1), que estará acabada antes de otra acción posterior en el futuro (2).

```
      ahora
●──────────?──────x──────
      pagar    cumplir
    el piso (1) 70 años (2)
```

*Cuando tengamos setenta años (2), **habremos pagado** el piso. (1)*

Compare:

FUTURO SIMPLE	FUTURO PERFECTO
***Acabarán** los pisos el año que viene.* (Hasta entonces no estarán acabados.)	*Para el año que viene **habrán acabado** los pisos.* (Los pisos estarán acabados el año que viene o antes.)
*El hijo de María **nacerá** en octubre.* (Nacerá en esa fecha.)	*Cuando vengas en diciembre, ya **habrá nacido** el hijo de María.* (Nacerá antes de esa fecha.)

● También se usa el futuro perfecto para expresar probabilidad o suposición en el pasado reciente. Generalmente expresa una explicación a un hecho o situación presente.

–*Antonio no se ha presentado al examen.* –*No **habrá podido** estudiar.*
–*Lupe está mareada.* –***Habrá bebido** demasiado en la fiesta.*

Compare:

PRETÉRITO PERFECTO (hecho cierto en el pasado reciente)	FUTURO PERFECTO (probabilidad o suposición en el pasado reciente)
–*¿Por qué estáis tán cansados?* –***Hemos dormido** poco.* (Es la realidad.)	–*¿Por qué están tan cansados?* –*No sé. **Habrán dormido** poco.* (Es una suposición.)
–*¿Está Hugo?* –*No, **ha salido** a comprar el periódico.* (Es la realidad.)	–*Hugo no coge el teléfono.* –***Habrá salido** a comprar el periódico.* (Es una suposición.)

59 EJERCICIOS

59.1 Complete con el futuro perfecto de los verbos del recuadro.

acabar   aprender   despertarse   hablar   irse   jubilarse   llegar (2)   mejorar   pagar

1. Podemos salir el domingo. Creo que ya ___habré acabado___ el proyecto.
2. Creo que no _____ el piso hasta que me jubile.
3. –¿Sabes algo del viaje? –No, pero llámame el miércoles. Creo que para entonces _____ con Julia.
4. –¿Está Jimena? –Sí, pero está durmiendo. Llámala a las diez. A esa hora ya _____.
5. Creo que cuando tenga cincuenta años, ya _____ español.
6. Tus padres salieron a las ocho. ¿Crees que ya _____ a Salamanca?
7. Tengo 64 años. El año que viene, por estas fechas, ya _____.
8. –¿Está Alberto? –Está en la oficina. Llamad a las seis. A esa hora ya _____.
9. No te preocupes por el tiempo. Para dentro de dos semanas ya _____.
10. Cuando venga Roberto, nosotros _____.

ACIERTOS ...../10

59.2 Complete con el futuro simple o el futuro perfecto de los verbos entre paréntesis.

1. Sonia y yo (casarse) ___nos casaremos___ el año que viene. Cuando vosotros regreséis de Panamá, ya (casarse) ___nos habremos casado.___
2. Espero que dentro de cinco años (terminar) _____ la carrera.
3. El año que viene (volver) _____ a México. Nos encanta.
4. Estoy segura de que dentro de diez años (descubrir) _____ una cura para el cáncer.
5. Estoy seguro de que muy pronto (inventar) _____ un sustituto para la gasolina.
6. Muy pronto (nosotros, ver) _____ a Jorge. Regresa la semana que viene.
7. Creo que dentro de dos años (yo, conseguir) _____ un certificado oficial de español.
8. Ven a las tres. A esa hora ya (nosotros, comer) _____.

ACIERTOS ...../9

59.3 Complete las explicaciones con el futuro perfecto de los verbos del recuadro.

comer   discutir   encontrar   estudiar   morirse   pegarse   quedarse   salir

1. –Marta se siente mal. –___Habrá comido___ demasiado.
2. –Julio no llega. –_____ tarde. Como siempre.
3. –Agustín va de luto. –_____ su madre.
4. –Javi tiene un ojo morado. –_____ con alguien.
5. –Estela llega tarde. –_____ dormida.
6. –Mis hijos no han aprobado. –No _____ mucho.
7. –El señor Blanco está de mal humor. –_____ con su mujer.
8. –Ana está muy contenta. –_____ trabajo por fin.

ACIERTOS ...../8

59.4 Complete con el pretérito perfecto o el futuro perfecto de los verbos entre paréntesis.

1. Tengo hambre. Hoy (comer) ___he comido___ muy poco.
2. –Parece que Jorge y Luis tienen hambre. –(Comer) _____ poco.
3. –¿Dónde está Olga? –En el hospital. (Romperse) _____ una pierna.
4. –¿Para qué quiere Susana unas muletas? –Ni idea. (Romperse) _____ un pierna.
5. –El suelo está mojado. –(Llover) _____.
6. Ha sido un día terrible. (Llover) _____ muchísimo.
7. Están agotados. (Trabajar) _____ muchísimo.
8. –¿Por qué tienen tanto sueño? –No sé. No (dormir) _____ bien.

ACIERTOS ...../8

127

60 *trabajaría, comería, viviría...*
Condicional simple: verbos regulares

Me **encantaría** visitar el Amazonas.

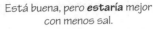

Está buena, pero **estaría** mejor con menos sal.

Encantaría y *estaría* son formas del condicional simple.

● Formación del condicional simple: verbos regulares

	trabaj-ar	com-er	viv-ir
(yo)	trabajar-ía	comer-ía	vivir-ía
(tú)	trabajar-ías	comer-ías	vivir-ías
(usted)	trabajar-ía	comer-ía	vivir-ía
(él, ella)	trabajar-ía	comer-ía	vivir-ía
(nosotros, nosotras)	trabajar-íamos	comer-íamos	vivir-íamos
(vosotros, vosotras)	trabajar-íais	comer-íais	vivir-íais
(ustedes)	trabajar-ían	comer-ían	vivir-ían
(ellos, ellas)	trabajar-ían	comer-ían	vivir-ían

● Se usa el condicional simple para:

– expresar una posibilidad teórica o referirnos a situaciones imaginarias, distintas de la situación real.

> **Estaría** mejor con menos sal. (Es posible, pero tiene la sal que tiene.)
> **Trabajaría** más a gusto en casa. (Pero trabajo fuera.)
> Creo que **serías** un buen abogado. (Es posible, pero no eres abogado.)

– expresar deseos, especialmente con verbos como *gustar, encantar, preferir*.

> ¡Qué calor hace! Me **comería** un helado.
> –¿**Te gustaría** ser escritora? –**Me encantaría**.
> **Me encantaría** visitar México.

Compare:

Me **gustaría** ser actor. (No soy actor pero tengo ese sueño.)	Me **gusta** ser actor. (Soy actor y me gusta mi profesión.)

– dar consejos.

> **Deberías** conducir con más cuidado, Raúl.
> Yo que tú **comería** menos.
> Yo no **trabajaría** en esta empresa.

Deberías hacer un curso de informática.

– referirnos a una acción pasada (2), que es futura en relación a otra pasada (1).

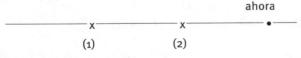

Pensábamos (1) que **llegarían** (2) pronto.   Juan dijo (1) que **sacaría** (2) las entradas.

▶ UNIDAD 109: Oraciones condicionales (2)   UNIDAD 83: Estilo indirecto (1)   UNIDAD 84: Estilo indirecto (2)

60.1. Complete con el condicional simple de los verbos correspondientes.

1. Esta tarta está buena, pero ___estaría___ mejor con nata.
2. Aquí estamos bien, pero _____ mejor en la playa
3. Soy feliz, pero _____ más feliz con un buen empleo.
4. Tocáis bien, pero _____ mejor con un poco más de práctica.
5. Ustedes viven muy bien aquí, pero creo que _____ mejor en el campo.
6. Susi trabaja muy bien, pero _____ mejor con más sueldo.
7. Me siento bien, pero _____ mejor con una buena comida.
8. Tarik habla español bastante bien, pero _____ mejor con un buen profesor.
9. Juegas muy bien al tenis, pero _____ mejor con una raqueta nueva.
10. Corremos bastante, pero _____ más con un poco de entrenamiento.

ACIERTOS ..../10

60.2. Complete los deseos con los verbos entre paréntesis.

1. (*A nosotras, gustar*) ___Nos gustaría___ hablar muchos idiomas.
2. A Keiko (*encantar*) _____ hablar bien español.
3. (*a mí, no, gustar*) _____ vivir en una gran ciudad.
4. ¿(*a ustedes, gustar*) _____ hacer un viaje por Andalucía?
5. Me gusta este hotel, pero (*yo, preferir*) _____ alojarme en uno más céntrico.
6. A mis padres (*encantar*) _____ visitar las ruinas mayas.
7. Nos encanta comer en casa, pero hoy (*preferir*) _____ comer fuera. No queremos cocinar.
8. ¡Qué sed tengo! Me (*beber*) _____ un litro de agua.

ACIERTOS ..../8

60.3. Rodee la forma correcta.

1. Me (*gusta/gustaría*) visitar Argentina, pero no tengo dinero.
2. Nos (*encanta/encantaría*) ir a la sierra, pero no vamos mucho.
3. (*Prefiero/Preferiría*) trabajar, pero no encuentro empleo.
4. ¿Qué os (*gusta/gustaría*) hacer hoy? Podemos hacer lo que queráis.
5. A Paloma le (*encanta/encantaría*) viajar. Ha recorrido medio mundo.
6. Los sábados me (*gusta/gustaría*) salir con Pepa y Pablo. Lo pasamos muy bien.
7. (*Prefiero/Preferiría*) vivir con gente. Cuando vivía sola era muy aburrido.
8. Me (*encanta/encantaría*) poder pintar bien. Es el sueño de mi vida.

ACIERTOS ..../8

60.4. Complete los consejos con los verbos del recuadro.

buscar	deber (3)	estudiar	hablar	ir	pedir	ser (2)	dormir

1. ___Deberíais___ madrugar más. Sois un poco perezosos.
2. _____ mejor que llamaras a Marta y se lo explicaras todo.
3. Yo, en tu lugar, _____ más. Siempre estás cansado.
4. Yo, en vuestro lugar, _____ más. Vienen los exámenes.
5. Yo que ustedes me _____ otro empleo. Esta empresa va a cerrar.
6. Perdona, pero creo que _____ pedir disculpas a Irene por llegar tan tarde.
7. Yo que tú _____ al médico. Tienes mala cara.
8. _____ salir menos. Estáis siempre fuera.
9. _____ bueno que hablaras con Laura. Está muy enfadada.
10. Yo _____ con el director y le _____ un aumento.

ACIERTOS ..../11

61 *habría, podría...*
Condicional simple: verbos irregulares

● Formación del condicional simple: verbos irregulares

haber ▷ habr-	-ía -ías -ía -ía -íamos -íais -ían -ían	poner ▷ pondr-	-ía -ías -ía -ía -íamos -íais -ían -ían	decir ▷ dir-	-ía -ías -ía -ía -íamos -íais -ían -ían	(yo)
poder ▷ podr-		salir ▷ saldr-		hacer ▷ har-		(tú)
saber ▷ sabr-		tener ▷ tendr-		querer ▷ querr-		(usted)
		valer ▷ valdr-				(él, ella)
		venir ▷ vendr-				(nosotros, nosotras)
						(vosotros, vosotras)
						(ustedes)
						(ellos, ellas)

▶ **UNIDAD 60:** Condicional simple: verbos regulares

● El condicional simple se usa para:

– expresar una posibilidad teórica.
> Esta casa **valdría** más arreglada.

– describir una situación imaginaria.
> **Seríamos** felices en una isla desierta.

– dar consejos.
> –¿Qué **haría** usted en mi lugar? –Yo que usted **saldría** menos.

– contar una acción pasada pero futura en relación a otra pasada.
> Me prometió que **vendría**.

– expresar probabilidad o suposición en el pasado.
> –¿Cuántos años tenías cuando viniste a Argentina? –No recuerdo. **Tendría** once o doce. (Supongo que tendría esa edad.)

¿Cuántas personas había anoche en el concierto?

No estoy segura. **Habría** unas dos mil.

Compare:

hecho cierto en el pasado	probabilidad o suposición en el pasado
–¿Quién hizo ayer la comida? –La **hizo** Rafael. (Sé que la hizo Rafael.) –¿Cuántos alumnos había ayer en clase? –Pasé lista y **había** veintitrés. (Sé que había veintitrés.) as doscientas. (No estoy seguro, pero calculo que habría ese número.)	–¿Quién hizo ayer la comida? –No sé. La **haría** Rafael. (No estoy seguro, pero supongo que la haría Rafael.) –¿Cuántas personas había anoche en el concierto? –No sé. **Habría** un

● Se usa el condicional simple para hacer peticiones o sugerencias de una manera educada...

> ¿Le **importaría** cerrar la ventana? Tengo frío.

¿**Podrías** ayudarme a mover esta caja?

... o para expresar modestia.

> –Es usted un gran investigador. –Yo no **diría** tanto.

▶ **UNIDAD 83:** Estilo indirecto (1)   **UNIDAD 84:** Estilo indirecto (2)   **UNIDAD 109:** Oraciones condicionales (2)

61.1. **Complete con los verbos entre paréntesis en condicional simple.**

1. –¿Qué (*hacer*) __harían__ ustedes en mi lugar? –(*Hablar*) __Hablaríamos__ con el director.
2. Yo que tú (*no, salir*) _____ esta noche.
3. Tenemos mucho trabajo, pero (*tener*) _____ más con un poco de suerte.
4. Viene mucha gente al museo, pero (*venir*) _____ más si no cerráramos los domingos.
5. Antón te quiere mucho, pero te (*querer*) _____ más si fueras más cariñosa.
6. –¿Qué (*hacer*) _____ tú en mi lugar? –Yo (*no, decir*) _____ nada.
7. Yo (*tener*) _____ más cuidado. Puede venir el jefe en cualquier momento.
8. Haces bien la comida, Aurelio, pero la (*hacer*) _____ mejor con un poquito más de cuidado.
9. –Susana estaba muy enfadada con Juan anoche. –Sí, ¿qué le (*decir*) _____?
10. –¿Cuándo dijo Marta que (*venir*) _____? –No sé. No la he visto.

61.2. **Complete las respuestas con los verbos apropiados.**

1. –¿Cuántas personas había anoche en el concierto? –No estoy segura. __Habría__ unas dos mil.
2. –¿A qué hora regresó Adela? –No sé. _____ sobre las cinco.
3. –¿Cuántas personas vinieron a la conferencia? –_____ unas cincuenta. No había muchas sillas vacías.
4. –¿Quién puso la lavadora ayer? Está estropeada. –La _____ tú. Yo no tengo ropa sucia.
5. –¿Quién le dijo a Isabel que Gregorio estaba en Bolivia? –No sé. Se lo _____ Joaquín. Creo que la vio la semana pasada.
6. –¿Quién puso la televisión anoche? Me despertó. –La _____ Marisa. Fue la última en acostarse.
7. –¿A qué hora salieron Javi y Sergio? –No lo sé, pero _____ a las dos o las tres. Era tardísimo.
8. –¿Quería alguien mi móvil viejo? –Lo _____ Agustín. Ya sabes que guarda todo.

61.3. **Rodee la forma correcta.**

1. –¿Quién tenía las llaves? –Las (*tenía*/*tendría*) Bárbara. Estaban en su bolso.
2. –¿Quién hizo ayer la cena? –La (*hizo*/*haría*) Sofía. Era una tortilla de patatas. Estaba riquísima.
3. –¿Cuántos años (*tenías*/*tendrías*) cuando te casaste? –Veinticinco. Y Rosario veintiséis.
4. –¿Quién (*sabía*/*sabría*) arreglar el microondas? ¿Conoces a alguien? –No, lo siento.
5. –¿Quiénes hicieron ese castillo? –No sé, pero lo (*hicieron*/*harían*) los árabes. Estuvieron aquí muchos años.
6. Luz, ¿tú (*podías*/*podrías*) ayudarme a pintar mi habitación?
7. –¿Quién hizo esa casa? –No sé. La (*hizo*/*haría*) Gaudí. Es su estilo.
8. –¿Quién llamó anoche? –Fue Mónica. (*Quería*/*Querría*) hablar con Héctor.

61.4. **Haga las siguientes peticiones de una manera educada.**

1. (a un amigo) ¿Poder / llevar esta maleta? __¿Podrías llevar esta maleta?__
2. (a unos amigos) ¿Importar / hablar más despacio? _____
3. (al profesor) ¿Importar / repetir la explicación? _____
4. (a un amigo) ¿Importar / esperar un momento? _____
5. (a un desconocido) ¿Poder / decirme dónde hay una parada de taxis? _____
6. (a un compañero de clase) ¿Importar / dejarme el diccionario? _____
7. (a unos desconocidos) ¿Importar / vigilar mi equipaje? _____
8. (a un desconocido) ¿Poder / decirme la hora? _____

62 *habría trabajado*
Condicional compuesto

Gracias a todos. Sin vosotros no **habría ganado**.

● Formación del condicional compuesto

	condicional simple de *haber*	participio
(yo)	habría	
(tú)	habrías	
(usted)	habría	
(él, ella)	habría +	trabajado
(nosotros, nosotras)	habríamos	comido
(vosotros, vosotras)	habríais	vivido
(ustedes)	habrían	
(ellos, ellas)	habrían	

Habría ganado es una forma del condicional compuesto.

▶ UNIDAD 95: Participio

● Se usa el condicional compuesto para:

– referirnos a algo que queríamos hacer en el pasado, pero que no hicimos debido a alguna circunstancia.

   Yo **habría ido** *a tu fiesta, Lola, pero Pepe no quería.* (No fui a la fiesta.)

– referirnos a algo que sucedió en el pasado solo gracias a alguna circunstancia extraordinaria.

   A pie **no habríamos llegado** *a tiempo, Carlos.* (Llegamos a tiempo.)

– expresar probabilidad en el pasado, con referencia a otra acción pasada anterior. Generalmente expresa una de las posibles explicaciones a algo sucedido.

```
                              ahora
▶———————x————————x————————•
        (1)              (2)
      ¿Estudió?        no hizo
                       el examen
```

Supongo que Juan no hizo el examen (2) *porque no* **habría estudiado**. (2)

Compare:

expresar un deseo en el presente	expresar un deseo del pasado que no se ha cumplido
Me gustaría *ser actor.* (Tengo ese sueño.) **Me encantaría** *conocer a tus padres.* (Quiero conocerlos.)	**Me habría gustado** *ser actor.* (Era un deseo que tenía que no se ha cumplido.) **Me habría encantado** *conocer a tus padres.* (No los conocí.)

– expresar deseos en el pasado que no se han cumplido, especialmente con verbos como *gustar, encantar, preferir.*

   Me habría gustado *ser actor.*
   Me habría encantado *visitar México.*

   ¡Qué calor hacía! Me **habría comido** *un helado.*

Compare:

PRETÉRITO PLUSCUAMPERFECTO (hecho cierto en un momento pasado anterior a otro pasado)do)	CONDICIONAL COMPUESTO (probabilidad o suposición en un momento pasado anterior a otro pasa
–*¿Por qué no hizo Luis el examen? –Porque no* **había estudiado**.	–*¿Por qué no hizo Luis el examen? –No sé. Quizás porque no* **habría estudiado**.
–*¿Por qué no me llamó Ramón? –***Había perdido** *tu número de teléfono.*	–*¿Por qué no me llamó Ramón? –No tengo ni idea.* **Habría perdido** *tu número.*

62.1 Complete con el condicional compuesto de los verbos entre paréntesis en afirmativa o negativa.

1. Lo siento, Luisa. Yo te (*acompañar*) _habría acompañado_ al médico, pero no sabía nada.
2. Estoy segura de que Luis nos (*ayudar*) _____, pero no estaba en casa.
3. Sin Jorge, (*nosotros, poder*) _____ acabar el trabajo a tiempo.
4. Sin sus padres, Andrés (*hacer*) _____ nada en la vida.
5. Yo (*llamar*) _____ a Carla, pero no tenía su teléfono.
6. Yo (*acabar*) _____ la carrera sin la ayuda de mi hermana.

ACIERTOS ...... / 6

62.2 Complete con el condicional compuesto de los verbos entre paréntesis en afirmativa o negativa.

1. Supongo que despidieron a Carlos porque (*hacer*) _no habría hecho_ bien su trabajo.
2. Imagino que fue en autobús porque (*vender*) _____ el coche. No tenía nada de dinero.
3. Supongo que Rosa se quemó porque (*tomar*) _____ demasiado el sol.
4. Supongo que tuvo el accidente porque (*dormir*) _____ bastante.
5. Imagino que estaba enfadado porque (*hacer*) _____ algo mal.
6. Supongo que tenían hambre porque (*comer*) _____ nada.

ACIERTOS ...... / 6

62.3 Complete con el pluscuamperfecto o el condicional compuesto de los verbos entre paréntesis.

1. –¿Por qué no te invitó Carla a su fiesta? –No sé. Se lo (*pedir*) _habría pedido_ Anabel.
2. Alberto me ayudó porque se lo (*pedir*) _____ Rosana.
3. Jorge no vino con nosotros a Tánger porque no le (*dejar*) _____ sus padres.
4. No pudieron comer porque María no (*preparar*) _____ la comida.
5. No pudimos ir a la sierra porque los mecánicos no (*arreglar*) _____ el coche.
6. –¿Por qué tenían tanta hambre? –No sé. No (*desayunar*) _____ nada.
7. Raquel no pudo estudiar porque (*estar*) _____ enferma.
8. –¿Por qué estaban tan cansados? –Ni idea. (*acostarse*) _____ tarde.
9. –¿Por qué estaban tan enfadados? –No sé. (*discutir*) _____ otra vez.
10. –¿Por qué estaba Mario tan triste? –No tengo ni idea. (*perder*) _____ su equipo.

ACIERTOS ...... /10

62.4 Exprese los deseos no cumplidos de las siguientes personas.

1. Me (*gustar/ ser abogado*) _habría gustado ser abogado._
2. Nos (*gustar/ tener hijos*) _____
3. Le (*encantar/ ser actriz*) _____
4. Les (*gustar/ viajar mucho*) _____
5. Os (*encantar/ hablar muchos idiomas*) _____
6. Yo (*preferir / vivir en otro país*) _____

ACIERTOS ...... / 6

62.5 Complete con el condicional simple o el condicional compuesto de los verbos entre paréntesis.

1. ¡Qué rico estaba el cordero! Me lo (*comer*) _habría comido_ entero.
2. ¡Qué hambre tengo! Me (*comer*) _____ una vaca.
3. Tienes que presentarme a tu hermano. Me (*encantar*) _____ conocerlo.
4. Me (*gustar*) _____ estudiar Filosofía, pero mis padres me hicieron estudiar Económicas.
5. ¡Qué sed! Me (*beber*) _____ un litro de agua.
6. ¡Qué rica estaba la limonada! Me la (*beber*) _____ entera.
7. He trabajado toda mi vida en un banco, pero (*preferir*) _____ ser artista.
8. ¡Qué cuadros tan bonitos! Los (*comprar*) _____ todos.
9. –¿Vamos al cine? –No. (*Preferir*) _____ dar un paseo.

ACIERTOS ...... / 9

Serán las tres. La haría Rafa
Contraste de tiempos para expresar certeza y probabilidad

Expresión de hechos y suposiciones

- **Presente**

  – Hecho cierto en el presente
    - presente de indicativo

        –¿Por qué no ha venido Pedro?
        –Ha llamado. **Está enfermo.**

        –¿Qué hora **es**?
        –**Son** las tres.

  – Probabilidad o suposición en el presente
    - futuro simple

        –¿Por qué no ha venido Pedro?
        –**Estará enfermo.** Ayer tenía fiebre.

        –¿Qué hora **es**?
        –No sé, no tengo reloj. **Serán** las tres.

- **Pasado**

  – Hecho cierto en el pasado
    - pretérito perfecto

        –¿Cómo se ha roto Toni la pierna?
        –Se la **ha roto** jugando al fútbol.

    - pretérito indefinido

        –¿Quién hizo la cena?
        –La **hizo** Rafa.

        –¿Por qué llegasteis tarde?
        –**Nos quedamos dormidos.**

    - pretérito imperfecto

        –¿Qué hora era cuando llegó Juan?
        –**Eran** las tres.

  – Explicación cierta de un hecho o situación presente

    - pretérito perfecto

        –Tienen mala cara.
        –**Han dormido** poco.

  – Probabilidad o suposición en el pasado
    - futuro perfecto

        –¿Cómo se ha roto Toni la pierna?
        –Ni idea. Se la **habrá roto** jugando al fútbol.

    - condicional simple

        –¿Quién hizo la cena?
        –No sé. La **haría** Rafa.

        –¿Por qué llegó Julio tarde?
        –No sabemos. **Se quedaría dormido.**

    - condicional simple

        –¿Qué hora era cuando llegó Juan?
        –No sé. **Serían** sobre las tres.

  – Explicación probable de un hecho o situación presente

    - futuro perfecto

        –Tienen mala cara.
        –**Habrán dormido** poco.

- **Pasado anterior a otro pasado**

  – Hecho cierto en un momento pasado anterior a otro pasado
    - pretérito pluscuamperfecto

        –¿Por qué no hizo el examen?
        –Porque no **había estudiado.**

  – Probabilidad o suposición en un momento pasado anterior a otro pasado
    - condicional compuesto

        –¿Por qué no hizo el examen?
        –No sé. No **habría estudiado.**

- **Futuro**

  – Seguridad sobre hecho futuro
    - presente de indicativo

        –¿Quién **hace** la cena esta noche?
        –La **hace** Andrés.

    - ir a + infinitivo

        –¿Quién va a preparar la comida?
        –La **va a preparar** Andrés.

  – Probabilidad o suposición sobre hecho futuro
    - futuro simple

        –¿Quién hace la cena esta noche?
        –Creo que la **hará** Andrés.

    - futuro simple

        –¿Quién va a preparar la comida?
        –Supongo que la **preparará** Ángela.
        Es la que cocina mejor.

63.1. Complete con el presente de indicativo o el futuro simple de los verbos entre paréntesis.

1. –¿Dónde está Jaime? –(*Estar*) __Está__ en su habitación. Está estudiando.
2. –¿Dónde está Sofía? –No sé. (*Estar*) _____ en la universidad. Hoy tiene clases.
3. –¿Por qué llora el bebé? –No sé. (*Tener*) _____ hambre. Es muy comilón.
4. –¿Qué le pasa a Andrés? –(*Tener*) _____ sueño. No durmió bien anoche.
5. –¿Con quién sale Elena? –(*Salir*) _____ con un primo de José. Son novios.
6. –¿Dónde vive Guillermo? –Ni idea. (*Vivir*) _____ en Oviedo. Sus padres se fueron allí hace dos años.
7. –¿Cuánto cuesta ese coche? –No sé, pero (*costar*) _____ más de 30 000 euros. Es un coche caro.
8. –¿Qué hace Javier? –(*Trabajar*) _____ en un hospital. Es médico.

ACIERTOS ....../8

63.2. Complete con el pretérito indefinido, el pretérito imperfecto, el pretérito perfecto, el futuro perfecto o el condicional simple de los verbos entre paréntesis.

1. –¿A qué hora regresó Jorge? –(*Regresar*) __Regresó__ a las dos. Miré el despertador cuando llegó.
2. –¿Por qué está la ropa mojada? –No sé. (*Llover*) _____ anoche.
3. –¿Por qué llegaron tarde? –(*Perder*) _____ el autobús. Pero nos llamaron para avisarnos.
4. –¿Por qué no vino Sara ayer? –No ha dicho nada. (*Estar*) _____ enferma, supongo.
5. –¿Quién pagó la comida? –Ni idea. La (*pagar*) _____ Emilio. Yo no pagué nada.
6. –¿Quién le ha dejado el coche a Lucía? –Se lo (*dejar*) _____ su padre. Tiene que ir a Toledo.
7. –¿Por qué los detuvo la policía? –(*Llevar*) _____ dinero escondido en una maleta.
8. –¿Está Berta casada? –Sí, (*casarse*) _____ hace un año.
9. –¿Cómo se ha roto Fernando la pierna? –No sé. Se la (*romper*) _____ esquiando. Está siempre en la sierra.
10. –¿Dónde has perdido las llaves? –No lo sé. Las (*perder*) _____ en la playa cuando me puse el traje de baño.

ACIERTOS ....../10

63.3. Complete con el pluscuamperfecto o el condicional compuesto de los verbos entre paréntesis en afirmativa o negativa.

1. –¿Por qué les cortaron la luz? –(*Pagar*) __No habían pagado__ los recibos anteriores.
2. –¿Por qué estaba tan mareado? –No sé. Le (*sentar*) _____ mal algo.
3. –¿Por qué aplazaron la reunión? –(*Ponerse*) _____ enfermo el director.
4. –¿Por qué estaba ayer tan contento Ramón? –Le (*subir*) _____ el sueldo.
5. –¿Cómo entraron los ladrones? –No sé. (*Cerrar*) _____ bien la puerta.
6. –¿Por qué estaba Nicolás enfadado con los mecánicos? –No sé. (*Hacer*) _____ bien la revisión.
7. –¿Por qué no le dieron el trabajo a Alfonso? –Porque (*acabar*) _____ la carrera. Necesitaba el título.
8. –¿Por qué salía Julia tan enfadada del cine? –Ni idea. (*Gustar*) _____ la película.

ACIERTOS ....../8

63.4. Complete con el presente de indicativo, *voy a, vas a...* + infinitivo o el futuro simple.

1. –¿Qué vais a hacer este verano? –__Vamos a ir__ a Argentina.
2. –¿Qué va a hacer Lucas este verano? –No sé. _____ a Grecia. Va todos los veranos.
3. –¿Con quién sale Tomás esta noche? –Ni idea. _____ con Teresa. Últimamente está siempre con ella.
4. –¿Con quién sale Luis el domingo? –_____ con Pili. Van juntos a todas partes.
5. –¿Quién va a recoger la cocina? –La _____ Antonio. Es el único que la usa.
6. –¿Quién va a llevar la comida? –La _____ Rosario. Nos invita por su cumpleaños.
7. –¿Quién canta esta noche? –_____ Plácido Domingo y Teresa Berganza.
8. –¿Qué vas a hacer cuando termines la carrera? –No sé. Supongo que _____ trabajo.
9. –¿Quién va a organizar la fiesta? –Ni idea. La _____ Lucio. Ya sabes que le encanta.
10. –¿Quién va a recoger a los niños? –No te preocupes. Los _____ yo. Tengo tiempo.

ACIERTOS ....../10

64 *come, no comas*
Imperativo: verbos regulares

● Formación del imperativo: verbos regulares

trabaj-ar		com-er		viv-ir		
trabaj-a	no trabaj-es	com-e	no com-as	viv-e	no viv-as	(tú)
trabaj-e	no trabaj-e	com-a	no com-a	viv-a	no viv-a	(usted)
trabaj-ad	no trabaj-éis	com-ed	no com-áis	viv-id	no viv-áis	(vosotros, vosotras)
trabaj-en	no trabaj-en	com-an	no com-an	viv-an	no viv-an	(ustedes)

ATENCIÓN:

ver:	ve/no veas	vea/no vea	ved/no veáis	vean/no vean

	(tú)	(usted)	(vosotros/-as)	(ustedes)
– verbos en *-gar* → pagar:	paga	pague	pagad	paguen
	no pagues	no pague	no paguéis	no paguen
– verbos en *-ger* → escoger:	escoge	escoja	escoged	escojan
	no escojas	no escoja	no escojáis	no escojan
– verbos en *-car* → practicar:	practica	practique	practicad	practiquen
	o practiques	no practique	no practiquéis	no practiquen
– verbos en *-zar* → cruzar:	cruza	cruce	cruzad	crucen
	no cruces	no cruce	no crucéis	no crucen

– Verbos con *se: levantarse*

levántate	→	no te levantes
levántese	→	no se levante
levantaos	→	no os levantéis
levántense	→	no se levanten

No *crucéis* ahora.

● Verbo (+ pronombre personal de sujeto)

Escojan (ustedes) *lo que les guste.*

● Usos del imperativo

– instrucciones:

Tome *una pastilla todas las noches.*
Copiad *esto en el cuaderno; es importante.*

– órdenes:

Levántate *ahora mismo.*

– peticiones:

Paga *tú, por favor.*

– invitaciones:

Beban *más limonada. Es toda para ustedes.*

– consejos o sugerencias:

No trabajes *tanto. Vas a enfermar.*

– permiso:

–*¿Puedo hablar yo?* –*Sí,* **habla.**
–*¿Puedo tocar el piano ahora?* –*No,* **no toques**
ahora. Es muy tarde.

● Cuando se hacen invitaciones o se da permiso, es normal duplicar el imperativo para dar énfasis.

–**Come, come,** *que tienes que engordar.*   –*¿Podemos pasar?* –*Sí, claro,* **pasen, pasen.**

También se suele duplicar el imperativo para indicar urgencia.

Corre, corre, *que llegamos tarde.*

64 EJERCICIOS

64.1. **Complete con la forma afirmativa o negativa del imperativo.**

1. Tienes sueño, Emilio. (*tú, echarse*) _Échate_ una siesta.
2. (*Tú, gritar*) _____, Rosa. No soy sordo.
3. (*Tomarse*) _____ tú la pizza, Manuel. A mí no me apetece.
4. (*Pagar*) _____ tú los cafés, Andrés. Yo pagaré.
5. Vamos a despegar. (*ustedes, abrocharse*) _____ los cinturones.
6. (*Vosotros, escuchar*) _____ la grabación, pero (*escribir*) _____ nada.
7. (*Usted, esperar*) _____ un momento. El doctor le recibirá enseguida.
8. (*Cruzar*) _____ la calle con la luz en ámbar, niños. Es peligroso.
9. (*Practicar*) _____ ahora, Javi. Me duele la cabeza.
10. (*Ver*) _____ ese programa, niños. Es para mayores.
11. (*Tocar*) _____ un poco la guitarra, Pablo.
12. (*Hablar*) _____ tan fuerte. Te oirán los vecinos.

ACIERTOS /13

64.2. **Complete las instrucciones con los verbos del recuadro.**

| colocar (2) cruzar dar enviar esperar limpiar meter secar tocar tomar |

1. _Coloque_ el televisor sobre una superficie plana.
2. No _____ más de cuatro pastillas al día.
3. No _____ el extintor cerca de un punto de calor.
4. _____ la superficie con un paño húmedo.
5. _____ una moneda de un euro y _____ unos segundos.
6. No _____ con luz roja.
7. _____ su donativo a la siguiente dirección.
8. No _____ comida a los animales.
9. No _____ la base de la plancha mientras está encendida.
10. _____ bien la blusa antes de planchar.

ACIERTOS /11

64.3. **Complete con la forma afirmativa o negativa del imperativo.**

1. Me duele la cabeza. Jaime, (*comprar*) _compra_ aspirinas, por favor.
2. (*Pasar*) _____ y (*esperar*) _____ en la sala, por favor, señores.
3. Vamos a aterrizar. (*ustedes, apagar*) _____ los móviles, por favor.
4. No (*comer*) _____ más. Os vais a poner enfermos.
5. Cuidado, Valentín, no (*correr*) _____. (*Frenar*) _____ un poco. Estamos en zona escolar.
6. No (*abrir*) _____, por favor, Luis. Tengo frío.
7. No (*usted, llorar*) _____ por la niña, Sole. Se pondrá bien.
8. La tienda va a cerrar. Por favor, (*terminar*) _____ sus compras, señores.
9. Por favor, no (*ustedes, usar*) _____ los móviles durante la conferencia.
10. No (*correr*) _____ tanto, niños. No tenemos prisa.

ACIERTOS /10

64.4. **Use los imperativos en forma afirmativa o negativa para completar las oraciones.**

1. –¿Podemos salir ya, profe? –Sí, _salid_.
2. –¿Podemos pasar? –Sí, _____, _____. Perdonen por la espera.
3. –¿Puedo llamar desde aquí? –Sí, por supuesto. _____, _____.
4. –Tenemos hambre ¿Podemos comer algo? –No, _____ nada ahora. La comida estará lista en un minuto.
5. –¿Podemos ver la televisión? –No, _____ la televisión ahora. Estamos conversando.
6. –¿Puedo coger un canapé? –Sí, _____ lo que quieras.

ACIERTOS /8

137

65 *cierra, pide...*
Imperativo: verbos irregulares (1)

Formación del imperativo: verbos irregulares (1)

● e ▸ ie

cerrar		encender	
cierra	no cierres	enciende	no enciendas
cierre	no cierre	encienda	no encienda
cerrad	no cerréis	encended	no encendáis
cierren	no cierren	enciendan	no enciendan

● e ▸ ie/i

mentir		
miente	no mientas	(tú)
mienta	no mienta	(usted)
mentid	no mintáis	(vosotros, vosotras)
mientan	no mientan	(ustedes)

Otros en *-ar*: *calentar, despertar(se), empezar, fregar, pensar, regar, sentarse*

Otros en *-er*: *defender, entender, perder*

Otros: *divertir, preferir, sentir*

● e ▸ i

pedir		
pide	no pidas	(tú)
pida	no pida	(usted)
pedid	no pidáis	(vosotros, vosotras)
pidan	no pidan	(ustedes)

Otros: *conseguir, corregir, elegir, freír, medir, reír, repetir, seguir, servir, sonreír*

ATENCIÓN:

Verbos en *-gir* → *elegir*:	elige/no elijas	elija/no elija	elegid/no elijáis	elijan/no elijan
Verbos en *-guir* → *seguir*:	sigue/no sigas	siga/no siga	seguid/no sigis	sigan/no sigan

● Verbos en *se*

vestirse		
vístete	no te vistas	(tú)
vístase	no se vista	(usted)
vestíos	no os vistáis	(vosotros, vosotras)
vístanse	no se vistan	(ustedes)

Como *cerrar, encender*: *defenderse, despertarse, perderse, sentarse*

Como *mentir*: *arrepentirse, divertirse, sentirse*

Como *pedir*: *reírse, vestirse*

● Usos del imperativo

▶ UNIDAD 64: Imperativo: verbos regulares

– instrucciones:

Cerrad los libros.   *Caliente el horno antes de meter la pizza.*

– órdenes:

No te quedes ahí mirando como trabajo, Enrique. Siéntate o márchate.

– peticiones:

Enciende la televisión, por favor.

– invitaciones:

Sírvete más carne si te apetece.

– consejos o sugerencias:

Siéntese en el sillón. Estará más cómodo.
Repite los ejercicios varias veces. Es muy útil.
No pidáis demasiado.

– permiso:

–¿Podemos empezar el examen? –No, no empecéis todavía. Esperad un momento.

Seguid este camino. Es más corto.

65.1. **Complete con la forma afirmativa o negativa del imperativo.**

1. (*Usted, cerrar*) ___Cierre___ la puerta y (*sentarse*) _____ un momento, Sr. Martínez.
2. (*Mentir*) _____, Juanjo. (*Decir*) _____ la verdad. Has vuelto a suspender la Física.
3. (*Tú, sentarse*) _____ a comer con nosotros, Rafa. Invita la empresa.
4. (*Tú, freír*) _____ el pescado todavía. No tengo hambre.
5. (*Pedir*) _____ más dinero, Carlos. No puedo prestártelo.
6. (*Despertar*) _____ ya, Raquel. Se está haciendo tarde.
7. A ver, Martín, (*pensar*) _____ ¿Dónde has dejado el móvil?
8. Hasta luego, Domingo. (*Divertirse*) _____ mucho en la fiesta
9. Acabo de hacer té. (*Servirse*) _____ un poco, Doña Pepita.
10. Tened cuidado. (*Perder*) _____ las entradas.

ACIERTOS ___/12

65.2. **Complete con los verbos del recuadro en imperativo.**

| calentar cerrar corregir empezar medir pedir pensar ~~seguir~~ sentarse |

¿Qué diría a...?

1. (... un conductor) ___Siga___ por esta carretera. Verá la gasolinera enseguida.
2. (... unos alumnos) _____ los ejercicios con cuidado y _____ en los errores.
3. (... un cliente) _____ usted bien el espacio para el mueble antes de encargárnoslo.
4. (... un camarero) _____ un poco esta sopa. Está templada.
5. (... unos amigos) No me _____ dinero. No tengo ni un euro.
6. (... un anciano en el Metro) _____ aquí, por favor.
7. (... un niño) _____ ya el grifo. Estás gastando mucha agua.
8. (... unos alumnos) No _____ todavía el examen.

ACIERTOS ___/9

65.3. **Complete con la forma afirmativa o negativa del imperativo.**

1. (*Acostarse*) ___Acuéstate___ ya, Pedro, y (*apagar*) _____ la luz.
2. Si tienes hambre, (*freírse*) _____ el filete que queda en la nevera.
3. Basta, (*tú, seguir*) _____ hablándome de los vecinos, por favor.
4. Os pagan muy poco. (*Pedir*) _____ un aumento de sueldo al director.
5. Valentín, (*tú, perder*) _____ el número del móvil de Jesús.
6. (*Tú, cerrar*) _____ con llave ese cajón. No es necesario.
7. (*Vosotros, reírse*) _____ de vuestros compañeros. Eso no está bien.
8. Va a llegar el taxi. (*Vestirse*) _____ rápido, Armando.
9. Si no te gusta el pescado (*pedir*) _____ otra cosa, Cristina.

ACIERTOS ___/10

65.4. **Complete con los verbos adecuados en imperativo.**

1. –¿Riego las plantas? –No, no las ___riegues___ hoy. Tienen mucha agua.
2. –¿Cierro ya la maleta? –No, no la _____ todavía. Necesito meter más cosas.
3. –¿Friego los platos? –No, no los _____ ahora. Ya los fregaré yo.
4. –¿Despertamos ya a Carlos? –No, no lo _____ todavía. Es pronto.
5. –¿Puedo empezar a comer? –Sí, _____ ya. No me esperes.
6. –¿Puedo seguir leyendo? –Sí, _____ leyendo un poco. Todavía no es hora de salir.
7. –¿Puedo pedir algo para beber? –Sí, _____ lo que quieras.
8. –¿Puedo elegir yo el postre? –No lo _____ tú. Siempre pides helado.

ACIERTOS ___/8

66 *sueña, duerme...*
Imperativo: verbos irregulares (2)

Formación del imperativo: verbos irregulares (2)

● o ▶ ue

soñar		volver	
sueña	no sueñes	vuelve	no vuelvas
sueñe	no sueñe	vuelva	no vuelva
soñad	no soñéis	volved	no volváis
sueñen	no sueñen	vuelvan	no vuelvan

Otros en -ar: *comprobar, contar, encontrar, probar, recordar, volar*

-er: *morder, mover, remover*

● o ▶ ue/u

dormir		
duerme	no duermas	(tú)
duerma	no duerma	(usted)
dormid	no durmáis	(vosotros, vosotras)
duerman	no duerman	(ustedes)

Otros: *morir*

● o ▶ u/ue

jugar		
juega	no juegues	(tú)
juegue	no juegue	(usted)
jugad	no juguéis	(vosotros, vosotras)
jueguen	no jueguen	(ustedes)

ATENCIÓN:

cocer:	cuece	cueza	coced	cuezan
	no cuezas	no cueza	no cozáis	no cueza

Otros: *torcer*

oler:	huele	huela	**oled**	huelan
	no huelas	no huela	no **oláis**	no huelan

● Verbos en *se*:

acostarse		
acuéstate	no te acuestes	(tú)
acuéstese	no se acueste	(usted)
acostaos	no os acostéis	(vosotros, vosotras)
acuéstense	no se acuesten	(ustedes)

Como *soñar, volver*: *acordarse, encontrarse*

● Usos del imperativo   ▶ **UNIDAD 64: Imperativo: verbos regulares**

– instrucciones:

> *Cueza la pasta durante cinco minutos.*
> *Tuerce por la segunda a la izquierda.*

– órdenes:

> *Volved inmediatamente.*

– peticiones:

> *Acuérdate de comprar azúcar.*

– invitaciones:

> *Vuelvan cuando gusten. Esta es su casa.*

– consejos o sugerencias:

> *Huela estas rosas. ¡Qué olor!*

– permiso:

> *–¿Podemos jugar aquí? –Sí, jugad, jugad. A mí no me importa.*

Jacobo, **acuéstate** ya. Es muy tarde.

66.1. Complete con la forma afirmativa o negativa del imperativo.

1. Esta calle es peligrosa. (*Tú, volver*) __No vuelvas__ a casa muy tarde, Silvia.
2. (*Tú, oler*) _____ este pescado. A mí no me parece fresco.
3. (*Tú, cocer*) _____ la verdura en este fuego. Es más rápido.
4. (*Vosotros, jugar*) _____ con ese perro. Os va a morder.
5. (*Contar*) _____ a tus padres lo que te pasó en clase, Andrea.
6. Ya es tarde. (*Dormirse*) _____ y (*soñar*) _____ con los angelitos, Dani.
7. ¡(*Morderse*) _____ las uñas, Pedro! Me pones nerviosa.
8. (*Ustedes, probar*) _____ estas gambas, señores. Están estupendas.
9. (*Tú, probar*) _____ este queso, por favor. Está buenísimo.
10. (*Vosotros, dormir*) _____ aquí esta noche. Ya es tarde para iros.

ACIERTOS ..../11

66.2. Complete con la forma afirmativa o negativa del imperativo de los verbos del recuadro.

| acostarse cocer ~~comprobar~~ mover probar probarse remover torcer |

¿Qué diría...?

1. (... un mecánico a un cliente) __Compruebe__ el coche antes de salir de viaje.
2. (... un médico a un paciente) _____ inmediatamente después de cenar. Espere un par de horas.
3. (... un cocinero a sus ayudantes) _____ las legumbres demasiado tiempo.
4. (... un médico a un paciente) _____ el brazo un poco. ¿Le duele?
5. (...un camarero a unos clientes) _____ el cochinillo. Está recién hecho.
6. (... un jardinero a un ayudante) _____ la tierra antes de plantar el rosal.
7. (... un vendedor a un cliente) _____ este jersey. Es de su talla.
8. (... un agente de tráfico a un conductor) _____ por la segunda calle a la derecha.

ACIERTOS ..../8

66.3. Complete con la forma afirmativa o negativa del imperativo.

1. (*Tú, cocer*) __Cuece__ el marisco con un poco de laurel. Verás qué bueno.
2. (*Vosotros, volar*) _____ con *Airleit*. Nunca son puntuales.
3. (*Tú, jugar*) _____ un poco con el bebé. Está aburrido.
4. (*Vosotros, dormir*) _____ con la ventana abierta. Entra frío.
5. (*Mover*) _____ el pie un poco. Estás pisando un papel.
6. (*Contar*) _____ algún chiste, Eduardo. Estamos aburridos.
7. (*Probarse*) _____ estos pantalones, Lola. Son bonitos.
8. (*Volver*) _____ rápido, Tina. Te necesitamos para la partida de cartas.
9. Si te encuentras mal, (*acostarse*) _____ en mi cama, Raquel.
10. (*Contar*) _____ conmigo para lo que necesites, Raúl.

ACIERTOS ..../10

66.4. Complete con los verbos adecuados en imperativo.

1. –¿Acuesto a los niños? –No, no los __acuestes__ todavía. Es temprano.
2. –¿Podemos jugar en el ordenador? –Sí, _____. Ahora no lo necesito.
3. –¿Te cuento algo de Alfonso? –Sí, _____, _____.
4. –¿Puedo volver más tarde? –Sí, _____ usted cuando quiera.
5. –¿Muevo esta ficha? –No, no _____ esa ficha. Está bien ahí.
6. –¿Movemos las piernas? –No, no _____ las piernas. _____ solo los brazos.
7. –¿Tuerzo por esta calle? –No, _____ por la siguiente.
8. –¿Dónde podemos acostarnos? –_____ en mi habitación.
9. –¿Podemos dormir en casa de Víctor? –No, no _____ allí. Sabéis que no me gusta.
10. –¿Puedo volver a casa cuando vuelva Lola? –Vale, _____ con ella.

ACIERTOS ..../12

67 *di, haz, pon...*
Imperativo: verbos irregulares (3)

● Formación del imperativo: otros verbos irregulares (3)

	(tú)	(usted)	(vosotros/-as)	(ustedes)
– decir:	di no di**g**as	di**g**a no di**g**a	decid no di**g**áis	di**g**an no di**g**an
– hacer:	haz no ha**g**as	ha**g**a no ha**g**a	haced no ha**g**áis	ha**g**an no ha**g**an
– poner:	pon no pon**g**as	pon**g**a no pon**g**a	poned no pon**g**áis	pon**g**an no pon**g**an

Di la verdad.
No *digas* nada. Es mejor.

Haced el ejercicio siete.
No *hagas* ruido. Está durmiendo el niño.

Ponga aquí el equipaje.
No *pongas* los pies en la mesa.

Otros como *poner*: *suponer*

	(tú)	(usted)	(vosotros/-as)	(ustedes)
– salir:	sal no sal**g**as	sal**g**a no sal**g**a	salid no sal**g**áis	sal**g**an no sal**g**a
– tener:	ten no ten**g**as	ten**g**a no ten**g**a	tened no ten**g**áis	ten**g**an no ten**g**an

Salgan por esta puerta.
No *salgas* esta noche. Hace mucho frío.

Ten paciencia.
No *tengan* prisa. Es temprano.

Otros como *tener*: *mantener*

	(tú)	(usted)	(vosotros/-as)	(ustedes)
– traer:	trae no trai**g**as	trai**g**a no trai**g**a	traed no trai**g**áis	trai**g**an no trai**g**an
– venir:	ven no ven**g**as	ven**g**a no ven**g**a	venid no ven**g**áis	ven**g**an no ven**g**an

Traiga la cuenta, por favor.
No *traigáis* nada para la fiesta.

Venid a las siete.
No *vengas* en coche. No se puede aparcar.

	(tú)	(usted)	(vosotros/-as)	(ustedes)
– oír:	oye no oi**g**as	oi**g**a no oi**g**a	oíd no oi**g**áis	oi**g**an no oi**g**an
– ser:	sé no seas	sea no sea	sed no seáis	sean no sean

¡*Oiga*! Venga aquí.
No *oigas* esas tonterías.

Sed valientes.
No *seáis* cobardes.

	(tú)	(usted)	(vosotros/-as)	(ustedes)
– ir:	**ve** **no vayas**	**vaya** **no vaya**	**id** **no vayáis**	**vayan** **no vayan**
– huir:	huye no huyas	huya no huya	huid no huyáis	huyan no huyan

Id a ver la exposición de Rosa. Es preciosa.
No *vayáis* corriendo. Os podéis caer.

Huid. Hay peligro.
¡No *huyas*, cobarde!

	(tú)	(usted)	(vosotros/-as)	(ustedes)
– obedecer:	obede**c**e no obede**z**cas	obede**z**ca no obede**z**ca	obede**c**ed no obede**z**cáis	obede**z**can no obede**z**can
– conducir:	condu**c**e no condu**z**cas	condu**z**ca no condu**z**ca	condu**c**id no condu**z**cáis	condu**z**can no condu**z**can

¡Niños! *Obedezcan* a su mamá.

Conduzca con cuidado.
No *conduzcas* cansado.

Otros: *aparecer, conocer, deducir, introducir, ofrecer, parecer, reconocer, reducir, traducir*

● Los verbos con *se* tienen las mismas irregularidades que los correspondientes verbos sin *se*.

	(tú)	(usted)	(vosotros/-as)	(ustedes)
– ponerse:	ponte no te pongas	póngase no se ponga	poneos no os pongáis	pónganse no se pongan

● Algunas formas de imperativo pueden usarse con un significado especial.

Ánimo: *Venga*, no te preocupes. Ya se solucionará. / *Venga*, ¡haced un esfuerzo! Ya estáis muy cerca.

Sorpresa: ¡*Vaya*! ¡Qué sorpresa verlos a ustedes aquí!

Extrañeza, admiración, sorpresa, enfado: *Oiga*, estaba yo primero.

Para contestar al teléfono: ¿*Diga*? / ¿*Dígame*?

Usos del imperativo ▶ UNIDAD 64: Imperativo: verbos regulares

67.1. Complete con los verbos entre paréntesis en forma afirmativa o negativa del imperativo.

1. (*Hacer*) ___No hagas___ ruido, Fernando. Tu hermana está durmiendo.
2. Tobías, (*salir*) _____ de aquí ahora mismo.
3. (*Traer*) _____ pan, José.
4. (*Conducir*) _____ despacio, Magda. Hay un colegio en esta calle.
5. (*Oír*) _____ esta canción, Nico. Es lo último de Maná.
6. (*Salir*) _____ solo, Andrés. Es un barrio muy peligroso.
7. (*Poner*) _____ la tele ya, chicos. Va a empezar el partido.
8. (*Ponerse*) _____ el abrigo y (*ir*) _____ a por el periódico, Mario.
9. Camarero, (*traer*) _____ la cuenta, por favor.
10. –¿Podemos ir al lavabo? –Por supuesto, (*ir*) _____.

ACIERTOS ..../11

67.2. Complete las instrucciones con los verbos del recuadro en forma afirmativa o negativa del imperativo.

conducir (2)   encender (2)   mantener (2)   ~~utilizar~~ (2)

Consejos para el ahorro de energía

1. ___Utilice___ el transporte público.
2. _____ el coche solo cuando sea imprescindible.
3. _____ suavemente en ciudad.
4. En carretera _____ a más de 90 km por hora.
5. _____ la calefacción en días soleados.
6. _____ la temperatura constante a 21°.
7. _____ puertas y ventanas bien cerradas.
8. _____ la calefacción cuando no hay nadie en casa.

ACIERTOS ..../8

67.3. Complete con la forma afirmativa o negativa del imperativo.

1. (*Hacer*) ___No hagas___ más spagueti, Marga. No tenemos mucha hambre.
2. (*Ir*) _____ al súper a por azúcar, Jorge. Se nos ha terminado.
3. Basilio, (*salir*) _____ corriendo. Te puedes caer.
4. Podéis coger el coche esta noche. Yo no lo necesito. Y (*ser*) _____ prudentes. (*Tener*) _____ cuidado con la niebla.
5. (*Usted, poner*) _____ un poco más de sal al arroz, señora Torres. Está soso.
6. (*Ponerse*) _____ las gafas, Arturo. Vas a ver mejor con ellas.
7. (*Salir*) _____ a tomar un poco de aire, Chelo. Aquí hace demasiado calor.
8. (*Hacer*) _____ caso a tu madre, Sonia. (*poner*) _____ la tele todavía.
9. Va empezar el partido. (*Poner*) _____ la televisión, Javi.
10. ¡(*Tú, huir*) _____, cobarde! ¡(*Venir*) _____ aquí!
11. (*Vosotros, hacer*) _____ el ejercicio 5, pero (*traducir*) _____ las frases.
12. (*Ser*) _____ sincera, Adela. (*Decir*) _____ la verdad.

ACIERTOS ..../17

67.4. Complete con las formas del imperativo.

diga   dígame   ~~oiga~~ (2)   vaya (2)   venga (2)

1. ___Oiga___, usted no sabe con quién está hablando.
2. ¡_____, ánimo! Seguramente no será nada.
3. –¿_____? –¿Está Arturo, por favor?
4. ¡_____! No sabía que tuvieras coche.
5. _____ ¡Qué sorpresa! Si sabes hablar alemán.
6. _____, que este asiento es mío.
7. _____. Vamos a ayudar todos.
8. –¿_____? –¿Puedo hablar con Marta, por favor?

ACIERTOS ..../8

68 *dámelo, no me lo des*
Imperativo con pronombres de objeto

● Pronombres de objeto directo (OD) con el imperativo

AFIRMATIVO verbo-*me*, *-lo*, *-la*, *-nos*, *-los*, *-las*	NEGATIVO no + *me, lo, la, nos, los, las* + verbo
cómpralo, cómprala...	*no lo, la... compres*
cómprelo, cómprala...	*no lo, la... compre*
cómpradlo, cómpradla...	*no lo, la... compréis*
cómprenlo, cómprenla...	*no lo, la... compren*

ATENCIÓN:

compra ▸ **có**mpralo   **com**pre ▸ **có**mprelo   **com**pren ▸ **có**mprenlo

● Pronombres de objeto indirecto (OI) con el imperativo

Préstame cincuenta euros.

No le prestes nada.
Nunca lo devuelve.

AFIRMATIVO verbo- *me*, *-le*, *-nos*, *-les*	NEGATIVO no + *me, le, nos, les* + verbo
préstame, préstale...	*no me, le... prestes*
présteme, préstele...	*no me, le... preste*
prestadme, prestadle...	*no me, le... prestéis*
préstenme, préstenle...	*no me, le... presten*

ATENCIÓN:

presta ▸ **pré**stame   **pres**te ▸ **pré**steme   **pres**ten ▸ **pré**stenme

– Normalmente, se usa *le* o *les* además de la persona a la que se refiere cuando se menciona por primera vez.

   –*Tengo dos diccionarios. –**Regálale** uno a **Li**. Está aprendiendo español.*

● Pronombres de OI + pronombres de OD con el imperativo

AFIRMATIVO verbo-*me*, *-se*, *-nos*, *-se/* *-lo*, *-la*, *-los*, *-las*	NEGATIVO no + *me, se, nos,* *se* + *lo, la, los, la*
dámelo, dásela...	*no me, se... lo, la... des*
démelo, désela...	*no me, se... lo, la... de*
dádmelo, dádsela...	*no me, se... lo, la... deis*
dénmelo, dénsela...	*no me, se... lo, la... den*

¿Le doy el regalo a mamá?

No, **no se lo des** todavía.

Sí, **dáselo** ya.

ATENCIÓN:

da, dé, dad, den ▸ **dá**melo, **dé**melo, **dád**melo, **dén**melo

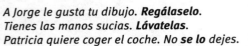

*A Jorge le gusta tu dibujo. **Regálaselo**.*
*Tienes las manos sucias. **Lávatelas**.*
*Patricia quiere coger el coche. No **se lo** dejes.*

– Se usa *se* además de la persona a la que se refiere cuando se menciona por primera vez.

   *Te sobra un cuaderno. **Dáselo** a Pablo.*
   *Si necesitas algo, **pídeselo** a Andrea.*

▶ UNIDAD 27: Pronombres personales de objeto (1)

68 EJERCICIOS

68.1. **Complete con el imperativo y los pronombres de objeto correspondientes.**

1. Ahí llega Marta del súper. Necesitará ayuda. (*Ayudar*) __Ayúdala__ con las bolsas, Rafa.
2. Estoy estudiando. No toques ahora la guitarra. (*Tocar*) _____ luego.
3. Esas toallas no están sucias. No (*tú, lavar*) _____ todavía. _____ mañana.
4. Aquí hay mucho ruido. No leas el libro aquí. (*Leer*) _____ en la biblioteca.
5. Traiga el coche, pero no (*traer*) _____ hoy si no quiere. _____ mañana.
6. –¿Hay que sacar al perro? –Sí, pero no (*tú, sacar*) _____ ahora. _____ un poco más tarde.
7. Toma el dinero, pero no (*tú, dejar*) _____ en la mesa. _____ en un cajón.
8. Aquí tenéis los regalos, pero no (*abrir*) _____ todavía. _____ esta noche.
9. –¿Dónde aparco el coche? –No (*aparcar*) _____ aquí. _____ en ese aparcamiento.

68.2. **Complete con el imperativo y los pronombres de objeto correspondientes.**

1. (*Dar*) __Dale__ a Juan el regalo ya, Elvira. Hoy es su cumpleaños.
2. –No esperes más. (*Decir*) _____ a Elisa que la quieres, Jorge.
3. –A Daniel no (*vosotros, regalar*) _____ dinero. No lo necesita.
4. –(*Dar*) _____ las maletas a tus hermanas, Nico. El coche está ya en la puerta.
5. –Tenemos hambre. (*Hacer*) _____ unos bocadillos, mamá.
6. Rodri, (*pasar*) _____ el pan, por favor.
7. –Mañana es el aniversario de tus padres. (*Comprar*) _____ algo, Elena.
8. –Voy a escribir una postal a Rosa. (*Escribir*) _____ vosotros también. Se alegrará.
9. –Tengo miedo a las cucarachas. –No (*tener*) _____ miedo, Emilio. No muerden.
10. (*Prestar*) _____ algo de dinero, Charo. Te lo devuelvo el domingo.
11. (*ustedes, llamar*) _____ mañana. Estaremos en casa todo el día.

ACIERTOS ...../11

68.3. **Complete con el imperativo y los pronombres de objeto correspondientes.**

1. –¿Le doy el cedé a Mauro? –Sí. __Dáselo__. Es suyo.
2. –¿Os lavo la ropa? –No _____. Ya la lavaremos nosotros.
3. –¿Le arreglo la mochila a Pablo? –Sí. _____. Mañana se va de excursión.
4. –¿Le presto el coche a tu prima? –Sí. _____. Es una chica prudente.
5. –¿Le compramos la bufanda a Elisa? –Sí. _____. Siempre me la pide a mí.
6. –¿Les alquilamos el piso a los López? –Sí. _____. Son gente prudente.
7. –¿Les traigo la cuenta, señores? –Sí _____. No queremos nada más.
8. –¿Le pongo jamón a la tortilla? –Sí _____. Le da un sabor estupendo.
9. –¿Le echo la comida al perro? –No. _____. Ya se la he echado yo.
10. –¿Te hago un café? –No. _____. Me quita el sueño.

ACIERTOS ...../10

68.4. **Complete con los verbos entre paréntesis y los pronombres correspondientes.**

1. Si te sobra una entrada, (*regalar*) __no se la regales__ a Héctor. __Regálamela__ a mí.
2. Don Alfonso quiere un café. (*Traer*) _____, Pascual.
3. Si quiere usted algo, (*pedir*) _____ a nadie. _____ a mí.
4. Necesito saber la verdad. (*Decir*) _____.
5. Ese policía quiere ver tu pasaporte. (*Enseñar*) _____.
6. Esa carpeta es mía. (*Dar*) _____.
7. Te he comprado una chaqueta. (*Ponerse*) _____.
8. Ese libro es de Rosa. No (*dar*) _____ a Pedro.
9. –Te hemos comprado un regalo. –No (*enseñar*) _____. No quiero verlo ahora.
10. Tenéis el pelo muy sucio. (*Lavarse*) _____.

ACIERTOS ...../12

145

trabaje, coma, viva
Presente de subjuntivo: verbos regulares

Este es tu despacho. Espero que **trabajes** a gusto.

No me gusta que **comáis** nada antes de las comidas.

¿Dónde está Pepe?

No sé. Puede que **esté** en su habitación.

Trabajes, comáis y *esté* son formas del presente de subjuntivo.

● Formación del presente de subjuntivo: verbos regulares

	trabaj-ar	com-er	viv-ir
(yo)	trabaj-e	com-a	viv-a
(tú)	trabaj-es	com-as	viv-as
(usted)	trabaj-e	com-a	viv-a
(él, ella)	trabaj-e	com-a	viv-a
(nosotros, nosotras)	trabaj-emos	com-amos	viv-amos
(vosotros, vosotras)	trabaj-éis	com-áis	viv-áis
(ustedes)	trabaj-en	com-an	viv-an
(ellos, ellas)	trabaj-en	com-an	viv-an

ATENCIÓN:

dar:	d-é, d-es, d-é, d-é, d-emos, d-eis, d-en, d-en
estar:	est-é, est-és, est-é, est-emos, est-éis, est-én, est-én
ser:	se-a, se-as, se-a, se-a, se-amos, se-áis, se-an, se-an
ver:	ve-a, ve-as, ve-a, ve-a, ve-amos, ve-áis, ve-an, ve-an

● El presente de subjuntivo puede referirse al presente o al futuro.

> Presente: *Puede que Sonia esté ahora en casa.*
> Futuro: *Mi padre quiere que le ayude mañana.*

● El presente de subjuntivo se usa:

▶ **UNIDAD 75: Expresar deseos**

– con algunos verbos y construcciones que expresan deseo.

¡*Que* + presente de subjuntivo!

> *Esa paella tiene muy buen aspecto. ¡Que aproveche!*
> *Hasta luego. ¡Que te mejores!*

¡*Ojalá (que)* + presente de subjuntivo!

> *Juan ha tenido un accidente. ¡Ojalá (que) no sea grave!*

Querer, esperar... + *que* + presente de subjuntivo

> *¿Puedes venir, Sonia? Quiero que me ayudes.*
> *Espero que seáis muy felices.*

– con algunos verbos y expresiones que expresan probabilidad o duda. ▶ **UNIDAD 76: Expresar probabilidad (1)**

Quizá(s) / Tal vez

> –*¿Te ha llamado Adela? –No. Quizá me llame esta noche.*

Es probable que

> *Es probable que el Boca Juniors gane la copa este año.*

Puede que

> *No estoy segura, pero puede que me suban el sueldo.*

– con algunos verbos y expresiones que expresan diversos sentimientos: sorpresa, alegría, agrado, desagrado, asombro, miedo... ▶ **UNIDAD 78: Expresar emociones y sentimientos**

> *Me gusta que seáis educados, niños.*   *Tengo miedo de que me echen del trabajo.*

– con expresiones que sirven para valorar acciones o situaciones: *es bueno/malo que, me parece bien/mal que, es lógico que...* ▶ **UNIDAD 79: Expresar valoraciones**

> *Es bueno que estudies.*   *Es normal que ganen. Son mejores que nosotros.*
> *No me parece bien que veáis tantas películas violentas.*

69.1. ▷ **Complete con los verbos del recuadro en presente de subjuntivo.**

1. ¿Tienes un momento, Carlos? Quiero que me (*tú, ayudar*) ayudes .
2. Ha llamado el Sr. Cabrera. Quiere que (*nosotros, trabajar*) _____ el sábado.
3. Rosa quiere que le (*yo, prestar*) _____ el coche el domingo.
4. ¡Ojalá ya (*estar*) _____ mis padres en casa! He perdido las llaves.
5. Espero que me (*ustedes, escribir*) _____ cuando lleguen a Santo Domingo.
6. Ha llamado Lolita. Quiere que (*nosotros, comer*) _____ fuera el domingo.
7. ¡Ojalá que la enfermedad de Alberto no (*ser*) _____ grave!
8. ¡Ojalá que el banco nos (*dar*) _____ el préstamo! Necesitamos un coche.
9. ¡Que (*vosotros, ser*) _____ felices!
10. Espero que (*llegar*) _____ pronto tus amigos. Estoy cansada de esperar.
11. ¡Que os lo (*pasar*) _____ bien en la fiesta!
12. ¡Ojalá (*ganar*) _____ el Boca el domingo!

ACIERTOS
....../12

69.2. ▷ **Complete las respuestas con los verbos correspondientes en presente de subjuntivo.**

1. –¿Dónde está Belén? –No sé. Puede que _esté_ en su despacho.
2. –¿Has visto a Juan? –No, pero quizás lo _____ mañana.
3. –¿Han llamado tus padres? –No. Puede que no _____ hoy.
4. –¿Qué vas a estudiar, Graciela? –No sé todavía. Es probable que _____ Derecho.
5. –¿Está abierto el banco? –No. Puede que no _____ hoy. Es sábado.
6. –¿Dónde están tus hermanas? –No sé. Puede que _____ en el jardín.
7. –¿Cuándo os casáis? –No estamos seguros. Puede que _____ el año que viene.
8. –¿Te van a dar el trabajo que te prometieron? –No sé. Es probable que no me lo _____.
9. –¿Cuándo se marchan ustedes? –No sé. Puede que _____ mañana.
10. –¿Vais a ganar el torneo? –No sé. Es probable que no lo _____.

ACIERTOS
....../10

69.3. ▷ **Una las frases con *que* como en el ejemplo. Haga los cambios necesarios.**

1. Agustín bebe mucha cerveza. A Sonia no le gusta. _A Sonia no le gusta que Agustín beba mucha cerveza._
2. Jaime y Alberto son amables. A Pilar le gusta. _____
3. Ernestina vive con sus padres. A Lorenzo no le gusta. _____
4. Ana es muy cariñosa. A Jacinto le encanta. _____
5. Lolo da muchas fiestas. A Tomás no le gusta. _____
6. Ves muchas películas de terror. A tu madre no le gusta. _____
7. Trabajáis mucho. A vuestro jefe le encanta. _____
8. Están siempre contentos. A sus amigos les gusta. _____
9. Ramiro ronca por la noche. A su mujer le molesta. _____
10. Águeda fuma demasiado. A Agustín le disgusta. _____
11. Román nunca cena en casa. A mi madre le molesta. _____
12. Los niños me ayudan en la cocina. Me encanta. _____

ACIERTOS
....../12

69.4. ▷ **Complete con los verbos entre paréntesis en presente de subjuntivo.**

1. Es una vergüenza que no le (*dar*) den el premio a Sara. Es la mejor.
2. Es importante que no (*volver*) _____ tarde, Inés. Tu madre se preocupa.
3. Es lógico que Marta (*leer*) _____ poco. Ve mucho la televisión.
4. Es importante que (*tú, hablar*) _____ con Darío. Últimamente está un poco triste.
5. No es malo que (*tú, ser*) _____ amigo de Raúl. Es muy trabajador.
6. Es conveniente que (*vosotros, estar*) _____ aquí cuando llamen los abuelos.
7. No me parece mal que (*tú, aprender*) _____ a conducir, Maite.
8. No me parece bien que esta noche (*vosotros, dejar*) _____ a los niños solos.
9. Es difícil que Clara (*aprobar*) _____ el examen. Estudia poco.
10. Está mal que (*vosotros, meter*) _____ al perro en la cama.

ACIERTOS
....../10

70

quiera, pida...
Presente de subjuntivo: verbos irregulares (1)

● Formación del presente de subjuntivo: verbos irregulares (1)

e ▸ ie

	cerr-ar	quer-er
(yo)	cierr-e	quier-a
(tú)	cierr-es	quier-as
(usted)	cierr-e	quier-a
(él, ella)	cierr-e	quier-a
(nosotros, nosotras)	cerr-emos	quer-amos
(vosotros, vosotras)	cerr-éis	quer-áis
(ustedes)	cierr-en	quier-an
(ellos, ellas)	cierr-en	quier-an

e ▸ ie/i

	sent-ir
sient-a	
sient-as	
sient-a	
sient-a	
sint-amos	
sint-áis	
sient-an	
sient-an	

Otros:

-ar: *calentar, comenzar, despertar(se), empezar, merendar, pensar, regar, recomendar, fregar, gobernar*

-er: *defender, entender, perder*

Otros:

divertir(se), herir, mentir, preferir

e ▸ i

	ped-ir
(yo)	pid-a
(tú)	pid-as
(usted)	pid-a
(él, ella)	pid-a
(nosotros, nosotras)	pid-amos
(vosotros, vosotras)	pid-áis
(ustedes)	pid-an
(ellos, ellas)	pid-an

ATENCIÓN:

Verbos en *-gir* →

elegir:	elija	elijas	elija	elija
	elijamos	elijáis	elijan	elijan

Verbos en *-guir*→

seguir:	siga	sigas	siga	siga
	sigamos	sigáis	sigan	sigan

Otros: *conseguir, corregir, despedir, freír, impedir, medir, reír, repetir, seguir, servir, sonreír*

● El presente de subjuntivo se usa:

– con algunos verbos y construcciones que expresan deseos.   ▶ UNIDAD 75: Expresar deseos

   ¡Que os divirtáis!   *Espero que **empiece** pronto el concierto.*

   ¡Ojalá consigáis aprobar!

– con algunos verbos y expresiones que expresan probabilidad o duda.   ▶ UNIDAD 76: Expresar probabilidad (1)

   Quizá te sientas mejor después de comer algo.   –Me ha llamado Vicente. –**Puede que quiera** algo de ti.

– con algunos verbos y expresiones que expresan diversos sentimientos.

   *No **me gusta** que Arturo **pida** dinero a nadie.*   ***Me agrada** que **quieras** estudiar Medicina.*

▶ UNIDAD 78: Expresar emociones y sentimientos

– con expresiones que sirven para valorar acciones o situaciones: *me parece bien/mal que, es lógico que...*

   ***Es lógico que** Silvia no **quiera** ver a Carlos. Es muy maleducado.*

   ***Me parece bien que prefieras** comer ahora. A mí también me gusta comer temprano.*

▶ UNIDAD 79: Expresar valoraciones   UNIDAD 80: Contraste entre indicativo y subjuntivo   UNIDAD 85: Estilo indirecto (3)
UNIDAD 107: Oraciones finales   UNIDAD 103: Oraciones temporales (1)   UNIDAD 112: Oraciones concesivas

70.1. Complete con los verbos entre paréntesis en presente de subjuntivo.

1. Rita quiere que de noche siempre (*yo, cerrar*) _cierre_ la puerta con llave.
2. Espero que Arturo no (*perder*) _____ esta partida.
3. ¡Ojalá (*ellos, divertirse*) _____ en las vacaciones! Lo necesitan.
4. ¡Que te (*ir*) _____ bien en tu nuevo empleo, Nuria!
5. Espero que (*usted, entender*) _____ las instrucciones. Es muy fácil.
6. ¡Ojalá no (*aparecer*) _____ los López por la cena! Son muy aburridos.
7. Quiero que Raúl me (*conseguir*) _____ entradas para su próximo concierto.
8. ¡Ojalá no me (*pedir*) _____ Mariela el coche para el fin de semana!
9. ¡Que (*divertirse*) _____ con tus amigos en la excursión, Víctor!
10. Me he presentado a delegado de la clase. Espero que me (*elegir*) _____.
11. Estoy aburrido. ¡Ojalá (*empezar*) _____ pronto la película!
12. No quiero ponerme ese sombrero. No quiero que (*reírse*) _____ de mí.

ACIERTOS ...../12

70.2. Complete los diálogos con los verbos adecuados en presente de subjuntivo.

1. –¿Han conseguido la beca de estudios? –No, pero quizá la _consigan_ el año que viene.
2. –¿Cuánto mide Mario? –No sé, pero puede que _____ un metro noventa. Es altísimo.
3. –¿Vas a seguir trabajando? –Ahora no, pero quizá _____ esta tarde.
4. –¿Habla español Filippo? –No, pero es probable que lo (*entender*) _____. Es italiano.
5. –¿Te sirve este diccionario? –A mí, no, pero quizá le _____ a Marcos. Estudia alemán.

ACIERTOS ...../5

70.3. Una las dos frases con *que*. Haga los cambios necesarios.

1. César quiere estudiar Bellas Artes. Me parece bien. _Me parece bien que César quiera estudiar Bellas Artes._
2. La película de esta noche empieza muy tarde. Me parece mal. _____
3. Hoy cierran las tiendas; es fiesta. Es lógico. _____
4. Queréis salir pronto de viaje por el calor. Es lógico. _____
5. Lola sonríe mucho. Me gusta. _____
6. No quieres madrugar el domingo. Es natural. _____
7. Tania friega siempre los platos. Me parece mal. _____
8. Agustín pierde el móvil a menudo. No es lógico. _____
9. La clase empieza siempre a su hora. Me gusta. _____
10. Félix consigue siempre lo que quiere. No es normal. _____
11. Luis y Pili prefieren este restaurante; es buenísimo. Es lógico. _____
12. Ustedes piensan mucho en sus amigos. Me parece bien. _____
13. Puri sigue fumando. Tose mucho. No es normal. _____
14. Arturo elige siempre la película. Me parece mal. _____
15. Me mientes. No me gusta. _____

ACIERTOS ...../15

70.4. Complete las respuestas con los verbos adecuados en presente de subjuntivo.

1. –¿Frío el pescado ya? –Es mejor que lo _frías_ cuando llegue Leo.
2. –¿Por qué queréis salir todos los días? –Es lógico que _____ salir todos los días. Somos jóvenes.
3. –¿De qué se ríen tus amigos? –No sé. Puede que _____ de mí.
4. –¿Por qué no le pedimos dinero a Fran? –No me gusta que _____ dinero a nadie.
5. –¿Por qué no corriges ahora los ejercicios? –Ahora no puedo. Quizá los _____ luego.
6. –¿Friego yo los platos? –No. Tú no. No es lógico que los _____ tú todos los días. Que los _____ Joaquín.
7. –¿Por qué no despiertas a Jorge? –Porque no le gusta que yo lo _____ tan pronto. Anoche se acostó tarde.
8. –¿Empezamos ya la tarta? –No. No me parece bien que _____ la tarta sin los demás.
9. –No me siento bien. –Es normal que no te _____ bien. Has comido demasiado.

ACIERTOS ...../10

pueda, juegue, duerma...
Presente de subjuntivo: verbos irregulares (2)

● Formación del presente de subjuntivo: verbos irregulares (2)

o ▶ ue

	soñ-ar	pod-er
(yo)	sueñ-e	pued-a
(tú)	sueñ-es	pued-as
(usted)	sueñ-e	pued-a
(él, ella)	sueñ-e	pued-a
(nosotros, nosotras)	soñ-emos	pod-amos
(vosotros, vosotras)	soñ-eis	pod-áis
(ustedes)	sueñ-en	pued-an
(ellos, ellas)	sueñ-en	pued-an

u ▶ ue

jug-ar
juegu-e
juegu-es
juegu-e
juegu-e
jugu-emos
jugu-éis
juegu-en
juegu-en

Otros:

-ar: *acordarse, acostar(se), comprobar, contar, costar, encontrar, probar, recordar, sonar, volar*

-er: *devolver, llover, morder, mover, soler, volver*

> **ATENCIÓN:**
>
> cocer: **cuez**a, **cuez**as, **cuez**a, **cuez**a, cozamos, cozáis, **cuez**an, **cuez**an
>
> Otros: torcer
>
> oler: **huel**a, **huel**as, **huel**a, **huel**a, olamos, oláis, **huel**an, **huel**an

o ▶ ue/u

	dorm-ir
(yo)	duerm-a
(tú)	duerm-as
(usted)	duerm-a
(él, ella)	duerm-a
(nosotros, nosotras)	durm-amos
(vosotros, vosotras)	durm-áis
(ustedes)	duerm-an
(ellos, ellas)	duerm-an

Otros: *morir*

Buenas noches. ¡Que **durmáis** bien!

● El presente de subjuntivo se usa:

– con algunos verbos y construcciones que expresan deseos. ▶ UNIDAD 75: Expresar deseos

  *Estoy muy cansado. ¡Ojalá **duerma** bien!*   *Espero **que podáis** venir a mi fiesta.*

– con algunos verbos y expresiones que expresan probabilidad. ▶ UNIDAD 76: Expresar probabilidad (1)

  *Raúl está bastante mejor. Tal vez **pueda** jugar el domingo.*   *Alberto está muy enfermo. Puede que **se muera**.*

– con algunos verbos y expresiones que expresan diversos sentimientos.

▶ UNIDAD 78: Expresar emociones y sentimientos

  *No me gusta que Arturo **vuelva** tarde.*   *A Víctor le asombra que **durmamos** tanto.*

– con expresiones que sirven para valorar acciones o situaciones: *es bueno/malo que, es lógico que, me parece bien/mal que...*   ▶ UNIDAD 79: Expresar valoraciones

  *Es bueno que **llueva**. El campo lo necesita.*

71.1. **Complete con los verbos entre paréntesis en presente de subjuntivo.**

1. Espero que no (*tú*, *volver*) __vuelvas__ a perder las llaves.
2. Buenas noches, Sagrario. Que (*tú*, *dormir*) _____ bien.
3. No es normal que (*dormir*) _____ tanto los niños. Ya es hora de comer.
4. Puede que ese ordenador (*costar*) _____ más de lo que piensas.
5. ¿Has hablado con la Sra. Pinto? Es probable que (*ella*, *poder*) _____ ayudarte.
6. ¡Ojalá Juan (*encontrar*) _____ un empleo! Necesita dinero.
7. Ten cuidado con el perro. Puede que (*morder*) _____.
8. Me ha llamado el entrenador. Quizás (*yo*, *jugar*) _____ el domingo.
9. Me encanta que mi casa (*oler*) _____ a flores.
10. Me gusta que (*llover*) _____ en verano. Es refrescante.
11. ¡Qué (*tú*, *aprobar*) _____ el examen, Eva!
12. ¡Ojalá (*nosotros*, *poder*) _____ aparcar cerca del cine! Llueve mucho.

ACIERTOS ....../12

71.2. **Una las dos frases con *que*. Haga los cambios necesarios.**

1. Celia siempre se acuesta tarde. No me parece bien. __No me parece bien que Celia se acueste tarde.__
2. El perro duerme siempre en el sofá. No es normal. _____
3. Este año llueve poco. No es bueno. _____
4. Sócrates no puede venir mañana. Me parece mal. _____
5. Nunca te acuerdas de recoger la mesa, Sonia. No es normal. _____
6. El gato se muere de hambre. Hace días que no come. Es normal. _____
7. Mis primos no me recuerdan; me han visto poco. Es lógico. _____
8. Jorge no duerme en casa los sábados. A mi madre le parece mal. _____
9. Alex nunca me devuelve los libros. Me parece mal. _____
10. Probad la moto antes de comprarla. Es lógico. _____
11. El marisco cuesta más que el salmón. Es normal. _____
12. Amparo no cuenta nada de su viaje a Chile. Es raro. _____

ACIERTOS ....../12

71.3. **Una las dos frases con *que*. Haga los cambios necesarios.**

1. Carlos juega al ajedrez. Me gusta. __Me gusta que Carlos juegue al ajedrez.__
2. Este piano suena bien. Nos extraña. _____
3. Soñáis conmigo. Me sorprende. _____
4. Estas rosas no huelen bien. Me extraña. _____
5. Volvemos tarde. A Encarna no le gusta. _____
6. Llueve. Lo odio. _____
7. Estos pisos cuestan mucho. Nos sorprende. _____

ACIERTOS ....../7

71.4. **Complete las respuestas con los verbos adecuados en presente de subjuntivo.**

1. –¿Cuándo vuelven ustedes? –Es probable que __volvamos__ el lunes.
2. –¿Cuánto costarán esas rosas? –Puede que no _____ mucho.
3. –Huele bien este caldo. –Es lógico que _____ bien. Está recién hecho.
4. –¿Dónde se acostarán tus suegros? –Puede que _____ en la habitación de Sara. No estará aquí el fin de semana.
5. –¿Por qué encuentran todo extraño en este país? –Es lógico que _____ todo extraño. Es muy diferente a nuestro país.
6. –¿Por qué no les dejas dormir? Están cansados. –No me gusta que _____ tantas horas.
7. –¿Cuezo ya el arroz? –No. No es necesario que lo _____ todavía. Espera a Rocío.
8. –¿Qué cuenta Ignacio de Perú? –Es posible que no _____ mucho. Ha estado allí poco tiempo.

ACIERTOS ....../8

72 conozca, diga, vaya
Presente de subjuntivo: verbos irregulares (3)

● Formación del presente de subjuntivo: verbos irregulares (3)

	(yo)	(tú)	(usted)	(él, ella)	(nosotros/-as)	(vosotros/-as)	(ustedes)	(ellos, ellas)
– conocer:	conozca	conozcas	conozca	conozca	conozcamos	conozcáis	conozcan	conozcan

Otros: *conducir, obedecer, parecer, reconocer, traducir*

– traer:	traiga	traigas	traiga	traiga	traigamos	traigáis	traigan	traigan

Otros: *caer(se)*

– decir:	diga	digas	diga	diga	digamos	digáis	digan	digan
– hacer:	haga	hagas	haga	haga	hagamos	hagáis	hagan	hagan

– oír:	oiga	oigas	oiga	oiga	oigamos	oigáis	oigan	oigan
– poner:	ponga	pongas	ponga	ponga	pongamos	pongáis	pongan	pongan

– tener:	tenga	tengas	tenga	tenga	tengamos	tengáis	tengan	tengan
– venir:	venga	vengas	venga	venga	vengamos	vengáis	vengan	vengan

– salir:	salga	salgas	salga	salga	salgamos	salgáis	salgan	salgan
– huir:	huya	huyas	huya	huya	huyamos	huyáis	huyan	huyan

Otros como *huir*: *concluir, construir, contribuir, destruir, influir*

– ir:	vaya	vayas	vaya	vaya	vayamos	vayáis	vayan	vayan

– haber:	haya	hayas	haya	haya	hayamos	hayáis	hayan	hayan

– saber:	sepa	sepas	sepa	sepa	sepamos	sepáis	sepan	sepan

● El presente de subjuntivo se usa:

– con algunos verbos y construcciones que expresan deseos.

> *¡Ojalá (que) no haya más guerras!*

– con algunos verbos y expresiones que expresan probabilidad o duda.

> *–¿Estás esperando a Manuel? –Sí, pero puede que no venga hoy. Tenía mucho trabajo.*

– con algunos verbos y expresiones que expresan diversos sentimientos.

> *Siento que Alberto no vaya a tu concierto, pero no se encuentra bien.*
> *–Luis sabe que te vas a ir a Argentina. –Es igual. No me importa que lo sepa.*

– con algunas expresiones que sirven para valorar acciones o situaciones.

> *Es lógico que construyan más carreteras. Cada día hay más coches.*

● También se usa el subjuntivo para dar órdenes o instrucciones.

> *–Le llama el señor Quintana. –Ahora no puedo ponerme. Que te diga qué quiere.*

En algunos casos se trata de una repetición de una orden anterior.

> *–Vete. –No quiero. –Que te vayas. Déjame en paz.*

72.1 Complete con los verbos entre paréntesis en presente de subjuntivo.

1. Espero que Ana (*traer*) _traiga_ algo de postre. Yo no he comprado nada.
2. Me encanta que Arturo (*tener*) _____ tantos amigos.
3. –¿Dónde está Carla? –Pregúntale a Mario. Es probable que él lo (*saber*) _____.
4. Luis y Pili quieren que (*nosotros, ir*) _____ de excursión este domingo. ¿Qué te parece?
5. Habla un poco más alto. Puede que Ramón no te (*oír*) _____.
6. ¡Ojalá (*hacer*) _____ buen tiempo mañana! Queremos ir al campo.
7. No me gusta que (*tú, conducir*) _____ tan deprisa. Me pone nerviosa.
8. Bájate de ahí, Raúl. No quiero que (*tú, caerse*) _____.
9. –¿Vais a estar en casa esta noche? –No lo sé. Puede que (*salir*) _____.
10. Les voy a presentar a María. Quiero que la (*conocer*) _____.
11. Siento que no (*haber*) _____ más helado. Se ha acabado.
12. Yo invito. No quiero que (*ustedes, decir*) _____ que soy roñoso.

72.2 Una las dos frases con *que*. Haga los cambios necesarios.

1. Hay pobreza en el mundo. Me parece mal. _Me parece mal que haya pobreza en el mundo._
2. Mi gato huye cuando ve a un perro. Es lógico. _____
3. Antonia no dice nunca la verdad. Me parece mal. _____
4. Luciano y Adolfo no saben usar un ordenador. Me parece una vergüenza. _____
5. Pones siempre la mesa. Me parece bien. _____
6. Tenéis siempre hambre; trabajáis mucho. Es natural. _____
7. Susana no hace nunca la cama. No me parece bien. _____
8. Destruyen los bosques. Es una vergüenza. _____

72.3 Complete los diálogos con los verbos adecuados en presente de subjuntivo.

1. –Mira esos obreros. Se van a caer. –Es imposible que _se caigan_. Tienen cinturones de seguridad.
2. –Hay mucha gente en la exposición. –Es normal que _____ mucha gente. Es una pintora buenísima.
3. –Elsa sale con Tomás. –No me gusta que _____ con ese chico. Es muy antipático.
4. –¡Cuidado! Te van a oír. –Es igual. No me importa que me _____.
5. –¿Creéis que os puede reconocer? –Sí, tengo miedo de que nos _____.
6. –Gloria es educadísima. –Sí, me asombra que _____ tan educada.

72.4 Complete con los verbos entre paréntesis en presente de subjuntivo.

1. –Ángel ha tosido mucho esta noche. –Que (*ir*) _vaya_ al médico.
2. –Benito se ha encerrado en su habitación. –¡Que (*abrir*) _____ la puerta ahora mismo!
3. –Los niños se han llevado el portátil a su cuarto. –Que lo (*traer*) _____ ahora mismo. Lo necesito yo.
4. –Silvia, pon la mesa. –Ahora no puedo. –¡Que la (*poner*) _____ te he dicho!
5. –Diego está oyendo a *Estopa* en su cuarto y mañana tiene dos exámenes. –Que (*dejar*) _____ de oír música y que (*estudiar*) _____.
6. –Ven ahora mismo. –No quiero. –¡Que (*venir*) _____ inmediatamente te he dicho!
7. –Andrés está cansado de jugar con el niño –Que (*tener*) _____ paciencia. Enseguida se dormirá.
8. –Haz los deberes. –Quiero ver la tele. –¡Que (*hacer*) _____ los deberes!

¿Estás libre este domingo? Me gustaría que **comiéramos** juntos.

¡Qué bien pintas! ¡Ojalá **pintara** como tú!

Comiéramos y *pintara* son formas del pretérito imperfecto de subjuntivo.

● Formación del pretérito imperfecto de subjuntivo: verbos regulares

	trabaj-ar	com-er	viv-ir
(yo)	trabaj-ara/-ase	com-iera/-iese	viv-iera/-iese
(tú)	trabaj-aras/-ases	com-ieras/-ieses	viv-ieras/-ieses
(usted)	trabaj-ara/-ase	com-iera/-iese	viv-iera/-iese
(él, ella)	trabaj-ara/-ase	com-iera/-iese	viv-iera/-iese
(nosotros, nosotras)	trabaj-áramos/-ásemos	com-iéramos/-iésemos	viv-iéramos/ iésemos
(vosotros, vosotras)	trabaj-arais/-aseis	com-ierais/-ieseis	viv-ierais/-ieseis
(ustedes)	trabaj-aran/-asen	com-ieran/-iesen	viv-ieran/-iesen
(ellos, ellas)	trabaj-aran/-asen	com-ieran/-iesen	viv-ieran/-iesen

Las formas *trabajase, comiese* y *viviese* se usan con menor frecuencia que las formas *trabajara, comiera* y *viviera*.

● El pretérito imperfecto de subjuntivo se puede referir al pasado, al presente o al futuro.

Pasado: *Ayer te llamé a casa. Quería que me **ayudases** a preparar el examen.*

Presente: *¿Estás ocupada? Me gustaría que **vieras** algo.*

Futuro: *¿Hacéis algo **el domingo**? Me gustaría que **comiéramos** juntos.*

● Se usa el pretérito imperfecto de subjuntivo en exclamaciones con *¡ojalá!* para expresar un deseo sobre algo de imposible cumplimiento en el presente o de difícil cumplimiento en el futuro.

> *¡**Ojalá conociera** el futuro!* (=deseo sobre algo imposible)
> *¡**Ojalá viviera** cien años!* (=deseo sobre algo difícil de cumplirse)

También puede referirse al pasado, cuando no se sabe el resultado de una acción.

> ***Ojalá** Luisa **llegara** bien ayer. Las carreteras estaban llenas de nieve.* (No sé si llegó bien.)

● Se usa el pretérito imperfecto de subjuntivo con verbos o construcciones en pasado o condicional que expresan lo siguiente:

– deseos o voluntad de influir sobre otros.
> ▶ UNIDAD 75: Expresar deseos

> *Mis padres **querían** que **estudiara** Derecho.*
> *El jefe **prohibió** que **usáramos** los móviles en la oficina.*

– probabilidad o duda.
> ▶ UNIDAD 76: Expresar probabilidad

> *Era **imposible** que Pedro **encontrase** empleo. No lo buscaba.*

– diversos sentimientos: agrado, alegría, miedo, etc.
> ▶ UNIDAD 78: Expresar emociones y sentimientos

> *No me **gustó** que no me **invitaran**.*

– valoración de acciones o situaciones.
> ▶ UNIDAD 79: Expresar valoraciones

> *Era **lógico** que Goyo **protestase** por la película. Era muy mala.*
> *Sería **mejor** que **llamaras** a Chus. Siempre me pregunta por ti.*

73.1. **Complete con los verbos entre paréntesis en imperfecto de subjuntivo.**

1. ¡Qué pena que vivan tan lejos los abuelos! ¡Ojalá (*vivir*) __vivieran/viviesen__ cerca de aquí!
2. ¡Ojalá (*cambiar*) _____ el tiempo mañana! Iríamos a la playa.
3. ¡Ojalá (*ellos, llegar*) _____ a tiempo al examen! Era muy importante.
4. ¡Ojalá (*jugar*) _____ Daniel en nuestro equipo! Es buenísimo.
5. ¡Ojalá me (*comprar*) _____ la moto mis padres este verano! Podría hacer muchos viajes.
6. ¡Ojalá (*aprobar*) _____ Antonio! Había estudiado tanto.
7. ¡Ojalá nos (*tocar*) _____ la lotería! Daríamos la vuelta al mundo.
8. ¡Qué pena que Alicia no me quiera! ¡Ojalá (*enamorarse*) _____ de mí!
9. ¡Qué bonitas flores! Ojalá me (*regalar*) _____ algunas tus hermanas.
10. ¡Ojalá todo (*salir*) _____ bien ayer! Había tantos problemas.
11. ¡Ojalá (*nosotros, tocar*) _____ la guitarra como Félix!
12. ¡Ojalá (*ellos, firmar*) _____ el contrato ayer! Era muy importante para la empresa.

ACIERTOS /12

73.2. **Complete con los verbos del recuadro en imperfecto de subjuntivo.**

acordarse	ayudar	cantar	comer	comprar	enterarse	estudiar
~~jugar~~	lavar	llamar	llegar	perder	recibir	vivir

1. Cuando era pequeño mis padres querían que __jugara/jugase__ al tenis.
2. ¿Vas a lavar ahora el coche? Preferiría que lo _____ en otro momento.
3. ¿Ya estáis aquí? Esperaba que _____ más tarde.
4. Gracias por el regalo, Andrés. No era necesario que _____ nada.
5. Era imposible que no _____ nadie. Lo dijo en voz alta.
6. Rodrigo quería que le _____, pero no teníamos tiempo.
7. Me encantaría que ustedes _____ en esta casa.
8. Antonia nos despertó a las siete. Tenía miedo de que _____ el avión.
9. Todo el mundo esperaba que _____ en la fiesta, pero tenía mal la voz.
10. –¿Por qué no vinieron los Suárez a la cena? –Puede que no _____ la invitación.
11. Me encantó que me _____, tenía muchas ganas de veros.
12. El año pasado el director nos prohibió que _____ en clase.
13. Cuando acabé el instituto mis padres querían que _____ Ingeniería.
14. Juan se acordó de nosotros. Nos gustó que _____.

ACIERTOS /14

73.3. **Una las dos oraciones con *que*. Haga los cambios necesarios.**

1. Mauro no aprobó el carné de conducir. Lo sentimos. __Sentimos que Mauro no aprobara/aprobase el carné de conducir.__
2. Balbina encontró trabajo. Me alegró. _____
3. No me llamasteis el domingo. Me extrañó. _____
4. Juan y Alicia se acordaron de nosotros. Nos gustó. _____
5. Mi hermana se llevó el coche. No me importó. _____
6. No aprobaste. Lo sentí. _____
7. No hablaste con Blas. Me pareció mal. _____
8. No invitasteis a Sonia. No me gustó. _____
9. Mis hermanos no salieron anoche. Me extrañó. _____
10. Armando quiere trabajar con nosotros. Nos gustaría. _____
11. Mis padres nos regalaron una alfombra. Nos encantó. _____
12. La empresa pagó la comida. Nos extrañó. _____

ACIERTOS /12

74 *fuera, tuviera...*
Pretérito imperfecto de subjuntivo: verbos irregulares

¡Ojalá **tuviera** treinta años menos!

Cuando era pequeña, mis padres querían que **fuera** pianista.

● Formación del pretérito imperfecto de subjuntivo: verbos irregulares

pedir[1]	▶	pid-			
dormir[2]	▶	durm-			
dar	▶	d-	-iera/-iese	(yo)	
estar	▶	estuv-	-ieras/-ieses	(tú)	
haber	▶	hub-	-iera/-iese	(usted)	
hacer	▶	hic-	-iera/-iese	(él, ella)	
poder	▶	pud-	-iéramos/-iésemos	(nosotros/-as)	
poner	▶	pus-	-ierais/-ieseis	(vosotros/-as)	
querer	▶	quis-	-ieran/-iesen	(ustedes)	
saber	▶	sup-	-ieran/-iesen	(ellos, ellas)	
tener	▶	tuv-			
venir	▶	vin-			

caer	cay-		
leer	ley-	-era/-ese	(yo)
oír	oy-	-eras/-eses	(tú)
huir[1]	huy-	-era/-ese	(usted)
traducir[2]	traduj-	-era/-ese	(él, ella)
decir	dij-	-éramos/-ésemos	(nosotros/-as)
traer	traj-	-erais/-eseis	(vosotros/-as)
ir/ser	fu-	-eran/-esen	(ustedes)
reír[3]	ri-	-eran/-esen	(ellos, ellas)

[1]Otros: *construir, destruir* [2]Otros: *conducir* [3]Otros: *freír, sonreír*

[1]Otros: *elegir, sentir*   [2]Otros: *morir*

● Usos del pretérito imperfecto de subjuntivo ▶ UNIDAD 73: Pretérito imperfecto de subjuntivo: verbos regulares

– Exclamaciones de deseos con ¡*ojalá*! cuando se consideran de imposible cumplimiento en el presente o de difícil cumplimiento en el futuro...

   ¡*Ojalá fuera* Spielberg! (deseo de imposible cumplimiento)
   ¡*Ojalá pudiera* nadar como tú! (deseo de difícil o imposible cumplimiento)

...o cuando no se sabe el resultado de una acción en el pasado.

   ¡*Ojalá no dijera* Alberto nada **ayer**! Estaba muy enfadado. (No sé si dijo algo.)

– Con verbos o expresiones en pasado o condicional que indican:

   • deseos o voluntad de influir sobre otros.   ▶ UNIDAD 75: Expresar deseos

   Ayer te llamé a casa. **Quería** que me **hicieras** un favor.
   A mí **me encantaría** que nuestros hijos **fueran** investigadores.

   • probabilidad o duda.   ▶ UNIDAD 76: Expresar probabilidad

   Puede que Juan **supiera** que había examen, pero no dijo nada.

   • diversos sentimientos: agrado, alegría, miedo, etc.   ▶ UNIDAD 78: Expresar emociones y sentimientos

   Me extrañó que **no vinieses** a mi fiesta.
   ¿Hacéis algo el domingo? **Me gustaría** que **vinierais** a casa.
   Me extrañaría que Alfonso **estuviera** en casa. Está siempre fuera.

   • valoración de acciones o situaciones.   ▶ UNIDAD 79: Expresar valoraciones

   Era lógico que **estuviera** triste. Se había ido Hugo.

● También se usa el pretérito imperfecto de subjuntivo para expresar cortesía.

   Quisiera ver esos zapatos del escaparate, por favor.
   Si **tuviera** la amabilidad de dejarme pasar, se lo agradecería.

74.1 Complete con el pretérito imperfecto de subjuntivo de los verbos entre paréntesis.

1. ¡Ojalá (*estar*) ___estuviera/estuviese___ Berta aquí! Nos lo pasaríamos bien.
2. Ojalá (*nosotros, poder*) _____ ir con Victoria a la fiesta. ¡Qué pena que no pueda venir!
3. ¡Ojalá (*tener*) _____ suerte en la entrevista Elisa ayer! Necesita ese empleo.
4. Ojalá me (*tú, decir*) _____ lo que piensas de esa boda, Carmen. Me gustaría saberlo.
5. ¡Ojalá (*haber*) _____ gente en la conferencia ayer! Jesús la había preparado muy bien.
6. Ya sé que no le gusta, pero ojalá (*traer*) _____ coche Enrique. No me apetece volver a casa en metro.
7. Ojalá no te (*reír*) _____ del vecino. Un día te va a oír.
8. Ojalá (*querer*) _____ tus padres llevarnos al aeropuerto. Tenemos mucho equipaje.

ACIERTOS / 8

74.2 Complete con los verbos del recuadro en imperfecto de subjuntivo.

1. No era lógico que Nadal ___perdiera/perdiese___ el partido. Juega mejor que Moyá.
2. No era difícil que ella _____ el texto. Llevaba un diccionario.
3. Era normal que _____ el perro. Estaba ya muy viejo.
4. Sería difícil que el niño_____ la televisión. Está encantado con la película.
5. Sería raro que _____ Luis la paella. No sabe cocinar.
6. Es lógico que Rosa no _____ cortar la carne. El cuchillo apenas cortaba.
7. Era lógico que ellas no _____ verme. Me debían dinero.
8. Gracias por la tarta, Andrea. No era necesario que _____ nada.
9. Era normal que Santi _____ fiebre. Había cogido frío durante la noche.
10. Es sorprendente que _____ tanta gente en la taquilla a esas horas.
11. ¿Era necesario que los niños _____ esos chistes?

| apagar / haber / hacer / morirse / oír / ~~perder~~ / poder / querer / tener / traducir / traer |

ACIERTOS / 11

74.3 Una las dos oraciones con *que*. Haga los cambios necesarios.

1. No vinisteis a la fiesta. Me extrañó. ___Me extrañó que no vinierais/vinieseis a la fiesta.___
2. Los niños hicieron sus camas. Nos sorprendió. _____
3. Nadie podía abrir el champán. Me pareció raro. _____
4. Rafa no se despidió de mí. Me molestó. _____
5. Isabel se sintió mal en la playa. Había mucho sol. No me extrañó. _____
6. Diego no trajo a su novia a mi fiesta. Me pareció mal. _____
7. Mi cuñada no fue amable con mis padres. No me pareció bien. _____
8. Gabriel estuvo en la bolera toda la tarde. Me pareció normal. _____
9. Los ladrones huyeron de la joyería sin llevarse nada. Fue raro. _____
10. Arturo nunca dijo nada de su trabajo en la discoteca. No era lógico. _____
11. Lupe nunca fue a verme al hospital. Me pareció mal. _____

ACIERTOS / 11

74.4 Complete las frases con los verbos del recuadro.

| estar ~~hacer~~ querer ser |

① Os agradecería que __hicierais__ menos ruido.
② _____ probarme ese sombrero.
③ Si _____ tan amable de dejarme pasar…
④ Si _____ callados un rato, os lo agradecería.

ACIERTOS / 4

75 *Quiero que me ayudes*
Expresar deseos

¡Felicidades! ¡Que **cumplas** muchos!

Para expresar deseos, se pueden usar las siguientes construcciones:

● *¡Que* + presente de subjuntivo! para expresar un deseo ante una acción
o situación presente o futura.

> *¡Que tengáis buen viaje!* (Os deseo que tengáis buen viaje.)
> *¡Que Ángel apruebe!* (Deseo que Ángel apruebe.)

● *Ojalá (que)* + subjuntivo para expresar un deseo fuerte (para uno mismo o para otros).

– *ojalá (que)* + presente de subjuntivo: deseo presente o futuro que se considera realizable

> *¡Ojalá (que) haga buen tiempo mañana! Estoy harto de lluvia.* (Espero que haga buen tiempo y lo considero posible.)
> *Bueno, ya has acabado la carrera. ¡Ojalá encuentres trabajo pronto!* (Deseo que encuentres trabajo pronto y lo considero posible.)

– *ojalá* + pretérito imperfecto de subjuntivo: deseo imposible en el presente o de muy difícil cumplimiento en el futuro

> *¡Ojalá fuera más joven!* (No puedo ser más joven.)
> *¡Ojalá me tocara la lotería!* (=muy difícil)

También se puede usar el pretérito imperfecto de subjuntivo para referirse al pasado cuando no se sabe el resultado de una acción.

> *Ojalá Mario tuviera suerte ayer en el examen.* (No sé si tuvo suerte.)

● Algunos verbos o expresiones que indican deseo:

querer *desear* *tener ganas de* *hacer ilusión* *mi sueño es*	+ *que* + subjuntivo + infinitivo	*Quiero que me ayudes, Jorge.* *Hoy no deseo ver a nadie. Estoy triste.* *Tengo ganas de que trabajen mis hijos.* *Me hace ilusión que María se case.* *Mi sueño es que seáis todos felices.*

– Se usa esta construcción con los verbos y expresiones siguientes: *querer, desear, preferir, esperar, rogar, soñar con, tener ganas de, (me, te...) apetece, (me, te...) hace ilusión, (mi, tu...) sueño es que, (me, te...) gustaría, (me, te...) importaría.*

– Se usa el **infinitivo** cuando los dos verbos (el que expresa deseo y el que expresa la acción) se refieren a la misma persona. Nos podemos referir al pasado, al presente o al futuro.

> *De pequeña, Elisa soñaba (ella) con ser (ella) escritora.*
> *¿Quieren (ustedes) comer (ustedes) ahora?*
> *¿Te gustaría (a ti) ganarte (tú) algo de dinero?*
> *Mi sueño es vivir (yo) en el campo.*

– Se usa el **subjuntivo** cuando los dos verbos se refieren a personas diferentes.
Se usa el presente de subjuntivo cuando nos referimos al presente o al futuro.

> *Matías, prefiero (yo) que me lo digas (tú) ahora.*
> *Espero que haga buen tiempo el domingo.*
> *¿Te hace ilusión (a ti) que vayamos (nosotros) a verte?*

Espero **ganar**.

Yo también
espero que **ganes**.

– Se usa el pretérito imperfecto de subjuntivo cuando nos referimos al pasado
o después de una forma condicional.

> *Mis padres querían (ellos) que fuera (yo) piloto.*
> *Me gustaría (a mí) que me hicieras (tú) un favor, Mario.*
> *Gracias por el regalo. No esperaba (yo) que fuerais (vosotros) tan generosos.*

75 EJERCICIOS

75.1. **¿Qué diría en estas situaciones? Complete las frases con los verbos del recuadro.**

> divertirse   encontrar   llegar   ~~pasar~~ (2)   ser   tener (2)

1. A un amigo que se va de vacaciones: ¡Que lo _pases_ bien!
2. A un amigo que está esperando a alguien que no llega: ¡Que _____ pronto!
3. A un desconocido que ha perdido la maleta: ¡Que la _____ pronto!
4. A unos amigos que se van de viaje: ¡Que _____ buen viaje!
5. A un amigo que va a hacer un examen importante: ¡Que _____ suerte!
6. A unos recién casados: ¡Que _____ felices!
7. Un familiar tuyo tiene que hacer un viaje peligroso: ¡Que no le _____ nada!
8. A un amigo que se va a una fiesta: ¡Que _____!

ACIERTOS /8

75.2. **¿Qué diría? Escriba frases con ¡Ojalá!**

1. Estás jugando un partido de fútbol, quieres ganar y lo consideras posible. Dices: _¡Ojalá ganemos!_
2. Te gustaría que María te quisiera, pero es difícil. Dices: ¡_____!
3. Anoche llegaste tarde y no te gusta que tu madre te oiga. Dices: ¡_____!
4. Te gustaría que tus amigos y tú aprobarais y es posible. Les dices: ¡_____!
5. Te gustaría tener más pelo. Dices: ¡_____!
6. Te gustaría que no lloviera mañana y parece que es posible. Dices: ¡_____!
7. Te gustaría ser más alta. Dices: ¡_____!
8. Te gustaría que te subieran el sueldo, pero es difícil. Dices: ¡_____!
9. Te gustaría que Julián supiera tocar el piano, pero no sabe. Le dices: ¡_____!
10. Elvira iba a comprar aspirinas ayer. Hoy las necesitas. Dices: ¡_____!

ACIERTOS /10

75.3. **Complete con los verbos entre paréntesis en infinitivo o presente de subjuntivo.**

1. Espero (*yo, encontrar*) _encontrar_ trabajo pronto.
2. Espero que me (*tú, llamar*) _llames_ cuando vengas a Lima.
3. ¿Quieres (*tú, comer*) _____ algo?
4. –Tengo hambre. –¿Quieres que te (*yo, preparar*) _____ algo de comer?
5. Me gustaría (*yo, conocer*) _____ a tus padres.
6. Aléjate un poco. Prefiero que no nos (*ellos, ver*) _____ juntos.
7. Les ruego que no me (*ustedes, esperar*) _____. Prefiero (*yo, quedarse*) _____ en casa.
8. De pequeño, soñaba con (*yo, poder*) _____ viajar por el espacio.
9. Voy a sentarme un poco. Tengo ganas de (*yo, descansar*) _____.
10. Por favor, no deseo que me (*molestar*) _____ nadie.
11. ¿Tienes ganas de que (*acabar*) _____ las clases, Luis?
12. –¿Te espero? –No, prefiero que (*tú, irse*) _____. Voy a acabar tarde.

ACIERTOS /13

75.4. **Escriba frases como en el ejemplo utilizando el presente o el pretérito imperfecto de subjuntivo.**

1. Alberto quería (*yo, trabajar con él*) _que trabajara con él_ .
2. Espero (*no llover mañana*) _____ .
3. ¿Os importaría (*yo, invitar a Laura a la fiesta*) _____ ?
4. Felipe nos rogó (*nosotros, no dejarlo solo*) _____ .
5. Sebastián prefiere (*ustedes, esperar en su casa*) _____ .
6. Me gustaría (*el mundo, ser más justo*) _____ .
7. Tengo ganas de (*vosotros, venir*) _____ .
8. Sofía tenía ganas de (*nosotros, irse*) _____ .
9. Rodolfo quería (*yo, casarme con él*) _____ .
10. A Carmen no le agrada (*Joaquín, vivir en Quito*) _____ .

ACIERTOS /10

76 Quizá lo haga
Expresar probabilidad (1)

Para expresar probabilidad, se pueden usar las siguientes construcciones:

● *Creo que, estoy seguro/a de que, me imagino que, supongo que*:

creo que *estoy seguro/a de que* *me imagino que* *supongo queo.*	+ indicativo	**Creo que** Alfonso **viene** en tren. No le gusta el avión. **Estoy segura de que** nos llamarán pronto. **Me imagino** que **sabéis** lo de Ana. Se ha roto dos costillas esquiando. **Supongo que** las cosas te **van** bien. Tienes un piso estupend

– Se usa el presente de indicativo para expresar probabilidad:

    *Creo que Alicia **está** en casa ahora.*
    *Me imagino que **no fumáis**.*

– Se usa el futuro simple para expresar probabilidad en el futuro.

    ***Creo que llegaremos** tarde.*
    ***Estoy seguro de que aprobaréis**. Habéis trabajado mucho.*

– Se usa el condicional simple para expresar probabilidad en el pasado.

    *Me imagino que **se acostarían** temprano. Estaban agotados.*
    *Supongo que **llegarían** tarde. Había mucho tráfico anoche.*

Supongo que acabarán el
edificio muy pronto. Parece casi
terminado.

● Algunas expresiones que indican diferentes grados de probabilidad:

es posible/imposible que *es probable/improbable que* *posiblemente* *probablemente* *puede que* *quizá, quizás* *tal vez*	+ subjuntivo	*Es imposible que **ganemos**. Jugamos muy mal.* *Era poco probable que **encontrara** trabajo.* *Posiblemente **llueva**. Hay muchas nubes.* *Probablemente **cambie** hoy el tiempo.* *Puede que **no salga** esta noche. Estoy cansado.* *Llama a Ángel. Quizá **esté** en casa.* *Tal vez **haya** elecciones pronto.*

– Se usa el presente de subjuntivo cuando se habla del presente o del futuro.

    *–¿Sabe dónde está el Sr. Pavón? No está en su oficina. –No sé. **Quizá esté** en la cafetería.*
    ***Es posible que tengan** ustedes razón, pero prefiero asegurarme.*
    *–¿Dónde van a ir este verano? –No sabemos aún, pero **puede que vayamos** a Puerto Rico.*
    *–¿Vienes a dar una vuelta? –No, ahora estoy cansado pero **tal vez salga más tarde**.*
    *No me ha llamado Martina. **Posiblemente me llame** esta noche.*

Roberto no quiere salir.

Puede que esté cansado.
Trabaja mucho.

– Se usa el imperfecto de subjuntivo cuando se habla del pasado o detrás de un verbo en condicional.

    ***Era poco probable que aprobara**. Había estudiado muy poco.*
    *–¿Sabes si Pedro ha hablado con Ricardo? –**Puede que lo hiciera** anoche. Regresó tarde.*
    ***Sería** poco probable que ese chico **fuera** médico. Le daba miedo la sangre.*

PERO: Con *quizá, quizás,* y *tal vez* también se puede usar el pretérito indefinido y otros tiempos de pasado del indicativo.

    *–Están cansados. –Quizá se **acostaron/acostaran** tarde anoche.*

– Se usa *es posible/imposible* + infinitivo cuando se habla en sentido general.

    ***Es imposible dormir** en esta casa. Hay demasiado ruido.*
    ***Era imposible engañar** a Tomás. Era muy listo.*

76.1. Complete con los verbos entre paréntesis en el tiempo adecuado.

1. Estoy seguro de que José (tener) _tiene_ las llaves del trastero. Me las pide a veces, pero no me las devuelve.
2. Me imagino que ahora Félix (comer) _____ siempre con sus padres.
3. Supongo que nos (traer) _____ pronto los nuevos sillones.
4. Me imagino que Lola (llamar) _____ tarde. Yo me acosté a las doce y aún no había llamado.
5. Elena no está. Creo que a estas horas (soler) _____ ir al gimnasio.
6. Supongo que Mariano (hablar) _____ bien inglés. Lleva años en Liverpool.
7. Creo que Pepe te (poder) _____ ayudar mañana. Es su día libre.
8. Supongo que ayer no (ir) _____ a clase. Te vi en el estadio.
9. Me imagino que Celia (llegar) _____ siempre tarde por el tráfico.
10. Nadie se imagina que Noelia y Salva (salir) _____ juntos.
11. Víctor piensa que yo (deber) _____ de tener mucho dinero en el banco.
12. ¿Estás segura de que Lucas (saber) _____ nuestro teléfono? Hace tiempo que no llama.

ACIERTOS /12

76.2. Complete las respuestas con el presente de subjuntivo en forma afirmativa o negativa o con el infinitivo de los verbos correspondientes.

1. –¿Cree que va a llover esta tarde? –No sé. Puede que _llueva_.
2. –¿Vais a ir a la fiesta de Elisa? –Tenemos mucho que estudiar. Quizás _____.
3. –¿Está Carmen Perón en su despacho? –No sé. Es posible que _____. Mira tú.
4. –¿Sabes si Alicia va a venir hoy a clase? –No sé. Puede que _____. Últimamente no viene mucho.
5. –¿Por qué no duermes bien? –Es imposible _____ aquí. Hay mucho ruido.
6. –¿Sabes si hay un tren a Aguascalientes? –Posiblemente _____ uno por la mañana.
7. –¿Sabe si Ana quiere trabajar este verano? –No sé, pero es probable que _____. Necesita dinero.
8. –¿No puede encontrar otro piso mejor? –Es imposible _____ nada mejor por este precio.

ACIERTOS /8

76.3. Complete los diálogos. Use el pretérito imperfecto de subjuntivo o el pretérito indefinido de indicativo en forma afirmativa o negativa de los verbos correspondientes.

1. –Miguel dijo la verdad. –No te creo. Es imposible que _dijera la verdad_.
2. –Fue José. Seguro. –Yo no estoy tan segura. Puede que _____.
3. –Lo hizo Sara. –¿Estás seguro? Quizás _____.
4. –Agustín rompió la puerta. –No te creo. No es posible que la _____. No tiene tanta fuerza.
5. –Aurora no vino ayer porque estaba enferma. –Sí. Es probable que lo _____. Es una chica muy débil.
6. –Mario dice que ha perdido el dinero del pan. –Tal vez lo _____. Es muy despistado.
7. –¿Crees que Juanjo nos engañó? –Es posible que nos _____, ya lo ha hecho otras veces.
8. –¿Cuándo llegó Paula? –No lo sé. Puede que _____ antes que nosotros.
9. –¿No dijeron en la tele que bajarían los impuestos? –Tal vez lo _____, pero yo no me lo creo.
10. –¿Fue por fin Pepe de vacaciones a Perú? –Quizá _____. No lo sé. Hace tiempo que no lo veo.

ACIERTOS /10

76.4. Complete con los verbos entre paréntesis en la forma correspondiente.

1. –¡Teléfono, Lola! –Lo cojo yo. Puede que (ser) _sea_ Víctor.
2. –¿Cuándo vais a inaugurar el nuevo piso? –Quizás lo (hacer) _____ el mes que viene.
3. Es imposible (encontrar) _____ habitación en ningún hotel. Están todos llenos.
4. Creo que Alfonso (vivir) _____ con sus padres.
5. –Me apetece comer algo. –Es imposible que (tener) _____ hambre. Hemos comido hace una hora.
6. –Dicen que fue Carlos. –Es poco probable que (ser) _____ él. Estaba muy lejos de allí en ese momento.
7. Estoy seguro de que pronto (cambiar) _____ tu suerte.
8. Anoche no dormí bien. Puede que me (sentar) _____ algo mal.
9. –¿Dónde vive Adela? –No sé. Tal vez (vivir) _____ en Buenos Aires, pero no tengo ni idea.
10. No he hecho muy mal el examen. Quizás (aprobar) _____.

ACIERTOS /10

A lo mejor me toca
Expresar probabilidad (2)

¡Mira! ¡Julia!

Seguramente vive en este barrio.

¿Qué vais a hacer este verano?

Probablemente vayamos a México.

● Para expresar probabilidad, se pueden usar también las siguientes construcciones:

seguramente *probablemente* *posiblemente*	+ indicativo + subjuntivo	**Seguramente vive** en este barrio. **Probablemente** nos **llame** Alberto esta tarde. **Posiblemente** Carlos y Ana **cenen** juntos esta noche.

– Se puede usar el presente de indicativo o el presente de subjuntivo para hablar del presente.

> –¿Sabes dónde está Martín? –**Seguramente está/esté** en casa. No sale mucho.

– Con *probablemente* y *posiblemente* es más normal usar el subjuntivo.

> –-¿Qué estudia María? – No sé. Probablemente **estudie** Medicina. Su padre es médico.

– Se puede usar el futuro simple o el presente de subjuntivo para hablar del futuro.

> –¿Cuándo vas a enviarle un correo electrónico a Clara? –Seguramente lo **haré/haga** esta noche

Con *probablemente* y *posiblemente* es más normal usar el subjuntivo.

> No me ha llamado Martina. **Posiblemente me llame** esta noche.
> –¿Va a venir Ernesto al concierto? –**Posiblemente venga**. Le encanta Mozart.

– Para hablar del pasado se usan los diferentes tiempos de pasado del indicativo o el pretérito imperfecto de subjuntivo.

> Santi no contesta el teléfono. **Seguramente ha salido.**
> –Martina tiene un poncho precioso. –**Probablemente lo compró/comprara** cuando estuvo en Perú.

● *A lo mejor, igual, lo mismo:*

a lo mejor *igual* *lo mismo*	+ indicativo	Compra un décimo. **A lo mejor** nos **toca** la lotería. Ahora llueve, pero **igual sale** el sol esta tarde. Es raro, pero **lo mismo nos invita** Laura a cenar.

– Se usa el presente de indicativo para hablar del presente o del futuro.

> –¿Qué haces este domingo. –No sé. **Igual voy** a esquiar.

– Para hablar del pasado se usan los diferentes tiempos de pasado del indicativo.

> –No me siento bien. –A lo mejor te **ha sentado** mal la comida.
> –Claudia no vino a mi fiesta. –**Lo mismo** no le **dijiste** nada.

Roberto tiene mala cara.

A lo mejor está enfermo.

77 EJERCICIOS

77.1. Complete las respuestas con el verbo correspondiente en el tiempo adecuado. Hay dos respuestas correctas.

1. –¿Vas a ver pronto a Tomás? –Sí. Seguramente lo _veré/vea_ el sábado.
2. –¿Crees que vas a aprobar? –Sí. Seguramente _____.
3. –¿Van a ir a Bariloche este invierno? –Sí. Probablemente _____ unos días.
4. –¿Crees que Clara hizo la fabada? –No. Posiblemente la _____ Juanjo. Clara apenas sabe cocinar.
5. –¿Crees que encontraré la cartera? –Sí. Posiblemente la _____ en algún rincón.
6. –¿Por qué no llamaría Marcelo anoche? –Posiblemente _____, pero no había nadie en casa.
7. –¿Sabes si Antonio tiene el teléfono de Amelia? –Sí. Seguramente lo _____.
8. –¿Cómo vino Lucía del aeropuerto? –Probablemente _____ en taxi. A esas horas ya no hay metro.
9. –¿Quién sacó la basura anoche? –Seguramente la _____ Quique. Elena no baja a esas horas.
10. –¿Dónde trabaja Elena? –Probablemente _____ con su padre. Los dos son abogados.
11. –¿Va a dimitir el Presidente? –Sí, probablemente _____ hoy.

ACIERTOS .... /11

77.2. Complete con los verbos y expresiones del recuadro en el tiempo correcto.

| acostarse tarde | cenar | creer | esperar hoy | estar enamorado |
| hacer un viaje | llegar tarde | ~~querer hablar~~ | sonar | volver |

1. –Anita no se pone al teléfono. –Igual no _quiere hablar_ contigo.
2. –¿Por qué no nos abren la puerta? –Lo mismo no nos _____.
3. –Son las 11 y Fidel está en la cama todavía. –A lo mejor _____.
4. –Vino poca gente al partido. –Igual _____ que lo televisaban.
5. –Javier está últimamente muy contento. –Lo mismo _____.
6. –Tenéis muchos libros sobre Colombia. –Sí, a lo mejor _____ a Colombia este verano.
7. –Santi y Rafa tenían mucha hambre esta mañana. –A lo mejor no _____ anoche.
8. –El profesor no les dejó entrar. –A lo mejor _____.
9. –Sara no volvió con nosotras. –Lo mismo _____ con Manuel.
10. –Emilio ha llegado tarde a la entrevista. –Igual no le _____ el despertador.

ACIERTOS .... /10

77.3. Rodee la opción correcta.

1. –A lo mejor Jorge y Manuel se (**van**/ vayan) de la empresa.
2. –Posiblemente Jorge y Manuel (abran/abrieran) un bar en la costa.
3. –Luz no ha llegado todavía. Puede que no (conozca/conoce) esta calle.
4. –Posiblemente ayer Aurora (tenga/tuviera) a sus tíos en casa.
5. –Igual tus amigos (fueran/fueron) a la discoteca anoche.
6. –Lo mismo Eduardo nos (espera/espere) en su despacho ahora mismo.
7. –Lo mismo el Celta (ganará/ha ganado) el partido esta tarde.
8. –No llames a Arturo. A estas horas probablemente (esté/estuviera) dormido.
9. –Posiblemente (sea/será) verdad que ha empezado un cambio climático.
10. –A lo mejor Luisa (llame/llama) esta mañana. Ya ha vuelto de Cuba.

ACIERTOS .... /10

77.4. Escriba los verbos entre paréntesis en el tiempo correspondiente.

1. –Felipe me llama todos los días. –Seguramente le (gustar) _gustas/gustes_.
2. –¿Cuándo va a venir Ángel? –A lo mejor (venir) _____ mañana, pero no lo sé seguro.
3. –Bárbara no me llama. –A lo mejor no (saber) _____ tu teléfono.
4. –Luis no nos saludó anoche. –Probablemente no os (ver) _____.
5. –Me ha salido mal el examen. –No te preocupes. A lo mejor (aprobar) _____.
6. –¿Cómo llegamos a ese museo? –Posiblemente (haber) _____ algún autobús que pase por allí.
7. –Tengo un poco de hambre. –Seguramente (quedar) _____ algo de queso en la nevera.
8. –Ana y Enrique riñen mucho. –Igual (separarse) _____. Llevan mucho tiempo riñendo.
9. –Alma tiene una entrevista esta mañana. –A lo mejor (conseguir) _____ el empleo.
10. –Creo que Joaquín y Mar se casan. –Igual nos (invitar) _____ a la boda.

ACIERTOS .... /10

163

78 Me gusta que seáis educados
Expresar emociones y sentimientos

¿Te gusta hacer fotos?

Sí, pero no me gusta que me hagan fotos a mí.

Me extraña que no estén en casa.

● Para expresar diversos sentimientos y emociones como agrado, desagrado, alegría, sorpresa, etc., se pueden usar las siguientes construcciones:

gustar alegrarse de estar harto/a de tener miedo de extrañar	+ infinitivo + que + subjuntivo	*Me gusta que me quieran.* *No me gusta llegar tarde.* *Nos alegramos de que estéis bien.* *Rosa se alegró mucho de verme.* *Estoy harto de que no colabores.* *Juan está harto de estudiar.* *¿Tienes miedo de que te suspendan?* *No tenemos miedo de tener un accidente.*

– Se usan esas construcciones, entre otras, con los siguientes verbos y expresiones:

agrado: *gustar, encantar, agradar*

desagrado: *disgustar, molestar, fastidiar, odiar*

alegría: *alegrarse de*

asombro: *asombrarse de*

miedo: *tener miedo de, temer*

sorpresa: *extrañarse, sorprenderse, llamar la atención*

preocupación: *preocuparse*

irritación: *molestar, poner nervioso/a, estar harto/a de*

Me encanta viajar en tren.

Odio que me despierten temprano.

Me alegro de que estés bien.

¿Te asombras de verme?

Ana tiene miedo de que la despidan.

Me llama la atención que lleguéis siempre tarde.

Me preocupa verte tan triste.

Estamos hartas de que nos gaste bromas.

● Se usa:

– infinitivo cuando los dos verbos se refieren a la misma persona.

> *Me gusta* (a mí) *ser* (yo) *puntual.*   *Felipe odia* (él) *viajar* (él) *en tren.*
> *Me desagrada* (a mí) *llegar* (yo) *tarde.*

– que + subjuntivo cuando los dos verbos se refieren a diferentes personas.

> *Me pone nerviosa* (a mí) *que te comas* (tú) *las uñas.*
> *Nos llamó la atención* (a nosotros) *que estuvieran* (ellos) *tan alegres.*

● el **presente de subjuntivo** cuando nos referimos al **presente** o al **futuro**.

> *Me alegro de que tengas un buen trabajo. Te lo mereces.*
> *Luisa tiene miedo de que la despidan el año que viene.*

● el **pretérito imperfecto de subjuntivo** cuando nos referimos al **pasado**...

> *Me extrañó que me llamaran tan tarde.*
> *A mis padres les encantaba que fuéramos educados con las visitas.*

Me encantaría que Rosa estudiara medicina.

...o después de una **forma condicional** para referirnos a algo **hipotético** o **futuro**.

> *Me gustaría que Julio fuera más amable, pero es como es.*
> *No me extrañaría nada que Ana acabara casándose con Pedro. Están siempre juntos.*
> *Creo que a Alfonso le molestaría que no lo invitáramos.*

78.1. **Una las frases. Haga los cambios necesarios.**

1. Tomás baila tangos. Le encanta. _____ A Tomás le encanta bailar tangos.
2. Trabajo diez horas todos los días. Estoy harto. _____
3. Te tocas el pelo. A tus amigos les pone nerviosos. _____
4. Julián llega siempre tarde. Paula está harta. _____
5. Rosa e Iván se van a casar. Nos alegramos. _____
6. Rodri está siempre gastando bromas. Me molesta. _____
7. Tus amigos te ayudan cuando lo necesitas. Te encanta. _____
8. Mañana no voy al partido. Me fastidia. _____
9. Rubén no tiene amigos. Me preocupa. _____
10. Carlos es profesor de Informática. Me sorprende. _____

ACIERTOS /10

78.2. **Complete los diálogos.**

1. –Teresa llamó muy tarde anoche. –Me extraña que _llamara tarde_. Se suele acostar temprano.
2. –Jorge dice que quiere estudiar Económicas. –Nos encantaría que _____.
3. –Andrés se portó bien ayer. –Sí, me sorprendió que _____.
4. –¿Crees que Lola estará en casa? –Me extrañaría que _____. Se fue a Londres hace dos días.
5. –Elsa cantó muy bien anoche. –Sí, nos sorprendió que _____.
6. –A Enrique le encantó verte ayer. –Yo también me alegré de _____.
7. –¿Llegó Juan a tiempo? –Sí, tenía miedo de que no _____, pero al final vino.
8. –Juan bebió mucho ayer en la boda. –Sí. Me extrañó que _____ tanto. Nunca bebe alcohol.
9. –La niña nunca besa a sus tíos. –Sí. Me gustaría que los _____.
10. –Pedro tuvo ayer un accidente en la autovía. –Sí. Me ha extrañado que Pedro _____ ese accidente ayer. Es un conductor muy cuidadoso.

ACIERTOS /10

78.3. **Complete con el verbo en la forma correcta.**

1. Me gusta que (ser) _seas_ amable con los vecinos, Roque.
2. Me extraña que Alicia (salir) _____ sola a estas horas.
3. Julia está harta de que yo (hacer) _____ horas extra en el banco.
4. A los niños no les daba miedo (quedarse) _____ solos en casa.
5. A mi abuela le encanta que nosotros le (llevar) _____ pasteles.
6. Tomás tenía miedo de que su jefe le (mandar) _____ hacer horas extra.
7. Carmen se alegró de que yo la (llamar) _____ por su cumpleaños.
8. A Elisa le molestaba que mi perro (tumbarse) _____ en su sofá.
9. A Ramiro le encanta (caminar) _____ descalzo por la playa.
10. Nos llamó la atención que (oler) _____ a gas en el salón.
11. No me extrañaría que Carlota (adelgazar) _____. Ahora come poco.
12. Me fastidiaría que Pilar (usar) _____ mis perfumes.

ACIERTOS /12

78.4. **Una las frases. Haga los cambios necesarios.**

1. Puede que Rosa y Carlos vengan a vernos. Nos encantaría. _Nos encantaría que Rosa y Carlos vinieran a vernos._
2. Puede que Alonso gane la carrera. No nos sorprendería. _____
3. Llamadnos algún día. Nos gustaría. _____
4. Puede que a Rafael le nombren director. No me extrañaría. _____
5. Puede que cambie el tiempo. Me desagradaría. _____
6. Sed más amables. Nos gustaría. _____
7. Puede que se estropee la comida. Me disgustaría. _____
8. Puede que Victoria y Marcelo se casen. No me sorprendería. _____

ACIERTOS /8

Me parece bien que estudies
Expresar valoraciones

Qué bien que llueva un poco.
Hace demasiado calor.

¡Qué mala idea salir
ahora de paseo!

Para valorar acciones o situaciones se pueden usar las siguientes construcciones:

● Exclamaciones con *qué*

| qué | + bien/mal
+ adjetivo: *raro, curioso, divertido...*
+ nombre: *buena/mala idea, tontería...* | + que + subjuntivo
+ infinitivo | ***¡Qué bien que no estés** enfadado!*
***¡Qué mal que no pudierais** venir a la cena!*
***¡Qué raro que Luis no esté** en casa!*
***¡Qué mala idea llevar** el coche al centro!* |

> **ATENCIÓN:**
>
> *¡Qué... que...!*   *¡**Qué** raro **que** Teresa no quiera ayudarte!*

– Se usa el presente de subjuntivo cuando nos referimos al presente o al futuro.

> *¡Qué bien que **podáis** venir todos a la fiesta!*

– Se usa el pretérito imperfecto de subjuntivo cuando nos referimos al pasado.

> *¡Qué raro que no te **llamara** Rosa anoche!*

– Se usa el infinitivo cuando no se hace referencia a nadie en concreto en la frase.

> *¡**Qué tontería no querer** salir con Isabel! Si se conocen hace años.*

● Construcciones con *ser, parecer, estar*

| *ser + bueno/malo*
parecer + bien/mal
ser/parecer + adjetivo (mejor, lógico, natural,
normal, maravilloso, importante...)
ser/parecer + una vergüenza, un escándalo,
una locura, una pena, una lástima... | + que + subjuntivo | ***Es bueno que no estéis** enfadados.*
Me parece bien que salgas.
***Me parece lógico que Ana esté** enfadada.*
***Es una vergüenza que sean** tan maleducados.* |

– Se usa el presente de subjuntivo cuando nos referimos al presente o al futuro.

> ***Es importante que sepáis** la verdad.*
> ***No me parece bien que os vayáis.** Hay mucho trabajo.*
> ***Me parece una locura que viajéis** en globo. Es muy peligroso.*

Me parece
una locura que
hagas esto.

– Se usa el pretérito imperfecto de subjuntivo cuando nos referimos al pasado o después de una forma condicional.

> *Alba pensaba que **era mejor que llamáramos** a casa.*   *Sería una lástima que perdieras la beca.*
> ***Fue una pena que no consiguieras** el trabajo.*   *No me parecería bien que dejaras el piano, Alba.*

– Se usa el infinitivo cuando se habla en sentido general.

> ***Es importante decir** la verdad.*   *Es una pena no poder ver la exposición.*
> ***Me parece una locura levantarse** a las cinco.*

79.1. **Complete las exclamaciones con los verbos entre paréntesis en la forma afirmativa o negativa.**

1. ¡Qué fastidio que ahora (*estar*) _esté_ cerrada la farmacia!
2. ¡Qué bien que (*tener, nosotros*) _____ fiesta mañana!
3. ¡Qué buena idea (*llevar*) _____ a los niños al zoo!
4. ¡Qué tontería que ayer te (*gastar*) _____ tanto dinero en quinielas!
5. ¡Qué pena (*poder*) _____ ver la exposición!
6. ¡Qué mal que (*nosotros, poder*) _____ ver la obra del instituto!
7. ¡Qué raro que ayer Álvaro (*despedirse*) _____ de la abuela!
8. ¡Qué divertido (*navegar*) _____ en un barco de vela!
9. ¡Qué bien que (*tú, trabajar*) _____ mañana! Podemos ir a la sierra.
10. ¡Qué curioso que (*estar*) _____ Ramsés en casa! Siempre está.

ACIERTOS ..../10

79.2. **Una las frases. Haga los cambios necesarios.**

1. Lupe prefiere ir a México. Es lógico. _Es lógico que Lupe prefiera ir a México._
2. Hay que ser amable con los demás. Es importante. _____
3. Puede que Isabel esté durmiendo todavía. Sería una vergüenza. _____
4. Sofía sabe hablar cinco idiomas. Es maravilloso. _____
5. No pudimos ver la exposición de Guayasamín. Fue una pena. _____
6. Patricia decidió regresar a Ecuador. Es comprensible. _____
7. Mucha gente pasa hambre. Me parece un escándalo. _____
8. Asunción no quiere estudiar. Es una lástima. _____
9. Hay que ser educado. Es bueno. _____
10. De pequeño no me gustaba madrugar. Es normal. _____

ACIERTOS ..../10

79.3. **Está comentando algunos aspectos de un país que está visitando. Escriba frases como en el ejemplo.**

1. No hay supermercados. Me asombra _que no haya supermercados_.
2. Los hombres hacen las labores del hogar. Me parece curioso _____.
3. Todo el transporte es público. Me parece bien _____.
4. Hay pocos bares en esta ciudad. Me parece curioso _____.
5. Los hombres solteros no pueden salir solos. Me parece mal _____.
6. Solo las niñas van a la escuela. Me parece una vergüenza _____.
7. La gente no duerme la siesta. Me parece una pena _____.
8. La gente lleva poca ropa. Me parece natural _____.
9. Muchos bares todavía permiten fumar. Es una vergüenza que muchos bares todavía _____ _____.
10. Todos los años mueren cientos de personas en las carreteras. Me parece un escándalo que todos los años _____.

ACIERTOS ..../10

79.4. **Complete las frases con los verbos entre paréntesis en la forma correcta.**

1. No me parece bien que Fina (*faltar*) _falte_ a clase.
2. ¡Qué bien que el Sevilla (*ganar*) _____ la final! Nadie se lo esperaba.
3. ¡Qué mal (*tener*) _____ que dormir con ese ruido!
4. Me parece una locura que os (*ir*) _____ mañana de viaje. Hay mucho hielo en las carreteras.
5. Mi padre pensaba que era importante que yo (*aprender*) _____ idiomas.
6. Sería una lástima (*tirar*) _____ la impresora. Todavía funciona.
7. Es comprensible que Eduardo no (*aprobar*) _____. Tuvo que operarse a fin de curso.
8. No es bueno que (*tomar*) _____ tanto café. Te sentará mal.
9. Es una locura que Lola (*tener*) _____ un perro tan agresivo.
10. Es una pena que (*hacer*) _____ este tiempo. Tendremos que aplazar la excursión.

ACIERTOS ..../10

80 *Creo que es.../No creo que sea...*
Contraste entre indicativo y subjuntivo

Compare:

INDICATIVO

● Se usa el indicativo en frases afirmativas y preguntas con:

– verbos y expresiones de opinión y pensamiento: *creer, pensar, opinar, estar seguro de, recordar., opinar, estar seguro de, recordar.*

> Doctor, ¿**cree** que **estoy** enfermo?
> **Recuerdo** que el año pasado **visitamos** el desierto de Atacama.
> **¿No piensas que es** un poco tarde?

– expresiones de verdad: *es verdad/cierto/ evidente que, está claro que.*

> **¿Es verdad** que Ángel **es** actor?
> **Estaba claro** que Julián **mentía.**

> **Es evidente que Felipe no quiere** ayudarnos.

● Se usa el indicativo en oraciones de relativo cuando el relativo se refiere a alguien o algo conocido o específico y se da información sobre él.

Blanca es la persona
que cuida a los niños.

(Blanca es una persona conocida y se da información sobre ella.)

> **Costa Rica es el único país del mundo que no tiene** ejército.
> **Conozco a un chico que toca** el oboe.
> **Conozco una playa donde podemos** bañarnos solos.
> Antonio vota **como le dicen sus padres.** (= de una manera concreta)

> **Conocía un lugar que era** perfecto para acampar.
> Tenemos un nuevo editor **que sabe** árabe.

SUBJUNTIVO

● Se usa el subjuntivo en frases negativas con:

– verbos y expresiones de opinión y pensamiento: *creer, pensar*

> **No creo** que **esté** enfermo.
> **No recuerdo** que el año pasado **visitáramos** el desierto de Atacama.
> No, **no pienso que sea** tan tarde.

– expresiones de verdad: *es verdad/cierto/evidente que, está claro que.*

> ¡Qué va! **No es verdad** que **sea** actor.
> Pues para mí **no estaba claro que mintiera.**

– expresiones de falsedad (*es mentira/falso que*) en frases afirmativas, negativas y preguntas.

> **Es mentira que Felipe no quiera** ayudarnos.

● Se usa el subjuntivo en oraciones de relativo cuando el relativo se refiere a alguien o algo no conocido o negativo y se define.

Necesito una persona
que cuide a los niños.

(No se habla de nadie conocido; se define la persona que necesitamos.)

> ¿Hay **algún país que no tenga** ejército?

> **No conozco a nadie que toque** el oboe.
> **No conozco ninguna playa donde podamos** bañarnos solos.
> Puedes votar **como quieras.** (= de cualquier manera)

– Se usa el pretérito imperfecto de subjuntivo cuando se refiere al pasado o después de una forma condicional.

> **No conocía ningún lugar que fuera** perfecto para acampar.
> Necesitaríamos **un editor que supiera** árabe.

80 EJERCICIOS

80.1. ▷ **Complete los diálogos.**

1. –Yo creo que Federico tiene novia. –Pues yo no creo que la __tenga__.
2. –Yo creo que Graciela es peruana. –Pues yo no creo que lo _____.
3. –Estoy seguro de que Bruno va a aprobar. –Pues yo no estoy tan segura de que _____.
4. –Recuerdo que a Héctor le gustaba dibujar. –Pues yo no recuerdo que _____.
5. –¿Crees que Alejandra _____ hacer bien este trabajo? –No, no creo que pueda hacerlo bien.
6. –Creo que este verano iremos a Guatemala. –Pues yo no creo que _____.
7. –Creo que el Sr. Garrido _____ enfadado. –Pues yo no creo que esté enfadado.
8. –Pienso que Susana _____ muy cariñosa –Pues yo no pienso que sea muy cariñosa.
9. –Estoy segura de que Santi estropeó el coche. –Pues yo no estoy segura de que él lo _____.
10. –¿Ustedes no creen que aquí hace mucho calor? –No, no creemos que _____ mucho calor.

ACIERTOS ...... /10

80.2. ▷ **Complete las frases.**

1. Dicen que Alfonso es agresivo, pero no es verdad que lo __sea__.
2. Dicen que no hace frío, pero está claro que lo _____.
3. Dices que hay mucha gente, pero es evidente que no _____ mucha.
4. Dijeron que Tomás fue el culpable, pero no estaba claro que lo _____.
5. Dices que Concha tiene mal genio, pero no es cierto que lo _____.
6. –¿Es cierto que mañana _____ Paco? –No, no regresa mañana. Regresa la semana que viene.
7. No era verdad que Julio _____ Matemáticas. Estudiaba Física.
8. –Dicen que Loli sale con Lucas. –¡Bueno! Es mentira que _____ con él.
9. Es falso que Emilio _____ veinticinco años. Tiene treinta.
10. Manuel decía que quería trabajar con nosotros, pero no era cierto que _____.

ACIERTOS ...... /10

80.3. ▷ **Complete las frases en forma afirmativa o negativa. Utilice las expresiones del recuadro.**

~~bailar bien~~	enseñar a programar	enseñar bien	haber coches
hacer submarinismo	perseguir a los gatos	saber informática	saber ruso

1. No conozco a nadie que __baile bien__.
2. Estamos buscando un traductor que _____.
3. Me han regalado un libro que _____.
4. Me gustaría vivir en una ciudad donde _____.
5. Carmen tiene un perro que _____.
6. ¿Conoces a algún profesor de español que _____?
7. El año pasado conocí a una chica que _____.
8. En la empresa de Daniel necesitaban alguien que _____.

ACIERTOS ...... /8

80.4. ▷ **Complete las frases con los verbos del recuadro en indicativo o subjuntivo.**

ayudar   enseñar   hablar   hacer   llevar   poner (2)   ser   ~~tener~~ (2)

1. Quiero un libro que __tenga__ información sobre Cuba. Quiero ir allí este verano.
2. Estoy buscando el libro que _____ fotos de la selva peruana. ¿Lo habéis visto?
3. En mi empresa necesitan una secretaria que _____ portugués.
4. Me gustaría tener un libro que me _____ a cocinar.
5. No conozco a nadie que _____ tan bueno como Lorenzo.
6. Hasta que no te conocí a ti no conocía a nadie que _____ paracaidismo.
7. –¿Quién es Natalia? –Es la niña que _____ el anorak rosa.
8. –En mi barrio hay muchos cines que _____ películas en versión original. –Pues en el mío no hay ninguno que _____ películas en otros idiomas.
9. Necesito unos cuantos amigos que me _____ a hacer la mudanza al nuevo piso.

ACIERTOS ...... /9

169

81 *haya trabajado*
Pretérito perfecto de subjuntivo

● Formación del pretérito perfecto de subjuntivo

	presente de subjuntivo de *haber*	+ participio del verbo principal
(yo)	haya	
(tú)	hayas	
(usted)	haya	trabajado
(él, ella)	haya +	comido
(nosotros, nosotras)	hayamos	vivido
(vosotros, vosotras)	hayáis	
(ustedes)	hayan	
(ellos, ellas)	hayan	

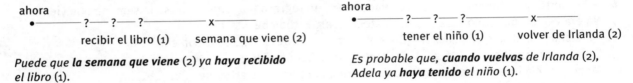

*Me alegro de que **hayáis aprobado**.*

▶ UNIDAD 95: Participio ▮

● Se usa el pretérito perfecto de subjuntivo para expresar probabilidad sobre una acción futura (1) acabada antes de otro momento futuro o de otra acción futura (2).

```
ahora
●————?——?——?————x————
      recibir el libro (1)   semana que viene (2)
```

*Puede que **la semana que viene** (2) ya **haya recibido** el libro (1).*

```
ahora
●————?——?——?————x————
      tener el niño (1)   volver de Irlanda (2)
```

*Es probable que, **cuando vuelvas** de Irlanda (2), Adela ya **haya tenido** el niño (1).*

● Se usa el pretérito perfecto de subjuntivo con verbos y construcciones que sirven para expresar deseos, probabilidad o duda, diversos sentimientos o hacer valoraciones cuando nos referimos a lo siguiente:

– experiencias pasadas sin especificar el momento de realización.

   ***Es una vergüenza que no hayas trabajado** en tu vida.*   ***Dudo que haya estudiado** jamás.*

– acciones o situaciones pasadas que llegan hasta ahora: hoy, esta semana...

   ***Me parece muy mal que hayáis salido** todas las noches esta semana. Tenéis muchos exámenes.*

– acciones o situaciones pasadas situadas en un pasado inmediato.

   *–**Quizá me haya llamado** antes. –No creo que lo **haya hecho**.*
   *¡Cómo ha llovido hace un rato! ¡**Ojalá no se hayan mojado** tus padres!*

– acciones o situaciones con consecuencia en el presente.

   ***Me alegro de que hayáis aprobado**. Ahora podéis ir a la Universidad.*
   *¡Qué bien que **hayáis llegado**! Podemos empezar a comer.*

● Igualmente, se usa el pretérito perfecto de subjuntivo en los casos anteriores en:

– frases negativas con verbos y expresiones de opinión y pensamiento (*creer, pensar, estar seguro de...*) y con expresiones de verdad (*es verdad/cierto, está claro...*).

   ***No estoy seguro de que Luis haya recibido** mi carta. No ha contestado.*
   ***No es cierto que hayamos vendido** el piso de la playa. Lo hemos alquilado.*

– frases afirmativas, negativas y preguntas con expresiones de falsedad (*es mentira/es falso que*).

   ***Es falso que Elisa haya roto** el jarrón. Lo ha roto Andrés.*

– oraciones de relativo cuando nos referimos a alguien o algo no conocido.

   *Me gustaría hablar con **alguien que haya estado** en Perú.*
   *Necesitamos **una persona joven que haya estudiado** Derecho.*

Compare:

***Estoy seguro** de que Luis **ha recibido** mi carta.*	***No estoy seguro** de que Luis **haya recibido** mi carta.*
***Es cierto** que ha viajado mucho.*	***No es cierto** que **haya viajado** mucho.*
*Sonia es una persona que **ha trabajado** mucho.*	*No parece ser una persona que **haya trabajado** mucho.*

81.1. Complete con el pretérito perfecto de subjuntivo.

1. Es posible que cuando Leo acabe el libro, ya (*él, recibir*) <u>haya recibido</u> más trabajo de la editorial.
2. Puede que mañana a estas horas Soledad ya (*salir*) _____ para Ecuador.
3. Probablemente cuando nos den el visado para Canadá, Juanjo ya (*cambiar*) _____ euros por dólares.
4. Quizá el mes que viene, cuando vuelva su hija, Rosario ya (*mudarse*) _____ de piso.
5. Dentro de tres años puede que Ramón ya (*jubilarse*) _____.
6. Es probable que para julio Cristina ya (*terminar*) _____ la carrera.
7. Cuando lleguemos al aeropuerto quizá el avión de Pablo (*aterrizar*) _____ ya.
8. Puede que a fin de mes Alberto ya (*encontrar*) _____ piso en Madrid.
9. Es probable que cuando nos veamos la semana que viene, ya (*yo, acabar*) _____ la novela.
10. Con un poco de suerte, puede que dentro de un año ya me (*ellos, hacer*) _____ director.

81.2. Complete con el pretérito perfecto de subjuntivo.

1. ¡Ojalá (llegar) <u>haya llegado</u> Alberto! Estoy deseando comer.
2. Qué mal que (*suspender*) _____ Ángel la Historia. Sus padres se han enfadado mucho con él.
3. Está muy bien que Eduardo (*aprobar*) _____ la Física. Ahora ya puede pasar de curso.
4. Es mucho mejor que nosotras (*venir*) _____ en metro. Dicen que hay una manifestación en el centro.
5. ¡Qué frío ha hecho! ¡Ojalá no se (*helar*) _____ mis geranios!
6. ¡Qué pena que (*morir*) _____ Boby! Ha sido un perro muy cariñoso.
7. Me alegro de que os (*sacar*) _____ el carné. Ahora ya podéis coger el coche.
8. Es una vergüenza que Inge y Peter todavía no (*aprender*) _____ español.
9. ¡Qué pena que no (*vosotros, ir*) _____ nunca a Perú!
10. Dudo que Luisa (*vivir*) _____ en Berlín. No sabe nada de alemán.

81.3. Complete con el pretérito perfecto de subjuntivo.

1. Es falso que el profesor (*regañar*) <u>haya regañado</u> solo a Tere. Nos ha regañado a todos.
2. No es verdad que yo (*regalar*) _____ a Tina esos pendientes. Se los han regalado sus abuelos.
3. Estamos buscando un coche de segunda mano que (*hacer*) _____ pocos kilómetros.
4. No estoy segura de que Andrés (*hacer*) _____ la tortilla. No sabe cocinar.
5. No creo que tu hermano (*bajar*) _____ solo el sillón. Lo habrá ayudado Marisa.
6. Esa empresa necesita gente con experiencia que ya (*manejar*) _____ tractores.
7. Agustín busca un cocinero que (*trabajar*) _____ en Perú. Quiere abrir un restaurante andino.
8. No es verdad que mi hermana (*estar*) _____ en Acapulco en su luna de miel. Ha estado en Cancún.

81.4. Rodee la forma correcta.

1. –¿Estás segura de que (ha llovido / haya llovido) esta mañana? –No estoy segura de que (*haya llovido / ha llovido*) esta mañana, pero el suelo de la calle está mojado.
2. Es verdad que Carmen y Vicente (*han viajado / hayan viajado*) mucho por Chile, pero no creo que (*han ido / hayan ido*) a Iquique.
3. Está claro que Raúl (*haya hecho / ha hecho*) mucho deporte, pero no está claro que (*haya jugado / ha jugado*) al tenis.
4. Don Ernesto es una persona que (*ha vivido / haya vivido*) en muchos países, pero no parece que (*ha aprendido / haya aprendido*) muchos idiomas.
5. No es cierto que Elías (*haya salido / ha salido*) con Inma, pero sí que es verdad que (*ha salido / haya salido*) con Gema.
6. Creo que Federico ya (*ha vendido / haya vendido*) el piso, pero no creo que (*ha vendido / haya vendido*) el garaje.
7. ¡Qué raro! No recuerdo que Pilar (*haya estado / ha estado*) en Guatemala con una ONG. Recuerdo que (*haya estado / ha estado*) en Brasil.
8. –Necesitamos a alguien que (*ha trabajado / haya trabajado*) antes en Hispanoamérica. –Yo conozco a una chica que (*ha trabajado / haya trabajado*) en México, Brasil y Argentina.

82 *hubiera trabajado*
Pretérito pluscuamperfecto de subjuntivo

Mis padres querían que **hubiera sido** abogado, pero a mí me gustaba el circo.

¡Ojalá **hubiera traído** el carrito de la compra!

Hubiera sido y *hubiera traído* son formas del pretérito pluscuamperfecto de subjuntivo. Se refieren a acciones o situaciones que no ocurrieron o que no sabemos con certeza que ocurrieron.

> *Mis padres querían que **hubiera sido** abogado.* (No fui abogado.)
> *¡Ojalá **hubiera traído** el carrito de la compra!* (No traje el carrito.)
> *Puede que suspendieran porque no **hubieran estudiado** suficiente.* (No sabemos si estudiaron suficiente o no.)

- Formación del pretérito pluscuamperfecto de subjuntivo

	pretérito imperfecto de subjuntivo de *haber*		+ participio del verbo principal
(yo)	hubiera/hubiese		
(tú)	hubieras/hubieses		
(usted)	hubiera/hubiese		trabajado
(él, ella)	hubiera/hubiese	+	comido
(nosotros, nosotras)	hubiéramos/hubiésemos		vivido
(vosotros, vosotras)	hubierais/hubieseis		
(ustedes)	hubieran/hubiesen		
(ellos, ellas)	hubieran/hubiesen		

▶ UNIDAD 95: Participio

Las formas *hubiera, hubieras, hubiera…* son de uso más común que las formas *hubiese, hubieses, hubiese…*

- Se usa el pretérito pluscuamperfecto de subjuntivo:

  – con ¡ojalá! y otras expresiones de deseo para expresar un deseo pasado de algo que no se ha realizado.

  > *¡Ojalá **hubiéramos estudiado** más! Ahora no tendríamos que repetir el examen en junio.* (No estudiamos.)
  > *¡Ojalá **hubiéramos visto** a Cristóbal! Seguro que nos habría invitado a su piscina.* (No vimos a Cristóbal.)
  > *Esperábamos que **hubierais aprobado**. ¡Qué lástima que hayáis suspendido!*
  > *Ella quería que la **hubiera esperado** un rato más, pero no pude.*
  > *Habría preferido que me **hubieras regalado** un libro. No llevo nunca corbata.*

  – para referirnos a acciones pasadas con verbos y construcciones en pasado o en condicional compuesto que sirven para expresar lo siguiente:

  • probabilidad o duda

  > *Se disculpó por el retraso, pero nadie **creyó** que **se hubiera quedado** dormido.*
  > *–No llega Jesús. A lo mejor no viene. –Me **imagino** que **hubiera avisado**.*

  • diversos sentimientos

  > *Nos **habría fastidiado** que **hubieran suspendido** el concierto de los Stones. Nos costó trabajo conseguir las entradas.*
  > *No me **habría gustado** que Susana **hubiera perdido** mi pulsera. Era de mi madre.*

  • valoraciones

  > *Habría sido mejor que hubiera llamado al médico.*
  > *Habría sido fatal que **no hubieran tenido** hijos. Ahora estarían totalmente solos.*

▶ UNIDAD 110: Oraciones condicionales (3)

82.1. Complete con el pretérito pluscuamperfecto de subjuntivo.

1. ¡Ojalá Marga (comprar) ___hubiera/hubiese comprado___ un piso hace años! Ahora están muy caros.
2. ¡Ojalá Pablo (estudiar) _____ alemán! Ahora tendría ese empleo en Bremen.
3. ¡Ojalá mis padres no (vender) _____ el coche viejo! Lo habría usado Mariana.
4. ¡Qué fruta más mala! ¡Ojalá la (comprar) _____ donde decía mi madre!
5. ¡Ojalá no (morir) _____ tu padre! Éramos tan felices.
6. ¡Ojalá Paloma (traer) _____ el coche! Habríamos llevado a los niños a la playa.
7. ¡Una multa! ¡Ojalá (nosotros, aparcar) _____ donde te dije!
8. ¡Qué lástima! ¡Ojalá (aceptar) _____ el empleo que me ofreció Santiago! Ahora al menos tendría un sueldo.

ACIERTOS ___/8

82.2. Complete con el pretérito pluscuamperfecto de subjuntivo.

1. No me habría importado que mis padres me (ayudar) ___hubieran/hubiesen ayudado___ con la hipoteca. Tenían dinero suficiente.
2. Mi sueño era que (vosotros, irse) _____ a vivir a la sierra y me (llevar) _____ con vosotros. Pero no quisisteis.
3. Nos habría gustado que Andrés (ver) _____ nuestra casa de Granada. ¡Era tan bonita!
4. Me habría hecho ilusión que Irene (bailar) _____ conmigo, pero solo bailó con su primo.
5. Probablemente Silvio no quería que Rosa (alquilar) _____ el apartamento tan pronto.
6. Pilar habría preferido que sus padres (regresar) _____ de Málaga en avión.
7. Guillermo (querer) _____ tener más hijos, pero a su mujer no le atraía la idea.
8. Yo contaba con que te (ellos, dar) _____ el empleo. No sabía que te lo habían negado.

ACIERTOS ___/9

82.3. Complete con el pretérito pluscuamperfecto de subjuntivo.

1. Mis padres se alegraban de que mi hermano (romper) ___hubiera/hubiese roto___ con su novia.
2. No me habría agradado que Emilio (sacar) _____ las entradas para el teatro sin decirme nada. Afortunadamente no las sacó.
3. Nos habría sentado mal que Jacinto no (cumplir) _____ su promesa de llevar a los niños al circo. ¡Estaban tan ilusionados!
4. A Sandra le molestó que Javier (reservar) _____ ya el hotel en Cancún sin pedirle opinión.
5. Sinceramente, me habría molestado que (tú, invitar) _____ a tus amigos sin avisarme.
6. A Darío le enfadó que (coger) _____ ya habitación en un hotel. Nos había ofrecido su casa.
7. Me habría encantado que Antonio y Rosa (casarse) _____. ¡Hacían tan buena pareja!
8. A Irene le fastidió que yo (salir) _____ antes con su mejor amiga.
9. Cuando te llamé, temía que ya (tú, irse) _____. Necesitaba hablar contigo.

ACIERTOS ___/9

82.4. Complete con el pretérito pluscuamperfecto de subjuntivo.

1. Habría sido maravilloso que Charo (aprobar) ___hubiera aprobado___ la oposición, pero había muy pocas plazas.
2. Me extrañó que mis cuñadas me (invitar) _____ a cenar. Habría sido la primera vez en años.
3. Habría sido una vergüenza que el gobierno no (subir) _____ las pensiones el mes pasado.
4. Cuando nos lo dijiste, nos pareció raro que Ana y Ricardo (divorciarse) _____. Estaban muy unidos.
5. Me habría parecido mal que Lorena no (decir) _____ la verdad a su madre. A ella nunca le ha mentido.
6. Tal vez habría sido mejor que Ubaldo se (separar) _____ de Cristina. Se llevaban muy mal.
7. Me extrañaba que tu jefe ya te (dar) _____ vacaciones. Llevas poco tiempo en la empresa.
8. ¿No sería normal que mi profesor (corregir) _____ ya mis trabajos? Se los entregué hace dos semanas.

ACIERTOS ___/8

83 *Dice que tiene... Dijo que tenía...*
Estilo indirecto (1)

Soy Martín. No puedo ir, tengo un poco de fiebre.

Es Martín. **Dice que no puede venir, que tiene un poco de fiebre.**

¿Dónde está Martín?

Llamó esta mañana y **dijo que no podía venir, que tenía un poco de fiebre.**

Dice que no puede venir, (dice) que tiene un poco de fiebre, dijo que no podía venir y *(dijo) que tenía un poco de fiebre* son ejemplos de estilo indirecto.

● Se usa el estilo indirecto cuando nos referimos a palabras dichas en otro momento sin repetirlas exactamente.

– Al transmitir las palabras hay que tener cuidado con algunos cambios lógicos.

Estilo directo: *"**Soy** el pintor. No **puedo ir** este mes. Dígale a su madre que **la llamaré** cuando (**yo**) **pueda**."*

Estilo indirecto: *Mamá, **es** el pintor. Dice que no **puede venir** este mes, que **te llamará** cuando (**él**) **pueda**.*

● El verbo más común para introducir informaciones en estilo indirecto es *decir + que*. También se pueden usar otros verbos como *afirmar, añadir, asegurar, comentar, contar, contestar, explicar, prometer* o *reconocer + que*.

*El otro día Juan me **comentó que** había suspendido porque no había tenido tiempo para estudiar.*
*Estoy muy contenta. Felipe me **ha prometido que** iremos a Cuba el verano que viene.*

● Los tiempos verbales en el estilo indirecto: algunos ejemplos.

– Cuando se habla del presente: *"**Vivo** en Guadalajara.", "**Estoy estudiando** mucho."*

Dice que... /Ha dicho que...	...**vive** en Guadalajara.
	...**está** estudiando mucho.
Dijo que...	...**vive/vivía** en Guadalajara.
	...**está/estaba** estudiando mucho.

– Cuando se habla del pasado: *"No **he podido** hacerlo.", "No **pude** venir ayer porque **estaba** enferma."*

Dice que... /Ha dicho que...	...no **ha podido** hacerlo.
	... no **pudo** venir ayer porque **estaba** enferma.
Dijo que...	...no **ha podido/había podido** hacerlo.
	...no **había podido** venir el otro día. porque **había estado** enferma.

– Cuando se habla del futuro: *"Te **espero** esta noche en tu casa", "Lo **haré** cuando tenga tiempo",*
*"**Voy a hacerlo** mañana."*

Dice que... /Ha dicho que...	...te **espera** esta noche en su casa.
	...lo **hará** cuando tenga tiempo.
	...**va a hacerlo** mañana.
Dijo que...	...te **esperaba** esa noche en su casa.
	...lo **haría** cuando tuviera tiempo.
	...**iba a hacerlo** al día siguiente.

– Cuando se habla de algo hipotético: *"Yo **sería** más feliz con otro trabajo."*

Dice que... /Ha dicho que...	
Dijo que...	...**sería** más feliz con otro trabajo.

83.1. **Transmita las informaciones telefónicas. Haga los cambios necesarios.**

1. –Soy el fontanero. Dígale a su padre que no puedo ir hasta la semana que viene.
   –Papá, es el fontanero. Dice que ___no puede venir hasta la semana que viene___.

2. –Soy Charo. Dile a Arturo que he tenido carta de Luci.
   –Arturo, ha llamado Charo. Ha dicho que _____.

3. –Soy Sebastián. Dile a Don Anselmo que no puedo ir hoy, que mi mujer va a dar a luz.
   –Don Anselmo, ha llamado Sebastián. Ha dicho que _____.

4. –Soy Chema. Dile a Guillermo que he quedado con Andrea en mi casa.
   –Guillermo, ha llamado Chema. Ha dicho que _____.

5. –Soy Luciano. Dile a Marga que me espere, que voy hacia allí.
   –¿Con quién hablas? –Con Luciano. Dice que _____.

6. –Soy el pintor. Dígale a la señora que mañana le envío el presupuesto.
   –Ha llamado el pintor, Sofía. Dice que _____.

ACIERTOS ....../6

83.2. **Complete las respuestas.**

1. –¿Crees que Ana me quiere? –Sí, me aseguró que ___te quería___.
2. –¿Sabes si va a venir Luis hoy? –Sí, me prometió que _____.
3. –¿Sabes si Julio va a ir a Argentina este verano? –Sí, me comentó que _____.
4. –¿Sabes si tus hermanas vieron a Gloria en Murcia? –Sí, me dijeron que la _____.
5. –¿Es verdad que Araceli es camarera? –Sí, reconoció que _____.
6. –¿Estás seguro de que Nati ha comprado las entradas? –Sí, me aseguró que las _____.
7. –¿Estás seguro de que Pili y Luis quieren invitarnos? –Sí, me dijeron que _____.
8. –¿Sabes si a Alberto le gustaría salir mañana? –Sí, me dijo que le _____.

ACIERTOS ....../8

83.3. **La semana pasada Leo se encontró con Germán, un amigo al que no veía desde hacía mucho tiempo. Lea las informaciones.**

1. Vivo en Venezuela.
2. Me casé hace dos años y tengo un hijo.
3. Trabajo en una empresa petrolera, pero voy a crear mi propia empresa.
4. Estoy haciendo un curso de administración de empresas.
5. Cuando termine el curso regresaré a Venezuela.
6. Antes de irme, me gustaría reunirme con los viejos amigos.
7. Te llamaré la semana que viene sin falta.

Ha pasado una semana. Leo le está contando a una amiga común lo que le dijo Germán. Escriba las frases con los verbos entre paréntesis.

1. La semana pasada me encontré con Germán. (*Decir*)
   ___Me dijo que vivía en Venezuela___.
2. Y (*añadir*) _____.
3. (*Decir*) _____.
4. (*Explicar*) _____.
5. (*Decir*) _____.
6. (*Comentar*) _____.
7. (*Asegurar*) _____.

ACIERTOS ....../7

Me preguntó dónde vivía
Estilo indirecto (2)

Arturo, soy Fede.
Quiero saber
**si vas a ir
a la sierra
el domingo.**

Ayer estuve con Blanca.
Me preguntó **cuándo
íbamos a reunirnos.**

Si vas a ir a la sierra el domingo y *cuándo íbamos a reunirnos* son ejemplos de preguntas en estilo indirecto.

● Estilo indirecto: preguntas

preguntar	+ *si* + interrogativo	**Me preguntó** *si* tenía novio. **Le pregunté** *cómo* se llamaba su hermano.

● El verbo más común para introducir preguntas en estilo indirecto es *preguntar*. También se puede usar *saber: querer saber, desear saber, (me, te…) gustaría saber.*

Sara **quiere saber si** vas a ayudarla.   Me **gustaría saber qué** pasó anoche.

● Los tiempos verbales en estilo indirecto: algunos ejemplos.

   – Cuando se habla del presente: "*¿**Hablas** español?*", "*¿Qué **estás haciendo**?*"

Ha preguntado… Quiere saber…	…si **hablas** español. …qué **estás haciendo**.
Preguntó… Quería saber…	…si **hablabas/hablas** español. …qué **estabas/estás** haciendo.

   – Cuando se habla del pasado: "*¿**Has acabado** el cuadro?*", "*¿Adónde **fuisteis** el domingo?*",
     "*¿Quién **era** la chica que estaba contigo ayer?*"

Ha preguntado… Quiere saber…	…si **he acabado** el cuadro. …adónde **fuimos** el domingo. …quién **era** la chica que estaba conmigo ayer/ el otro día.
Preguntó… Quería saber…	…si **había acabado** el cuadro. …adónde **habíamos ido** el domingo. …quién **era** la chica que estaba conmigo el otro día.

   – Cuando se habla del futuro: "*¿Cuándo **será** el examen?*", "*¿**Vais a ir** a la sierra el domingo?*"

Ha preguntado… Quiere saber…	…cuándo **será** el examen. …si **vamos a ir** a la sierra el domingo.
Preguntó… Quería saber…	…cuándo **sería/será** el examen. …si **íbamos a ir/vamos a ir** a la sierra el domingo.

   – Cuando se habla de algo hipotético: *¿**Sería** mejor quedar otro día?, ¿Qué **haríamos** si hiciera mal tiempo?*

Ha preguntado… / Quiere saber…	…si **sería** mejor quedar otro día.
Preguntó… / Quería saber…	…qué **haríamos** en caso de que hiciera mal tiempo.

ATENCIÓN:

En las preguntas indirectas con interrogativos, el sujeto va detrás del verbo.
    *Ayer me encontré con el Sr. Gómez y me preguntó **qué iba a estudiar Rosita**.*

84 EJERCICIOS

84.1. **Complete los mensajes del contestador automático como en el ejemplo. Use *quiero saber*.**

1. (Raquel a Patricia: ¿Dónde ha comprado el libro sobre Cuba?)
   Patricia soy Raquel. Quiero saber dónde has comprado el libro sobre Cuba.

2. (Su padre a Fermín: ¿Cuándo le va a devolver el coche?)
   _____

3. (Ernesto a Susana: ¿Va a venir al concierto esta noche?)
   _____

4. (Fede a Toni: ¿Dónde vive Laura?)
   _____

5. (Ismael a su madre: ¿Puede cuidar a los niños esta noche?)
   _____

6. (Lolo a Ana: ¿Está ocupada el sábado?)
   _____

ACIERTOS ...... / 6

84.2. **Complete las frases con el verbo entre paréntesis en el tiempo más adecuado.**

1. El domingo vi a Carlos y le pregunté ("*¿Tienes novia?*") _si tenía novia_.
2. Ayer me llamó Jesús. Quería saber ("*¿Cuándo lo vas a llamar?*") _____.
3. Hace unos días me llamó Ana. Quería saber ("*¿Qué hace Ramón?*") _____.
4. Ayer vi a Lola. Me preguntó ("*¿Qué vais a hacer este verano?*") _____.
5. Esta mañana llamó Alberto. Quería saber ("*¿Os gustaría salir el sábado?*") _____.
6. Ayer tuve carta de Ángela. Quería saber ("*¿Por qué has dejado el empleo?*") _____.
7. El lunes llamé al administrador para preguntarle ("*¿Quién pagará el arreglo de la cocina?*") _____.
8. Ayer tuvimos una llamada de la policía. Querían saber ("*¿Han visto a alguien sospechoso por el barrio?*") _____.
9. Esta mañana me preguntó Luisa ("*¿Te llamó Ángel anoche?*") _____.
10. Ayer le pregunté a Adolfo ("*¿Dónde conociste a Silvia?*") _____.
11. Esta mañana te han llamado de la oficina. Querían saber ("*¿Cuándo vas a pasar por allí?*") _____.
12. Ayer me llamaron de un empresa de informática. Querían saber ("*¿Le interesaría hacer un curso sobre nuestros últimos ordenadores?*") _____.

ACIERTOS ...... /12

84.3. **La semana pasada Sabina tuvo una entrevista para un trabajo en una agencia de viajes. Lea las preguntas que le hicieron.**

1. ¿Cuántos años tiene? 2. ¿Dónde ha estudiado? 3. ¿Sabe usar un ordenador? 4. ¿Habla algún idioma extranjero? 5. ¿Por qué quiere dejar su empleo actual? 6. ¿Ha estado en Hispanoamérica? 7. ¿Estaría dispuesta a viajar? 8. ¿Cuánto espera ganar?

Hoy Sabina le está contando la entrevista a un amigo. Complete las frases.

¿Cómo fue la entrevista?

Bien. Primero me preguntaron 1. _____ y 2. _____. Por supuesto, querían saber 3. _____ y 4. _____. También me preguntaron 5. _____. Como están muy relacionados con Hispanoamérica me preguntaron 6. _____. Finalmente me preguntaron 7. _____ y 8. _____. Salí muy contenta. Espero que me llamen.

ACIERTOS ...... /8

177

85

Me pidió que le ayudara
Estilo indirecto (3)

Dile a Jaime **que venga**.

Dice papá **que vayas**.

Por favor, no coman en la oficina.

La jefa **nos ha pedido que no comamos** en la oficina.

Dile que venga, dice que vayas y *nos ha pedido que no comamos* son ejemplos de órdenes y peticiones indirectas.

● Estilo indirecto: órdenes y peticiones

Dice que.../Me ha dicho que... Me ha pedido que...	+ presente de subjuntivo	El director dice que **vayas** ahora. Luis me ha pedido que le **enseñe** a conducir.

Dijo que... Me pidió que...	+ pretérito imperfecto de subjuntivo	Luisa dijo que la **llamara** hoy. Ramsés me pidió que le **ayudara**.

– Cuando el verbo de introducción va en presente ("Dice que...") o pretérito perfecto de indicativo ("Me ha dicho que...", "Me ha pedido que..."), la orden o petición transmitida va en presente de subjuntivo y se puede referir al presente o al futuro.

> *Rafa dice que apagues la tele, que quiere estudiar.* (= presente)
> *Rosario me ha pedido que la despierte mañana a las ocho.* (= futuro)

– Cuando el verbo de introducción va en pasado, generalmente pretérito indefinido ("Dijo que...", "Me pidió que..."), la orden o petición transmitida va en pretérito imperfecto de subjuntivo y se puede referir al presente, al pasado o al futuro.

> *Cuando suspendí el año pasado el profesor me sugirió que trabajara más.* (= pasado)
> *Voy a despertar a Juan. Me pidió que lo despertara a esta hora.* (= presente)
> *Hablé con Carlos hace una semana y me pidió que le volviera a llamar este lunes.* (= futuro)

● El verbo más común para transmitir **órdenes** en estilo indirecto es *decir* (= ordenar, no informar). También se pueden usar *mandar, ordenar, exigir*.

> *Alicia me ha dicho que deje de trabajar tanto.*   *El policía nos ordenó que no nos moviéramos de allí.*

● El verbo más común para transmitir **peticiones** en estilo indirecto es *pedir*.

> *Mi padre se va a Brasil y me ha pedido que lo lleve al aeropuerto esta noche.*

– También se pueden usar verbos como *aconsejar, advertir, rogar* y *sugerir*.

> *Esteban me aconsejó que no dijera a nadie que lo había visto.*
> *El jefe nos advirtió que no volviéramos a llegar tarde.*

Yo iría al médico.

Te veo mal, Gabriel.

Sí, María **me ha aconsejado que vaya** al médico.

85 EJERCICIOS

85.1. Ponga las ordenes y peticiones en estilo indirecto, comenzando con *dice*, *me ha dicho* o *me ha pedido*.

1. "¡Que venga Aurora!" (*La directora*) _La directora dice que venga Aurora._
2. "¿Me puedes ayudar?" (*Raquel*) _____
3. "Escribid más claro." (*El profesor*) _____
4. "Llámame el lunes." (*Roberto*) _____
5. "Llévame unas bolsas a casa, por favor." (*Mi madre*) _____
6. "¿Puedes explicarme esta lección?" (*Ramón*) _____
7. "No toques esa máquina. Es peligroso." (*Concha*) _____
8. "¿Me puedes prestar algo hasta el sábado?" (*Mi hermano*) _____

85.2. Ponga las ordenes y peticiones del ejercicio anterior en estilo indirecto, comenzando con *dijo*, *me pidió*.

1. _La directora dijo que viniera Aurora._
2. _____
3. _____
4. _____
5. _____
6. _____
7. _____
8. _____

85.3. Complete con los verbos del recuadro en el tiempo adecuado.

aparcar	dar	dejar	ir (2)	~~querer~~	traer	volver

1. –¿Adónde vas, Alejandro? –El director dice que _quiere_ verme.
2. –¿Qué es eso? –Unos libros. Mar me ha pedido que te los _____.
3. –¿Ya no sales con Paz? –No, me dijo que no _____ a llamarla.
4. –¿Por qué corres? –Dice Marisa que nos _____ prisa, que vamos a llegar tarde.
5. –¿Por qué se enfadó Paco? –Porque me pidió que le _____ la moto y le dije que no.
6. –¿Vienes a la academia? –No, el profesor me dijo que _____ hoy más tarde.
7. –¿Por qué estás tan contenta, Pili? –Porque en la empresa me han pedido que _____ a Venezuela.
8. –¿Qué te dijo ayer Raúl Torres? –Que no _____ más en su plaza de garaje.

85.4. Complete con las formas del recuadro.

1. Teresa me _advirtió_ que no llegaría a tiempo.
2. Alberto me _____ que me case con él.
3. Por favor, Lola. Te _____ que me ayudes. Necesito ayuda.
4. Me _____ que estudie Económicas, pero yo prefiero Derecho.
5. Enrique, mamá _____ que vayas al mercado y traigas un melón.
6. Rosa se indignó con Javier y le _____ que le pidiera disculpas.
7. Luis _____ que cenemos primero y vayamos luego al cine.
8. Don José se enfadó y le _____ a su secretaria que no dejara entrar a nadie.

ha aconsejado
~~advertió~~
dice
exigió
ordenó
ha pedido
ruego
sugiere

85.5. Complete con las expresiones del recuadro en la forma correcta.

callarse	cuidar a los niños	hacer una excursión	hacer horas extras
~~ir al médico~~	llamar a la policía	no decir nada	

1. –Tienes mala cara, Pedro. –Sí, lo sé. Me han aconsejado _que vaya al médico_.
2. –¿Por qué estás enfadado? –El jefe me ha pedido _____.
3. –¿Por qué estabas en casa de Nico el sábado? –Me había pedido _____.
4. Te ruego _____. Estoy intentando estudiar.
5. –Ese hombre parece sospechoso –Sí, Asun dice _____.
6. –¿Qué podemos hacer el sábado? –Luis sugiere _____.
7. –¿Qué le pasó a Lucía el otro día? –No puedo decírtelo. Me rogó _____.

Trabajar es sano
Infinitivo

Trabajar es necesario, pero me gusta más **bailar**.

- *Trabajar* y *bailar* son formas de infinitivo. El infinitivo es la forma básica del verbo y es la que aparece en los diccionarios.

> bailar v. Mover el cuerpo al ritmo de la música.

- Los infinitivos acaban en *-ar, -er,* o *-ir*

    A Ángela no le gusta **estudiar**.
    ¿Qué queréis **comer**?

    ¡Vaya vida! Eso es **vivir**.
    Hazlo sin **reírte**.

- El infinitivo se puede usar como un nombre.

    ¿Te gustan **los paseos**? = ¿Te gusta **pasear**?

    El trabajo es sano. = **Trabajar** es sano.

    – El infinitivo como nombre es normalmente singular y masculino.

    Las carreras de coches son peligrosas. = **Correr** en coche es **peligroso**.

    – Puede usarse como sujeto o como objeto.

    Me encanta **bailar**.

    Ven un momento. Quiero **hablar** contigo.

- Se usa el infinitivo:

    – detrás de una preposición.

    A veces hablas **sin pensar**.

    Me limpio los dientes **después de comer**.

    El sujeto del infinitivo puede ser el mismo que el del verbo principal o un sujeto diferente.

    Me visto (yo) antes de **desayunar** (yo).
    Sofía **acabó** (ella) la carrera después de **morir** sus padres (ellos).

    Si el sujeto del infinitivo es diferente del sujeto del verbo principal, se usan los pronombres personales sujeto para dejar claro a quién se refiere.

    Felipe se fue después de **llegar yo**.

    En los verbos con *se*, el pronombre depende de la persona a la que se refiera el infinitivo.

    Nos vestimos después de duchar**nos**.

    Da la luz antes de afeitar**te**, Luis.

    – detrás del verbo *ser*.

    ¡Qué voz! Eso **es cantar**.

    Mi sueño **es ser** un gran artista.

    – en lugar del imperativo, para dar instrucciones y para prohibiciones, generalmente en textos escritos.

    No entrar. (No entren.)
    Instrucciones: **Asar** dos pimientos y **pelarlos**.

    En lenguaje hablado, se usa *a* + infinitivo para dar órdenes o animar a hacer algo.

    ¡A estudiar! Ya está bien de jugar.

    La comida está lista. **A comer**.

    – detrás de algunos verbos   ▶ UNIDAD 87 : Verbos seguidos de infinitivo ▌

    Por fin he **conseguido terminar** el proyecto.

    Sueño con viajar a Bolivia.

- Infinitivo compuesto

El infinitivo compuesto se forma con *haber* + participio del verbo principal. Se usa para referirse a una acción pasada (1) anterior a otro momento o acción pasados (2).

    Se murió (2) sin **haber conocido** (1) a su nieto.

    Nos fuimos (2) después de **haber visto** (1) toda la exposición.

- Para la negación, se coloca *no* delante del infinitivo.

    Estoy harta de **no aprobar**.

    Lo despidieron por **no haber** obedecido al director.

86.1. **Sustituya los nombres subrayados por infinitivos. Haga los cambios necesarios.**

1. Me encanta <u>la natación</u>. _Me encanta nadar._
2. <u>La comida</u> en exceso no es buena. _____
3. <u>Las discusiones</u> no sirven para nada. _____
4. <u>El trabajo</u> es necesario para vivir. _____
5. <u>Los sueños</u> no cuestan nada _____
6. ¿Queréis <u>trabajo</u>? _____
7. <u>Los viajes</u> ensanchan la mente. _____
8. <u>El baile</u> nos mantiene en forma. _____

86.2. **Complete con los verbos del recuadro. Añada el pronombre sujeto en los casos necesarios.**

1. Esta noche podemos ir al cine después de _cenar_.
2. Estuve con Sofía antes de (*Sofía*) _____.
3. Lo siento. Lo hice sin _____.
4. No paró de jugar con el jarrón hasta _____ lo.
5. Dúchate antes de _____.
6. Mi sueño es _____ en el campo.
7. Estamos hartos de _____. Si no viene pronto, nos vamos.
8. Gracias por _____. Lo hemos pasado muy bien.
9. Es suficiente con _____ el botón unos segundos.
10. Anoche me acosté sin _____ la ropa.
11. ¡Qué bien bailan José y Marisa! Eso es _____ y no lo que haces tú.
12. Por favor, no toquéis eso sin _____ las manos.
13. Jesús nos llamó antes de (*Jesús*) _____ 6000 euros en la ruleta.

apretar	bailar	~~cenar~~
esperar	ganar	lavarse
morir	querer	quitarse
romper	venir	vestirse	vivir

86.3. **Complete los carteles con los verbos del recuadro en forma afirmativa o negativa.**

| apagar | entrar | hablar | tirar | ~~empujar~~ |

Empujar.

86.4. **Complete las órdenes con *a* y el infinitivo correspondiente.**

1. ¡Venga! ¡Ya está bien! ¡_A trabajar todos_!
2. Diez vueltas al campo. ¡Venga! _____
3. Niños, es muy tarde. ¡_____!
4. Tenéis un examen mañana. Dejaos de hablar y _____.
5. Hacéis mucho ruido. ¡_____ todo el mundo!

| callar | correr | dormir |
| estudiar | ~~trabajar~~ |

86.5. **Complete las frases con el infinitivo simple o el infinitivo compuesto de los verbos del recuadro.**

1. Se divorciaron después de _haber estado_ casados veinticuatro años.
2. Se fueron a casa sin _____ el trabajo.
3. Jorge, no te vayas sin _____ el trabajo.
4. Hace frío. No salgáis sin _____ los abrigos.
5. Fue un escándalo. Se fueron a vivir juntos antes de _____.
6. Ramón se fue después de _____ más de 1000 euros en las carreras.

| acabar (2) | casarse |
| ~~estar~~ | ganar |
| ponerse |

87

Sueño con ser famoso
Verbos seguidos de infinitivo

● El infinitivo (simple o compuesto) se usa detrás de algunos verbos como objeto. A veces, los dos verbos van juntos, uno detrás de otro, y a veces van unidos por una preposición.

> ***Necesitas divertirte*** *un poco.*
> ***Sueño con ser*** *famoso.*
> ***Pude haberlo hecho*** *antes, pero no quise.*

● Verbo + infinitivo (mismo sujeto)

> **verbo principal (+ preposición) + infinitivo**
>
> > No ***puedo*** *(yo)* ***salir*** *(yo).*
> >
> > *Estoy* ***aprendiendo*** *(yo)* ***a nadar*** *(yo).*

– Algunos verbos que siguen este modelo:

  ● verbo + infinitivo: *conseguir, esperar, necesitar, poder, preferir, querer, saber* (=ser capaz de)

  > *¿****Sabes esquiar****?*   *Lo siento. No* ***puedo salir*** *esta noche.*

  ● verbo + *a* + infinitivo: *aprender, atreverse, dedicarse, empezar, enseñar, ir(se), venir*

  > *Estamos* ***aprendiendo a bailar*** *salsa.*   *Esteban* ***se dedica a arreglar*** *ordenadores.*

  ● verbo + *de* + infinitivo: *acabar, acordarse, arrepentirse , encargarse, olvidarse, tratar*

  > *¿Te* ***has acordado de llamar*** *a Ana?*   *Me* ***he arrepentido de haber comprado*** *la moto.*

  ● verbo + *en* + infinitivo: *dudar, insistir*

  > *No* ***dudes en pedirme*** *ayuda si necesitas algo.*

  ● verbo + *con* + infinitivo: *amenazar, soñar* (=tener un deseo)

  > *Nos* ***ha amenazado con contarle*** *todo a Teresa.*   *Elisa* ***sueña con ser*** *escritora.*

● Verbo + infinitivo (diferente sujeto)

> **verbo principal + *a* + nombre (+ preposición) + infinitivo**
> **(+ preposición) + infinitivo + *a* + nombre**
>
> > *Estoy* ***enseñando*** *(yo)* ***a Luis a nadar*** *(él).*
> >
> > *¿****Has oído*** *(tú)* ***llorar al niño*** *(a él)?*
>
> **pronombre objeto + verbo principal (+ preposición) + infinitivo**
>
> > *¿****Me viste*** *(tú)* ***salir*** *(a mí)?*

– Algunos verbos que siguen este modelo

  ● verbo + infinitivo: *dejar* (= permitir), *hacer* (=obligar), *oír, permitir, ver*

  > *Mis padres* ***me hacen estar*** *en casa a las doce.*

  ● verbo + *a* + infinitivo: *ayudar, enseñar*

  > *Luis siempre* ***le ayuda a Juana a limpiar*** *la casa.*   *¿****Me*** *puedes* ***enseñar a usar*** *la lavadora?*

  ● verbo + *por* + infinitivo: *regañar*

  > *Ana siempre* ***me regaña por no ser*** *puntual.*   *El director* ***me regañó por haber perdido*** *el contrato.*

● En respuestas a preguntas, se puede usar el infinitivo solo o con la preposición correspondiente.

> *–¿Qué sabes hacer? –(Sé)* ***Usar*** *el ordenador,* ***redactar*** *cartas...*
> *–¿A qué te dedicas? –(Me dedico)* ***A organizar*** *congresos.*

87.1. ▷ **Complete con los verbos del recuadro y *a*, *de*, *en* o *con* en caso necesario.**

arreglar	bailar	~~comprar~~ (2)	encontrar	hacer	nadar	pagar	sacar	ser	usar	venir

1. ¿Quién se encarga __de comprar__ las entradas?
2. Pepe insiste _____ él la comida.
3. Estamos aprendiendo _____ el tango.
4. Nos hemos arrepentido _____ este piso. Es muy ruidoso.
5. ¿Sabes _____ ordenadores?
6. ¿Te atreves _____ hasta esa isla?
7. No te olvides _____ la basura, Luis.
8. ¿Quién quiere _____ conmigo?
9. Alicia está siempre soñando _____ bailarina.
10. Espero que acabes pronto _____ el baño. Yo también lo necesito.
11. Esperaba _____ trabajo el mes pasado, pero fue imposible.
12. Necesitamos _____ algo. Estamos aburridos.

ACIERTOS ...../12

87.2. ▷ **Escriba frases completas con las palabras dadas. Haga los cambios necesarios.**

1. Estoy enseñando / Teresa, conducir. __Estoy enseñando a conducir a Teresa. / Estoy enseñando a Teresa a conducir.__
2. Mis padres dejan / yo, salir hasta las doce. _____
3. Oí / vosotros, regresar tarde. _____
4. ¿Has visto / Juana, salir? _____
5. Ayuda (*tú*) / Ana, subir las bolsas. _____
6. El director regañó / Juan, llegar tarde. _____
7. José no deja / yo, pagar nada. _____
8. Joaquín no permite / ellos, llevarse el coche _____
9. ¿Habéis oído / alguien, gritar? _____
10. El jefe no deja / nosotros, salir antes de las seis. _____
11. El profesor hace / ellos, trabajar mucho. _____
12. ¿Quién vio / vosotros, robar el libro? _____

ACIERTOS ...../12

87.3. ▷ **Complete las respuestas con los verbos del recuadro en infinitivo simple o compuesto en forma afirmativa o negativa y con las preposiciones necesarias.**

cantar	controlar	dejar	decir	descansar	diseñar	jugar	~~perder~~
portarse		suspender		tener		tocar		vender

1. –¿Por qué te regañó Luisa? –__Por haber perdido__ las llaves.
2. –¿A qué se dedica Amparo? –_____ enciclopedias por las casas.
3. –¿Y usted qué sabe hacer? –_____ el piano, _____ ópera...
4. –¿Con qué te amenazó Juan? –_____ a mi padre lo de Alberto.
5. –¿Te arrepientes de algo? –_____ bien con Juli.
6. –¿Qué queréis hacer ahora? –_____ a las cartas.
7. –¿Cuál es tu sueño? –_____ que trabajar.
8. –¿A qué os enseñan en el curso? –_____ páginas web.
9. –¿De qué se encarga Lola? –_____ las entradas de los coches.
10. –¿Qué necesitas? –_____. Estoy agotado.
11. –¿Qué esperas? –_____ el examen de Lengua.
12. –¿Por qué os regañó el jefe? –_____ los ordenadores encendidos.

ACIERTOS ...../13

88

Quiero ir / Quiero que vayas
Verbos seguidos de infinitivo o de subjuntivo

Quiero hacer un viaje a Colombia el año que viene.

Quiero que hagas la cama enseguida.

● Los siguientes verbos pueden ir seguidos de infinitivo o de subjuntivo: *aconsejar, acostumbrarse a, encantar, encargarse de, esperar, gustar, insistir en, necesitar, preferir, querer, recomendar.*

   – Van seguidos de otro verbo en infinitivo cuando los dos verbos se refieren a la misma persona.

   > *Preferimos* (nosotros) *comer* (nosotros) en casa.
   > *Sara se encargó* (ella) *de reservar* (ella) *las entradas.*
   > *A Esther no le gustaba* (a ella) *dormir* (ella) *sola de pequeña.*

   – Cuando los dos verbos se refieren a personas diferentes el segundo verbo va con *que* + subjuntivo.

   > *Preferimos* (nosotros) *que lo hagas* tú.
   > *Espero* (yo) *que se levanten* (ellos) *temprano.*

   • Se usa el presente de subjuntivo cuando se habla del presente o del futuro.

   > *Me encanta* (a mí) *que estéis* todos (vosotros) *aquí.*
   > *Necesito* (yo) *que me hagas* (tú) *un favor mañana.*

   • Se usa el pretérito imperfecto de subjuntivo cuando se habla del pasado o después de una forma condicional.

   > *Preferí* (yo) *que lo hicieran ellos.*
   > *Me encantaría* (a mí) *que arreglasen* (ellos) *la lavadora.*

   • Si el primer verbo tiene preposición, se pone la preposición delante de *que.*

   > *Yo me encargo de que Roberto venga.*
   > *Se ha acostumbrado a que haga yo todo.*
   > *Catalina insistió en que fuéramos a verla.*

Compare:

Infinitivo: Los dos verbos se refieren a la misma persona.	Subjuntivo: Los dos verbos se refieren a diferentes personas.
Necesito (yo) *alquilar* (yo) *un coche.*	*Necesito* (yo) *que me prestes* (tú) *el coche.*
Nos gustaría (a nosotros) *conocer* (nosotros) *Guatemala.*	*Nos gustaría* (a nosotros) *que conocieran* (ustedes) *Guatemala.*

● Con algunos verbos (*dejar, invitar, permitir, prohibir, recomendar*) se puede usar el infinitivo o el subjuntivo cuando se refieren a personas diferentes.

   > *El director no deja comer en las aulas.* / *El director no deja que comamos en las aulas.*
   > *Te prohíbo salir.* / *Te prohíbo que salgas.*

● *Acordarse de, recordar, olvidarse de* y *olvidar* van seguidos de *que* + *indicativo* cuando los dos verbos se refieren a personas diferentes.

Acuérdate (tú) *de comprar* (tú) *el pan, Tomás.*	*Miguel, acuérdate* (tú) *de que es* mi cumpleaños mañana.
No olvides (tú) *echar* (tú) *la llave.*	*No olvidéis* (vosotros) *que tenemos* (nosotros) *una reunión a las once.*

184

88.1. **Complete con los verbos entre paréntesis en infinitivo o en presente de subjuntivo.**

1. Espero que Enrique me (*devolver*) ___devuelva___ el dinero pronto.
2. No quiero (*gastar*) _____ demasiado dinero en el coche.
3. Me gusta que (*llover*) _____ en verano.
4. Mi médico siempre me aconseja que (*comer*) _____ poco.
5. ¿Necesitas que te (*echar*) _____ una mano?
6. Elsa prefiere (*tener*) _____ los sábados libres.
7. Siempre intentáis que (*conducir*) _____ yo.
8. Mis jefes no permiten que (*hacer*) _____ llamadas personales.
9. ¿Qué queréis que (*traer*) _____ yo a la fiesta?
10. No necesitan que nadie las (*ayudar*) _____.
11. ¿Me dejas (*usar*) _____ tu móvil?
12. Mi mujer prefiere que nos (*quedar*) _____ en casa.

ACIERTOS ..../12

88.2. **¿Qué le gustaría que el Ayuntamiento hiciera en su ciudad? Complete las frases.**

1. Me gustaría que (*plantar más árboles*) ___plantara más árboles___.
2. Me gustaría que (*hacer parques*) _____.
3. Me gustaría que (*poner más autobuses*) _____.
4. Me gustaría que (*limpiar las calles*) _____.
5. Me gustaría que (*bajar los impuestos*) _____.
6. Me gustaría que (*cuidar a los ancianos*) _____.
7. Me gustaría que (*gastar menos*) _____.
8. Me gustaría que (*construir más centros deportivos*) _____.

ACIERTOS ..../8

88.3. **Complete con los verbos del recuadro en infinitivo, presente o pretérito imperfecto de subjuntivo.**

acompañar	ayudar
dar	hablar
hacer	ir (2)
jugar	nadar
venir	

1. Ángeles no quiso que yo la ___acompañara___ al médico.
2. Si no os importa, preferiría que _____ en otra parte.
3. ¿A quién le gustaría _____ un viaje por la Baja California?
4. Mónica me ha pedido que la _____ a pintar su piso.
5. Antes me avergonzaba de _____ mal español.
6. Ángel intentó que su jefe nos _____ trabajo.
7. Mis amigos insistieron en que (yo) _____ a un concurso de televisión.
8. Mi padre me enseñó a _____ cuando tenía ocho años.
9. ¿Adónde preferís _____ el domingo?
10. La profesora quiere que (nosotros) _____ mañana a las 8:00. Va a explicar algo.

ACIERTOS ..../10

88.4. **Escriba frases con las palabras dadas.**

1. Me gustaría/Antonio/ser/amable. ___Me gustaría que Antonio fuera más amable.___
2. Luisa no quiso/salir/el domingo. _____
3. Mario se ha acostumbrado/a/Lupe/hacer la comida. _____
4. Ernesto preferiría/vivir/en otra ciudad. _____
5. Recordad/mis padres/llegar/ esta noche. _____
6. La profesora no deja/usar/el diccionario/en clase. _____
7. Ayer me olvidé/de/llamar/a Carolina. _____
8. El director prohibió/llamar a móviles/desde la oficina. _____
9. No te olvides/de/nosotros/ir al teatro/mañana. _____
10. Acordaos/de/apagar las luces. _____
11. Necesito/tomar un café/ por la mañana. _____
12. ¿Necesitas/yo/venir/mañana? _____

ACIERTOS ..../12

89 *hacerlo, aburrirse*
Los pronombres de objeto con el infinitivo

● Pronombres de objeto con el infinitivo solo

– Los pronombres de objeto directo (OD) o indirecto (OI) se añaden directamente al infinitivo cuando se usa como forma independiente.

● Infinitivo-pronombre OD (*me, te, lo...*)

> *¡Vamos, niños! A **recogerlo** todo.*
> *No me gusta **hacerlo** yo todo.*
> *No me gusta enseñar los cuadros antes de **haberlos acabado**.*

● Infinitivo-pronombre OI (*me, te, le...*)

> *–¿Qué quieres? –**Decirle** algo.*

● Infinitivo-pronombres OI/OD (*me, te, se.../lo, la...*)

> *He comprado unas flores y no quiero irme sin **dárselas** a Ana.*
> *Déjame leer la nota **antes de enviársela** a Jesús.*

*Lavad las fresas antes de **comerlas**.*

– verbos con *se*

● Infinitivo-pronombres (*me, te, se...*)

> ***Aburrirse** es de tontos.*
> *A Antonio le gusta mucho **quejarse**.*

*No me gusta **arrepentirme** de mis acciones.*

● Pronombres de objeto con el infinitivo dependiente de otros verbos

– Verbos que se unen directamente

verbo + infinitivo-pronombre objeto	pronombre objeto + verbo + infinitivo

● pronombres OD (*me, te, lo...*)

> *El director **quiere veros** en su oficina.*
> ***Tienes que comprarlo** ya.*

> *El director **os quiere ver** en su oficina.*
> ***Lo tienes que comprar** ya.*

● pronombres OI (*me, te, le...*)

> *Perdone, ¿**puede decirme** la hora?*
> ***Tienes que devolvernos** los libros.*

> *Perdone, ¿**me puede decir** la hora?*
> ***Nos tienes que devolver** los libros.*

● pronombres OI/OD (*me, te, se.../lo, la...*)

> *¿**Puedes dárselo** a Antonio?*
> *Ana tiene un coche viejo, pero no **quiere vendérmelo**.*

> *¿**Se lo puedes dar** a Antonio?*
> *Ana tiene un coche viejo, pero no **me lo quiere vender**.*

● verbos con *se*

> *No **queremos irnos**.*
> *¿Por qué **quieres reírte** de mí?*

> *No **nos queremos ir**.*
> *¿Por qué **te quieres reír** de mí?*

– Verbos unidos con preposición
Los pronombres de objeto se añaden directamente al infinitivo.

● verbo + preposición + infinitivo-pronombres OD (*me, te, lo...*)

> *Me amenazó con **tirarla**.*   *Me regañó por **romperlo**.*

● verbo + preposición + infinitivo-pronombres OI (*me, te, le...*)

> *Me **amenazó con contarle** todo a mi mujer.*
> *Se **olvidó de darnos** la noticia.*

● verbo + preposición + infinitivo-pronombres OI/OD (*me, te, se.../lo, la...*)

> *–¿Tenéis los regalos? –Sí. Alfonso **se encarga de dárselos** a los niños.*
> *No sabemos dónde vive Alonso. **Acuérdate de preguntárselo** a Luis.*

*Necesitamos leche. **Acuérdate de comprarla** cuando salgas.*

● verbos con *se*

> *Se dedica a **pintarse** las uñas en clase.*
> *Nos **amenazó con irse**.*

*Tienes que **aprender a reírte** de ti mismo.*

89.1. **Complete con el infinitivo de los verbos entre paréntesis y los pronombres de objeto correspondientes.**

1. Seca los platos antes de (*poner*) __ponerlos__ en la mesa.
2. –¿Qué quieres? –(*Enseñar*) _____ algo. Ven aquí.
3. Procura limpiar las figuras sin (*romper*) _____.
4. No nos gusta (*aburrirse*) _____.
5. Esto está lleno de juguetes. A (*guardar*) _____ todos.
6. Limpia bien el coche hasta (*sacar*) _____ brillo.
7. Echa sal a la carne antes de (*freír*) _____.
8. Lava la camisa antes de (*dejar*) _____ a Javier.
9. ¿Por qué os gusta tanto (*bañarse*) _____ en el mar?
10. –¿Qué tenemos que hacer con las macetas? –(*Regar*) _____ todas.
11. No hagáis nada sin (*preguntar*) _____ antes a Rosa.
12. Ana le dio la cámara a Amador después de (*quitar*) _____ a Santiago.

ACIERTOS /12

89.2. **Escriba frases con las palabras entre paréntesis. Haga los cambios necesarios.**

1. Ven aquí Julián. (*Quiero / decir / a ti / algo*) __Quiero decirte algo / Te quiero decir algo__
2. Tengo un diccionario, pero (*no puedo / dejar / a Peter*) _____
3. –¿Por qué queréis ver a Luisa? –(*Queremos / dar / a ella / algo*) _____.
4. *No tenemos dinero. ¿(Puedes / prestar / a nosotros / algo*) _____?
5. ¿Por qué no (*quieres / regalar / a nosotros / nada*) _____?
6. Es un secreto. (*No puedo / decir / a nadie*) _____.
7. (*El director quiere / ver / a nosotros / en su despacho*) _____.
8. ¿(*Puedes / enseñar / a mí / las fotos*) _____?
9. Necesito los apuntes. (*Tenéis que / devolver / a mí*) _____.
10. ¿Por qué (*queréis / irse*) _____?
11. –El ascensor no funciona. ¿Cómo subimos las maletas. –(*Tenéis que / subir / a pie*) _____
12. –¿Quién va a recoger a Daniel en el aeropuerto? –(*Yo no puedo / recoger / a él*) _____

ACIERTOS /12

89.3. **Complete con el infinitivo de los verbos entre paréntesis y los pronombres de objeto correspondientes.**

1. Luis se olvidó de (*dar*) __darle__ el recado a Pili.
2. –Ya tengo los resultados. –Acuérdate de (*decir*) _____ a José.
3. Encárgate de (*servir*) _____ la cena a esos señores, Manolo.
4. Joaquín tiene las llaves. Acuérdate de (*pedir*) _____.
5. Y cuando no le quisimos dar el trofeo, nos amenazó con (*romper*) _____.
6. Tenemos que aprender a (*reírse*) _____ de nosotros mismos.
7. Si necesitas algo, no dudes en (*pedir*) _____. Yo te lo doy.
8. Luisa lo sabe todo. Me arrepiento de (*decir*) _____.
9. No entiendo bien este aparato. Enséñame a (*usar*) _____, por favor.
10. Tengo que darle el biberón al niño. Ayúdame a (*dar*) _____.
11. Mi madre siempre me regaña por no (*limpiarse*) _____ los dientes.
12. Aquí dejo el libro de Pedro. Acuérdate de (*devolver*) _____.

ACIERTOS /12

89.4. **Conteste las preguntas con el sujeto entre paréntesis y los pronombres de objeto correspondientes.**

1. –¿Quién te va a traer los muebles? –(*Juan*) __Va a traérmelos Juan / Me los va a traer Juan__.
2. –¿Quién se encarga de comprar el pan? –(*Tomás*) _____.
3. –¿Quién se acordó de cerrar las ventanas? –(*Luisa*) _____.
4. –¿Quién quiere ver a Elena? –(*El director*) _____.
5. –¿Quién se olvidó de comprar la comida? –(*Ramón*) _____.
6. –¿Quién quiere comprarte el piso? –(*Una señora alemana*) _____.

ACIERTOS /6

90

Me puse a trabajar. Voy a trabajar
Expresiones con infinitivo (1)

Deja de ver la tele y
ponte a estudiar.

Lorena **echó a** correr cuando vio el autobús.

Deja de, ponte a y *echó a* son expresiones seguidas por un verbo en infinitivo que tienen significados especiales.

> Deja de ver la tele. = No veas más la tele.   Ponte a estudiar. = Empieza a estudiar.

● *ponerse a, echarse a, dejar de, acabar de*

– Se usan *ponerse a / echar(se) a* + infinitivo para indicar el comienzo de una acción.

> Cuando acabé la carrera, **me puse a trabajar** en un hospital. (Empecé a trabajar.)
> Cuando entró la profesora en el aula, Jorge **se puso a leer**. (Empezó a leer.)

Echar(se) a indica el comienzo repentino de una acción que se hace con ímpetu. Por eso se usa principalmente con determinados verbos de movimiento y sentimiento: *correr, llorar, reír…*

> Alfonso **se echa a llorar** por cualquier cosa.   Di una palmada y todos los pájaros **se echaron a volar**.

> **PERO:** ~~Se echaron a leer.~~ → **Se pusieron a leer.**

– Se usa *dejar de* + infinitivo para indicar la interrupción de un proceso.

> He **dejado de tomar** café. Me quita el sueño. (Ya no tomo café.)
> Bruno **ha dejado de trabajar** para Javier. (Bruno ya no trabaja para Javier.)
> Cuando empezaron los exámenes, Roberto **dejó de salir** por la noche.

La forma negativa, *no dejar de* + infinitivo significa *"no olvidarse de", "procurar"*.

> Si ves a Pili, **no dejes de darle** recuerdos de mi parte. (No te olvides de darle recuerdos.)
> **No dejes de ver** la nueva película de Amenábar. Es extraordinaria. (Procura verla.)

– Se usa *acabar de* + infinitivo para indicar que algo ha sucedido justo antes de ese momento. Se usa generalmente en presente y pretérito imperfecto de indicativo.

> **Acabo de ver** a Gasol en la calle. Es altísimo. (Lo he visto hace un momento.)
> **Acababais de salir** cuando llamó Tere. (Habíais salido hacía un momento.)

● *ir a*

– Se usa *ir a* + infinitivo para hablar de intenciones inmediatas en el presente o en el pasado.

> **Voy a lavarme** el pelo.   **Iba a cenar** cuando llamó Pedro y me pidió que fuera a su casa.

– Se usa para hablar de planes o intenciones futuras respecto al presente o a un momento del pasado.

> Este año **voy a aprender** alemán.
> **Íbamos a hacer** un viaje en agosto pero me rompí una pierna y nos quedamos en casa.

– Se usa para hacer deducciones o predicciones sobre algo que está a punto de suceder o que parece que va a suceder.

> Mira. Ese avión **va a aterrizar**.   Cuando vi cómo conducía Carlos, comprendí que **iba a tener** un accidente.

> **ATENCIÓN:**
>
> | infinitivo-pronombres objeto | pronombres objeto + verbo + infinitivo |
> | --- | --- |
> | He dejado de **verla**. | **La** he dejado de ver. |
> | No dejes de **verlo**. | No **lo** dejes de ver. |
> | Acabo de **comprarlo**. | **Lo** acabo de comprar. |
> | Voy a **lavarme**. | **Me** voy a lavar. |

> **PERO:** No con *ponerse a:* ~~Me lo puse a limpiar.~~ → **Me puse a limpiarlo.**

90.1. **Sustituya las palabras subrayadas por expresiones con *echar(se) a* o *ponerse a*.**

1. En cuanto bajó del coche, <u>empezó a correr</u>. _En cuanto bajó del coche, se puso/echó a correr._
2. Cuando les conté lo de Rafa, <u>empezaron a reírse</u>. _____
3. Mi hermana <u>empezó a llorar</u> cuando se enteró del accidente de Juan. _____
4. Todos <u>empezaron a trabajar</u> cuando llegó el jefe. _____
5. Todo el mundo <u>empezó a correr</u> cuando se oyó la explosión. _____
6. <u>No empieces a leer</u> el periódico ahora. _____
7. No lo entiendo. No haces nada durante el día y <u>empiezas a estudiar</u> por la noche. _____
8. No <u>empecéis a cantar</u> aquí, por favor. _____

ACIERTOS /8

90.2. **Vuelva a escribir las frases con *dejar de/no dejar de* en el tiempo adecuado.**

1. Cuando tuve el accidente, ya no trabajaba. _Cuando tuve el accidente, había dejado de trabajar._
2. Cuando veas a Clara, acuérdate de decirle que la espero. _____
3. Procura llamarme cuando vengas a Madrid. _____
4. Estoy feliz. Ya no toso. _____
5. Cuando Arturo y Lola se separaron, ya no se querían. _____
6. Cuando amaneció, ya no nevaba. _____
7. Procura afeitarte esta noche. _____
8. Cuando conocí a Susi, ya no estudiaba. _____

ACIERTOS /8

90.3. **Vuelva a escribir las frases subrayadas con *acabar de* en el tiempo adecuado.**

1. ¿Te gusta mi coche? <u>Lo he comprado hace unos días</u>. _Lo acabo de comprar._
2. –¿Quieren comer? –No, gracias, <u>hemos comido hace un momento</u>. _____
3. Cuando me enviaron a Londres, <u>me había casado hacía poco</u>. _____
4. Cuando llamó Tere, <u>os habíais acostado hacía un momento</u>. _____
5. –¿Dónde están tus padres? –<u>Se han ido hace un momento</u>. _____
6. <u>Me han dado una buena noticia hace un momento</u>. _____

ACIERTOS /6

90.4. **Utilice la forma adecuada de *ir a* + los infinitivos del recuadro.**

1. Cuando vi entrar a Elsa, me di cuenta de que _iba a haber_ problemas.
2. Este año _____ un viaje en agosto.
3. _____ cuando se presentaron unos amigos y tuvimos que quedarnos.
4. ¡Cuidado! _____ el niño.
5. _____ la puerta cuando oí el teléfono
6. Este invierno _____ en Sierra Nevada.
7. ¿Qué _____ cuando te vio Susana en el banco?
8. ¿Dónde _____ este verano? ¿Por qué no venís con nosotros?

abrir
caerse
esquiar
hacer (2)
~~haber~~
ir
salir

ACIERTOS /8

90.5. **Escriba frases con las palabras entre paréntesis y los pronombres correspondientes. Haga los cambios necesarios.**

1. Ya no hago alpinismo. (*He dejado de / hacer*) _He dejado de hacerlo. / Lo he dejado de hacer._
2. ¿Te gusta mi chaqueta? (*Acabo de / comprar*) _____
3. Han llamado a Javier. (*Voy a / decir / a él*) _____
4. Tenemos que salir. (*No dejes de / llamar / a mí*) _____
5. Ayer recibí el libro de Ramón y (*me puse a / leer*) _____
6. Me he enfadado con Ana. (*He dejado de / hablar / a ella*) _____
7. Tengo calor. (*Voy a / ducharse*) _____
8. Luis acabó el chiste y (*nos pusimos a / reírse*) _____
9. Le ha gustado mucho nuestro regalo a Elisa. (*Acabamos de / dar / a ella*) _____

ACIERTOS /9

Tengo que trabajar. ¿Puedo abrir la ventana?
Expresiones con infinitivo (2)

● *tener que, deber, haber que*

 – Se usa *tener que* + infinitivo para expresar una obligación o necesidad de tipo personal de hacer algo impuesto por las circunstancias.

> *Tenemos que acostarnos* temprano. Mañana *tenemos que madrugar*. El avión sale a las siete.
> *Tengo que quedarme* en casa esta noche. Van a venir mis tías.

 – Se usa *deber* + infinitivo para expresar obligación cuando la persona o personas que hablan consideran algo necesario o aconsejable.

> *Debes/Deberías llamar* a Rubén. Se lo prometiste. (Considero que es aconsejable que lo llames.)

 – *No tener que* + infinitivo indica que no es necesario hacer algo.

> Mañana *no tenemos que madrugar*. Es domingo. (No es necesario madrugar.)
> Los alumnos de esta lista *no tienen que hacer* el examen.

 – *No deber* + infinitivo indica que algo no es aconsejable.

> *No debemos irnos* ahora. Se pueden enfadar.   *No debéis salir* con este frío.

Compare:

No te preocupes. **No tienes que regalarme** *nada.* (No es necesario.)	**No debes regalar** *nada a Nati. Se puede enfadar Ana.* (No es aconsejable.)

 – Se usa *haber que* + infinitivo para expresar obligación o necesidad de forma general, no personalizada. Se usa solo en las formas de 3.ª persona de singular: *hay, había, hubo, habrá...*

> Para ir a la universidad, *hay que aprobar* el examen de Selectividad.
> En el futuro, *habrá que hablar* muchos idiomas.

● *deber de*

 – *deber de* + infinitivo expresa una suposición o deducción del hablante.

> *Debe de ser* extranjero. Casi no habla español. (Supongo que es extranjero.)
> Este cuadro es precioso. *Debe de haberlo pintado* Miguel. (Supongo que lo pintó Miguel.)

● *poder*

 – Se usa *poder* + infinitivo para expresar permiso, prohibición o capacidad.

> *¿Puedo ir* al lavabo?   *No podremos* abrir la puerta con esta llave. Está rota.
> *No podemos fumar* en el avión. Está prohibido.

 – Se usa *se puede / no se puede* + infinitivo para indicar permiso, prohibición o capacidad de forma general, no personalizada.

> Lo siento. Aquí *no se puede comer*.   Esos muebles *no se pueden bajar* por la escalera. Son
> En este parque no *se puede pisar* la hierba.   muy grandes.

 – Se usa *no poder* + infinitivo para expresar una suposición o deducción sobre algo que el hablante considera imposible.

> *No puede ser* Juan. Se fue ayer a Cali. (Es imposible que sea Juan.)

Compare:

No debe de trabajar *aquí. No lleva uniforme.* (Supongo que no trabaja aquí.)	**No puede trabajar** *aquí. No ha terminado la carrera.* (Es imposible que trabaje aquí.)

ATENCIÓN:

verbo principal + infinitivo-pronombres objeto	pronombres objeto + verbo principal + infinitivo
Debéis decírselo.	*Se lo **debéis** decir.*
*No **tienes que** hacerlo.*	*No lo **tienes que** hacer.*
Debe de venderlo caro.	*Lo **debe de vender** caro.*

PERO: No con *hay que*:   ~~*Lo hay que romper.*~~   →   *Hay que romperlo.*

91 EJERCICIOS

91.1. **Complete con las formas adecuadas de *tener que, deber, no tener que, no deber* o *haber que*.**

1. Creo que ___no debes___ molestar a Sancho. Está muy cansado.
2. Lo siento, pero _____ ir en tren. No tenemos coche.
3. No te preocupes, Jorge. _____ devolverme el dinero. Es un regalo mío.
4. Creo que _____ hablar con el director. Él os puede ayudar.
5. ¡Qué maravilla! Mañana _____ cocinar. Pablo nos invita a un restaurante.
6. _____ hablar con la boca llena, Carlitos. Está muy feo.
7. Para casarse, _____ tener 16 años.
8. _____ darme ninguna explicación, Sara. Puedes hacer lo que quieras.
9. ¿_____ tener visado para viajar a Chile?

91.2. **Sustituya las expresiones subrayadas por la forma adecuada de *tener que* o *haber que*. Haga los cambios necesarios.**

1. En mi colegio <u>era obligatorio levantarse</u> cuando entraba el profesor. En mi colegio había que levantarse cuando entraba el profesor.
2. <u>Es necesario comprar el billete</u> antes de subirse al autobús. _____
3. <u>Es necesario que Raquel se vaya</u>. Es muy tarde. _____
4. <u>Es necesario que lleve</u> el coche al garaje. No va bien. _____
5. <u>En España es necesario tener</u> 18 años para conducir un coche. _____
6. <u>Es necesario que estudien</u> más para aprobar. _____
7. Cuando Li era pequeña, <u>era necesario</u> acompañarla al colegio. _____
8. Antes, <u>era necesario tener permiso</u> de los padres para viajar. _____

ACIERTOS ...../8

91.3. **Complete con las formas adecuadas de *poder* en afirmativa o negativa.**

1. ___No se pueden___ recibir mensajes personales en los ordenadores de la empresa.
2. Profesora, ¿_____ salir pronto hoy? Queremos ver el partido.
3. En verano _____ encender fuego en ninguna parte.
4. Aquí _____ hacer lo que queráis mientras no rompáis nada.
5. ¿En este hospital _____ visitar a los enfermos a cualquier hora?
6. Lo siento, Juan, pero en casa _____ tocar el piano por la noche.

ACIERTOS ...../6

91.4. **Sustituya las expresiones subrayadas por la forma adecuada de *deber de* o *no poder*. Haga los cambios necesarios.**

1. <u>Supongo que es</u> muy tarde. No hay gente por la calle. Debe de ser muy tarde.
2. <u>Es imposible que Lupe esté</u> enferma. Acabo de verla en el cine. _____
3. <u>Supongo que no está</u> casado. Va siempre solo. _____
4. <u>Supongo que Norma y Sandra están</u> fuera. No cogen el teléfono. _____
5. <u>Es imposible que tengáis hambre.</u> Acabáis de comer. _____
6. <u>Supongo que Manuela rompió el jarrón.</u> Antes estaba bien. _____

ACIERTOS ...../6

91.5. **Escriba frases con las palabras entre paréntesis y los pronombres correspondientes. Haga los cambios necesarios.**

1. (*No debería / decir / a ti*) No debería decírtelo / No te lo debería decir , pero ha llamado Sonia.
2. El tema 3 es obligatorio. (*Tenéis que / estudiar*) _____.
3. Esta comida está mala. (*Hay que / tirar*) _____.
4. Me gusta esa falda. ¿(*Puedo / probar*) _____?
5. Necesito pasar este texto a máquina. ¿(*Puedes / dictar*) _____?
6. Ha sido culpa mía, pero (*tienes que / perdonar*) _____
7. Sé que te gusta ese cuadro. (*Puedes / llevar*) _____.
8. La letra de esta carta parece de Marta. (*Debe de / escribir / ella*) _____

ACIERTOS ...../8

92 Suelo acostarme temprano. Llevo dos días sin dormir
Expresiones con infinitivo (3)

● **soler**

– Se usa *soler* + infinitivo para hablar de acciones habituales o frecuentes.

> **Suelo acostarme** *temprano.* (Normalmente me acuesto temprano.)
> *Jesús* **suele venir** *a verme todos los domingos.* (Normalmente viene a verme todos los domingos.)

– *Soler* se usa normalmente en presente y pretérito imperfecto de indicativo.

	presente de indicativo	pretérito imperfecto
(yo)	suelo	solía
(tú)	sueles	solías
(usted)	suele	solía
(él, ella)	suele	solía
(nosotros, nosotras)	solemos	solíamos
(vosotros, vosotras)	soléis	solíais
(ustedes)	suelen	solían
(ellos, ellas)	suelen	solían

Susana **suele ir** *al trabajo en bici.*

– En presente, *soler* indica que la acción o situación a la que se refiere el verbo es habitual.

> *Ana y Pedro* **suelen ir** *al cine todas las semanas.* (Normalmente van al cine todas las semanas; es su costumbre.)

– En pretérito imperfecto, *soler* indica que la acción o situación a la que se refiere el verbo era habitual en el pasado, pero que ya no lo es.

> *Cuando éramos jóvenes,* **solíamos viajar** *a Chile una o dos veces al año.* (Ya no viajamos a Chile con esa frecuencia.)

● **llevar**

▶ **UNIDAD 44:** *Llevar* para expresar duración ▍▌

– Se usa *llevar* + *sin* + infinitivo para referirse a un período de tiempo en que no se ha hecho algo.

llevar (+ período de tiempo)	+ *sin*	+ infinitivo (+ período de tiempo) + infinitivo + *desde* + fecha/momento

> **Llevamos** *dos días* **sin dormir.** / **Llevamos sin dormir** *dos días.*
> *Llevamos sin dormir desde el lunes.*
> *Cuando me llamó Alfonso,* **llevaba** *un mes* **sin salir.**

● **volver a**

Se usa *volver a* + infinitivo para indicar la repetición de una acción.

> **He vuelto a ver** *a Teresa.* (He visto a Teresa otra vez.)
> **No vuelvas a hacer** *eso o me enfado.* (No hagas eso otra vez.)
> **Se ha vuelto a estropear** *el coche.* (Se ha estropeado el coche de nuevo.)

Agua, por favor. **Llevo dos días sin beber.**

ATENCIÓN: ▍

verbo principal + infinitivo-pronombres objeto	pronombres objeto + verbo principal + infinitivo
Suelo comprarlo *los domingos.* **Llevo sin probarlo** *un mes.* **Ha vuelto a estropearse.**	**Lo suelo comprar** *los domingos.* **Se ha vuelto a estropear.** **Lo llevo sin probar** *un mes.*

92.1. **Sustituya las expresiones subrayadas por las formas adecuadas de _soler_ + infinitivo.**

1. Hace años <u>normalmente iba</u> a esquiar todos los domingos. _____ Hace años solía ir a esquiar todos los domingos.

2. Mis amigos y yo <u>normalmente vamos</u> a bailar los sábados. _____

3. Antes <u>normalmente viajábamos</u> al extranjero todos los años. _____

4. Rosa <u>normalmente</u> hace la comida en su casa. _____

5. <u>Normalmente no duermo</u> más de seis horas. _____

6. Agustín y su novia <u>normalmente se ven</u> todos los días. _____

7. Cuando Carlos era pequeño, su padre <u>normalmente lo llevaba</u> al colegio. _____

8. Cuando Joaquín estudiaba, <u>normalmente no iba</u> a clase todos los días. _____

9. Recuerdo que cuando era pequeño, <u>normalmente hacía</u> mucho frío en invierno. _____

10. <u>Normalmente estudio</u> dos o tres horas al día. _____

ACIERTOS /10

92.2. **Vuelva a escribir las frases con _llevar sin_ en la forma adecuada.**

1. La última vez que salí con Cristina fue hace un mes. _____ Llevo un mes sin salir con Cristina.

2. La última vez que fuimos al cine fue en Navidad. _____

3. Cuando me encontré con Nacho, hacía dos años que no nos veíamos. _____

4. La última vez que Felipe trabajó fue hace tres años. _____

5. ¿Cuándo fue la última vez que hablaste con Nora? ¿Cuánto tiempo _____?

6. Cuando encontraron a su perro, hacía dos días que no había comido. _____

7. La última vez que vimos a Sebastián fue en su cumpleaños. _____

8. Cuando empezaron las clases, hacía seis meses que no tocábamos el piano. _____

9. La última vez que fui a Argentina fue hace cuatro años. _____

10. ¿Cuándo fue la última vez que comisteis carne? ¿Cuánto tiempo _____?

ACIERTOS /10

92.3. **Vuelva a escribir las frases subrayadas con _volver a_ + infinitivo.**

1. Hablé con Teresa la semana pasada, pero <u>no he hablado otra vez con ella desde entonces.</u> No he vuelto a hablar con ella desde entonces.

2. <u>¡No me cojas el coche otra vez!</u> _____

3. Lo siento. <u>Me he equivocado otra vez.</u> _____

4. ¡Qué fastidio! <u>Tengo que salir otra vez.</u> _____

5. Alfonso no tiene cuidado. <u>Ha tenido un accidente otra vez.</u> _____

6. Juan está loco. <u>Ha empezado la carrera otra vez.</u> _____

7. <u>Ayer vimos _Casablanca_ otra vez.</u> _____

8. <u>No creo que haga alpinismo otra vez.</u> Soy muy mayor. _____

9. Rafa se divorció hace cinco años y el año pasado <u>se casó otra vez.</u> _____

10. Luisa tiene mucha suerte. <u>Le ha tocado la lotería otra vez.</u> _____

ACIERTOS /10

92.4. **Vuelva escribir las frases entre paréntesis con la forma correspondiente de _soler_, _volver a_ o _llevar sin_ y los pronombres de objeto necesarios.**

1. –¿Compras el periódico? –Sí, (_normalmente lo compro_) _____ suelo comprarlo/lo suelo comprar _____ todos los días.

2. –¿Has vuelto a ver a Julián? –No, (_no lo he visto otra vez_) _____ desde el mes pasado.

3. –¿Has escrito a Sofía? –No, (_no le he escrito_) _____ desde Navidad.

4. –¿Haces tú la comida? –No, (_normalmente la hace_) _____ Andrés.

5. –¿Cuánto tiempo hace que no haces gimnasia? –(_No la hago_) _____ desde el verano.

6. –¿Cuándo os ducháis? –(_Normalmente nos duchamos_) _____ por la mañana.

7. –¿Les has dado dinero a tus sobrinos? –Sí, (_les he dado dinero otra vez_) _____.

8. –¿Dónde compras los billetes? –(_Normalmente los compro_) _____ por internet.

ACIERTOS /8

paseando por el parque
Gerundio

Ayer vi a Marisa **paseando** sola por el parque.

● *Paseando* es una forma de gerundio. El gerundio se refiere al acto de realización de la acción indicada por el verbo.

Paseando *por el parque.* (En el acto de pasear por el parque.)

● **Formas del gerundio**

– verbos regulares

• verbos acabados en *-ar* → *-ando*:　　trabaj-ar ▶ trabaj-**ando**

• verbos acabados en *-er/-ir* → *-iendo*:　com-er ▶ com-**iendo**　　　viv-ir ▶ viv-**iendo**

Los verbos acabados en *-er/-ir* con una vocal delante de la terminación, se forman de la siguiente manera:

vocal + *-er/ir* → *-yendo*:　　le-er ▶ le-**yendo**　　o-ír ▶ o-**yendo**　　ir ▶ **yendo**

▌ **PERO:** re-ír ▶ r-**iendo**　　fre-ír ▶ fr-**iendo**

– verbos irregulares:

e ▶ i: d**e**cir ▶ d**i**ciendo

Otros: *competir, corregir, elegir, herir, medir, mentir, pedir, repetir, seguir, sentir, venir, vestir(se)*

o ▶ u: d**o**rmir ▶ d**u**rmiendo

Otros: *morir(se), poder, podrir*

– verbos con *se*: atreverse ▶ *atrevi**é**ndo**se**, ducharse ▶ *duch**á**ndo**se***

● **Se usa el gerundio:**

– para referirse al acto de realización de una acción.

*Mira, ahí está Luis **hablando** con sus alumnos.*
*–¿Qué haces? –**Viendo** la tele.*

– con el verbo *estar* para referirnos a acciones en desarrollo en cualquier momento.

*–¿Dónde estabas ayer a las nueve? –Estaba en la oficina. **Estaba terminando** un informe.*
*–¿Por qué estás tan sucio? –**He estado trabajando** en el jardín.*

– para hablar de una acción que sucede al mismo tiempo que otra.

*Me encanta **conducir escuchando** la radio.* (Mientras escucho la radio.)
*Me **contó** todo **paseando** por el campo.* (Mientras paseábamos por el campo.)

– para indicar cómo se hace algo o cómo se llega a un lugar.

*Subí las escaleras **corriendo**.*
*Me contestó **sonriendo**.*

¿Dónde has aparcado el coche?

Saliendo del portal, a la derecha.

● El gerundio se suele referir a la misma persona, animal o cosa que el verbo principal.

*Se marchó (ella) **llorando** (ella).*

– Se puede referir a otra persona, animal o cosa con los verbos siguientes: *ver, pintar, dibujar, fotografiar/ hacer una foto, imaginar, sorprender, recordar, conocer, coger, sorprender, encontrar.*

*Ayer **vi** (yo) una avioneta **volando** (ella).*
*Han **cogido** (ellos) a un ladrón **robando** (él) en la panadería.*

93 EJERCICIOS

93.1. **Escriba el gerundio de los siguientes verbos.**

1. beber ___bebiendo___
2. creer _____
3. repetir _____

4. pedir _____
5. vestirse _____
6. escribir _____

7. poder _____
8. decir _____
9. estudiar _____

93.2. **Complete con la forma de gerundio de los verbos del recuadro.**

1. Europa está ___cambiando___ mucho con el euro.
2. ¡Qué pena! Se nos están _____ los limones.
3. Como Matías trabaja de noche se pasa las mañanas _____.
4. –¿Por qué sudas? –He estado _____.
5. Mi amiga Charo está ahora _____ en Guayaquil.
6. Pepita ya estaba _____ los calamares cuando llegamos.
7. El café estaba vacío. Solo había un hombre _____ un periódico.
8. Ramón está siempre _____ la siesta.

~~cambiar~~
correr
dormir
echarse
reír
leer
pudrir
vivir

93.3. **Vuelva a escribir las frases con el gerundio como en el ejemplo.**

1. Se marchó mientras se reía. ___Se marchó riendo.___
2. Me gusta escuchar música mientras trabajo. _____
3. Carmen desayuna mientras lee el periódico. _____
4. Me afeito mientras escucho las noticias. _____
5. Esther salió y cerró la puerta. _____
6. Pedro llegó y dio abrazos a todos. _____
7. Mi padre se duerme mientras ve la tele. _____
8. No debes conducir y hablar por el móvil, Casto. _____
9. Gregorio se presentó en la cena. Traía regalos para todos. _____

93.4. **Sustituya las palabras subrayadas por un gerundio.**

1. Anoche me desperté <u>con gritos</u>. ___Anoche me desperté gritando.___
2. Contestó <u>con una sonrisa</u>. _____
3. La cafetería está <u>a la entrada del</u> museo. _____
4. Bajaron las escaleras <u>a todo correr</u>. _____
5. El hermano de Carla se arruinó <u>con el juego</u>. _____
6. Verás el cine <u>a la salida del</u> aparcamiento. _____
7. <u>Con los viajes</u> se conoce a mucha gente. _____
8. Nadie se hace rico <u>con el trabajo</u>. _____
9. <u>Con la lectura</u> se conocen muchos mundos. _____
10. Ferrán se ha hecho famoso <u>con la cocina</u>. _____

93.5. **Vuelva a escribir las frases usando el gerundio.**

1. La policía sorprendió a los ladrones cuando hacían un agujero. ___La policía sorprendió a los ladrones haciendo un agujero.___
2. Esta mañana he visto a Emilio cuando salía de su casa. _____
3. Amalia conoció a su marido cuando viajaban por Cuba. _____
4. No me puedo imaginar a Daniel cuando da clases de ruso. _____
5. Me gusta fotografiar a la gente mientras camina por la ciudad. _____
6. Recuerdo a Ana cuando daba sus primeros pasos. _____
7. Ayer sorprendieron a Elena mientras copiaba en un examen. _____
8. El domingo vi a Fernando mientras conducía un Mercedes. _____
9. Me tropecé mientras subía las escaleras. _____

94 *Sigo buscando trabajo. Llevo media hora esperando*
Expresiones con gerundio

El gerundio se usa en algunas expresiones.

● *ir* + gerundio

– Se puede usar *ir* + gerundio para indicar un desarrollo gradual.

> Poco a poco **vamos aprendiendo**.   Me **voy haciendo** viejo.

– A veces se usa *ir* en lugar de *estar*.

> Cuando tuvimos el accidente, **iba** (estaba) **conduciendo** Ricardo.

● *seguir* + gerundio

Se usa *seguir* + gerundio para indicar la continuación de una acción en ese momento o en el momento del que se está hablando.

> **Sigo buscando** trabajo. (Empecé a buscar trabajo hace tiempo y todavía estoy buscándolo.)
> Le dije que se callara, pero **siguió hablando**. (Había empezado a hablar hacía un rato y todavía estaba hablando.)

● *llevar* + gerundio

Se usa *llevar* + gerundio para indicar la duración de una acción o situación hasta el presente o hasta un momento en el pasado.

• *llevar* + gerundio + *desde* + fecha/momento

Llevo esperando desde las cuatro.

```
        16:00              ahora
    ─────────x─────────────●─────
        empecé a           sigo
        esperar          esperando
```

• *llevar* (+ período de tiempo) + gerundio (+ período de tiempo)

Sofía **llevaba** cuatro meses **viviendo** en México cuando conoció a Mario.

```
        4 meses                 ahora
    ────────x──────────x─────────●──
        llegó          a conoció
        México         a Mario
```

▶ **UNIDAD 44:** *Llevar* para expresar duración ▮

● Pronombres de objeto con el gerundio

– Cuando el gerundio está solo, los pronombres de objeto se añaden directamente al gerundio.

• gerundio-pronombres OD (*me, te, lo...*)

> –¿Le diste mi carta a Ana? –Sí, pero se fue **rompiéndola**.

• gerundio-pronombres OI (*me, te, le...*):

> ¡Mira! Pilar **dándole** el biberón a su niño.

• gerundio-pronombres OI-OD (*me, te, se.../lo, la...*)

> –¿Dónde está mi cedé? –He visto a Rosa **dándoselo** a Manolo.

– Verbos con *se*:

> –¿Qué hace Laura? –**Quejándose**, como siempre.

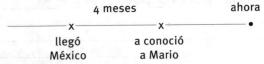

¿Dónde está Paloma?

No sé. Llevo media hora **esperándola**.

– Cuando el gerundio depende de otro verbo, son posibles las siguientes construcciones:

verbo principal + gerundio-pronombres objeto	pronombres objeto + verbo principal + gerundio
Le dije que no hiciera ruido, pero **siguió haciéndolo**.	Le dije que no hiciera ruido, pero **lo siguió haciendo**.
Llevo media hora **llamándote**, Puri.	**Te llevo** llamando media hora, Puri.
Laura **está** siempre **quejándose**.	Laura **se está quejando** siempre.

94 EJERCICIOS

94.1. **Transforme las oraciones con *ir* y el gerundio de los verbos subrayados.**

1. Cuando llegamos al colegio, ya <u>salían</u> los niños. _Cuando llegamos al colegio, ya iban saliendo los niños._
2. <u>Hacía</u> amigos en mi nueva oficina día a día. _____
3. He escuchado por la radio que el Madrid <u>pierde</u> el partido. _____
4. Es hora de irse, Jacinto. Se <u>hace</u> tarde. _____
5. <u>Ponte</u> el abrigo, Gregorio. Nos vamos. _____
6. <u>Quita</u> la mesa, Gerardo. Ya hemos terminado la cena. _____
7. Enhorabuena, Enrique. Parece que <u>apruebas</u> todas las asignaturas. _____
8. Con lo que ganaba, Ángela <u>sacaba</u> adelante a sus hijos. _____

ACIERTOS /8

94.2. **Complete con la forma correspondiente de *seguir* y el gerundio de los verbos entre paréntesis.**

1. Muy bien, Paula. (*hacer*) ___Sigue haciendo___ ejercicio y te pondrás fuerte.
2. Cuando me marché, mis vecinos estaban discutiendo, y cuando regresé (*discutir*) _____.
3. Mis hermanas (*visitar*) _____ a su antiguo profesor. Lo aprecian mucho.
4. (*Leer*) _____ Paco, por favor. Lo haces muy bien.
5. Alberto (*ser*) _____ el mismo. Siempre se queja de todo.
6. ¿(*Ir*) _____ a la playa tus padres los veranos? Antes iban siempre.
7. –¿(*Salir*) _____ Andrea con Ricardo? –No. Ya no se hablan.
8. No busques trabajo, Iván. (*Estudiar*) _____ hasta que termines la carrera.

ACIERTOS /8

94.3. **Complete con la forma correspondiente de *llevar* y el gerundio de los verbos entre paréntesis.**

1. Date prisa. El taxi nos (*esperar*) ___lleva esperando___ veinte minutos.
2. (*Hablar*) _____ media hora, Fernando. Cuelga ya, por favor.
3. Facundo conoce muy bien Toledo. (*Venir*) _____ años _____ a España.
4. (*yo, oír*) _____ esa música una hora. Bájala un poco, Beatriz.
5. Peter habla muy bien español. (*Vivir*) _____ en Argentina tres años.
6. Descansa un poco, Mario. (*Trabajar*) _____ cuatro horas _____ con el ordenador.
7. Julio está harto. (*Ir*) _____ muchos años _____ en metro a trabajar.
8. Lola (*vestirse*) _____ desde las tres. Ya son las cuatro. (*Esperar*) _____ una hora _____.

ACIERTOS /13

94.4. **Complete con la forma adecuada de *ir*, *seguir* o *llevar* y el gerundio de los verbos del recuadro.**

1. –¿Dónde trabajas ahora, Carlos? –___Sigo trabajando___ en la academia de idiomas.
2. ¿Cuánto tiempo _____ juntos Arturo y tú?
3. Claudia no está bien del todo pero _____.
4. Me duelen los ojos. _____ desde las ocho.
5. El médico le aconsejó que no bebiera más, pero él _____.
6. No tengas prisa. Puedes _____ el trabajo a ordenador poco a poco.
7. Me estoy enfadando. _____ a Marta casi una hora.
8. Con un poco de paciencia tu español _____, Jim.
9. _____ el coche del garaje, Gabriel. Yo bajo enseguida.
10. –¿A qué te dedicas ahora, Alfonso? –_____ mecánico. Es lo mío.

beber
esperar
leer
mejorar (2)
pasar
sacar
salir
ser
trabajar

ACIERTOS /10

94.5. **Escriba las frases entre paréntesis con las palabras dadas y los pronombres de objeto correspondiente.**

1. Escúchame, Felipe. (*Estoy / hablar / a ti*) _Estoy hablándote. / Te estoy hablando._
2. ¿Dónde está Paloma? (*Llevo / media hora/esperar*) _____
3. Llama a Benito. (*Hay / dos señores / esperar en su despacho*) _____
4. No me dejan trabajar. (*Están / llamar / a mí / a todas horas*) _____
5. Sara no estudia. (*Estoy / decir / siempre / a sus padres*) _____
6. Mario cogió dos galletas y se fue (*comerse*) _____

ACIERTOS /6

197

95 trabajado, abierto, dicho
Participio

● Formación del participio:

– verbos regulares

verbos acabados en *-ar* → *-ado*: trabaj-ar ▸ trabaj-**ado**

verbos acabados en *-er/-ir* → *-ido*: com-er ▸ com-**ido**   viv-ir ▸ viv-**ido**

– verbos irregulares:

abrir ▸ abierto   (com)poner ▸ (com)puesto

(des)cubrir ▸ (des)cubierto   romper ▸ roto

escribir ▸ escrito   ver ▸ visto

de(volver) ▸ (de)vuelto   morir ▸ muerto

decir ▸ dicho   hacer ▸ hecho

● El participio se usa con *haber* para formar los tiempos compuestos. La forma del participio no cambia nunca.

　　*¿**Has visto** a Clara?*　　　　　　　　　*Sonia no **había comido** todavía cuando la llamé.*

▶ **UNIDAD 55: Pretérito pluscuamperfecto de indicativo** ▮

– En los verbos con *se*, los pronombres se colocan delante de *haber*.

　　*No **me he acordado** de comprar pan.*　　*Lucía y Jorge no **se habían levantado** aún cuando me fui.*

● El participio se usa con *ser* para formar la voz pasiva. El participio tiene la misma forma (masculino, femenino, singular o plural) que la persona, animal o cosa a la que se refiere.　▶ **UNIDAD 115: Voz pasiva** ▮

　　*El **hospital fue inaugurado** en 1998.*　　*Estas **casas** van a **ser derribadas** muy pronto.*

● También se puede usar como adjetivo. En este caso tiene la misma forma (masculino, femenino, singular o plural) que la persona, animal o cosa a la que se refiere.

　　*Hay **un vaso roto**.*　　　　　　　　　*Esa **mesa** está muy bien **hecha**.*
　　*¿Están **abiertos los bancos** hoy?*　　　*Tengo que retirar **las hojas muertas**.*
　　*Tengo **manchadas** todas **las camisas**.*

● Se usa el participio en algunas construcciones especiales.

– *estar* + participio indica el resultado de una acción.

　　*Ya **está arreglada** la lavadora.*

– *seguir* + participio indica que una situación anterior se mantiene en el momento al que nos referimos.

　　*La puerta del salón **sigue rota**. (Se rompió hace tiempo y en este momento todavía está rota.)*
　　*Esa mañana había dormido bien, pero **seguía cansado**. (Estaba cansado anteriormente y cuando me levanté aún estaba cansado.)*

– *llevar* + participio indica la duración de una situación desde el comienzo hasta el momento al que nos referimos.

llevar + participio + período de tiempo
　　*Rita y Jaime **llevan casados quince años**.*

llevar + período de tiempo + participio
　　*Rita y Jaime **llevan quince años casados**.*

llevar + participio + *desde* + fecha/momento
　　*Cuando cambiaron el cristal, **llevaba roto** desde el verano.*

No funciona. **Lleva estropeado** una semana.

▶ **UNIDAD 44: *Llevar* para expresar duración** ▮

95.1. **Escriba el participio de los verbos siguientes.**

1. decir ___dicho___
2. tener _____
3. abrir _____
4. asar _____

5. conocer_____
6. casar _____
7. caer _____
8. escribir _____

9. poner _____
10. volver _____
11. morir _____
12. acabar _____

95.2. **Rodee la forma correcta.**

1. Juan ya ha ((visto)/veído) esa película dos veces.
2. Me gustan los libros (encuadernados/encuadernado) en tela.
3. A mis hijos les encanta la carne (asado/asada).
4. Mis amigos estaban (sentado/ sentados) en el césped.
5. El Ayuntamiento ha (cerrado/cerrada) una discoteca.
6. Mis padres han (vuelto/vueltos) ya de Canarias.
7. Yo siempre compro papel (reciclados/reciclado).
8. Raquel tiene ya muchas canciones (bajadas/bajados) de internet.
9. Muchos árboles han (muerto/morido) a causa de la lluvia ácida.
10. Cada vez llegan más productos (hechos/hacidos) en China.

95.3. **Vuelva a escribir las frases con expresiones con _estar_ o _seguir_ en el tiempo adecuado y el participio de los verbos correspondientes.**

1. Se han contaminado los ríos. _____Los ríos están contaminados._____
2. Roque estaba preocupado por ti y aún lo está. _____
3. Se había arreglado el ordenador. _____
4. Manuel estaba enfadado contigo y aún lo está. _____
5. Mis hermanas se acostaron hace una hora y todavía están acostadas. _____
6. Jesús estaba cansado anoche y esta mañana aún lo estaba. _____
7. No pudimos ver el partido. Se había estropeado la televisión. _____
8. Se habían roto las estatuas. _____

95.4. **Ponga la forma adecuada de _llevar_ con la forma correcta del participio de los verbos del recuadro.**

1. El Sr. Parra ____lleva____ 40 años ____dedicado____ a la enseñanza.
2. Ese restaurante _____ desde que se jubiló el dueño.
3. Hace cuatro horas que _____ estos zapatos y me duelen los pies.
4. (nosotros) _____ tres kilómetros cuando empezó a llover.
5. Esta luz _____ toda la mañana.
6. Cuando vendimos el piso, _____ más de diez años.

alquilar
andar
cerrar
~~dedicar~~
encender
poner

95.5. **Vuelva a escribir las frases con _llevar_ en el tiempo adecuado y el participio de los verbos correspondientes.**

1. La biblioteca cerró el año pasado. _____La biblioteca lleva cerrada desde el año pasado._____
2. Esta academia abrió en 2002. _____
3. Esta comida se hizo hace dos días. _____
4. Este restaurante abrió hace tres años. _____
5. Mónica y Alberto se enfadaron hace dos semanas. _____
6. Cecilia rompió el espejo del baño la semana pasada. _____
7. Felipe se jubiló en 2007. _____
8. Sara y Pedro se casaron hace diez años. _____

96

muy, mucho, muchos, muchísimo
Contraste entre formas de expresar grados de cualidad o cantidad

● *Muy, mucho/a/os/as...*

muy bastante poco demasiado	+ adjetivo/adverbio	Luisa es **muy inteligente**. Alberto cocina **bastante bien**. Jorge es **poco estudioso**. Habéis llegado **demasiado tarde**.
verbo	+ mucho + bastante + poco + demasiado	Ernestina **trabaja mucho**. Consuelo **sale bastante**. Ignacio **come poco**. Rodrigo **habla demasiado**.
mucho/a/os/as bastante/es poco/a/os/as demasiado/a/os/as	+ nombre	Ernestina trabaja **muchas horas**. Tiene **bastantes amigos**. Ignacio come **poca carne**. Bebes **demasiada leche**.

Compare:

Juan es **muy trabajador**. Jorge es **poco estudioso**.	Juan **trabaja mucho**. Jorge **estudia poco**.	Juan trabaja **muchas horas**. Jorge estudia **poco tiempo**.

● *tan* (= muy, así de), *tanto* (= mucho)

tan	+ adjetivo/adverbio	Es **tan lista**! (= muy lista) ¡Vas **tan rápido**! (= muy rápido) ¿Por qué quieres llegar **tan pronto**? (= así de pronto)
verbo	+ tanto	¡Habla **tanto**! (= mucho)

● *–ísimo*

Alonso conduce **rapidísimo**. (muy rápido)
Lorena es **altísima**. (muy alta)

¡Este examen es **facilísimo**!

– Formación de adjetivos y adverbios en *-ísimo*

  ● adjetivos: adjetivo (-vocal final) + *ísimo/a/os/as*

listo (-o) + ísimo/a/os/as → listísimo/a/os/as difícil + ísimo/a/os/as → dificilísimo/a/os/as mucho (-o) + ísimo/a/os/as → muchísimo/a/os/as	Estas chicas son **listísimas**. El examen fue **dificilísimo**. Dunia tiene **muchísimos** amigos.

  ● adverbios: adverbio (-vocal final) + *ísimo*

tarde (-e) + ísimo → tardísimo mucho (-o) + ísimo → muchísimo	Es **tardísimo**. Sebastián trabaja **muchísimo**.

ATENCIÓN:	
c qu → blanco ▸ blanquísimo	poco ▸ poquísimo
g ▸ gu → largo ▸ larguísimo	vago ▸ vaguísimo
PERO: feliz ▸ felicísimo	antiguo ▸ antiquísimo
amable ▸ amabilísimo	joven ▸ jovencísimo

96.1. **Vuelva a escribir las frases añadiendo _muy_ o _mucho_.**

1. Esta novela es buena. _Esta novela es muy buena._
2. Esther duerme. _____
3. Mi casa está lejos. _____
4. Raúl prepara bien la carne. _____
5. Me parezco a mi madre. _____
6. Hacer ejercicio es sano. _____
7. Juan llega siempre tarde. _____
8. Eva gasta poco. _____
9. Hablas rápido. _____

ACIERTOS ...... /9

96.2. **Complete con la palabra entre paréntesis en la forma correcta.**

1. Ernesto tiene (_mucho_) _muchos_ hermanos.
2. Felisa vive (_bastante_) _____ lejos.
3. Hoy hay (_bastante_) _____ estrellas en el cielo.
4. No me gusta Eduardo. Es (_demasiado_) _____ orgulloso.
5. Queda (_poco_) _____ leche. Hay que comprar.
6. Has comprado (_demasiado_) _____ fruta.
7. Gerardo habla (_demasiado_) _____. Siempre mete la pata.
8. Esteban sale (_poco_) _____. Estudia (_mucho_) _____.
9. He visto esta película (_mucho_) _____ veces.
10. Hemos llegado (_demasiado_) _____ temprano. Aún no han abierto.
11. Últimamente leo (_poco_) _____. No tengo (_mucho_) _____ tiempo.
12. No veo a Ruth. Hay (_demasiado_) _____ gente.

ACIERTOS ...... /12

96.3. **Sustituya las expresiones subrayadas por otras con _tan_ o _tanto_.**

1. ¡Pobre Elisa! Sufre mucho. _Sufre tanto._
2. ¡Hablas muy alto! _____
3. ¡Duermen mucho! _____
4. ¿Por qué quieres una mesa así de grande? _____
5. No aprietes así de fuerte. Vas a romper el botón. _____
6. Tienes que hacer más ejercicio. ¡Comes mucho! _____
7. ¿Por qué eres así de bruto? _____
8. Están agotados. ¡Estudian mucho! _____
9. ¿Por qué eso es así de caro? _____
10. No hables así de deprisa. No te entiendo. _____

ACIERTOS ...... /10

96.4. **Sustituya las expresiones subrayadas por otras con _-ísimo_.**

1. Alfonso es un chico muy aburrido. _Alfonso es un chico aburridísimo._
2. Olga es una chica muy interesante. _____
3. Daniel me golpeó muy fuerte. _____
4. Héctor es muy amigo mío. _____
5. Este edificio es muy antiguo. _____
6. Estoy leyendo una novela muy buena. _____
7. Los hermanos de Lola son muy educados. _____
8. Durante la semana tengo muy poco tiempo libre. _____
9. Paula y Gloria son muy amables. _____
10. Los padres de Aurora son muy jóvenes. _____

ACIERTOS ...... /10

97 fácilmente, diariamente, verdaderamente
Adverbios en -mente

● Formación de adverbios en -*mente*:

Muchos adverbios se forman añadiendo la terminación –*mente* a un adjetivo.

adjetivo	femenino singular	adverbio
diario	diaria →	diariamente
fácil	fácil →	fácilmente
posible	posible →	posiblemente

● Los adverbios en -*mente* pueden indicar:

– el modo de hacer algo.

*Abrí la puerta **fácilmente**.*　　　　　　　　*Lo has hecho **estupendamente**.*

– frecuencia: *habitualmente, diariamente, mensualmente, anualmente, continuamente, repetidamente, frecuentemente, constantemente.*

*Pago los plazos del coche **mensualmente**.*　　　***Habitualmente** sacamos el perro por la noche.*
*Hay mucho ruido en esa casa. Los aviones pasan **continuamente**.*

– relación temporal: *anteriormente, definitivamente, inmediatamente, instantáneamente, posteriormente, recientemente, repentinamente, últimamente, próximamente.*

***Últimamente** hay menos accidentes en las carreteras.*　　*La noticia ha venido **recientemente**.*
*Esa película china llegará a España **próximamente**.*

– probabilidad: *posiblemente, probablemente, seguramente.*

***Seguramente** tendremos lluvia para el fin de semana.*　　*Hoy lunes **probablemente** habrá poca gente en el cine.*

– evaluación: *afortunadamente, desgraciadamente, lamentablemente.*

***Lamentablemente**, no me llevo bien con mis vecinos.*
***Afortunadamente**, ayer hubo un ambiente agradable en la reunión.*

– afirmación: *efectivamente, evidentemente, naturalmente.*

*–¿Son ya las dos? –Sí, **efectivamente**, ya son las dos.*　　***Evidentemente**, si no quieres ayudarme no puedo obligarte.*

– exclusión: *solamente, únicamente, exclusivamente.*

*Trabajo **solamente** tres días a la semana.*　　*Estos televisores se venden **exclusivamente** en esta tienda.*

– intensificación del significado de un adjetivo (=muy): *absolutamente, realmente, totalmente, verdaderamente.*

*Este crucigrama es **verdaderamente complicado**.*　　*Eso es **totalmente falso**.*

● -*ísimo* con adverbios en -*mente*

adverbios en -mente: adverbio (-*a*) + *ísima* + *mente*

lent (-*a*) + *ísima* + *mente* → lentísimamente　　*Samuel come **lentísimamente**.*
fácil + *ísima* + *mente* → facilísimamente　　*Esta ventana se abre **facilísimamente**.*

● En frases con dos o más adverbios en -*mente*, solo el último lleva la terminación. El primero va en la forma femenina singular del adjetivo.

Me recibió muy ~~amablemente~~ y educadamente. → *Me recibió muy **amable** y **educadamente**.*

ATENCIÓN:

Con la terminación -*mente* solo llevan tilde los adverbios que la llevan en el adjetivo:

*lo*co → *lo*camente　　　　cor*tés* → cor*tés*mente

● Se pueden usar otras construcciones en lugar de la terminación –*mente*:

– *con* + nombre: *Ana conduce **cuidadosamente**.* → *Ana conduce **con cuidado**.*
– *de una manera / de forma* + adjetivo: *Inés actúa **alocadamente**.* → *Inés actúa **de forma alocada**.*

97.1. **Sustituya las palabras subrayadas por adverbios. Utilice -ísimo en caso necesario.**

1. Ana conduce <u>con cuidado</u>. _____ Ana conduce cuidadosamente.
2. Este autobús va <u>con mucha lentitud</u>. _____ Este autobús va lentísimamente.
3. ¡Cuidado! Esos cristales se rompen <u>con facilidad</u>. _____
4. Luis no se explica <u>con claridad</u>. _____
5. Doña Aurelia nos trata siempre <u>con mucha amabilidad</u>. _____
6. José prepara la paella <u>de forma estupenda</u>. _____
7. Adolfo se porta siempre <u>con mucha educación</u>. _____
8. En este restaurante nos tratan siempre <u>con atención</u>. _____
9. Me han arreglado el ordenador <u>con mucha rapidez</u>. _____
10. Alberto hace todo <u>con mucha limpieza</u>. _____

ACIERTOS ....../10

97.2. **Sustituya las palabras subrayadas por un adverbio.**

1. He comprado un coche. Tengo que pagar una letra <u>todos los meses</u>. _____ mensualmente.
2. <u>De forma habitual</u>, hacemos dos viajes todos los años. _____
3. Tengo que ir al dentista <u>de manera periódica</u>. _____
4. Yo hago ejercicio <u>todos los días</u>. _____
5. Sonia me está llamando <u>de manera continua</u>. _____
6. El presidente ha dicho <u>una y otra vez</u> que no piensa dimitir. _____

ACIERTOS ....../6

97.3. **Complete con los adverbios del recuadro. En algún caso se puede usar más de uno.**

1. Ahora trabajo en seguros, pero _____ anteriormente _____ había vendido coches.
2. Mi mujer y yo estamos _____ de acuerdo en cambiar el coche.
3. _____ te veo muy nervioso, José Luis. ¿Qué te pasa?
4. Eso que dices es _____ falso.
5. Hubo un incendio y _____ se quemaron todos los libros.
6. –¿Qué le pasó ayer a Teresa? –Estaba paseando y _____ se desmayó.
7. –¿Quién crees que va a ganar? –No sé, _____ gane el Levante.
8. Tuvimos un accidente terrible. _____ no nos pasó nada.
9. Ya lo hemos decidido. _____ vamos a China este verano.
10. Esta sopa está _____ exquisita.
11. _____, Carlos no vino a verme como tú habías advertido.
12. Elsa tiene _____ un hijo.

absolutamente
afortunadamente
~~anteriormente~~
definitivamente
desgraciadamente
efectivamente
probablemente
realmente
repentinamente
solamente
totalmente
últimamente

ACIERTOS ....../12

97.4. **Vuelva a escribir las frases sustituyendo las palabras subrayadas por adverbios.**

1. Esto hay que hacerlo <u>con habilidad y con paciencia</u>. _____ Esto hay que hacerlo hábil y pacientemente.
2. En esta empresa se trabaja <u>con eficacia y con rapidez</u>. _____
3. Pórtate siempre <u>con cortesía y con educación</u>. _____
4. Yo digo las cosas <u>de manera abierta y sincera</u>. _____
5. Pablo cocina <u>de modo limpio y rápido</u>. _____
6. El director nos habló <u>con claridad y con cortesía</u>. _____

ACIERTOS ....../6

97.5. **Sustituya los adverbios en -mente por otras expresiones de igual significado.**

1. Felipe hace todo tranquilamente. _____ Felipe hace todo con tranquilidad/de una manera tranquila.
2. Aquí nos tratan siempre muy amablemente. _____
3. Hay que hacer deporte regularmente. _____
4. Es mejor portarse sencillamente. _____
5. Hay que vivir alegremente. _____
6. Isabel siempre trata a todo el mundo educadamente. _____
7. Lucía siempre nos ayuda gustosamente. _____

ACIERTOS ....../6

98

a, hasta, hacia, de, desde
Preposiciones (1)

● La preposición *a* se usa:

– con horas.

> Venid **a las nueve**.
> ¿**A qué hora** empiezas a trabajar?

– para indicar destino y distancia.

> Este fin de semana vamos **a Segovia**.
> El hospital está muy cerca, **a quinientos metros**.

– para indicar situación con respecto a otro punto.

> Te espero **a la salida** del cine.
> Mi calle es la segunda **a la izquierda**.

– para indicar finalidad, con verbos de movimiento.

> Vicente **vino a hablar** con nosotros un rato.

– para indicar el modo, la manera o el instrumento o material con que se hace algo.

> Ese cuadro está pintado al óleo.

– delante del objeto indirecto.

> Dale esto **a Silvia** cuando la veas.

– delante del objeto directo cuando se refiere a personas o a animales personificados.

> ¿Has visto **a Joaquín** por aquí?
> Tengo que llevar **a Momo** al veterinario. No está bien.

▌**PERO:** No se usa *a* con el objeto directo cuando se refiere a animales, a alguien indeterminado o con el verbo *haber*.

> ¿Has visto **esos gatos**? Son preciosos.
> Necesitas **un abogado**, Carlos.
> **No hay alumnos** en el aula.

● La preposición *hasta* se usa:

– para indicar el momento final de una acción o situación o el punto final de un trayecto.

> No regreséis **hasta la noche**.
> Me han dicho que el barco no llega **hasta mañana**.

> ¿**Hasta cuándo** vais a estar en Brasil?
> Caminad **hasta ese bosque**. Ahí está la casa.

● La preposición *hacia* se usa:

– para indicar dirección.

> Esta carretera va **hacia el centro** del pueblo.

– para indicar tiempo o lugar aproximado.

> Venid **hacia las siete**.
> El pueblo está **hacia** Toledo.

● La preposición *de* se usa:

– en las siguientes expresiones temporales:
de día, de noche, de madrugada, a las (cinco) de la mañana/ de la tarde/ de la noche.

> Prefiero estudiar **de noche**. No me molesta nadie.
> Regresaron de la fiesta a las seis **de la mañana**.

– con los meses y los años en fechas.

> Sonia nació el tres **de marzo de 2004**.

– para indicar el lugar de origen.

> Felipe es **de Guatemala**.

– para indicar posesión.

> –¿**De quién** es este sombrero? –**De Pilar**.

– para indicar material, contenido, tema u otras características.

> Me gustan las camisas **de algodón**.
> Prefiero el **pan de trigo** al pan de avena.
> Los libros **de arte** son muy caros.
> ¿Quién es la chica **de las gafas rojas**?

– para indicar finalidad.

> ¿Tienes equipo **de gimnasia**?

– para indicar causa.

> Mi vecina ha muerto **de cáncer**.

● La preposición *desde* se usa:

– para indicar el lugar inicial de un trayecto o movimiento o el momento inicial de un período.

> Vengo corriendo **desde casa**.
> Conozco a Martín **desde hace muchos años**.

– con verbos que no expresan movimiento, para indicar un punto de referencia para el alcance de una acción.

> Se ve el mar **desde la terraza**.

● *De/desde...a/hasta* indican el punto inicial y el punto final de un trayecto o el momento inicial y el final de una acción o situación.

> Jorge vivió en Nicaragua **de 2002 a 2004**.

> ¿Qué distancia hay **de/desde** mi casa **a/hasta** la tuya?

98.1. **Una las columnas con las preposiciones adecuadas.**

1. Berta nació el 3
2. No se oye nada
3. Comeremos
4. Mi casa está
5. Pásame esto
6. Jesús no llega
7. Me encantan las novelas
8. Necesito una bolsa
9. Hay una vista estupenda
10. Me he comprado unas botasí.

| desde |
| hacia |
| a |
| hasta |
| de |

a. las tres.
b. plástico.
c. enero.
d. aquí.
e. montar.
f. máquina, por favor.
g. el domingo.
h. el balcón.
i. misterio.
j. 200 metros de aqu

ACIERTOS ____/10

98.2. **Complete las frases con *a* cuando sea necesario.**

1. –¿Cuándo regresa Sandra? –No sé. Pregúntale __a__ María.
2. ¿Has visto alguna vez _____ un león?
3. Saluda _____ Joaquín de mi parte cuando lo veas.
4. Dale la comida _____ los perros. Tienen hambre.
5. No des patadas _____ la puerta. La vas a romper.
6. Cierra _____ la ventana. Hace frío.
7. Tienes que cuidar más _____ la tortuga. Está muy
8. En esta casa hay _____ ratas.

Preposiciones

98.3. **Complete con las palabras dadas y *a, hacia, hasta, de* o *desde*.**

1. (*Aquí / tu casa*) _____ De/Desde aquí a/hasta tu casa _____ hay tres
2. Vengo (*casa de Rubén*) _____
3. Gira (*la derecha*) _____ y luego (*la izquierda*) _____
4. El concierto empieza (*las once / la mañana*) _____
5. Este río va (*el sur*) _____.
6. Hay que llegar (*el final de la calle*) _____
7. –¿(*Qué hora*) _____ empieza la fiesta? –No hay una hora p
8. Las carreteras están cortadas. No podemos salir (*mañana*) _____.
9. –¿(*Cuándo*) _____ trabajas aquí? –(*Hace dos semanas*) _____
10. Estuve en Brasil (*2005/2007*) _____.

ACIERTOS ____/13

98.4. **Complete con *a* o *de*.**

1. Siempre voy a la oficina __a__ pie.
2. Haced los ejercicios _____ lápiz. Así se pueden borrar.
3. Tengo un equipo _____ buceo nuevo.
4. Me gustan las cosas hechas _____ mano.
5. Pásame la jarra _____ agua, por favor.
6. No lo habrás hecho _____ propósito, ¿verdad?
7. Esta estatua es _____ Mali.
8. ¡Pobrecillo! Gritaba _____ dolor.
9. Salgo un momento _____ echar una carta.
10. Es tarde. Estoy muerta _____ hambre.
11. Me encantan las sardinas _____ la plancha.
12. ¿_____ dónde viene Roberto?

ACIERTOS ____/12

en, entre, sobre, con, sin, contra, según
Preposiciones (2)

● La preposición *en* se usa:

  – con meses, estaciones y años.

> Acabo la carrera *en junio*.
> *En verano* tengo menos trabajo.
> Yo nací *en 1989*.

| **PERO:** en fechas, se usa *de* con meses y años:

> Estamos a catorce *de febrero de 2008*.

  – para indicar situación en sentido general.

> Deja la caja *en el suelo*.
> Rosa está *en la cama*. No está bien.
> Raúl vive *en este edificio, en el décimo piso*.

● La preposición *entre* se usa:

  – para indicar situación o punto intermedios.

> Siéntate aquí, *entre Teresa y yo*.
> Ven *entre las dos y las tres*
> Andorra es un pequeño país *entre España y Francia*.

● La preposición *sobre* se usa:

  – para indicar situación encima o por encima de alguien o algo.

> Pon la comida *sobre esta mesa*.
> Hoy hay una nube de polvo *sobre la ciudad*.
> El helicóptero voló *sobre la multitud*.

● La preposición *con* se usa:

  – para indicar compañía, colaboración o mezcla.

> –¿*Con quién* vas a cenar esta noche? –*Con Nati*.
> Voy a hacer el proyecto *con Esteban*.
> Póngame un café *con leche*.

  – para indicar relación.

> Me llevo muy bien *con mis padres*.

  – para indicar contenido.

> Perdí una cartera *con toda mi documentación*.

● La preposición *sin* se usa:

  – para indicar falta de algo o alguien.

> Me siento muy solo *sin Elisa*.
> *Es imposible cortar esto* sin tijeras.

● La preposición *contra* se usa:

  – para indicar oposición, lucha o enfrentamiento.

> Hay una manifestación *contra el terrorismo*.
> Mañana jugamos *contra el equipo de Sandra*.

● La preposición *según* se usa:

  – para indicar punto de vista.

> *Según Armando*, deberíamos aprobar.

  – con medios de transporte.

> ¿Te gusta montar *en bici*?
> ¿Por qué vienes a la oficina *en coche*? Puedes venir *en metro*.

| **PERO:** *a pie, a caballo*

  – para indicar el modo o la manera de hacer algo.

> Salió a recibirnos *en pijama*.
> A Jaime le gusta estudiar los temas *en profundidad*.
> Carlo le habla al niño *en italiano*.

  – para indicar cooperación.

> Lo hicieron *entre Felipe y su hermano*.

  – para indicar pertenencia a un grupo.

> Es normal ayudarse *entre amigos*.

  – para indicar tema.

> He ido a una conferencia *sobre la España del siglo XII*.

  – para indicar aproximación en cantidades u horas.

> –¿A qué hora vengo?
> –*Sobre las siete*.

  – para indicar el instrumento, el medio o el modo de hacer algo.

> Córtalo *con un cuchillo* afilado.

No sé comer *con palillos*.

  – con un infinitivo, significa no realización.

> Lo he hecho *sin querer*. (No quería.)

  – para indicar contacto.

> No pongas los pies *contra la pared*. La vas a manchar.

Según esta encuesta, uno de cada diez internautas habla español.

99.1. **Rodee la forma correcta.**

1. No se puede llegar hasta el río (*con*/*sin*) el coche. No hay carretera.
2. Apóyate (*con*/*contra*) el árbol.
3. Estoy leyendo un libro (*en*/*sobre*) la Segunda Guerra Mundial.
4. Las palomas pasaban (*en*/*sobre*) nuestras cabezas.
5. Prefiero no jugar (*según*/*contra*) Pepe. Es muy bueno.
6. Siéntate (*entre*/*sobre*) Mario y Luis. Hay un sitio.
7. No hace falta madrugar. Podemos salir (*según*/*sobre*) las nueve.
8. Podéis venir (*entre*/*sobre*) las ocho y las nueve.
9. Lo hice (*con*/*sin*) pensar.
10. Olga está siempre discutiendo (*con*/*contra*) su hermana.

ACIERTOS ..../10

99.2. **Complete con *en, entre* o *sobre*.**

1. –¿ En qué año naciste? –_____ 1995.
2. Sofía está _____ su habitación.
3. ¿Prefieres viajar _____ tren o _____ avión?
4. Es caro pero podéis comprarlo _____ todos.
5. No había mucha gente en el concierto; _____ 100 personas.
6. Si quieres trabajar, dímelo _____ serio. Yo te busco empleo.
7. –¿_____ qué es la conferencia? –_____ los españoles en Asia.
8. –¿_____ qué mes son las Olimpiadas? –_____ agosto, creo.
9. –¿_____ qué idioma están hablando? –_____ portugués. Deben ser brasileños.
10. Prefiero que la lámpara cuelgue _____ la mesa.

ACIERTOS ..../15

99.3. **Complete con *con, sin, contra* o *según*.**

1. Armando todavía vive __con__ sus padres.
2. _____ este libro, en Asia vive el 90% de la población mundial.
3. Me encanta el pan _____ tomate.
4. Unos clientes se han ido _____ pagar.
5. A Antonio le gustan los libros _____ muchas fotografías.
6. Rosa está siempre gritando _____ el gobierno.
7. Me siento muy solo _____ ti, Elvira.
8. _____ dice mi profesora, hablo español muy bien.

ACIERTOS ..../8

99.4. **Complete con las palabras dadas y *a, con, contra, de, en, entre* y *sin*.**

1. ¿Queréis que demos un paseo (*caballo*) a caballo ?
2. Jesús hace todo (*cuidado*) _____.
3. Deja la escalera (*la pared*) _____.
4. Me encanta montar (*moto*) _____.
5. No puedo estar (*dormir*) _____.
6. Repartid lo que queda (*los tres*) _____.
7. Me he encontrado una cartera (*dinero*) _____.
8. Alberto nació (*el 12 / marzo / 2001*) _____.
9. Hace frío. No salgáis (*abrigo*) _____.
10. Para que no me vieran me escondí (*los árboles*) _____.

ACIERTOS ..../10

100 *por, para*
Preposiciones (3)

● La preposición *por* se usa:

– con partes del día.

> *Prefiero desayunar fuerte **por la mañana**.*
> *–Podemos salir mañana **por la tarde**. –De acuerdo.*

▌ PERO: *de día, de madrugada, a las dos de la tarde.*

No podemos jugar **por** la lluvia.

– para indicar la causa o el motivo de una acción.

> *No hay clase **por la huelga**.*
> *Esto lo hago sólo **por ti**.*
> *Os van a decir algo **por coger fruta de los árboles**.*

– para indicar el medio con el que se hace algo.

> *Envíeme los documentos **por mensajero**.*

– para indicar el modo de hacer algo.

> *Siempre me cogen **por sorpresa**.*

– para indicar lugar aproximado o tránsito.

> *La calle mayor está **por el centro**.*
> *Para llegar a mi casa hay que pasar **por un puente**.*

La calle Toledo está **por** aquí.

– para indicar una parte o lugar concretos.

> *Me golpearon **por la espalda**.*

– para indicar precio.

> *Te vendo mi ordenador **por quinientos euros**.*

– para indicar sustitución.

> *Cambia estos dólares **por euros**.*

– para indicar cantidad proporcional.

> *Tocamos a veinte euros **por persona**.*
> *Esta moto alcanza trescientos kilómetros **por hora**.*

– con el infinitivo, para indicar acción sin terminar.

> *Nos quedan dos exámenes **por hacer**.*

● La preposición *para* se usa:

– para indicar destino o finalidad.

> *¿A qué hora sale el ferry **para Tánger**?*
> *Un mensajero ha traído un sobre **para ti**.*
> *–¿**Para qué** sirve esto? –**Para destruir** documentos.*

¿**Para qué** es este botón?

Para subir el volumen.

– para indicar el término de un plazo de tiempo.

> *No comáis los pasteles. Son **para esta noche**.*
> *Tenéis que preparar el presupuesto **para mañana** por la tarde.*
> *Creo que **para Navidad** ya habré acabado la novela.*

– para expresar una opinión.

> ***Para ti**, la mala educación de Jorge no tiene importancia, pero **para mí** es imperdonable.*
> ***Para Jesús**, todo es maravilloso.*

– para indicar contraste o comparación.

> *Lolita está muy alta **para su edad**.*

100 EJERCICIOS

100.1. **Una las columnas con las preposiciones adecuadas.**

1. Estudio derecho
2. El tren no pasa
3. El pescado es
4. Ramón está siempre hablando
5. Esta máquina sirve
6. Rosa se sacrifica mucho
7. Tendré la carta lista8.   Este paquete es.

por

para

a .esta noche.
b .este pueblo.
c .nosotros.
d .hacer ejercicio.
e .sus hijos.
f .mediodía.
g .teléfono.
h .mis padres

ACIERTOS
....../8

100.2. **Complete con *por* o *para*.**

1. No saltes __por__ la ventana.
2. ¿Por qué no vas tú _____ mí?
3. Este coche no pasa de los cien kilómetros _____ hora.
4. _____ ti, ¿quién es el mejor novelista español?
5. Me han recomendado unas pastillas _____ adelgazar.
6. –¿_____ cuándo es la boda? –_____ la primavera.
7. Ir _____ autopista es menos peligroso que _____ una carretera.
8. Con diez euros _____ persona podemos hacer una fiesta.
9. Mandar libros _____ avión es caro.
10. Te doy quinientos euros _____ ese cuadro.

ACIERTOS
....../12

100.3. **Rodee la forma correcta.**

(*Para/Por*) las mañanas Olga se levanta a las seis. (*Para/Por*) desayunar toma siempre café con una tostada y sale (*para/por*) la oficina sobre las siete menos cuarto. Coge el metro (*para/por*) llegar sin prisa. Contesta al correo que recibe todos los días (*para/por*) internet y a media mañana se toma un descanso (*para/por*) tomar un café. (*Para/Por*) ser la oficina pequeña, solo trabaja con otra compañera. Olga está a gusto en su trabajo. Dice que no lo cambiaría (*para/por*) otro.

ACIERTOS
....../8

100.4. **Complete las frases con *para* o *por* y las palabras del recuadro.**

él   elegir representantes   el parque   ~~el tráfico~~   este barrio   haber aprobado todo
internet   la cara   la mañana   policía   tener ocho años   un adulto

1. Llegamos tarde _____ por el tráfico _____.
2. Roberto no puede ir a la recepción. Voy yo _____.
3. La película es un poco infantil _____.
4. Jamás me levanto temprano _____.
5. Envíame el fichero _____.
6. La niña está bastante alta _____.
7. Tenéis que poneros crema protectora _____.
8. Santi estudia _____.
9. Mañana tenemos una reunión _____.
10. ¿Te vienes a correr _____?
11. Me han regalado un ordenador _____.
12. El bar de Luis está _____.

ACIERTOS
....../12

101 *Acuérdate de mí*
Verbos con preposiciones

Ayúdame a levantar esa caja,
por favor.

Disfruta del viaje.

Algunos verbos necesitan una preposición para unirse a otros verbos, a un nombre o a un pronombre.

● Construcciones con verbos + preposición

– Algunos verbos, detrás de la preposición, pueden ir seguidos de otro verbo en **infinitivo,** de un **nombre** o de un **pronombre.**

> verbo + preposición + infinitivo → ***Acuérdate de sacar*** al perro.
> verbo + preposición + nombre → *¿**Te acuerdas de las playas** de Cancún?*
> verbo + preposición + pronombre → *¿**Te acuerdas de mí**? Nos conocimos el domingo.*

– Otros van seguidos solo de infinitivo.

> *No **me atrevo a salir** solo por la noche.*

– Algunos pronombres tienen formas especiales cuando van detrás de una preposición.

> *Se parece **a ti.***   *No me puedo comparar **contigo.***

● verbos + *a*

> *a* + infinitivo/nombre/pronombre: *acostumbrarse, aficionarse, ayudar, dedicarse, enseñar, invitar, obligar*
> *a* + infinitivo: *aprender, atreverse, comenzar, decidirse, negarse, volver, ir, venir*
> *a* + nombre: *oler*
> *a* + nombre/pronombre: *parecerse*
>> *No **me acostumbro a comer** con palillos.*   *Esta es mi madre. ¿Crees que **me parezco a ella**?*
>> ***Me he aficionado a las carreras** de caballos.*

● verbos + *de*

> *de* + infinitivo/nombre/pronombre: *acordarse, admirarse, arrepentirse, asombrarse, asustarse, avergonzarse, cansarse, encargarse, hablar, olvidarse, quejarse, reírse*
> *de* + infinitivo/nombre: *alegrarse*
> *de* + infinitivo: *dejar, tratar*
> *de* + nombre/pronombre: *desconfiar, disfrutar, divorciarse, enamorarse, fiarse, reírse, sospechar*
> *de* + nombre: *morir*
>> ***Me he arrepentido** muchas veces **de ser** tan vago.*   *Pobre animal. **Ha muerto de agotamiento.***
>> *No **desconfío de vosotros,** pero...*

● verbos + *con*

> *con* + infinitivo/nombre/pronombre: *conformarse, contar, contentarse, soñar*
> *con* + nombre/pronombre: *casarse, compararse, enfadarse, vivir*
>> ***Me conformo con tener** trabajo.*   *No **te enfades conmigo.** Yo no tengo la culpa.*

No te **fíes de** Ernesto. Creo
que no es sincero.

● verbos + *en*

> *en* + infinitivo/nombre/pronombre: *confiar*
> *en* + nombre/pronombre: *creer, fijarse, transformar(se)*
> *en* + infinitivo: *molestarse, quedar, tardar*
>> ***Confío en ti,** María.*   ***Hemos quedado en vernos** el domingo.*

Yo **confío** plenamente **en** él.

101 EJERCICIOS

101.1. **Una las dos columnas con las preposiciones adecuadas.**

1. Mañana vengo
2. Aquí huele
3. Me contento
4. Esta televisión tarda mucho
5. Podéis confiar
6. No trates
7. Nos han invitado
8. Antonio se ha enamorado
9. Me alegro
10. Alberto sueña

a / con / de / en

a. encenderse.
b. echarte una mano.
c. engañarme.
d. rosas.
e. Rosa.
f. no estar enfermo.
g. mí.
h. volver a veros.
i. la jubilación.
j. hacer un viaje por Andalucía.

ACIERTOS /10

101.2. **Sustituya las palabras entre paréntesis por los pronombres adecuados. Haga los cambios necesarios.**

1. ¿Quién querrá casarse (con/yo) ___conmigo___?
2. Me parezco (a/mi padre) _____.
3. ¿Podemos contar (con/tú) _____ para la obra de fin de curso?
4. Mis hermanas siempre se ríen (de/yo) _____.
5. Me acuerdo mucho (de/tú) _____.
6. Susana dice que anoche soñó (con/yo) _____.

ACIERTOS /6

101.3. **Complete con *a, de, en* o *con*.**

1. La policía sospecha ___de___ la enfermera.
2. Hubo una vez un príncipe que se transformó _____ rana.
3. Elisa nunca se enfada _____ su hija.
4. No te molestes _____ quedar con Lucas. Olvídate _____ él.
5. Me enfadé _____ Eladio por no ayudarme _____ pintar la cocina.
6. Elvira nunca deja _____ quejarse _____ sus profesores.
7. Cuando me casé _____ Ana tuvimos que aprender _____ cocinar.
8. Ayúdame _____ pelar patatas. He invitado _____ cenar a mis padres.
9. Confiad _____ mí. Yo me encargaré _____ comprar el marisco.
10. Qué lata. Tardan mucho _____ arreglarme el coche.
11. ¿Quién te ha enseñado _____ nadar?
12. No te molestes _____ preparar nada. Ya he comido.
13. Luisa no se conforma _____ ser secretaria. Quiere ser directora.

ACIERTOS /19

101.4. **Complete las frases con *a, de, en, con* y las expresiones del recuadro.**

acompañarme a casa   hacer ejercicio   la ayuda de sus amigos   perfume
salir a cenar juntos   su madre   su viaje a Iguazú   volver a verte

1. Aquí huele __a perfume__.
2. No te molestes _____.
3. Carlos cuenta siempre _____.
4. He quedado con Lorena _____.
5. Luis enseguida se cansa _____.
6. Me alegro _____.
7. Beatriz no se parece mucho _____.
8. Mónica ha disfrutado mucho _____.

ACIERTOS /8

La corbata que me regalaste
Oraciones de relativo

- Se usan las oraciones de relativo para dar información sobre una persona, animal, cosa o lugar.
  Las oraciones de relativo pueden ser especificativas o explicativas.

  – Especificativas: *No encuentro la corbata **que me regalaste**.*
  *Estas son las diapositivas **que Elisa me ha mandado**.*
  *El collar **que te gusta** es muy caro.*

  – Explicativas: *La madre de Arturo, **que vive en Francia**, acaba de publicar una novela.*
  *Ese collar, **que me encanta**, debe de ser caro.*
  *Mis hermanas, **que son mellizas**, trabajan en el Ministerio de Cultura.*

- Se usan las oraciones de relativo especificativas para añadir **información esencial**, necesaria para identificar o describir a la persona, animal o cosa de la que estamos hablando.

  *Ayer salí con una de las chicas (¿qué chicas?) **que conocimos el domingo**.*
  *Me está gustando mucho la novela (¿qué novela?) **que me prestaste**.*

  – Estas oraciones de relativo se refieren siempre a un nombre y van unidas a él por un pronombre relativo.

    • personas, animales o cosas.

nombre	+ *que* + preposición + *el que, la que, los que, las que*	+ oración de relativo

    ***El médico que** me atendió era muy amable.*   ***El perro con el que** los niños jugaban era un caniche.*
    ***Las calles por las que** paseamos estaban muy concurridas.*

    • solo personas.

    nombre + preposición + *quien, quienes*
    ***La chica con quien** yo vivo es arquitecta.*   *Es con **tus padres con quienes** debes hablar.*

  – Cuando se refieren a un lugar se puede usar *en el/la/los/las que, al que, a la/los/las que* y *donde* o *adonde*.

    *El **pueblo en el que** vive Luisa está bastante lejos.*   *El **pueblo donde** vive Luisa está bastante lejos.*
    *La **playa a la que** fuimos a bañarnos es excelente.*   *La **playa adonde** fuimos a bañarnos es excelente.*

  – Cuando se refieren a un momento, se puede usar *en que* o *cuando*.

    *Siempre recordaré la noche **en que / cuando** nos conocimos.*

- Se usan las oraciones de relativo explicativas para añadir **información extra**, no necesaria para identificar a la persona, animal o cosa de la que estamos hablando.

    *Pablo Neruda, **que nació en Chile**, fue un gran poeta.*

  – Estas oraciones van separadas por comas en la escritura y por una pausa en el habla. En estas oraciones, el relativo puede referirse a un nombre, a un nombre propio o a un pronombre.

nombre, nombre propio, pronombre,	+ *que* + preposición + *el que, la que, los que, las que* (+ preposición) + *quien, quienes*	+ oración de relativo

    ***Mi primo, que** es dentista, gana bastante dinero.*
    ***Mis compañeros, con quienes** ceno mañana, son muy agradables.*
    ***Aurora, a la que** ya conoces, quiere invitarnos a su casa.*
    *Dímelo **tú, que** lo sabes todo.*

  – Cuando nos referimos a un nombre de lugar solo se pueden usar *donde* o *adonde*.

    ***Mallorca, adonde** vamos todos los veranos, es una isla preciosa.*

  – Cuando nos referimos a una fecha concreta solo se puede usar *cuando*.

    *En **1998, cuando** vivíamos en Chile, hubo un terremoto en el sur.*

102.1. Complete con el relativo correspondiente.

1. La empresa para __la que__ trabajo es española.
2. La chica con _____ bailé era dominicana.
3. Las chicas con _____ bailamos eran dominicanas.
4. El médico _____ me operó era muy conocido.
5. El piso en _____ vivían estaba en las afueras.
6. El niño tenía una tortuga _____ se llamaba Lola.
7. La casa en _____ habíamos vivido de pequeños ya no existía.
8. El día en _____ te conocí hacía un frío tremendo.
9. Toma. Esto es para los chicos _____ estaban contigo ayer.
10. Las aulas en _____ dábamos clase eran prefabricadas.
11. No puedo olvidar la tarde _____ murió Rosa.

ACIERTOS ..../11

102.2. Una las oraciones como en el ejemplo.

1. No conozco a la chica. Vive enfrente. __No conozco a la chica que vive enfrente.__
2. Anoche tomamos el pescado. Lo compré por la mañana. _____
3. ¿Cómo se llamaba ese señor? Estuvo aquí la semana pasada. _____
4. Tenemos un dormitorio arriba. Nunca lo usamos. _____
5. Trabajamos en una empresa. Exporta alimentos. _____
6. Saludé a los vecinos. Los vimos en el tren. _____
7. Este es el perro. Mordió ayer al cartero. _____
8. El árbol está junto a la entrada. Tiene hojas muy bonitas. _____

ACIERTOS ..../8

102.3. Complete con el relativo correspondiente.

1. Arnaldo, (a) __al que / a quien__ te presenté ayer, vive con Tita.
2. Mi abuela, _____ nació a principios del siglo xx, tiene más de cien años.
3. –Juan es muy antipático. –Díselo a él, _____ se cree simpatiquísimo.
4. Lorena, (con) _____ estuve saliendo, es prima de Aurora.
5. –Estoy cansado de estudiar. –Dímelo a mí, _____ llevo un mes preparando un examen.
6. Polop, _____ vamos todos los veranos, es un pueblo muy animado.
7. El acueducto de Segovia data del siglo II, _____ los romanos dominaban España.
8. Mis abuelos maternos, (con) _____ viví de pequeño, eran italianos.
9. Gante, _____ nació Carlos I, está actualmente en Bélgica.
10. Rodolfo, (de) _____ estuve enamorada hace unos años, se acaba de casar.

ACIERTOS ..../10

102.4. Una las oraciones como en el ejemplo.

1. Mis padres acaban de regresar. Han estado en Costa Rica.
   Mis padres, que han estado en Costa Rica, acaban de regresar.

2. Mi novia acaba de terminar la carrera. Tú ya la conoces.
   Mi novia, a la que/a quien tú ya conoces, acaba de terminar la carrera

3. Julio César fue un gran general. Era también escritor.
   _____

4. Ese cuchillo está muy afilado. Siempre corto la carne con él.
   _____

5. El Presidente estaba nervioso. Lo escuché por radio el otro día.
   _____

6. Mi ordenador ya está arreglado. Llevaba dos semanas en el taller.
   _____

7. El ajedrez es un juego muy antiguo. Es bastante complicado.
   _____

8. Mi hermana se acaba de casar. Se va a vivir a Quito.
   _____

ACIERTOS ..../8

antes de (que), después de (que), hasta (que), desde (que)...
Oraciones temporales (1)

Tengo que recoger **antes de que** lleguen todos.

No salgas **hasta que** deje de llover, Curro.

Antes de que lleguen todos y *hasta que deje de llover* son oraciones temporales. Dan información sobre el momento de realización de la acción o situación principal.

● *antes de, después de, hasta*

antes de después de hasta	+ infinitivo	Llámame **antes de venir**. Me tengo que quedar en la oficina **hasta acabar** el informe. Nunca me baño **después de comer**.

– Generalmente, se usa *antes de, después de, hasta* + infinitivo cuando el sujeto es el mismo en las dos oraciones.

   Llámame (tú) ***antes de venir*** (tú).

– Si el sujeto es diferente, es necesario el uso del sujeto con el infinitivo.

   Lo hice (yo) ***antes de llegar tú***.

● *antes de que, después de que, hasta que, desde que*

antes de que después de que hasta que	+ subjuntivo	Quiero irme **antes de que llegue** Andrés. Recogeré **después de que se vayan** los invitados. No me iré **hasta que salgas**.

– Se usa el presente de subjuntivo cuando se habla de algo futuro.

   *Me voy **antes de que llueva**.*   *Normalmente me despierto **antes de que suene** el despertador.*

– Se usa el pretérito imperfecto de subjuntivo cuando se habla de algo pasado o después de una forma condicional.

   *Me fui **antes de que llegaran** los padres de Ana.*   *Dijo que **no se iría hasta que le pagásemos**.*
   *Me fui **después de que llegaran** los músicos.*

desde que hasta que	+ indicativo	La conozco **desde que era pequeña**. Se quedaron **hasta que acabó** la fiesta.

– Se usa *hasta que* + presente de indicativo para referirnos a algo habitual en el presente.

   *No se va a casa **hasta que termina** todo el trabajo.*

– Se usa *hasta que* + pretérito imperfecto de indicativo para referirnos a algo habitual en el pasado.

   *No se iba a casa **hasta que terminaba** el trabajo.*

– Se usa *desde que* + presente o pretérito perfecto de indicativo para referirnos a una acción o situación que comenzó en el pasado y llega hasta el presente.

   *Apruebo más **desde que estudio**.*   *No se puede hablar con rosa **desde que la han ascendido**.*

– Se usa *desde que* + pretérito imperfecto de indicativo para referirnos a un período de tiempo en el pasado.

   *Conozco a Sonia **desde que vivía** en Alicante.*

– Se usan *hasta que, desde que* + pretérito indefinido para referirnos a un momento del pasado.

   *Insistió **hasta que su padre le compró** la moto.*   *Viven en Ávila **desde que se casaron**.*
   *Estuve en casa **hasta que llamó Lola**.*

103.1. **Complete con las expresiones temporales del recuadro. En algunas frases se pueden emplear dos expresiones.**

1. Podemos ir al cine (*nosotros, cenar*) antes de cenar/después de cenar .

2. Me fui (*ellos, llegar*) _____.

3. Tienes que seguir estudiando (*tú, acabar*) _____ la carrera.

4. (*Tú, acostarse*) _____, apaga la tele, por favor.

5. No es aconsejable correr (*comer*) _____.

6. Los ladrones escaparon (*la policía, llegar*) _____.

| antes de |
| después de |
| hasta |

103.2. **Complete con la forma correcta de los verbos entre paréntesis.**

1. No uses el baño hasta que (*venir*) venga el fontanero, Marta.

2. Salí de viaje después de que (*terminar*) _____ los exámenes

3. Begoña no quiere jubilarse hasta que no (*tener*) _____ sesenta y cinco años.

4. Esperen aquí, por favor, hasta que (*abrir*)_____ la puerta.

5. Blanca nunca baja a su perra antes de que (*ser*) _____ de noche.

6. Ángel siempre empezaba a comer antes de que (*sentarse*) _____ su madre.

7. Sonia pensaba casarse después de que (*encontrar*) _____ empleo.

8. Te espero en casa hasta que (*tú, acabar*) _____.

9. Luis, espera aquí hasta que (*llegar*) _____ Charo.

10. Baja la música antes de que (*yo, enfadarse*) _____, Álvaro.

103.3. **Rodee la forma correcta.**

1. Mariano no parará hasta que ((consiga)/consigue) la beca.

2. Apenas vemos a Jorge desde que (*salió/sale*) con Lola.

3. Hans estudia español desde que (*tuvo/tenía*) catorce años.

4. Alicia está feliz desde que (*conoce/conoció*) a Pedro.

5. Siempre esperaba en esta esquina hasta que (*vino/venía*) mi padre a recogerme.

6. Dani está más contento desde que se (*ha mudado/ muda*) de piso.

7. Silvia no salía nunca hasta que no (*acabó/acababa*) todo el trabajo.

103.4. **Complete con el verbo entre paréntesis en indicativo, subjuntivo o infinitivo.**

1. Te llamaré antes de que (*tú, salir*) salgas de viaje.

2. Antes de (*tú, hablar*) _____, piensa en lo que vas a decir.

3. Rogelio se fue antes de que (*terminar*) _____ el concierto.

4. Suelo desayunar después de (*yo, ducharse*) _____.

5. No queremos casarnos hasta que no (*yo, acabar*) _____ la carrera.

6. Correré un poco por la playa antes de que (*ponerse*) _____ el sol.

7. Tenemos que echar gasolina al coche antes de (*salir*) _____ de viaje.

8. Nunca me han subido el sueldo desde que (*yo, trabajar*) _____ en estos almacenes.

9. La niña tiene bastante fiebre. Que no se levante hasta que (*venir*) _____ el médico.

10. Todos los empleados volvieron al trabajo después de que (*terminar*) _____ la huelga.

11. Trabajo, desde que (*yo, levantarse*) _____ hasta que (*yo, acostarse*) _____.

12. Olga se fue al partido nada más (*terminar*) _____ de comer.

103.5. **Una las dos frases con la expresión temporal dada. Haga los cambios necesarios.**

1. Cenaremos. Iremos a dar un paseo. (*Después de*) Después de cenar, iremos a dar un paseo

2. Sonó el reloj. Me desperté. (*Después de que*) _____

3. Me quedaré aquí. La fiesta acabará. (*Hasta que*) _____

4. Lee el contrato y fírmalo. (*Antes de*) _____

5. Tengo que acabar este trabajo. Luego me iré a la cama. (*Antes de*) _____

6. Tendrás 18 años. No podrás votar hasta entonces. (*Hasta que*) _____

cuando, en cuanto, en el momento en que...
Oraciones temporales (2)

Cuando **iba** al instituto, quería ser modelo.

No hables por el móvil **mientras conduces**.

Cuando iba y *mientras conduces* son oraciones temporales. Dan información sobre el momento de realización de la acción o situación principal.

● *cuando, en cuanto, en el momento que, tan pronto como, apenas, siempre que*

cuando		**Cuando veas** a Silvia, dale recuerdos.
en cuanto		Me fui **en cuanto empezó** a llover.
en el momento en que	+ indicativo	Pídeme el coche **en el momento en que lo necesites**.
tan pronto como	+ subjuntivo	Llámame **tan pronto como te den** los resultados de los análisis.
apenas		**Apenas salieron**, sonó el teléfono.
siempre que		**Javi se enfada siempre** que llego tarde.

– Se usa el presente de indicativo para referirnos a algo habitual.

> Me duele la cabeza **cuando corro**.
> Mis hijas meriendan **en cuanto llegan** a casa.

– Se usa el pretérito imperfecto de indicativo para referirnos a algo habitual en el pasado o a un período de tiempo en el pasado.

> **Cuando estudiaba** no tenía dinero.
> **Apenas me veían** venían a saludarme.
> **Cuando era joven** comía mucho.

– Se usa el pretérito indefinido para referirnos a algo acabado en el pasado.

> Me fui **en cuanto empezó** a llover.
> Se callaron **cuando me vieron** entrar.

¿A qué hora llegarás a casa?

Cuando **termine** el trabajo.

– Se usa el presente de subjuntivo cuando se habla de algo futuro.

> Me iré **cuando lleguen** tus padres.
> **Tan pronto como llegue** a casa, te llamo.

● *mientras*

mientras (= al tiempo que) + indicativo

> Voy a ducharme **mientras haces** la cena.
> Suelo escuchar música **mientras leo**.

mientras (= durante todo el tiempo que) + subjuntivo

> No pienso salir **mientras esté enfermo**.

● *al, nada más* (= en el momento de)

al, nada más	+ infinitivo	Se cayó **al saltar** la valla. (=en el momento de saltar la valla)
		Me enamoré de María **nada más verla**. (=en el momento de verla)

104 EJERCICIOS

104.1 Complete con las expresiones temporales del recuadro. En algunas frases se pueden usar varias expresiones.

1. Alfonso me saluda amablemente __siempre que__ me ve.
2. _____ llegue a casa, me ducho.
3. Yo te echaré una mano _____ me lo pidas.
4. _____ veo a Marta me da recuerdos para ti.
5. César nos llamó _____ aterrizó su avión.
6. _____ me llame Yolanda, voy a buscarla.

> apenas
> cuando
> en cuanto
> siempre que

ACIERTOS ___/6

104.2 Rodee la forma correcta.

1. Cuando (vendo/**venda**) el coche, me compraré una moto.
2. Cuando (serás/seas) mayor, podrás salir de noche.
3. Tuvimos suerte. Llegó un taxi en el momento en que (salgamos/salíamos).
4. Llámame en cuanto (terminas/termines) el examen.
5. En cuanto (llegan/lleguen) tus amigos, comienzan los problemas.
6. Ángel, haz el favor de comprar el periódico cuando (sales/salgas).
7. Te contrato en el momento en que tú (quieras/quieres), Ana.
8. Apenas (veo/vea) a Orestes, me pongo nerviosa.
9. Miguel se compró la cámara tan pronto como (cobra/cobró) el sueldo.
10. Julio me da trabajo siempre que lo (necesito/necesite).

ACIERTOS ___/10

104.3 Complete con el verbo entre paréntesis en indicativo o subjuntivo.

1. Te compraré la bici cuando (tú, aprobar) __apruebes__.
2. Apenas (terminar) _____ el trabajo, imprímelo.
3. Nos acostamos en cuanto (acabar) _____ la película.
4. Mario se enfada siempre que le (yo, gritar) _____.
5. Seguro que llama Julio apenas (nosotros, salir) _____.
6. Mándame un correo electrónico en cuanto (tú, saber) _____ algo.
7. Cuando (ser) _____ jóvenes, hacíamos muchas excursiones.
8. Por favor, reserven las entradas en cuanto (poder) _____.
9. Siempre que (yo, ir) _____ a la playa, llueve.
10. Cuando (yo, cobrar) _____ mi primer sueldo, te invitaré a cenar.

ACIERTOS ___/10

104.4 Complete con *mientras* y los verbos del recuadro en la forma correcta.

1. José Luis habla mucho __mientras conduce__.
2. Siéntate un rato _____ la cena.
3. No pienso hablarle a Olga _____.
4. A Andrés le gusta cantar _____.
5. Podemos seguir de vacaciones _____ dinero.
6. Espérame en el salón _____.

> ~~conducir~~
> ducharse
> preparar
> tener
> vestirse
> vivir

ACIERTOS ___/6

104.5 Una las dos frases con la expresión temporal dada. Haga los cambios necesarios.

1. Empezó a llover. Nos fuimos a casa. (Cuando) __Cuando empezó a llover nos fuimos a casa.__
2. A veces me duele la cabeza. Me tomo una aspirina. (Siempre que) _____
3. Seré abogado. Trabajaré en una gran empresa. (Cuando) _____
4. Me pedirás favores. Te los haré. (Siempre que) _____
5. Empezó el partido. Se fue la luz. (Nada más) _____
6. Adela vendrá. Le daré la noticia. (En cuanto) _____
7. Salía del metro. Me encontré a mi prima. (Nada más) _____
8. Llegareis a casa. Llamadme. (En cuanto) _____
9. Cruzó la calle. La atropelló un coche. (Al) _____

ACIERTOS ___/9

105

Donde dice Sara. Como a ti te gusta
Oraciones de lugar y modo

● Oraciones de lugar

¿Por qué no vamos **donde dice Sara**?

Tú **gira donde te indiquen** las señales.

Donde dice Sara y *gira donde te indiquen las señales* son oraciones de lugar. Dan información sobre lugar: situación, procedencia, destino o dirección.

adverbio de lugar (+ *es*)		+ indicativo	*Es **aquí/Aquí es donde tuve** el accidente.*
verbo (+ preposición)	+ *donde*	indicativo/ subjuntivo	*La explosión **fue donde vive** Juan.* **Ve por donde tú quieras**. *A mí me da igual.*

– Se usa el indicativo cuando nos referimos a algo conocido o específico.

   *–¿Hacia dónde giro? –Hacia **donde te indica** la señal.* (Me refiero a una señal específica que los dos estamos viendo.)
   *Tenéis que llegar **hasta donde hay** una iglesia.* (Me refiero a una iglesia específica que sé que hay en esa dirección.)
   *Siempre íbamos **donde tú querías**. (*Me refiero a unos lugares específicos que los dos conocemos.)

– Se usa el subjuntivo cuando nos referimos a algo no conocido o no específico.

   *Tú gira siempre **hacia donde te indiquen** las señales.* (No me refiero a ninguna señal específica.)
   *Tienes que parar **donde haya** una iglesia.* (No sé bien dónde hay una iglesia.)
   *El domingo podemos ir **donde quieras**.* (No me refiero a ningún lugar específico.)
   *Julián dijo que me llevaría **donde él quisiera**.* (No se refiere a ningún lugar específico.)

– También se puede usar con valor generalizador.

   ***Donde comen** tres, comen cuatro.*   ***Donde hay** humo, hay fuego.*

● Oraciones de modo

He preparado la carne **como a ti te gusta**.

Como a ti te gusta es una oración de modo. Da información sobre la manera en la que se hace o sucede algo.

como según	+ indicativo/subjuntivo	*Lo haré **como tú digas**.* *Monta el mueble **según te indique** el cliente.*

– Se usa el indicativo cuando nos referimos a algo conocido o específico.

   *–¿Cómo hay que hacer este ejercicio? –**Como te lo ha explicado** tu profesora.* (De la manera concreta que te lo ha explicado la profesora.)
   *Tienes que tomar la medicina **según dice** el prospecto.* (De la manera concreta que se explica en el prospecto.)
   *Hemos repartido la herencia **como nuestro padre quería**.*

– Se usa el subjuntivo cuando nos referimos a algo no conocido o no específico.

   *–¿Cómo hay que hacer este ejercicio? –No sé. **Como te lo explique** la profesora.* (Todavía no sé cómo te va a decir que lo hagas.)
   *Toma la medicina **según te diga el médico**.*   *Me dijo que podía hacerlo **como yo quisiera**.*
   *Repartiremos la herencia **como quiera nuestro padre**.*

105 EJERCICIOS

105.1. **Una las frases con *donde* y la preposición correspondiente en caso necesario.**

1. Es aquí / conocí a Marta. _Es aquí donde conocí a Marta._
2. Mi casa está / hay un gran centro comercial. _____
3. Vengo corriendo / hay un pequeño estanque. _____
4. Tenemos que cruzar el río / está la nueva urbanización. _____
5. Es mejor buscar hotel / están los lugares de interés. _____
6. Saldremos / nos ha dicho el conserje. _____
7. Viajamos solamente / hay autovía. _____
8. No pudimos llegar / estaba el castillo. _____
9. He alquilado un piso / vive Marcelo. _____

ACIERTOS /9

105.2. **Complete con el verbo entre paréntesis en la forma adecuada.**

1. ¿Nos vemos el sábado? Podemos quedar donde te (*apetecer*) _apetezca_.
2. Donde (*haber*) _____ vida, (*haber*) _____ esperanza.
3. Pon estas medicinas donde no (*llegar*) los niños.
4. No podemos estar sin agua. Tendremos que seguir hasta donde la (*encontrar*) _____.
5. Tienes que esperarme donde yo te (*decir*) _____.
6. Elías nunca está donde (*deber*) _____.
7. Tuvimos que salir por donde (*entrar*).
8. Escóndete donde nadie te (*ver*) _____, Jesusín.
9. Compro la fruta donde la (*comprar*) _____ Belén.
10. Aparca donde (*encontrar*) _____ sitio.

ACIERTOS /10

105.3. **Vuelva a escribir las frases con el nexo dado.**

1. Hazlo de la manera que te ha dicho Susana. (*según*) _Hazlo según te ha dicho Susana._
2. Preparé el pescado de la manera que lo hace mi madre. (*como*) _____
3. Pilar canta de la manera que cantan los ángeles. (*como*) _____
4. Termina el ejercicio de la manera que puedas. (*como*) _____
5. Escribo de la forma que me han enseñado. (*según*) _____
6. Elena ríe del modo en que ríe Mila. (*como*) _____
7. Ricardo se gana la vida de la manera que puede. (*como*) _____
8. Los tiestos están del modo en que los dejaste. (*según*) _____
9. Redacta el informe de la manera que te parezca mejor. (*como*) _____
10. Hice el examen de la manera que me explicaron. (*según*) _____

ACIERTOS /10

105.4. **Complete con el verbo entre paréntesis en la forma adecuada.**

1. Siempre hay que hacer todo como tú (*querer*) _quieres_.
2. No sé por qué saco malas notas. Hago todo como tú lo (*hacer*) _____.
3. A mí me da igual. Podemos ir a casa de Ana como tú (*querer*) _____.
4. Andrés siempre conducía como no (*deber*) _____.
5. El dependiente dijo que podíamos pagar el televisor como nosotros (*querer*) _____.
6. Tendremos que abrir esa lata como (*poder*) _____.
7. Amalia vestía como le (*apetecer*) _____.
8. Enrique dice las cosas como las (*pensar*) _____.
9. Julia hacía siempre todo como ella (*querer*) _____.
10. Prepara el arroz como a ti te (*gustar*) _____.

ACIERTOS /10

106 porque, como, puesto que...
Oraciones causales

Como es alta, a Marta se le da bien el baloncesto.

Le multaron **por conducir** hablando por el móvil.

Como es alta y *por conducir hablando* son oraciones causales. Indican la causa de una acción o situación. Responden a la pregunta *¿por qué?*

> A Marta se le da bien el baloncesto. (¿Por qué?) Es alta. → **Como es alta**, a Marta se le da bien el baloncesto.
> Le multaron. (¿Por qué?) Conducía hablando por el móvil. → Le multaron **por conducir hablando** por el móvil.

– La causa puede ser real...

> No me dejaron entrar al concierto **porque llegué tarde**. (Es cierto que llegué tarde.)

...o puede ser una deducción.

> No están en casa, **porque no contestan**. (Deduzco que no están en casa, porque, de lo contrario, contestarían.)

● Formas de expresar causa

porque ya que puesto que como es que	+ indicativo	Suspendieron el partido **porque estaba lloviendo**. **Ya que te levantas**, enciende el televisor. **Puesto que me lo pides** tú, lo haré. **Como tenían hambre**, se compraron unos bocadillos. –Acompáñame. –**Es que estoy** cansada.

por	+ infinitivo	Le regañaron **por llegar** tarde.

a causa de por	+ nombre o pronombre	Han suspendido el partido **a causa de la lluvia**. Me han regañado **por ti**.

> **ATENCIÓN:**
>
> *Como* va siempre al principio de la frase.
>
> ~~No quedan entradas como la película es buena~~. → **Como** la película es buena, no quedan entradas.

– *Porque* suele ir en el medio de la frase.

> Lo hice **porque** me lo había pedido Aurora.

– *Ya que, puesto que* pueden ir al principio o en el medio de la frase.

> **Ya que** estás aquí, ¿por qué no me ayudas? / ¿Por qué no me ayudas, **ya que** estás aquí?

– *Es que* se usa para dar una causa como explicación o pretexto en *respuesta a una pregunta o ruego*.

> –¿Por qué estás siempre con Alicia? –**Es que es** muy agradable.
> –Déjame el diccionario. –**Es que lo necesito** yo.

106.1. **Una las dos partes de las frases.**

1. Como no teníamos prisa,
2. No teníamos prisa, puesto que
3. Le pusieron una multa por
4. Le pusieron una multa porque
5. No salieron por
6. No salieron, ya que

a. no habían encontrado canguro.
b. el frío.
c. conducir a mucha velocidad.
d. cenamos tranquilamente.
e. había aparcado mal.
f. no habíamos quedado con nadie.

ACIERTOS ...... / 6

106.2. **Ordene las palabras de forma correcta.**

1. ya que / cómprame el periódico / sales ___Ya que sales, cómprame el periódico. / Cómprame el periódico, ya que sales.___

2. cogimos un taxi / como / estaba lloviendo _____

3. Inés se ha quedado en casa / está resfriada / como _____

4. por / terminar la carrera / le hicieron un regalo _____

5. ¿por / lo habéis hecho / mí? _____

6. el huracán / a causa de / cerraron los colegios. _____

7. ustedes me lo piden / puesto que / tocaré otra pieza. _____

8. no tener billete / no puedo subir al tren / por _____

ACIERTOS ...... / 8

106.3. **Complete con las expresiones del recuadro.**

1. –¿Por qué ha salido Jesús? –_Es que_ le han llamado.
2. Se han inundado las calles _____ la lluvia.
3. A Arturo lo despidieron _____ llegar siempre tarde.
4. _____ no habla mucho, la gente cree que Rafa es tímido.
5. Me quedaré a cenar _____ insisten.
6. Perdió la voz _____ gritar.
7. El Sr. Ramírez no sacó al perro _____ se quedó dormido en el sofá.
8. _____ estaba navegando en internet, me olvidé de sacar la basura.
9. Le ha pasado algo, _____ está llorando.
10. –¿Cómo no trajiste la moto? –_____ la tengo averiada.

a causa de
como (2)
es que (2)
por (2)
porque (2)
ya que

ACIERTOS ...... / 10

106.4. **Una las frases con las expresiones entre paréntesis. Haga los cambios necesarios.**

1. Nadie quería ir al cine. Me fui sola. (*como*) ___Como nadie quería ir al cine, me fui sola.___
2. Estáis aquí. Quedaos a cenar. (*ya que*) _____
3. Fui el primero en entregar el trabajo. Me felicitó el profesor. (*por*) _____
4. Mañana es domingo. No tengo que ir a la oficina. (*como*) _____
5. No querían despertar a los niños. Apagaron la televisión. (*porque*) _____
6. Los aeropuertos están cerrados. Hay nieve. (*a causa de*) _____
7. Rosa tiene muchos amigos. Es muy generosa. (*porque*) _____
8. Lee sin luz. Le duele la cabeza. (*por*) _____
9. Lo dices tú. Será verdad. (*puesto que*) _____
10. Se ha duchado. Tiene el pelo mojado. (*porque*) _____

ACIERTOS ...... / 10

106.5. **Escriba las respuestas con *es que* y las palabras entre paréntesis en la forma adecuada.**

1. –Invítame a algo. –(*no tener dinero*) ___Es que no tengo dinero___.
2. –¿Qué haces en casa a estas horas? –(*no haber clase*) _____.
3. –¿Por qué discutías con Raquel? –(*no querer ayudarme*) _____.
4. –¿Por qué no contestas al teléfono? –(*estar estropeado*) _____.
5. –Quédate un rato. –(*tener prisa*) _____.

ACIERTOS ...... / 5

107

Para invitarnos. Para que lo conozcáis
Oraciones finales

Ha llamado Andrea **para invitarnos** a una fiesta.

He traído una foto de mi hijo **para que lo conozcáis**.

Para invitarnos y *para que lo conozcáis* son oraciones finales. Las oraciones finales indican el objetivo o finalidad de una acción...

> *Estoy aprendiendo kárate. Quiero ingresar en la policía.* → *Estoy aprendiendo kárate **para ingresar en la policía**.*
> *Tengo que comer menos. No quiero engordar.* → *Tengo que comer menos **para no engordar**.*

... o la utilidad de una acción o un objeto.

> *–¿Para qué sirve este aparato? –**Para cortar piñas**.*

● Oraciones finales

para + infinitivo	*Necesito hablar con Sofía **para explicarle** el problema.*
para que + subjuntivo	*Me gustaría ver a Dolores **para que me cuente** la fiesta.*

● Normalmente se usa *para* + infinitivo cuando el sujeto es el mismo en las dos oraciones.

> *Llamé (yo) a Antonio **para invitarle** (yo) a la fiesta.*
> *Elena, Hans y yo (nosotros) nos reunimos todos los viernes **para practicar** (nosotros) español.*
> *Fito ha cerrado (él) la puerta **para no molestar** (él) a sus padres.*

● Normalmente se usa *para que* + subjuntivo cuando el sujeto es diferente en las dos oraciones.

> *Juan (él) ha escondido el chocolate **para que no lo veas** (tú).*
> *He traído (yo) un cedé nuevo **para que lo escuchéis** (vosotros).*
> *Elvira ha cerrado (ella) la puerta **para que no les molesten** los niños (ellos).*

– Se usa el presente de subjuntivo cuando nos referimos al presente o al futuro.

> ▶ **UNIDAD 69:** Presente de subjuntivo: verbos regulares

> *Estoy esperando a Lupe **para que me explique** este problema. (presente)*
> *Vamos ir a León este verano **para que Martita conozca** a sus tíos. (futuro)*

– Se usa el imperfecto de subjuntivo cuando nos referimos al pasado.

> ▶ **UNIDAD 73:** Pretérito imperfecto de subjuntivo: verbos regulares

> *Ayer quedé con Jesús **para que me enseñara** las fotos de las vacaciones.*
> *El domingo pasado fuimos al zoo **para que lo conocieran** los niños.*

– Detrás de un verbo en condicional se puede usar el imperfecto de subjuntivo para referirnos al futuro.

> *Me **gustaría** ir a Alemania el verano que viene para que los niños **practicaran** alemán.*

ATENCIÓN:

Con verbos de movimiento como *ir, venir, salir*, etc. se suele usar *a* en lugar de *para*.

> *–¿Adónde ha ido Esteban? –**Ha salido a dar** una vuelta con unos amigos.*
> *Uschi viene a casa todos los lunes **a que le ayude** con el español.*

● La oración final también puede referirse a un nombre o a un adjetivo.

nombre adjetivo	+ *para* + infinitivo	*Aquí venden **comida para llevar**.* *Estas pastillas son **muy buenas para curar resfriados**.*

> *¿Tenemos suficiente dinero **para pagar la cuenta**?*
> *Venga. Ya estoy preparado **para empezar la marcha**.*   ▶ **UNIDAD 100:** Preposiciones (3)

107 EJERCICIOS

107.1 **Forme frases uniendo los elementos de las dos columnas.**

1. Tengo que ver a María para
2. Tengo que ver a Carlos para que
3. Habla bajo para que
4. Habla bajo para
5. Llama a casa de Elisa para
6. Llama a Jesús para que
7. Pablo trabajó mucho para
8. Rosana trabajó mucho para que
9. No aparques aquí para
10. No aparques aquí para que

a. no obstaculizar la salida.
b. comprarse la furgoneta.
c. hablar con su madre.
d. no nos oigan.
e. darle un recado.
f. no despertar a los niños.
g. venga a las siete.
h. no te multen.
i. sus hijos pudieran estudiar.
j. me explique algo.

ACIERTOS ...../10

107.2 **Vuelva a escribir las frases con *para* o *para que*.**

1. Préstales el libro o se enfadarán. _Préstales el libro para que no se enfaden._
2. Baja la música o no podremos hablar. _____
3. Lleva comida o pasarás hambre. _____
4. Baja la televisión o no se dormirá el niño. _____
5. Sube el volumen o no oirás las noticias. _____
6. Sácate la muela o te dolerá. _____
7. Venid a casa o se enfadará mi hermano. _____
8. Tómate esta aspirina o no se te pasará el dolor. _____

ACIERTOS ...../8

107.3 **Rodee la forma correcta.**

1. Tienes que venir a casa para que te (*conozcan*/*conocieran*) mis padres.
2. Tuve que llamar a Raquel para que me (*abra/abriera*) la puerta.
3. Cierra la ventana para que no nos (*vean/vieran*) los vecinos.
4. Abre la ventana para que (*entre/entrara*) el aire.
5. Llama a Víctor para que (*vaya/fuera*) preparando la cena.
6. Llamé a Sara para que (*vaya/fuera*) a recoger las entradas.
7. Tengo que hablar con Pedro para que (*venga/viniera*) a las cinco.
8. Me escondí detrás de un árbol para que no me (*vea/viera*) nadie.

ACIERTOS ...../8

107.4 **Complete las oraciones finales con los verbos entre paréntesis.**

1. Julia ha ido al mercado (*ella, comprar*) _a/para comprar_ pescado.
2. Vinieron a Madrid (*ellos, ver*) _____ la final del campeonato.
3. Luis quiere dar una fiesta (*nosotros, conocer*) _____ a su novia.
4. Anoche vinieron unos amigos a casa (*ellos, cenar*) _____.
5. Saldremos de noche (*los niños, no, pasar*) _____ calor.
6. Ayer salimos (*nosotros, tomar*) _____ un poco el aire.
7. Hice las camas (*tú, descansar*) _____.
8. Le mandaron a Valladolid (*él, aprender*) _____ español.
9. Llamé a Ricardo (*él, recoger*) _____ a Marga en la estación.
10. Lola ha salido un momento (*ella, comprar*) _____ pan.

ACIERTOS ...../10

107.5 **Complete con los verbos del recuadro.**

| aprender | bajar | cortar | crecer | envolver | freír | hacer | salir |

1. Esta es la escalera _para bajar_ al sótano.
2. He inventado una máquina _____ gimnasia en casa.
3. Este papel es muy bonito _____ regalos.
4. Este cedé es muy útil _____ español.
5. ¿Has visto las tijeras _____ carne?
6. Javi está tomando unas pastillas _____.
7. Esa sartén es excelente _____ pescado.
8. ¿Estáis listos _____? Es la hora.

ACIERTOS ...../8

108

Si apruebo, podré ir a la universidad
Oraciones condicionales (1)

Si apruebo este examen, podré ir a la universidad.

Tenemos que llamar a Ana.

Si tengo tiempo esta noche, la llamo.

Si apruebo este examen y *si tengo tiempo esta noche* son oraciones condicionales. Expresan una condición, que puede cumplirse o no, o que puede ser verdad o no, para la realización de otra acción o situación.

> **Si apruebo** este examen (no sé si lo aprobaré o no), **podré** ir a la universidad.
> **Si tengo** tiempo esta noche (no sé si tendré tiempo o no esta noche), **llamo** a Ana.

● Oraciones condicionales: condiciones posibles de presente o futuro

Cuando se habla de una situación real y hay una verdadera posibilidad de que ocurra, se pueden usar las siguientes construcciones:

condición ⟶	consecuencia
– *Si* + presente de indicativo, Si no **juegas** con cuidado,	futuro simple **perderemos**.
– *Si* + presente de indicativo, Si **tengo** tiempo esta tarde,	presente de indicativo **te ayudo**.

▶ **UNIDAD 56: Futuro simple**

– Normalmente se usa el futuro simple cuando la consecuencia se refiere al futuro.

> Si no **llama** Sofía, la **llamaré** yo mañana.

– Se usa el presente de indicativo para indicar que la consecuencia se considera muy probable o definitiva...

> Si **encontramos** piso, **nos casamos** este verano.

...o cuando se refiere al presente.

> Te **explico** el ejercicio ahora mismo si **tienes** un minuto.   Si tú no **limpias**, yo tampoco **limpio**.

● Se usa *si* (con el significado de *cuando, siempre que*) para expresar una condición general, algo que se cumple siempre. Se usa para hablar de verdades universales o hábitos.

condición ⟶	consecuencia
– *Si* + presente de indicativo, Si **calientas** hielo, Si **hace** frío,	presente de indicativo **se derrite**. (Siempre que calientas hielo se derrite.) no **voy** a la piscina. (Cuando hace frío no voy a la piscina.)

● Cuando se expresa una orden, un ruego, una petición, una invitación o una sugerencia, se puede usar la siguiente construcción.

condición ⟶	orden, ruego, petición, invitación o sugerencia
– *Si* + presente de indicativo, Si **puede**, Si **no te callas**, Si **tienes** hambre, Si **ves** a Luis, Si **vienen** ustedes a Madrid,	imperativo **ayúdeme**, por favor. (= ruego) **vete**. (= orden) **come** algo. (= sugerencia) **dile** que me llame. (= petición) **vengan** a visitarnos. (= invitación)

ATENCIÓN:

La oración condicional puede ir al final de la frase.   *No vayas a trabajar **si estás enfermo**.*

108.1. **Escriba frases con las palabras dadas como en el ejemplo.**

1. (*Tú*) esperar un momento, arreglarte la chaqueta. _____Si esperas un momento, te arreglo la chaqueta._
2. (*Tú*) dejarme tu cámara, (*yo*) dejarte mi móvil. _____
3. (*Tú*) aprender idiomas, encontrar trabajo más fácilmente. _____
4. (*Nosotros*) conseguir la hipoteca, comprar el piso. _____
5. (*Vosotros*) tener tiempo, (*yo*) enseñaros las fotos de la boda. _____
6. (*Nosotros*) no tener dinero, no poder ir a China este verano. _____
7. (*Yo*) casarse, no tener hijos. _____
8. (*Nosotros*) no salir pronto, llegar tarde al concierto. _____
9. (*Tú*) poner el hielo al sol, derretirse. _____
10. (*Tú*) ayudarme, (*yo*) regalarte un cedé. _____

108.2. **Complete las condiciones con los verbos entre paréntesis en forma afirmativa o negativa.**

1. ¿Qué pasa si (*tú, quemar*) _____quemas_____ un plástico?
2. Si (*yo*, comer) _____ poco, (*ponerse*) _____ malo.
3. Si (*hacer*) _____ frío, (*nosotros, salir*) _____.
4. Si (*tú, freír*) _____ mucho la carne, (*quemarse*) _____.
5. Si (*yo, dormir*) _____ bien, (*sentirse*) _____ mal.
6. Si (*hacer*) _____ mucho frío, el agua (*helarse*) _____.
7. Si (*yo, correr*) _____ mucho, (*cansarse*) _____.
8. Si Marta (*estar*) _____ con sus amigos, (*aburrirse*) _____.
9. Si (*nosotros, comer*) _____ mucho a mediodía, (*cenar*) _____.
10. Si (*yo, tomar*) _____ café, (*dormir*) _____ bien.

108.3. **Relacione las columnas y escriba frases.**

1. (*Vosotros*) estar cansados
2. (*Usted*) tener dinero
3. (*Vosotros*) no entender
4. (*Tú*) querer salir
5. (*Tú*) no tener prisa
6. (*Vosotras*) volver tarde
7. (*Usted*) querer aprender español
8. (*Vosotras*) ir a Granada

a. esperar
b. acostarse
c. comprar acciones
d. llamar
e. practicar mucho
f. pedir permiso
g. preguntar
h. visitar la Alhambra

1. _____Si estáis cansados, acostaos._
2. _____
3. _____
4. _____
5. _____
6. _____
7. _____
8. _____

108.4. **Complete con los verbos entre paréntesis en el tiempo adecuado.**

1. Si les (*gustar*) _____gusta_____, (*comer*) _____coman_ más.
2. (*Vosotros, venir*) _____ a verme si (*tener*) _____ tiempo.
3. Yo te (*ayudar*) _____ si tú me (*ayudar*) _____.
4. Si no (*vosotros, tener*) _____ cuidado, (*tener*) _____ un accidente.
5. Si Enrique no (*aprobar*) _____, no (*poder*) _____ ir a la universidad el curso próximo.
6. Si no (*venir*) _____ gente, (*nosotros, tener*) _____ que cerrar el restaurante.
7. Si (*ustedes, tener*) _____ alguna duda, (*preguntar*) _____ al director.
8. No (*yo, trabajar*) _____ bien si no (*desayunar*) _____ bien.
9. Si (*tú, querer*) _____ aprender alemán, (*ir*) _____ a una academia.
10. Si (*llover*) _____, las plantas (*ponerse*) _____ más verdes.
11. Si (*vosotros, arreglarse*) _____ un poco, (*estar*) _____ más guapos.

109 *Si encontrara trabajo, me casaría*
Oraciones condicionales (2)

Si **tuviéramos dinero**, iríamos al Caribe.

Si encontrara trabajo y *si tuviéramos dinero* son oraciones condicionales. Expresan una condición que se considera de difícil cumplimiento.

condición real, improbable ⟶ consecuencia

Si encontrara trabajo (puede que encuentre trabajo, pero lo veo muy difícil), *me casaría*.
Si tuviéramos dinero se refiere a una situación imaginaria, no real.

condición hipotética, imaginaria ⟶ consecuencia

Si tuviéramos dinero (no tenemos dinero, lo estamos imaginando), *iríamos al Caribe*.

● Oraciones condicionales: condiciones improbables, imaginarias o hipotéticas

Se puede usar la siguiente construcción para hablar de:

– una situación real, cuando se considera más difícil o improbable que ocurra o sea cierta.

– una situación imaginaria, no real.

condición ⟶	consecuencia
Si + pretérito imperfecto de subjuntivo,	condicional simple
*Si Alicia me **dejara** el coche,*	*te **llevaría** a casa.*
*Si Alberto **fuera** más alto,*	***sería** un buen jugador de baloncesto.*
*Si Noelia **fuera** culpable,*	*yo mismo **llamaría** a la policía.*

ATENCIÓN:

La oración condicional puede ir al final de la frase.   *Me casaría **si encontrara trabajo**.*

Compare:

● Situación real y posible

Si **viene** Marga, nos lo **pasaremos** bien.

(Cree que es posible que venga Marga.)

● Situación real y posible

Si **hace** buen tiempo mañana, **podemos** dar un paseo.

(Cree que es posible que mañana haga buen tiempo.)

● Situación real y posible, pero de cumplimiento más improbable

Si **viniera** Marga, nos lo **pasaríamos** bien.

(Cree que es posible que venga Marga, pero lo considera más difícil.)

● Situación no real, imaginaria

Si **hiciera** buen tiempo, **podríamos** dar un paseo.

(Sabe que no hace buen tiempo. Es una situación imaginaria.)

● La construcción *si* + pretérito imperfecto de subjuntivo + condicional simple se puede usar también para hacer recomendaciones o dar consejos.

*Si **estudiaras**, **aprobarías** sin problemas.*   *Si **invirtieras** en bolsa, **podrías** ganar dinero.*

109 EJERCICIOS

109.1. **Rodee la forma correcta.**

1. (Ahorraríamos/Ahorraremos) más si no (gastáramos/gastaríamos) tanto.
2. Si (viviéramos/viviríamos) más cerca, nos (veríamos/viéramos) más a menudo.
3. ¿Qué (harías/hicieras) si hoy no (tuvieras/tendrías) que ir a la oficina?
4. Si me (ofrecieran/ofrecerían) un trabajo en México, lo (aceptara/aceptaría).
5. Si (harían/hicieran) un esfuerzo, (aprobaran/aprobarían) todos.
6. Si Hans (aprendiera/aprendería) español, (pudiera/podría) trabajar en nuestra empresa.
7. Les (saliera/saldría) más barato si (cogieran/cogerían) el autobús.
8. Si tú (quisieras/querrías, pudiéramos/podríamos) hacer el viaje juntos.

ACIERTOS ...../16

109.2. **Complete con los verbos entre paréntesis en el tiempo adecuado.**

1. Sabes que Isabel (venir) ___vendría___ si la llamases.
2. Ahora no tengo hambre, pero si (tener) _____ hambre, me tomaría un bocadillo de queso.
3. Si Borja (ver) _____ menos la tele, aprobaría el curso sin problemas.
4. ¿Qué crees que (hacer) _____ Alberto si supiera la verdad?
5. Si cogieran un taxi, (llegar) _____ a tiempo al aeropuerto.
6. Nina sabe que si (ponerse) _____ enferma, yo la cuidaría.
7. ¿Qué (pasar) _____ si no fuéramos a la fiesta? ¿Crees que Lucas _____ (enfadarse)?
8. Si yo (estar) _____ en tu lugar, buscaría un empleo.
9. Si Marga no (fumar) _____, tosería menos.
10. Si (saber) _____ el teléfono de Ana, la llamaría.
11. ¿Crees que el director me (despedir) _____ si no fuera a trabajar mañana?

ACIERTOS ...../12

109.3. **Una las dos columnas para conseguir oraciones con sentido.**

1. Si Alberto fuera amigo tuyo,
2. Si Irene es amiga tuya,
3. Si tomamos el tren de las ocho,
4. Si fuéramos millonarias,
5. Si se va el sol,
6. Si se fuera el sol,
7. Si fuera tu padre,
8. Si es tu padre,

a. ahora estaríamos en Acapulco.
b. no te dejaría salir todas las noches.
c. pídele que te ayude.
d. dile que quiero hablar con él.
e. te ayudaría.
f. estaremos en Acapulco a la una.
g. se helaría la nieve.
h. hace frío.

ACIERTOS ...../8

109.4. **Complete los diálogos con los verbos entre paréntesis en el tiempo adecuado.**

1. –Es posible que tenga un empleo para ti, Manuel. –Si me (dar) __da__ el trabajo, Sr. Ortega, me (hacer) __hará__ feliz. –Si yo (tener) __tuviera__ 20 años, (ser) __sería__ feliz, aunque no tuviera trabajo.
2. –¿Puedes prestarme algo de dinero? –Si te lo (prestar) _____, ¿cuándo me lo (devolver) _____?
3. –Sé que es muy difícil, pero si te (tocar) _____ la lotería, ¿qué (hacer) _____? –(Dejar) _____ de trabajar y (viajar) _____.
4. –¿Vas a presentarte al examen? –Sería una tontería. Si me (presentar) _____, no (aprobar) _____.
5. –No enciendas la luz, Benito. Si la (encender) _____, (despertarse) _____ el niño. –Ya, pero si no la (encender) _____ no (ver) _____ nada.
6. –Si no (decir) _____ la verdad, (no, poder) _____ ayudarte. –No puedo decírtela. Si te la (decir) _____, (enfadarse) _____ Tomás.

ACIERTOS ...../20

109.5. **Complete las recomendaciones y consejos.**

1. Si (vosotros, comer) __comierais__ mejor, (estar) __estaríais__ más sanos.
2. Si (tú, querer) _____, (poder) _____ ser un músico magnífico.
3. Si (tú, cortarse) _____ el pelo, (estar) _____ más guapa.
4. Si (usted, hacer) _____ una exposición, (vender) _____ muchos cuadros.
5. Si (vosotros, buscar) _____ trabajo, lo (encontrar) _____.

ACIERTOS ...../10

227

110 Si hubiera encontrado trabajo, me habría casado
Oraciones condicionales (3)

Si hubiera vivido en el siglo XIX, habría sido feliz.

Si hubiera trabajado, ahora tendría una casa.

Si hubiera vivido y *si hubiera trabajado* son oraciones condicionales. Se refieren a situaciones pasadas no reales, imaginarias, que no se dieron o no fueron ciertas.

condición pasada, no real ──────────►	consecuencia
Si hubiera encontrado trabajo (no encontré trabajo),	me **habría casado**.
Si me hubiera tocado la lotería (no me ha tocado),	ahora **podríamos** irnos de vacaciones.

● Oraciones condicionales: condiciones pasadas no reales o imaginarias

– Cuando la consecuencia se refiere al presente, se usa la siguiente construcción:

condición pasada, no real ──────────►	consecuencia presente
Si + pretérito pluscuamperfecto de subjuntivo,	condicional simple
Si **hubiéramos nacido** en el año 1900,	ahora **estaríamos** muertos.
Si **hubiera acabado** la carrera,	ahora **tendría** un buen trabajo.

– Cuando la consecuencia se refiere al pasado, se usa la siguiente construcción:

condición pasada, no real ──────────►	consecuencia pasada
Si + pretérito pluscuamperfecto de subjuntivo,	condicional perfecto
Si te **hubiera visto**,	te **habría saludado**.
Si **nos hubiéramos conocido** antes,	**habríamos podido** casarnos.

ATENCIÓN:

La oración condicional puede ir al final de la frase.

*Habríamos podido casarnos **si nos hubiéramos conocido antes**.*

Compare:

● Condición futura real de difícil cumplimiento	● Condición pasada no real, consecuencia presente
*Si **acabaras** la carrera, **podrías** tener un buen trabajo.* (Es posible que acabes la carrera, pero no es fácil.)	*Si **hubieras acabado** la carrera, ahora **tendrías** un buen trabajo.* (No acabaste la carrera.)
● Situación imaginaria presente	● Situación imaginaria pasada
*Si **tuviera** un buen trabajo, **sería** más feliz.* (No tengo un buen trabajo.)	*Si **hubiera tenido** un buen trabajo, **habría sido** más feliz.* (No tuve un buen trabajo.)
● Situación improbable futura	● Situación imaginaria pasada
*Si me **ofrecieran** un buen trabajo, lo **aceptaría**.* (Considero muy improbable que me ofrezcan un buen trabajo.)	*Si me **hubieran ofrecido** un buen trabajo, lo **habría aceptado**.* (No me lo ofrecieron.)

110.1. Complete con los verbos entre paréntesis. *¿Qué sería diferente ahora?*

1. Si Rosa y Pedro (*tener*) _____hubieran tenido_____ hijos , ahora no (*estar*) _____estarían_____ solos.
2. Si (*nosotros, empezar*) _____ a estudiar español antes, ahora (*hablar*) _____ mucho mejor.
3. Ahora no (*vosotros, tener*) _____ sueño, si (*acostarse*) _____ pronto.
4. Si no (*ustedes, gastar*) _____ tanto el mes pasado, ahora no (*tener*) _____ problemas económicos.
5. Si nos (*ellos, dar*) _____ la hipoteca, ahora (*nosotros, tener*) _____ el piso.
6. Si no me (*tú, engañar*) _____ antes, ahora te (*yo, creer*) _____.
7. Ahora (*yo, ser*) _____ director si me (*ascender*) _____.
8. Si nos (*tocar*) _____ la lotería, ahora (*nosotros, vivir*) _____ estupendamente.

110.2. Escriba frases. *¿Qué habría pasado si...?*

1. Arturo, ser médico → feliz. _____Si Arturo hubiera sido médico, habría sido feliz._____
2. Nosotros, tener dinero → hacer grandes cosas. _____
3. Noelia, ser culpable → yo mismo, llamar a la policía. _____
4. Yo, nacer en otro país → mi vida, ser diferente. _____
5. Juan, comprar un coche más seguro → no haber tenido el accidente. _____
6. Yo, no tener que trabajar → estudiar algo. _____
7. Adela, no invitar a su fiesta → no conocer a Rosario. _____
8. Vosotros, no ayudarme → no poder triunfar. _____

110.3. Complete con el imperfecto de subjuntivo o el pretérito pluscuamperfecto de subjuntivo.

1. Ahora podrías tener hijos si (*casarse*) _____te hubieras casado_____.
2. Vivirías mucho mejor si no (*trabajar*) _____ tanto.
3. Si no (*mentir*) _____ tanto, la gente te creería.
4. Ahora podríais ir de vacaciones si (*ahorrar*) _____ algo.
5. No tendrías problemas con tu jefe si (*hacer*) _____ lo que él te dice.
6. A Javi no le dolería la cabeza si no (*ver*) _____ tanto la tele.
7. Si Celia (*ganar*) _____ el premio, ahora sería famosa.
8. Si Martina (*querer*) _____, podría ser una excelente cantante.

110.4. Complete con los verbos entre paréntesis en los tiempos adecuados: imperfecto de subjuntivo, pluscuamperfecto de subjuntivo, condicional simple o condicional compuesto.

1. ¡Qué suerte! Si (*yo, invertir*) _____hubiera invertido_____ en bolsa, ahora (*estar*) _____estaría_____ arruinado.
2. –¿Qué (*tú, hacer*) _____ si te (*tocar*) _____ la lotería, Iván? –(*Viajar*) _____ por todo el mundo. Quiero conocer muchos países.
3. Tus hermanos juegan muy bien. Es una pena. Si (*ser*) _____ más altos, (*poder*) _____ jugar en cualquier equipo.
4. ¿Por qué no dijiste nada? Te (*nosotros, ayudar*) _____ si nos lo (*pedir*) _____.
5. Me salvé del accidente. Si no (*yo, perder*) _____ el avión, ahora no (*estar*) _____ vivo.
6. ¿Por qué no te quedaste en casa? Si no (*tú, ir*) _____ a esquiar, no (*romperse*) _____ la pierna.
7. Si (*ustedes, vivir*) _____ en México, (*saber*) _____ hablar español.
8. Gastas mucho. Si (*tú, gastar*) _____ menos, (*tener*) _____ menos problemas.

111

por eso, de tal forma que, tanto que...
Oraciones consecutivas

Había tanta gente **que no pudimos entrar en el museo.**

Que no pudimos entrar en el museo es una oración consecutiva. Las oraciones consecutivas indican la consecuencia o el resultado de otra acción o situación.

causa	→	consecuencia o resultado
Había mucha gente,		*por eso no os vimos.*
Habla de tal manera		*que nadie le entiende.*
Fui tan lento que		*llegué el último.*

Formas de expresar consecuencia o resultados

● *por eso, o sea que, así que, de manera que, de modo que, de forma que, por (lo) tanto, por consiguiente*

por eso		Estaba agotado, **por eso me quedé** dormido.
o sea que		No tienes prisa, **o sea que quédate** un rato conmigo
así que		No vi a nadie conocido en el club, **así que me volví** a casa.
de manera que	+ indicativo	Hay mucha gente, **de manera que será** mejor que te des prisa.
de modo que	+ imperativo	No había plazas en el vuelo, **de modo que tuvimos** que ir en tren.
de forma que		Tú has invitado a la cena, **de forma que elige** tú el restaurante.
por (lo) tanto		Tú no sabes qué pasó, **por lo tanto cállate.**
por consiguiente		Ha subido el petróleo, **por consiguiente subirá** la gasolina.

– El verbo puede ir en cualquier tiempo del indicativo.

> *He salido sin dinero, **por eso no he podido** comprar el periódico.*
> *No quieren venir a casa, **así que tendremos** que ir nosotros a la suya.*
> *Julián es muy fuerte, **por eso aguantó** bien la operación.*

– Con estos conectores, el verbo también puede ir en imperativo.

> *Mañana tienes un examen, **así que estudia**.*   *Vamos tarde, **o sea que date** prisa.*

– También pueden servir para introducir deducciones.

> *–Es Alberto. Está todavía en casa de Rocío. –**O sea que** no viene a cenar.*
> *Julián no estaba en casa a esa hora, **por lo tanto** no pudo ser él el que uso el teléfono.*

● *de un/tal modo, de una/tal forma, de una/tal manera*

de un / tal modo		Habla **de tal modo que no se le entiende** nada.
de una / tal forma	+ que + indicativo	Ha roto la chaqueta **de tal forma que no se puede** arreglar.
de una / tal manera		Me lo dijo **de una manera que me dio** miedo.

– El verbo puede ir en cualquier tiempo del indicativo.

> *Rosa actúa **de una forma que es** difícil de entender.*
> *Me recibieron **de tal manera que pensé** que estaban enfadados conmigo.*

● *tan, tanto, tan poco*

tanto		Corre **tanto que gana** todas las carreras.
tan poco		Come **tan poco que va a enfermar**.
tan + adjetivo	+ que + indicativo	Lourdes es **tan culta que entiende** de todo.
tan + adverbio		Me siento **tan mal que me voy a acostar**.
tanto/a/os/as (+ nombre)		Maite tiene **tantos amigos que nunca está en casa**.
tan poco/a/os/as (+ nombre)		El río tiene **tan poca agua que no podemos bañarnos**.

– El verbo puede ir en cualquier tiempo del indicativo.

> *Habla **tanto que aburre**.*
> *Tienes **tantos libros que no podré** leerlos en toda mi vida.*

111 EJERCICIOS

111.1. **Una las dos frases con las expresiones entre paréntesis. Tenga cuidado con el orden de las frases.**

1. No podremos quedar con Pedro. Esta noche hay partido. (*así que*) _Esta noche hay partido, así que_ _no podremos quedar con Pedro._

2. Nos acostamos. Era muy tarde. (*de manera que*) _____

3. Abrí todas las ventanas. Hacía mucho calor. (*por eso*) _____

4. Llegó el jefe. Empezamos a trabajar. (*así que*) _____

5. Aún no ha llamado Teresa. No te puedo decir nada. (*por tanto*) _____

6. Juan está con gripe. No ha venido hoy. (*por eso*) _____

7. Será mejor cenar fuera. No hay mucha comida en casa. (*así que*) _____

8. Debió de venir tarde. Está durmiendo todavía. (*o sea que*) _____

9. Se hacía tarde. Cogimos un taxi. (*por lo tanto*) _____

10. Roque fue mecánico. Sabe mucho de coches. (*de modo que*) _____

ACIERTOS ..../10

111.2. **Complete con las palabras entre paréntesis en la forma correcta.**

1. Piensa (*de tal forma/parecer su abuelo*) _de tal forma que parece su abuelo_ .

2. Andan (*de un modo/ parecer cansados*) _____ .

3. Me habló (*de una forma/pensar*) _____ que estaba enfada.

4. Canta (*de una forma/hacer llorar*) _____ .

5. Sonríe (*de una manera/dar miedo*) _____ .

6. Camina (*de una forma/parecer una modelo*) _____ .

7. Me abrazó (*de tal manera/él/romper el abrigo*) _____ .

ACIERTOS ..../7

111.3. **Rodee la forma correcta.**

1. Hizo un día ((*tan*)/*tanto*) bueno que comimos en el jardín.

2. Estaba (*tan*/*tanto*) cansado que me acosté temprano.

3. Estábamos (*tan*/*tantos*) nerviosos que no podíamos dormir.

4. Estudia (*tanto*/*tan poco*) que no puede aprobar.

5. Hablas español (*tan*/*tanto*) bien que pareces española.

6. Tengo (*tanta*/*tanto*) sed que me bebería toda la botella.

7. Teníamos (*tanto*/*tan poco*) tiempo que no pudimos preparar las maletas.

8. Ruperto estudia (*tan*/*tanto*) que va a enfermar.

9. Había (*tanta*/*tanto*) gente que no pudimos ver nada.

10. Somos (*tantos*/*tan pocos*) en clase que practicamos muchísimo.

ACIERTOS ..../10

111.4. **Complete las frases con las palabras del recuadro.**

1. Había __tanto__ tráfico que tuvimos que coger el metro.

2. Lucas habla _____ que aburre a todo el mundo.

3. Esta carretera es _____ mala que hay muchos accidentes.

4. Han llegado _____ turistas que no hay camas en los hoteles.

5. Había _____ niebla que tuvimos que parar en la autopista.

6. Tenían _____ clientes en mi empresa que tuvieron que cerrar.

7. Hay _____ luz en esta habitación que no deberíais leer.

> tan
> tan poca
> tan pocos
> tanta
> tanto (2)
> tantos

ACIERTOS ..../7

111.5. **Una las oraciones con *tan, tanto, -a, -os, -as, tan poco, -a, -os, -as... que*. Haga los cambios necesarios.**

1. No se oye nada. Hay mucho ruido. _Hay tanto ruido que no se oye nada._

2. La obra es muy buena. No quedan entradas. _____

3. No salimos. Hacía demasiado frío. _____

4. Había pocas sillas. No me pude sentar. _____

5. Ana estaba muy elegante. Todos la miraban. _____

6. Le gustan mucho los gatos. Tiene seis. _____

7. Parece enfadado. Habla poco. _____

ACIERTOS ..../7

112 · *aunque, a pesar de que...*
Oraciones concesivas

¡Qué suerte tiene Ronaldo! **A pesar de que no estudia**, aprueba.

Aunque llueva mañana, yo voy a la playa.

A pesar de que no estudia y *aunque llueva mañana* son oraciones concesivas. Dan información sobre algún obstáculo u objeción, real o posible, a una acción determinada, que no impide su realización.

> **A pesar de que** no estudia, aprueba. (No estudia pero aprueba.)
> **Aunque** llueva mañana, yo voy a la playa. (Puede que llueva mañana o puede que no, pero de todos modos pienso ir a la playa.)

● *aunque, a pesar de que, por más que, por mucho que, por poco que*

aunque a pesar de que por más que por poco que por mucho que	+ indicativo + subjuntivo	**Aunque Clara es** muy simpática, no tiene muchos amigos. **A pesar de que trabajes** mucho, no te subirán el sueldo. **Por más que busca**, no encuentra trabajo. **Por poco que Ana gane**, gana más que su marido. **Por mucho que corran**, no me alcanzarán.

– Se usa un verbo en indicativo cuando la acción o la situación expresada se considera cierta: el obstáculo o la objeción son reales. Se refiere a un hecho presente o pasado.

> ¡Pobre Matilde! **Por más que estudia**, no aprueba. (Sé o considero cierto que estudia.)
> **Aunque he comido mucho**, tengo hambre. (Sé o considero cierto que he comido mucho.)
> **Aunque trabajó mucho** toda su vida, nunca se hizo rico. (Sé o considero cierto que trabajó mucho.)

– Se usa un verbo en subjuntivo cuando la acción o la situación expresada se considera posible, pero no necesariamente cierta: el obstáculo o la objeción son hipotéticos.

   ● Se usa el presente de subjuntivo para referirse a una hipótesis presente o futura.

> **Por mucho que corras**, no me ganarás. (Es posible que corras mucho, pero no lo sé o no lo considero seguro.)

Compare:

indicativo	subjuntivo
Aunque Alicia no me quiere, yo la quiero a ella. (Sé o considero cierto que Alicia no me quiere.)	**Aunque Alicia no me quiera**, yo la quiero a ella. (Es posible que Alicia no me quiera, pero no lo sé o no lo considero cierto.)
A pesar de que he dormido ocho horas, tengo sueño. (Es una realidad.)	**A pesar de que duerma** ocho horas, siempre tengo sueño. (Es una hipótesis.)

   ● Se usa el pretérito imperfecto de subjuntivo para referirse a una hipótesis pasada.

> No sé si bebiste mucho o poco, pero, **aunque bebieras poco**, te emborrachaste.
> No sé cuánto tardó en escribir el libro, pero **por mucho que tardara** lo escribió muy rápido.

● También se usa un verbo en subjuntivo para referirse a una acción o situación considerada cierta en respuesta a una objeción.

> –No me gusta la sopa. –**Aunque no te guste** la sopa, tienes que comértela.

ATENCIÓN:

● Se puede usar *a pesar de* + infinitivo cuando el sujeto de las dos oraciones es el mismo.

> **A pesar de estar** agotados (nosotros), *tuvimos* (nosotros) *que levantarnos temprano*.

112.1. Una las opciones de las dos columnas de manera correcta.

1. Tengo que trabajar ————————
2. Helena tiene que trabajar
3. Tenemos que comer patatas
4. Tendréis que comer la sopa
5. No me podré comprar esa casa
6. No me puedo comprar un coche
7. Ese examen lo aprobamos
8. Esta comida te puede sentar mal
9. Susana no engorda
10. Algo te sentó mal

a. aunque no os apetezca mucho.
b. por mucho que ahorre.
c. aunque comieras poco.
d. a pesar de no tener muchas ganas.
e. a pesar de que no tiene muchas ganas.
f. por más que come.
g. aunque no nos apetece mucho.
h. por mucho que ahorro.
i. aunque comas poco.
j. por poco que estudiemos.

ACIERTOS ...../10

112.2. Complete con los verbos entre paréntesis en indicativo, subjuntivo o infinitivo.

1. Aunque me (*llamar*) __llame__ Roberto, no le contestaré.
2. A pesar de (*trabajar*) _____ mucho, ganamos poco.
3. Por mucho que (*correr*) _____, llegaréis tarde.
4. Aunque hoy (*levantarse*) _____ tarde, tengo sueño.
5. A pesar de (*jugar*) _____ bien, perdieron el partido.
6. Tengo frío a pesar de que (*hacer*) _____ sol.
7. Aunque normalmente (*ir*) _____ andando, hoy prefiero ir en autobús.
8. Por más que (*gritar*) _____, no les van a oír.
9. Aunque (*hacer*) _____ muy buen tiempo, no pudimos bañarnos.
10. A pesar de que (*llover*) _____ intensamente, tuvimos que jugar el partido.
11. Cristina siempre se cansa por poco que (*andar*) _____.
12. Enrique nunca te deja el coche, por mucho que se lo (*pedir*) _____.

ACIERTOS ...../12

112.3. Escriba frases con las ideas dadas.

1. El verano pasado estuvimos en Escocia. Sé que hizo muy mal tiempo pero nos lo pasamos muy bien.
   Aunque _hizo muy mal tiempo, nos lo pasamos muy bien_ .
2. No sé si Mariana come mucho, pero no creo que engorde.
   A pesar de que _____ .
3. No sé si Arturo va a esperar mucho a Amelia, pero no creo que venga.
   Por mucho que _____ .
4. Normalmente duermo mucho, pero estoy siempre cansado.
   A pesar de _____ .
5. Sé que Mario dice muchas mentiras. Me parece simpático.
   Aunque _____ .
6. No sé si anoche era muy tarde. Me molestó que me despertarais.
   Aunque no _____ .
7. No sé si Silvio madrugó mucho ayer. Llegó tarde a la oficina.
   Por mucho que _____ .

ACIERTOS ...../7

112.4. Complete utilizando frases con *aunque*.

1. –No quiero ir al cole. –_Aunque no quieras_ , irás.
2. –No salgas. Está lloviendo. –_____ , tengo que salir.
3. –No queremos hacer este ejercicio. –_____ , debéis hacerlo. Es útil.
4. –No les gusta el pescado. –_____ , tendrán que comerlo.
5. –No se levantan. Están cansados. –_____ , es hora de levantarse.
6. –Dice que no viene a pasear, que hace frío. –_____ , tiene que salir.
7. –No trabajes. Estás de vacaciones. –_____ , tengo que hacer algo.

ACIERTOS ...../7

113 *Aquí se trabaja mucho*
Oraciones impersonales (1)

Aquí **se está** bien, pero **se trabaja** mucho.

¡Julio! ¡**Te llaman**!

Se está, *se trabaja* y *te llaman* son oraciones impersonales: no tienen un sujeto concreto.

● Construcciones impersonales con *se*

se + verbo en 3ª persona singular	Aquí **se vive** muy bien. Antes **se trabajaba** mucho en el campo.

– Con verbos como *acostarse*, *divertirse*, que ya llevan *se*, no se usa esta construcción. Se usa *la gente* o *uno*.

~~Aquí se acuesta muy tarde.~~ → Aquí **la gente se acuesta** muy tarde. / Aquí **se acuesta uno** muy tarde.

se + verbo en 3ª persona singular + infinitivo	En España **se suele** cenar muy tarde.

– Esta construcción se usa con determinados verbos, entre otros, *soler, poder, deber, necesitar*.

Desde mi casa **se puede ver** el mar.　　　　No se debe hablar con la boca llena.

se dice *se espera*	+ *que*	+ verbo en indicativo + verbo en subjuntivo	**Se dice que** Fernando **está** enfermo. **Se espera que ganen** sin problemas.

● Se trata de una introducción impersonal a información sobre alguien o algo concreto. Se usa con verbos como *decir, pensar, rumorear, sospechar, suponer, ver*.

Se dice (no se indica quién lo dice) *que el gobierno va a perder las elecciones.*
Se sospecha (no se indica quién lo sospecha) *que el ladrón estaba escondido allí.*

● Con *se ve, se dice, se piensa, se rumorea, se supone, se sospecha* se usa un verbo en indicativo.

Se supone que el Presidente lo **sabe**.　　　**Se veía** que algo grave **iba** a pasar.
Se dice que Fernando **se ha ido** a Australia.　　**Se decía** que Alberto **estaba** arruinado.
Se rumorea que el Primer Ministro **se ha casado** en secreto.

● Con *se espera* se usa un verbo en subjuntivo.

presente de indicativo → presente de subjuntivo	imperfecto de indicativo → imperfecto de subjuntivo
Se espera que el gobierno **gane** las elecciones. **Se espera** que la policía **coja** pronto al asesino.	**Se esperaba** que **llegasen** todos juntos. **Se esperaba** que los nuevos jugadores **fueran** mejores.

● Construcciones impersonales con la 3ª persona del plural

Dicen que está loco.　　　　　　　　**Te llaman** por teléfono.
En muchas tiendas **no admiten** tarjetas.

234

113 EJERCICIOS

113.1. **Complete con los verbos del recuadro y *se* o *uno*.**

1. En un pueblo pequeño __se vive__ mejor. _____ más tranquilo, _____ más tiempo libre, _____ más con la gente y _____ menos dinero.

necesitar	relacionarse
tener	~~vivir~~ (2)

2. En una gran ciudad _____ más libre y _____ más, aunque a veces _____ solo. Antes _____ mejor en las ciudades, pero ahora _____ bien en todas partes.

divertirse	sentirse
ser	vivir (2)

ACIERTOS ..../10

113.2. **Vuelva a escribir las frases comenzando con alguna de las expresiones del recuadro.**

se debe	se dice	se espera	se necesita	~~se puede~~ (2)	se sospechaba
se supone	se suele	se veía			

1. Es posible hablar por teléfono desde aquí. _____ Se puede hablar por teléfono desde aquí.
2. En Chile es costumbre bailar la cueca en las fiestas populares. _____
3. Alguien dice que Norma no se encuentra bien. _____
4. Alguien sospechaba que Andrés había causado el accidente. _____
5. La gente supone que Nacho es muy inteligente. _____
6. Estaba claro que Olga estaba contenta. _____
7. Para jugar bien al baloncesto no es necesario ser alto. _____
8. Algunas personas esperan que el Presidente hable mañana. _____
9. Es aconsejable ser respetuoso con las personas mayores. _____
10. Es posible aprender español sin vivir en España. _____

ACIERTOS ..../10

113.3. **Complete con el verbo en indicativo o subjuntivo.**

1. Se dice que (*ir*) __va__ a hacer un invierno muy frío.
2. Se espera que las lluvias (*acabar*) _____ pronto.
3. Se sospecha que Lorenzo no (*ser*) _____ hijo de Agustín.
4. Se suponía que tú (*ir*) _____ a hacer la cena.
5. Se supone que Abel (*saber*) _____ lo de sus hijos.
6. Se sospecha que el ladrón (*ser*) _____ alguien de la empresa.
7. Se esperaba que (*ir*) _____ mucha gente, pero no tanta.
8. Se decía que en ese restaurante (*servir*) _____ carne de gato.
9. Se sospechaba que ese país (*tener*) _____ armas atómicas.
10. Se rumorea que el gobierno (*ir*) _____ a congelar las pensiones.

ACIERTOS ..../10

113.4. **Complete con la forma adecuada de los verbos entre paréntesis y *se* en los casos necesarios. En la mayoría de los casos hay dos posibilidades.**

1. En España (*cenar*) __se cena__ muy tarde.
2. Aquí (*soler*) _____ salir los sábados, no los domingos.
3. Hace unos años ya (*sospechar*) _____ que venía un cambio climático.
4. En la oficina (*decir*) _____ que al director le gusta su secretaria.
5. (*Sospechar*) _____ que en esa tienda venden productos robados.
6. En Inglaterra (*beber*) _____ mucho té.
7. (*Rumorear*) _____ que un miembro del gobierno es agente de la CIA.
8. En una gran empresa, (*trabajar*) _____ más, pero también (*ganar*) _____ más.
9. (*Ver*) _____ que Roberto es una gran persona.
10. ¿Dónde (*vivir*) _____ mejor, en el campo o en una ciudad?

ACIERTOS ..../11

235

114 Llueve mucho
Oraciones impersonales (2)

Hoy **hace bastante frío**.

Llueve mucho, no veo nada.

Otras construcciones impersonales

- 3ª persona del singular de *ser* + adjetivo + infinitivo

  – Se usa esta construcción para valorar situaciones generales.

    > *Era **inútil explicárselo**. No lo entendían.*
    > *Sería **injusto despedir** a todos. Algunos no tienen culpa de nada.*

  – Se usa esta construcción con adjetivos de valoración: *bueno, malo, mejor, peor, fácil, difícil, útil, inútil, justo, injusto, importante, fundamental, imposible.* Se usa solo la forma de masculino singular.

    > *Es **importante hacer** las cosas bien.*
    > *No es **justo castigar** a un inocente.*

  Estas construcciones también se usan con subjuntivo cuando se refieren a alguien en concreto.

    > *Es **importante que aprendas** idiomas, Juan.*
    > *No es **justo que castigues** a Silvia. Ella no ha hecho nada.*

  ▶ UNIDAD 69: Presente de subjuntivo: verbos regulares ▮

- 3ª persona del singular de determinados verbos:

  – *parecer + que + indicativo*

    > *Parece **que estás** cansado.*
    > *Parecía **que el avión iba** a estrellarse, pero aterrizó sin problemas.*

  – *haber + nombre*

    > *Había **mucho tráfico** esta mañana.*

  – *haber + que + infinitivo* ▶ UNIDAD 38: Presente de indicativo de *haber* impersonal y *estar* ▮

    > *Hay **que recoger** la mesa.*
    > *No hay **que ser** egoísta. **Hay que compartir**.*

  – *hacer + frío, calor, viento*

    > *En Cádiz **hace mucho viento**.*

  – *hacer + expresiones temporales* ▶ UNIDAD 43: Presente para expresar períodos de tiempo ▮

    > *Hace **una semana** que no veo a Pili.*

  – *ser + referencias temporales: pronto, tarde, temprano, de día, de noche*

    > *No os vayáis todavía. **Es temprano**.*
    > *Son solo las cinco y ya **es de noche**.*

  – *estar + tiempo atmosférico*

    > *Está **un poco nublado**. Puede que llueva.*

  – verbos que indican fenómenos naturales: *amanecer, anochecer, diluviar, llover, nevar, tronar.*

    > *En Galicia **llueve** mucho.*
    > *¿A qué hora **anochece** en verano?*
    > *Saldremos cuando **amanezca**.*

114.1. **Una las dos oraciones como en el ejemplo. Haga los cambios necesarios.**

1. La gente se equivoca. Es fácil. _____ Es fácil equivocarse. _____
2. No hay que equivocarse. Es importante. _____ Es importante no equivocarse. _____
3. Hay que ser abiertos. Es mejor. _____
4. Hay que saber cocinar. Es útil. _____
5. Hay que hacer ejercicio. Es bueno. _____
6. No hay que ser egoísta. Es malo. _____
7. No se puede estudiar con tanto ruido. Es difícil. _____
8. No se puede salir con este tiempo. Es imposible. _____
9. Hay que ser generosos. Es mejor. _____
10. No se debe abusar del débil. No es justo. _____

ACIERTOS ...../10

114.2. **Complete con los verbos entre paréntesis en infinitivo o *que* + subjuntivo.**

1. Es importante (*vosotros, llegar*) _____ que lleguéis _____ al teatro puntualmente. No dejan entrar después de las 22 h.
2. No es justo (*tú, regañarme*) _____. Yo no he hecho nada.
3. Es importante (*alimentarse*) _____ bien. Se está más sano.
4. Era inútil (*discutir*) _____. No quería entender nada.
5. Es imposible (*vosotros, ver*) _____ me _____ ayer en la ópera. Estaba en la cama.
6. No es necesario (*vosotros, pagar*) _____. Ya he pagado yo.

ACIERTOS ...../7

114.3. **Complete con los verbos del recuadro en la forma adecuada.**

1. –¿Por qué _____ hace _____ tanto frío? –No hay calefacción.
2. No salí porque _____ aún un poco pronto.
3. _____ que hoy no _____ viento.
4. Ya _____ dos meses que no voy a la piscina.
5. En una gran empresa _____ muchas oportunidades para ascender.
6. Hoy _____ un poco nublado.
7. ¿Cuánto tiempo _____ que no nos veíamos?
8. –¿_____ de día ya? –No, todavía _____ de noche.
9. Hoy _____ muchas nubes. Va a llover.
10. _____ que dormir bien. Si no, estás siempre cansado.

| estar |
| haber (3) |
| hacer (4) |
| parecer |
| ser (3) |

ACIERTOS ...../12

114.4. **Complete con los verbos entre paréntesis en la forma correcta.**

1. Mucha gente se asusta cuando (*tronar*) _____ truena _____.
2. Cuando (*anochecer*) _____ saldremos a tomar algo. Ahora hace mucho calor.
3. En esa zona, por lo general, no (*llover*) _____, sino que (*diluviar*) _____.
4. Durante el invierno, (*nevar*) _____ mucho en el Norte.
5. Anoche (*nevar*) _____ tanto que tuvieron que cerrar la autovía.
6. En verano (*amanecer*) _____ muy temprano.
7. Convendría llamar a tus padres antes de que (*anochecer*) _____.
8. Cuando estábamos en Brasil, (*llover*) _____ todos los días.

ACIERTOS ...../9

114.5. **Complete con los verbos del recuadro en la forma adecuada.**

haber   hacer (2)   llover   parecer (2)   ser (2)

_____ Era _____ todavía de noche cuando me desperté. _____ Parecía _____ que durante la noche _____ bastante frío. _____ aún un poco pronto para ir al aeropuerto. Tenía que recoger a mi hermano, que llegaba de Guatemala. Miré por la ventana, por si _____ y vi que _____ nieve en las cumbres de las montañas. Mientras conducía, pensé en él. ¿Cuánto tiempo _____ que no lo veía? Un par de años. Trabajaba para una ONG y venía a pasar unos días con la familia. Por sus cartas, _____ que estaba contento.

ACIERTOS ...../8

115 *fue construida, estará abierta*
Voz pasiva

Esta estatua **fue construida** en el siglo XII.

Caramba. Dos huelguistas **han sido detenidos** por la policía.

Fue construida y *han sido detenidos* son ejemplos de voz pasiva. Generalmente, se utiliza un verbo en voz pasiva cuando la acción no la realiza el sujeto de la frase, sino que se realiza sobre él.

> *Esta estatua **fue construida** en el siglo XII.* (La estatua no hizo la acción de construir, sino que la acción de construir se realizó sobre ella.)
>
> *Dos huelguistas **han sido detenidos** por la policía.* (Los huelguistas no han realizado la acción de detener; la acción de detener se ha realizado sobre ellos.)

- Se suele utilizar la voz pasiva cuando lo importante es la acción: no importa o no se sabe quién la hace.

> *Los presos **serán liberados** esta noche.* (No importa quién los va a liberar.)
> *La joyería **fue asaltada** en pleno día.* (No se sabe quién la asaltó.)

O también porque el tema del que se habla, el sujeto, no es un agente activo en la frase.

> *La penicilina **fue descubierta** en 1928.* (No se habla de la penicilina como sujeto activo que hace algo.)

Cuando el agente de la acción es importante, se introduce con la preposición *por*.

> *La penicilina **fue descubierta** por Fleming.*

- En la voz activa, el sujeto de la frase realiza la acción. En la voz pasiva, el sujeto de la frase recibe la acción.

Compare:

voz activa	voz pasiva
*La penicilina **cura** muchas enfermedades.* (Estamos hablando de la penicilina como sujeto activo, algo que cura.)	*La penicilina **fue descubierta** por Fleming.* (Estamos hablando de la penicilina como sujeto pasivo de algo que hizo Fleming.)

- Voz pasiva con *ser* y *estar*

sujeto	+ *ser* / + *estar*	+ participio

▶ **UNIDAD 95: Participio**

– Se usa el verbo *ser* para destacar una acción.

> *Las obras **serán expuestas** en las salas principales del museo.*   *El partido **fue televisado** para toda América.*

– Se usa el verbo *estar* para destacar el resultado de una acción (= un estado).

> *El premio **está dotado** con medio millón de euros*   *La exposición **estará abierta** del 1 al 30 de junio.*

– La forma del participio (masculino o femenino, singular o plural) es la misma que la del sujeto de la frase.

> *Este **libro** está **escrito** en chino.*
> *La **capilla Sixtina** fue **realizada** por Miguel Ángel en el siglo XVI.*
> *Los **bancos** están **cerrados** los domingos.*

- Voz pasiva con *se*

> *se* + 3ª persona singular o plural de verbos transitivos (verbos con objeto directo)

– Generalmente se usa esta construcción con sentido impersonal, sin ninguna referencia al sujeto agente.

> *Lo siento. **Se ha rechazado** tu propuesta.*   *Este verano **se llevan** las faldas largas.*
> *Estos televisores **se fabrican** en Japón.*   ***Se alquilan** bicicletas.*

115 EJERCICIOS

115.1. **Complete con el participio de los verbos entre paréntesis en la forma adecuada.**

1. La primera edición de *Canciones* de Lorca fue (*publicar*) __publicada__ en 1927.
2. El nuevo hospital será (*inaugurar*) _____ el mes que viene.
3. Este texto está (*grabar*) _____ en una piedra.
4. Esos zapatos están (*hacer*) _____ de piel.
5. El Museo Sorolla está (*cerrar*) _____ por obras.
6. La casa de Amparo está (*situar*) _____ en lo alto de una colina.
7. Todos los rehenes fueron (*liberar*) _____ por la policía.
8. Esos coches van a ser (*sortear*) _____ el domingo.

115.2. **Complete con el tiempo adecuado de *ser* o *estar* y el participio de los verbos entre paréntesis. Añada el sujeto agente en caso necesario.**

1. Todos esos libros (*escribir / mi padre*) __han sido escritos por mi padre__.
2. Anoche, tres delincuentes (*detener / policía*) _____.
3. A partir del año que viene, el director (*elegir / junta de accionistas*) _____.
4. Antonio Machado (*enterrar*) _____ en Colliure en 1939.
5. Mis abuelos (*enterrar*) _____ en su pueblo.
6. El Presidente Kennedy (*asesinar*) _____ en Dallas en 1963.
7. Estos libros no (*publicar*) _____ en España.
8. Fue un concierto maravilloso. La orquesta (*ovacionar*) _____ durante casi diez minutos.

ACIERTOS __/8

115.3. **Complete con los verbos del recuadro en voz activa o pasiva.**

1. Marconi __inventó__ la radio.
2. Los presos _____ a otra cárcel mañana por la mañana.
3. Julio César _____ por sus propios amigos.
4. Marie Curie _____ el radio.
5. Las murallas de Lugo _____ por los romanos.
6. La primera edición de *El Quijote* _____ en 1605.
7. Picasso _____ los decorados para muchos ballets.
8. Los romanos _____ el acueducto de Segovia.

construir (2)
descubrir
diseñar
~~inventar~~
publicar
traicionar
trasladar

ACIERTOS __/8

115.4. **Complete con *se* y la forma correcta de los verbos entre paréntesis.**

1. En esta empresa no (*investigar*) __se investiga__ mucho.
2. Esta sopa (*preparar*) _____ en un minuto.
3. El invierno pasado (*llevar*) _____ mucho los pantalones anchos.
4. (*Mezclar*) _____ el amarillo con el rojo para conseguir el naranja.
5. Actualmente, muchos ordenadores (*fabricar*) _____ en China.
6. La mayoría del petróleo venezolano (*exportar*) _____ a Estados Unidos.
7. En España, muchos productos (*vender*) _____ a plazos.
8. La merluza (*pescar*) _____ en alta mar y (*congelar*) _____ en los barcos.

ACIERTOS __/9

115.5. **Complete los carteles con los verbos del recuadro.**

alquilar ~~arreglar~~ leer liberar vender

ACIERTOS __/5

adiós, león, continúa
Reglas de acentuación

- Las palabras de una sílaba no suelen llevar tilde: *ron, sol, tres*
  - En algunos casos se usa la tilde para distinguir palabras de igual forma y diferente significado o función.
    - *–¿Te gusta la música? –Sí. – Si te gusta la música, hoy hay un concierto.*
    - *–¿Qué quieres? –Quiero que vengas un momento.*
- Reglas generales de acentuación en palabras de más de una sílaba
  - Palabras acabadas en consonante, excepto *n* o *s*: acento en la última sílaba.
    - *co**mer** man**tel***
  - Palabras acabadas en vocal, *n* o *s*: acento en la penúltima sílaba
    - *co**mo** co**mes** co**men** ele**fan**te **pi**so **va**so*
- En las palabras que no siguen las reglas generales, se indica el acento con una tilde.
  - *ángel carné difícil fácil mírame japonés olvidó Ramón*
- Acentuación de grupos de vocales
  - Los grupos formados por *i/u* y *e/a/o* forman normalmente una sola sílaba.
    - *a-g**ua** **ai**-re **aus**-tra-**lia**-no can-**ción** **cien**-to cr**uel** die-ci-n**ue**-ve*
    - *em-p**ie**-za ju-**lio** jus-ti-**cia** n**ues**-tro **seis** **pei**-ne lim-p**iáis***
  - Siguen las reglas generales de acentuación:
    - *d**io** f**ui** reme**diad** emp**ie**za **cien**to n**ues**tro **ju**lio*

> **ATENCIÓN:**
>
> En las palabras que no siguen las reglas generales, se indica el acento con una tilde sobre *e/a/o*:
> *hués*ped can**ción** dieci**séis** ad**iós** farmac**éu**tico limp**iáis***
>
> **PERO:** Las terminaciones *-ay, -ey, -oy, -uy* (y = i) nunca llevan tilde: es**toy** Para**guay** Uru**guay**

  - En algunas palabras, los grupos formados por *i/u* acentuadas y *e/a/o* forman dos sílabas:
    - *Ma-**rí**-a a-**brí**-ais dor-**mí**-os h**uí**-a*
  - Siguen las reglas generales de acentuación: *re-**ís** con-ti-nu-**a**-mos*

PERO: llevan siempre tilde cuando el acento va en *i* o *u*:
  - *o-**ír** **dí**-a ha-**bí**-a **bú**-ho **rí**-o Ra-**úl** ma-**íz** son-**rí**-o*

	con-ti-nu-ar	re-ír	prohi-bir
(yo)	con-ti-**nú**-o	**rí**-o	**prohí**-bo
(tú)	con-ti-**nú**-as	**rí**-es	**prohí**-bes
(usted)	con-ti-**nú**-a	**rí**-e	**prohí**-be
(él, ella)	con-ti-**nú**-a	**rí**-e	**prohí**-be
(nosotros, nosotras)	con-ti-nu-**a**-mos	re-**í**-mos	prohi-**bi**-mos
(vosotros, vosotras)	con-ti-nu-**áis**	re-**ís**	prohi-**bís**
(ustedes)	con-ti-**nú**-an	**rí**-en	**prohí**-ben
(ellos, ellas)	con-ti-**nú**-an	**rí**-en	**prohí**-ben

  - Los grupos formados por *i* y *u* forman una sola sílaba y siguen las reglas generales de acentuación:
    - *cir-**cui**-to **rui**-do **viu**-do*
    - Cuando llevan tilde, se coloca sobre la segunda vocal: **cuí**-da-los vein-**tiún**
  - Los grupos formados por *a, e, y o* forman dos sílabas y siguen las reglas generales de acentuación:
    - *a-**é**-re-o a-**ho**-ra a-**ma**-os le-**ón** **lí**-ne-a mo-**ve**-os o-a-sis re-ha-**cer***

116.1. **Subraye la sílaba fuerte.**

1. ho<u>gar</u>
2. avi<u>sad</u>me
3. arqui<u>tec</u>to
4. saca<u>cor</u>chos
5. <u>pá</u>same
6. alba<u>nés</u>
7. alfa<u>be</u>to
8. <u>cár</u>cel
9. co<u>med</u>
10. ho<u>tel</u>

ACIERTOS ...../10

116.2. **Escriba la tilde en caso necesario.**

1. Ja**pon**.
2. **Bar**bara
3. No **se** co**ser**.
4. Pon un man**tel**.
5. **El es** marro**qui**.
6. **El** be**be** llo**ro**.
7. ¿**Que co**men?
8. **Se ven**den **ar**boles fru**ta**les.

ACIERTOS ...../8

116.3. **Divida en sílabas las palabras de más de dos sílabas y luego rodee en ellas la sílaba fuerte.**

1. camión _ca-(mión)_
2. cien _____
3. diez _____
4. cuerno _____
5. ciudad _____
6. viuda _____
7. océano _____
8. hoy _____
9. egipcio _____
10. junio _____
11. hay _____
12. vídeo _____
13. Ignacio _____
14. sentaos _____
15. diciembre _____
16. dieciocho _____
17. Ruiz _____
18. hablabais _____
19. cambiáis _____
20. cuídate _____

ACIERTOS ...../40

116.4. **Escriba la tilde en caso necesario.**

1. **oi**go, **o**yes, **o**ye, oí**mos**, **o**is, **o**yen.
2. rei, **reis**te, rio, **rei**mos, **reis**teis, **rie**ron
3. **ac**tuo, **ac**tuas, **ac**tua, **ac**tuamos, **ac**tuais, **ac**tuan.
4. **reu**no, **reu**nes, **reu**ne, reu**ni**mos, reu**nis**, **reu**nen.

ACIERTOS ...../4

116.5. **Escriba la tilde sobre la sílaba fuerte en caso necesario.**

1. es**táis**.
2. **cui**date
3. habita**cion**
4. Eu**ro**pa
5. Co**lom**bia
6. acos**taos**
7. Ja**mai**ca
8. baca**lao**
9. **rui**nas
10. levan**taos**

ACIERTOS ...../10

116.6. **Escriba la tilde sobre la sílaba fuerte en caso necesario.**

1. **ti**-a
2. o-**i**-do
3. ra-**iz**
4. re-lo-je-**ri**-a
5. **o**-le-o
6. ha-**ci**-a
7. a-**hi**
8. **he**-ro-e
9. ve-**hi**-cu-lo
10. su-**bi**-os
11. **fri**-o
12. en-**vi**-an
13. a-cen-**tu**-o
14. a-cen-**tu**-ar
15. ba-**ul**
16. en-**via**-mos
17. **mi**-o
18. ves-**ti**-os
19. reu-**nir**
20. son-re-**ir**

ACIERTOS ...../20

Índice analítico

Unidad 1: Masculino, femenino (1). 1.1. 1. *vendedora.* 2. *paciente.* 3. *campeona.* 4. *jefe/jefa.* 5. *médico/médica.* 6. *novelista.* 7. *presidenta.* 8. *testigo.* 9. *novia.* 10. *directora.* 11. *enfermera.* 12. *juez/jueza.* 13. *coleccionista.* 14. *hermana.* 15. *dependienta.* 16. *cocinera.* 17. *monja.* 18. *cantante.* 1.2. 1. *El.* 2. *La.* 3. *El.* 4. *La.* 5. *El.* 6. *La.* 7. *El.* 8. *El.* 9. *El.* 10. *La.* 1.3. 1. *actriz.* 2. *héroe.* 3. *marido.* 4. *príncipe.* 5. *reina.* 6. *mujer.* 7. *yerno.* 8. *alcaldesa.* 9. *nuera.* 10. *rey.* 1.4. 1. *un.* 2. *El.* 3. *una.* 4. *una.* 5. *una.* 6. *el.* 7. *la.* 8. *El.* 1.5. 1. *la elefanta.* 2. *la mona.* 3. *la oveja.* 4. *la vaca.* 5. *el cerdo.* 6. *la osa.* 7. *el gallo.* 8. *la yegua.* 1.6. 1. *La.* 2. *un.* 3. *una.* 4. *El.* 5. *Una; una.* 6. *La.* 7. *Un.* 8. *un.*

Unidad 2: Masculino, femenino (2). 2.1. 1. *el.* 2. *una.* 3. *un.* 4. *el.* 5. *el.* 6. *la.* 7. *un.* 8. *El.* 9. *el.* 10. *un.* 11. *un.* 12. *El.* 13. *La.* 14. *el.* 15. *la.* 16. *un.* 2.2. 1. *la.* 2. *la.* 3. *el.* 4. *el.* 5. *la.* 6. *los.* 7. *la.* 8. *la.* 9. *la.* 10. *el.* 11. *el.* 12. *el.* 2.3. 1. *un.* 2. *el.* 3. *La.* 4. *el.* 5. *el.* 6. *La.* 7. *el.* 8. *una.* 9. *una.* 10. *una.* 2.4. 1. *un.* 2. *una.* 3. *un.* 4. *un.* 5. *un.* 6. *una.* 7. *una.* 8. *un.* 2.5. 1. *el.* 2. *una.* 3. *La.* 4. *El.* 5. *una.* 6. *El.*

Unidad 3: Singular, plural. 3.1. 1. *reinas.* 2. *bueyes.* 3. *manatíes/manatís.* 4. *rubíes/rubís.* 5. *chalés.* 6. *bebés.* 7. *mamás.* 8. *jerséis.* 9. *menús.* 10. *domingos.* 11. *cafés.* 12. *champús.* 13. *reyes.* 14. *papás.* 15. *leyes.* 3.2. 1. *camiones.* 2. *lápices.* 3. *martes.* 4. *lavaplatos.* 5. *aviones.* 6. *tenores.* 7. *papeles.* 8. *lunes.* 9. *avestruces.* 10. *ratones.* 11. *autobuses.* 12. *pasteles.* 3.3. 1. *peces.* 2. *camisas.* 3. *sellos.* 4. *pies.* 5. *sacacorchos.* 6. *plátanos.* 7. *pares.* 8. *es.* 9. *martes.* 10. *marroquíes/marroquís.* 11. *ojos.* 12. *aes.* 13. *hindúes.* 14. *paraguas.* 15. *ces; ces.* 3.4. 1. *El; es.* 2. *Las; cortan.* 3. *unos.* 4. *los.* 5. *un.* 6. *El; es.* 7. *ha; el.* 8. *han; los.* 3.5. 1. *tíos.* 2. *reyes.* 3. *franceses.* 4. *papás.* 5. *príncipes.* 6. *dependientes.*

Unidad 4: El artículo indefinido. 4.1. 1. *Una.* 2. *Un.* 3. *Un.* 4. *Un.* 5. *un.* 6. *unas.* 7. *Unas.* 8. *Una.* 9. *Una.* 10. *Un; un.* 11. *Un.* 4.2. 1. *un; una.* 2. *unas.* 3. *una.* 4. *Unos.* 5. *unas.* 6. *unas.* 7. *unas.* 8. *unos.* 9. *un.* 10. *un.* 11. *unas.* 12. *unas.* 4.3. 1. *Uno; uno; uno.* 2. *unos; unos.* 3. *unas; unas.* 4. *uno.* 5. *una.* 6. *unas.* 4.4. 1. *un.* 2. *uno.* 3. *un.* 4. *Uno.* 5. *unos.* 6. *un.* 7. *unas.* 8. *un.* 9. *unos.* 10. *un.* 11. *Uno.* 12. *una.* 13. *un.*

Unidad 5: Omisión del artículo. 5.1. 1. *ø.* 2. *ø; ø.* 3. *un.* 4. *unos.* 5. *ø.* 6. *un.* 7. *ø.* 8. *un.* 9. *Una.* 10. *unas.* 11. *ø.* 12. *una.* 5.2. 1. *ø; ø.* 2. *ø.* 3. *un.* 4. *ø.* 5. *unas.* 6. *ø.* 7. *una.* 8. *ø.* 9. *ø.* 10. *un.* 11. *unos.* 5.3. 1. *ø.* 2. *unos.* 3. *ø.* 4. *ø.* 5. *ø.* 6. *unos.* 7. *ø.* 8. *ø.* 5.4. 1. *un; ø.* 2. *ø; ø.* 3. *una; ø.* 4. *una; ø.* 5. *un; ø.* 6. *ø; ø.*

Unidad 6: El artículo definido. 6.1. 1. *El.* 2. *una.* 3. *la.* 4. *las; el.* 5. *un; el.* 6. *el; el.* 7. *la; del.* 8. *unos; una; Los; la.* 9. *Los; un.* 10. *el* 6.2. 1. *La vida de la mariposa es muy breve* 2. *La lluvia es buena para el campo.* 3. *A los españoles les gusta el café.* 4. *Las ballenas son unos mamíferos enormes.* 5. *La salud es más importante que el dinero.* 6. *Desde aquí se ven las luces de la bahía.* 7. *El oro es un metal precioso.* 8. *Me encanta el olor de las flores.* 6.3. 1. *la; una.* 2. *la; una.* 3. *la; una.* 4. *la; un.* 5. *los; un.* 6.4. 1. *las.* 2. *Mis.* 3. *la.* 4. *los.* 5. *su.* 6. *las.* 7. *la.* 8. *la; la.* 9. *el* 10. *la.* 6.5. 1. *al.* 2. *del.* 3. *al.* 4. *de El.* 5. *del.* 6. *Al.* 7. *del.* 8. *del.* 9. *de la.* 10. *al.* 11. *al.* 12. *a El.*

Unidad 7: Omisión del nombre. 7.1. 1. *La rubia.* 2. *El alto.* 3. *El viejo.* 4. *La nueva.* 5. *El italiano.* 6. *Las azules.* 7. *Los negros.* 8. *Las morenas.* 7.2. 1. *las de madera.* 2. *la grande; la pequeña.* 3. *El de Santander.* 4. *el de.* 5. *las verdes; las rojas.* 6. *la del.* 7. *los grises.* 8. *el del.* 9. *los de.* 10. *Las del.* 7.3. 1. *lo picante.* 2. *Lo peor.* 3. *Lo difícil.* 4. *Lo mejor.* 5. *lo frío.* 6. *lo caro; lo barato.* 7.4. 1. *Lo de siempre.* 2. *lo de Arturo.* 3. *Lo bueno.* 4. *lo del dinero.* 5. *lo dulce; lo salado.* 6. *lo importante.* 7. *lo de Rafa.* 8. *Lo raro.* 9. *lo fácil.* 10. *Lo de ayer.* 7.5. 1. *las caras; las baratas.* 2. *Lo bueno.* 3. *lo picante.* 4. *Lo barato.* 5. *las altas.* 6. *Lo importante.* 7. *Lo malo.* 8. *los largos; los cortos.* 9. *El pequeño.* 10. *Lo pequeño.*

Unidad 8: Contraste entre el artículo indefinido y el definido. 8.1. 1. *una; Los; La; un; una; El; la; un; el; una; El; la; la; del; Un; una; La; la; los.* 2. *un; un; una; un; El; un; la; un; las; del; unos; Los; las.* 8.2. 1. *una.* 2. *la.* 3. *La.* 4. *una.* 5. *El.* 6. *unos.* 7. *un.* 8. *la.* 8.3. 1. *Las.* 2. *Las.* 3. *unas.* 4. *un.* 5. *unas.* 6. *Los.* 7. *la.* 8. *unos.* 8.4. 1. *Uno de Vargas Llosa.* 2. *Una barata.* 3. *La de lana.* 4. *Uno azul.* 5. *Los negros.* 6. *Unas de plástico.* 7. *Una digital.* 8. *la de Valencia.*

Unidad 9: El artículo definido con nombres propios. 9.1. 1. *ø; ø; el.* 2. *ø; la.* 3. *Los.* 4. *la.* 5. *Los; la.* 6. *el; el.* 7. *ø; ø.* 8. *La; La.* 9. *del; el.* 10. *ø; La.* 11. *la.* 12. *al.* 13. *el.* 14. *Los; el.* 15. *ø.* 16. *El.* 9.2. 1. *la.* 2. *El; los.* 3. *El; la.* 4. *el; la.* 5. *El; el; el.* 6. *La; La.* 7. *ø; la.* 8. *la.* 9. *(la); ø.* 10. *el; del; ø; ø.* 11. *(El); ø.* 12. *El; el.* 13. *La; la.* 14. *ø; La; ø.* 9.3. 1. *ø; la.* 2. *ø; la.* 3. *Los; ø.* 4. *El; el.* 5. *Las; El.* 6. *El; El; ø.* 7. *Los; la.* 8. *El; ø.* 9. *ø; (los).* 10. *La; ø.* 11. *La; ø; ø.* 12. *El; (la).* 13. *La; la.* 14. *Las; el.* 15. *ø; las.*

Unidad 10: El artículo definido con expresiones de tiempo y de cantidad. 10.1. 1. *el; ø.* 2. *Las.* 3. *El.* 4. *ø; ø; ø.* 5. *El.* 6. *la.* 7. *el; los.* 8. *las.* 9. *el; ø.* 10. *el; ø; ø.* 11. *Los; los.* 12. *ø.* 10.2. 1. *diez horas a la semana.* 2. *Dos horas al día.* 3. *dos veces al año.* 4. *Una vez al mes.* 5. *un día a la semana.* 6. *dos veces al día.* 10.3. 1. *el doce de abril de 1995.* 2. *A las siete y media.* 3. *A / Al mediodía.* 4. *A las dos y media.* 5. *Por la noche.* 6. *Los lunes y los miércoles. / dos veces por semana.* 10.4. 1. *Dos euros el kilo.* 2. *Dos euros el litro.* 3. *Un peso los cien gramos.* 4. *Cuatro pesos la botella.* 5. *Dos euros la docena.* 10.5. 1. *de.* 2. *por las.* 3. *el.* 4. *al* 5. *a la.* 6. *a/al.* 7. *los; por la.* 8. *al.* 9. *al.* 10. *el; ø.*

Unidad 11: Otros usos del artículo definido. 11.1. 1. *ø.* 2. *La.* 3. *El.* 4. *ø.* 5. *ø.* 6. *las.* 7. *al;* 8. *ø.* 9. *ø; ø.* 10. *ø.* 11. *la.* 12. *ø; el.* 13. *los.* 14. *la.* 11.2. 1. *la.* 2. *El; el.* 3. *los.* 4. *las; la.* 5. *el.* 6. *una.* 7. *un; un.* 8. *al; al.* 9. *un.* 11.3. 1. *el.* 2. *la; ø.* 3. *ø.* 4. *El.* 5. *la; el.* 6. *ø; ø; ø.* 7. *al; ø.* 8. *del; al.* 9. *El; el.* 10. *ø.* 11. *el; la.* 12. *al.* 11.4. 1. *... en la universidad.* 2. *ø.* 3. *La nieve cubría el campo.* 4. *ø.* 5. *... el mar y la montaña.* 6. *... va a la montaña.* 7. *... en el ejército.* 8. *ø.* 9. *... del colegio.*

Unidad 12: Demostrativos. 12.1. 1. *Aquellos.* 2. *Aquellos.* 3. *Estas.* 4. *Estas.* 5. *Estos.* 6. *Aquellos.* 7. *Este.* 8. *Aquella.* 12.2. 1. *esta.* 2. *aquellos.* 3. *Esos.* 4. *Este.* 5. *Esas.* 6. *este.* 7. *ese.* 8. *estos.* 12.3. 1. *Este.* 2. *Ese/Aquel.* 3. *este.* 4. *Ese.* 5. *Aquellos.* 6. *Este.* 7. *esa/aquella.* 8. *Esta.* 9. *Ese.* 10. *Este.* 12.4. 1. *esto.* 2. *esto.* 3. *Eso.* 4. *aquello.* 5. *esto.* 6. *eso.* 7. *eso.* 8. *esto.*

Unidad 13: Adjetivo: género y número. 13.1. 1. *rojo; blancos; roja.* 2. *altos; fuertes; guapos.* 3. *capitalista.* 4. *grande.* 5. *azul.* 6. *veloces.* 7. *encantadora; mandona.* 8. *rubios.* 9. *fáciles.* 10. *joven; inteligente.* 13.2. 1. *comestible* 2. *agotador* 3. *adorable; triste* 4. *divorciados* 5. *felices; encantadores.* 6. *marrón.* 7. *mayor.* 8. *cursis.* 9. *gris.* 10. *mejor.* 11. *corteses.* 12. *optimista.* 13.3. 1. *marroquí.* 2. *griegas.* 3. *chilenos.* 4. *iraní.* 5. *andaluzas.* 6. *canadienses.* 7. *marroquíes/marroquíes.* 8. *israelíes/ israelís.* 9. *belga.* 10. *francesa.* 13.4. 1. *escocesa.* 2. *japonesa.* 3. *rusos.* 4. *estadounidenses.* 5. *finlandesa.* 6. *brasileña.* 7. *peruana.* 8. *canadiense.* 9. *iraquíes/iraquís.* 10. *hindú.*

Unidad 14: Adjetivos: colocación. 14.1. 1. *personas egoístas.* 2. *platos limpios.* 3. *serios problemas.* 4. *chaqueta azul.* 5. *mala persona.* 6. *buen amigo.* 7. *mal día.* 8. *famoso cuadro.* 9. *fuerte discusión.* 10. *maravillosa ópera.* 14.2. 1. *piso décimo / décimo piso.* 2. *último día.* 3. *Juan Carlos primero.* 4. *primera esposa.* 5. *anterior marido.* 6. *capítulo quinto.* 7. *antiguo jefe.* 8. *segundo piso/piso segundo.* 9. *próximo domingo.* 10. *último rey.* 11. *mejor hora.* 12. *peor solución.* 14.3. 1. *niños pobres.* 2. *Pobres niños.* 3. *cuadro grande.* 4. *hombre grande.* 5. *gran pintor.* 6. *nueva novela.* 7. *viejos amigos.* 8. *nuevo hijo.* 9. *amigos jóvenes; amigos viejos.* 10. *grandes ciudades.* 14.4. 1. *Los vasos están rotos.* 2. *Mis padres se sienten cansados.* 3. *Luis parece nervioso.* 4. *Los huevos han llegado rotos.* 5. *La carne se ha puesto mala.* 6. *Esa falda es cara.* 7. *Esas naranjas están malas.* 8. *Me siento triste.* 9. *Carlos se ha puesto rojo.*

Unidad 15: Comparativo y superlativo de superioridad e inferioridad. 15.1. Antonio: 1. *Soy mayor que Sofía.* 2. *Soy más alto que Sofía.* 3. *Soy menos inteligente que Sofía.* 4. *Soy menos trabajador que Sofía.* 5. *Soy menos popular que Sofía.* 6. *Soy más alegre que Sofía.* 7. *Soy menos simpático que Sofía.* Sofía: 1. *Soy más joven que Antonio.* 2. *Soy más baja que Antonio.* 3. *Soy más inteligente que Antonio.* 4. *Soy más trabajadora que Antonio.* 5. *Soy más popular que Antonio.* 6. *Soy menos alegre que Antonio.* 7. *Soy más simpática que Antonio.* 15.2. 1. *la ciudad más bonita.* 2. *el país menos poblado.* 3. *la ciudad más grande.* 4. *el volcán más alto.* 5. *la ciudad menos contaminada.* 6. *el río más largo.* 7. *la capital más alta.* 8. *la isla más pequeña.* 15.3. 1. *más simpática.* 2. *el más simpático.* 3. *la menos simpática.* 4. *más trabajadora.* 5. *las más trabajadoras.* 6. *el menos trabajador.* 7. *menos inteligente.* 8. *la menos inteligente.* 9. *menos elegante.* 10. *la más elegante.* 11. *los menos elegantes.* 12. *el menos atractivo* 13. *más atractiva.* 14. *los más atractivos.* 15.4. 1. *la bebida más sana; la más refrescante.* 2. *el reloj más caro.* 3. *los más pequeños; los más potentes.* 4. *la más cómoda; la más elegante.* 5. *las mejores.* 6. *la mejor.* 15.5. 1. *la chica más alegre que.* 2. *mayor de lo que.* 3. *el mejor del.* 4. *los peores estudiantes de.* 5. *las más impresionantes que.* 6. *más guapo de lo que.* 7. *la mejor novela que.* 8. *la mayor de.*

Unidad 16: Comparativo de igualdad. 16.1. 1. *altos.* 2. *alta.* 3. *guapo.* 4. *simpáticos.* 5. *antipática.* 6. *simpáticas.* 7. *grande.* 8. *cara.* 9. *trabajadoras.* 10. *estudiosa.* 16.2. 1. *Sonia es tan alta como/igual de alta que Paco.* 2. *Sonia y Paco son igual de inteligentes.* 3. *Raúl es tan trabajador/igual de trabajador que Sonia.* 4. *Paco es tan popular como/igual de popular que Raúl.* 5. *Raúl y Paco son igual de alegres.* 6. *Raúl y Sonia son igual de amables.* 16.3. 1. *Luisa no es tan simpática como yo pensaba.* 2. *Mi casa no es tan grande como la tuya.* 3. *Rafa no es tan inteligente como piensas.* 4. *Leandro no es tan alto como parece.* 5. *Juan no es tan trabajador como Alfonso.* 6 *Antonio no es tan amable como tú.* 7. *Mis padres no son tan jóvenes como los tuyos.* 8. *Alicia no es tan joven como dice.* 16.4 1. *tan inteligentes como él / igual de inteligentes.* 2. *tan moderna como la tuya / igual de moderna.* 3. *tan bonito como el mío / igual de bonito.* 4. *tan sana como el pescado / igual de sana.* 5. *tan divertidos como los tuyos / igual de divertidos.* 6. *tan guapo como el mío / igual de guapo.* 7. *tan creativo como yo / igual de creativo.* 8. *tan antiguo como el tuyo / igual de antiguo.*

Unidad 17: Posesivos (1). 17.1. 1. *tuyo; mío.* 2. *mi.* 3. *mías.* 4. *tuyos; míos.* 5. *su.* 6. *nuestras.* 7. *sus.* 8. *su.* 9. *tuyos.* 10. *suyas.* 11. *suyo.* 12. *vuestras; nuestras.* 13. *mis.* 14. *vuestros.* 15. *suyo.* 17.2. 1. *el mío.* 2. *las suyas.* 3. *El nuestro.* 4. *los suyos.* 5. *la nuestra / la vuestra.* 6. *el mío.* 7. *la tuya; La mía.* 8. *la tuya.* 9. *El suyo.* 10. *el suyo.* 11. *la nuestra.* 12. *las nuestras / las vuestras.* 17.3. 1. *la habitación de usted.* 2. *la casa de ellas.* 3. *el perro de ella.* 4. *los hijos de usted.* 5. *el pueblo de ellos.* 6. *las hijas de él.* 17.4. 1. *Me duele la boca.* 2. *Tengo la camisa sucia.* 3. *Me he hecho daño en la pierna.* 4. *Poneos los abrigos.* 5. *Me he roto las gafas.* 6. *Tienes la cara sucia.* 7. *He perdido la cartera.* 8. *Se me ha averiado el coche.* 9. *¿Os duele la cabeza?* 10. *Tenemos el frigorífico estropeado.*

Unidad 18: Posesivos (2). 18.1. 1. *mi.* 2. *tuyos.* 3. *mío.* 4. *suya.* 5. *su.* 6. *suya.* 7. *mi.* 8. *tu.* 9. *nuestros; míos.* 10. *nuestra.* 11. *vuestras.* 12. *suyos.* 18.2. 1. *mi hermano.* 2. *un hermano mío.* 3. *Un profesor suyo.* 4. *Sus hermanas.* 5. *una hija suya.* 6. *vuestra abuela.* 7. *algunos sellos suyos.* 8. *un libro tuyo.* 9. *unos amigos suyos.* 10. *sus alumnos.* 11. *un abuelo suyo.* 12. *nuestros perros.* 18.3. 1. *Una de mis amigas toca en una orquesta.* 2. *Uno de sus profesores está enfermo.* 3. *Le he comprado uno de sus cuadros.* 4. *¿Me prestas uno de tus libros?* 5. *Dos de mis primos viven en Brasil.* 6. *Uno de nuestros hermanos es catedrático de Historia.* 7. *Déjame una de tus corbatas.* 8. *Hemos conocido a dos de vuestros vecinos.* 9. *Estamos veraneando con dos de nuestros compañeros.* 10. *Marta sale con uno de sus alumnos.* 18.4. 1. *un compañero de ella.* 2. *un amigo de usted.* 3. *una prima de usted.* 4. *un tío de él.* 5. *unos amigos de ellos.*

Unidad 19: Indefinidos (1). 19.1. 1. *todas.* 2. *ninguno.* 3. *una.* 4. *algún.* 5. *Algunas.* 6. *todos.* 7. *alguno.* 8. *Alguno.* 9. *ningún.* 10. *ninguna.* 19.2. 1. *alguno de.* 2. *ninguno de.* 3. *todas.* 4. *Un.* 5. *Algunos de.* 6. *algún.* 7. *todas.* 8. *Algunas.* 9. *Uno de.* 10. *todos.* 11. *Una de.* 12. *Alguna de.* 13. *Ninguno de.* 14. *algún.* 15. *Ninguno de.* 19.3. 1. *No estudia ninguno de mis hijos.* 2. *Ninguno de vosotros ha aprobado.* 3. *Ninguna de mis amigas quiso venir.* 4. *Ninguno de nosotros habla inglés.* 5. *No trabaja* ninguna de mis hijas. 6. No es mía ninguna de esas maletas. ⟦19.4.⟧ 1. varias casas. 2. un día. 3. Varios de mis compañeros. 4. una de tus cartas. 5. Varios de nosotros. 6. varias esposas. 7. varios plazos. 8. una de esas cajas. ⟦19.5.⟧ 1. alguna película; varias. 2. todos esos libros; ninguno. 3. varios pañuelos; todos; uno. 4. Alguno de vosotros. 5. alguna de esas manzanas; todas. 6. ningún premio; varios.

Unidad 20: Indefinidos (2). ⟦20.1.⟧ 1. uno de. 2. unos. 3. uno de. 4. una de. 5. uno de. 6. uno de. 7. uno de. 8. Una de. 9. unas. 10. Una de. 11. un. ⟦20.2.⟧ 1. otros dos alumnos. 2. otro vaso. 3. otra película. 4. otro coche. 5. otras tres personas. 6. otra empresa. 7. otra cerveza. 8. otros dos cuadros. 9. otro examen. 10. otras amigas. 11. otra vez. 12. otro día. ⟦20.3.⟧ 1. otra. 2. otro de. 3. otra. 4. otro de. 5. otro de. 6. otros. 7. otras. 8. otro. 9. otro. 10. otro de. 11. otra. 12. otra de. ⟦20.4.⟧ 1. otra. 2. otras. 3. otro. 4. otro. 5. otra. 6. otros. ⟦20.5.⟧ 1. una. 2. otra. 3. otros. 4. unas. 5. otras. 6. otras. 7. otro.

Unidad 21: Indefinidos (3). ⟦21.1.⟧ 1. cada. 2. Cada. 3. cada uno de. 4. cada uno de. 5. cada una de. 6. cada. 7. cada uno. 8. cada. 9. cada uno. 10. Cada. 11. cada. 12. Cada uno. 13. Cada uno. ⟦21.2.⟧ 1. uno. 2. todos. 3. todos; cada uno. 4. cada uno. 5. todos. 6. una. 7. todos. 8. uno. 9. todos. 10. todas / cada una. ⟦21.3.⟧ 1. cualquier. 2. cualquiera de. 3. cualquiera de. 4. cualquier. 5. cualquiera de. 6. cualquiera. 7. cualquier. 8. Cualquiera de. 9. Cualquiera. 10. Cualquiera. 11. cualquiera de. 12. Cualquiera de. ⟦21.4.⟧ 1. un cedé cualquiera. 2. (Una) cualquiera. 3. cualquiera. 4. cualquier persona. 5. (Una) cualquiera. 6. una maleta cualquiera. 7. un libro cualquiera. 8. una falda cualquiera.

Unidad 22: Indefinidos (4). ⟦22.1.⟧ 1. algo divertido. 2. alguien sospechoso. 3. nadie. 4. Nada. 5. algo. 6. alguien interesante. 7. nada. 8. nadie. ⟦22.2.⟧ 1. alguien de. 2. nadie de. 3. nadie. 4. nadie de. 5. alguien. 6. alguien de. ⟦22.3.⟧ 1. Nadie me llama. 2. Nadie me ha visto. 3. No ha visto nadie la película. 4. Para Luisa, no tiene importancia nada. 5. No quiso acompañarme nadie. 6. A Luis no le altera nada. ⟦22.4.⟧ 1. alguno de esos chicos. 2. nadie. 3. alguien. 4. ninguno de tus regalos. 5. nadie de su clase. 6. algo. 7. algún actor. 8. Algunos de tus amigos. 9. nadie. 10. ninguno de mis compañeros. 11. alguna de mis tías. 12. Algunas de esas tiendas. ⟦22.5.⟧ 1. alguien más. 2. alguna más. 3. alguien. 4. algo más. 5. alguna más. 6. ninguno más. 7. nadie más. 8. alguien (más).

Unidad 23: Comparación con nombres. ⟦23.1.⟧ 1. Necesitamos más pan. 2. Hay que comprar menos comida. 3. Compra dos kilos más. 4. Echa menos agua a las plantas. 5. Quiero menos sopa. 6. Han venido otros dos invitados más. 7. Hoy hace más frío. 8. Me han dado veinte euros menos. 9. Necesito otra hora más. 10. Hoy tengo más tiempo. ⟦23.2.⟧ 1. un kilo más. 2. más. 3. más. 4. menos. 5. dos menos. 6. menos. 7. una más. 8. más. 9. tres más. 10. uno más. ⟦23.3.⟧ 1. menos de. 2. más. 3. menos. 4. más de. 5. más de. 6. más de. 7. más. 8. menos de. 9. menos de. 10. menos. ⟦23.4.⟧ 1. Julio tiene más corbatas que Rafa. 2. Ana tiene tantas pulseras como yo. 3. En esta ciudad hay más tráfico que en Madrid. 4. Tú tienes más vacaciones que Marta. 5. Hoy hace tanto calor como ayer. 6. Hoy hay más nubes. 7. Hugo tiene menos juguetes que su hermana. 8. Hoy tengo menos sueño que anoche. 9. Hoy hay tanta gente como el domingo pasado. 10. No hablo tantos idiomas como mi padre. ⟦23.5.⟧ 1. tanta como yo. 2. tantas (como tú). 3. tanto como ayer. 4. tantos (como en la tuya). 5. tanta (como tú). 6. tantos (como ella).

Unidad 24: Numerales (1). ⟦24.1.⟧ 1. primera. 2. cuarta. 3. noveno. 4. décima. 5. undécima. 6. duodécimo. 7. decimoquinto. 8. decimoctavo. 9. vigésima. 10. vigésimo tercero. 11. vigésimo sexta. 12. trigésimo octavo. 13. cuadragésimo. 14. cuadragésimo primera. 15. quincuagésimo séptimo. 16. septuagésimo sexto. 17. centésimo cuarto. 18. milésimo primera. ⟦24.2.⟧ 1. primero. 2. veinte. 3. tercero. 4. diecinueve. 5. diecinueve. 6. duodécimo. 7. tercer. 8. veintitrés. 9. segunda. 10. tercera. 11. ciento veinticinco. 12. vigésimo quinto/veinticinco. 13. Quinta. 14. veintiuno. ⟦24.3.⟧ 1. quincuagésimo. 2. decimoquinta. 3. trigésimo segundo. 4. decimoséptima. 5. sexagésima. 6. centésimo. 7. trigésimo cuarta. 8. decimosexta. 9. vigésimo primer. 10. vigésimo quinta. 11. décimo octava. 12. cuadragésima. 13. vigésimo segunda. 14. centésima. ⟦24.4.⟧ 1. primeros. 2. segunda. 3. decimotercera. 4. segundas. 5. cuarta. 6. decimoterceros. 7. tercera. 8. décimas.

Unidad 25: Numerales (2). ⟦25.1.⟧ 1. 1/10. 2. 1/2. 3. x2. 4. 1/5. 5. x3. 6. x7. 7. 1/12. 8. 2/3. 9. 3/4. 10. x4. 11. 1/4. 12. 1/3. ⟦25.2.⟧ 1. Esto es una quinta parte de mi biblioteca. 2. Más de una cuarta parte de la población... 3. Felipe pasa una sexta parte de su tiempo... 4. Enrique solo ha dado una tercera parte de... 5. Esto es solo una décima parte de... ⟦25.3.⟧ 1. la mitad. 2. medio. 3. el quíntuplo. 4. un tercio. 5. el doble. 6. un quinto. 7. una décima. 8. media. 9. el triple. 10. el séxtuplo. ⟦25.4.⟧ 1. Esto es cinco veces más de lo que necesitamos. 2. Es cuatro veces más de lo que vale. 3. Lo he comprado por cinco veces menos de lo que pedía. 4. El piso costaba tres veces menos de lo que anunciaban. 5. Este paquete pesa diez veces menos de lo que debería. 6. Este año tenemos seis veces más alumnos que el año pasado. 7. Este año he ganado siete veces menos de lo que esperaba. 8. He conseguido doce veces menos firmas de las que necesitamos. 9. Esto es ocho veces menos de lo que me prometiste. 10. La piscina de Enrique es tres veces más grande que la tuya. ⟦25.5.⟧ 1. de. 2. de lo que. 3. que. 4. de lo que. 5. que. 6. de. 7. de lo que. 8. de.

Unidad 26: Pronombres personales de sujeto y con preposición. ⟦26.1.⟧ 1. Él; ella. 2. ellos. 3. Nosotros/as. 4. ellas. 5. vosotros/as. 6. ustedes. 7. Nosotros; ellos. 8. ella; él. 9. Ella; él. 10. Él; ellos. ⟦26.2.⟧ 1. ella. 2. Yo. 3. yo; Tú. 4. ø. 5. Nosotros/as; tú; ø. 6. ø; nosotros. 7. ella; él/ø. 8. ø; ø. 9. ø. 10. usted. 11. Yo; tú. 12. ustedes. 13. Yo; ø. 14. ø. 15. ø. ⟦26.3.⟧ 1. tú. 2. ti. 3. yo. 4. contigo. 5. ti. 6. yo. 7. ti. 8. tú. 9. ti. 10. mí. 11. ti. 12. mí. 13. conmigo. 14. yo. ⟦26.4.⟧ 1. nosotros. 2. ellas. 3. tú. 4. conmigo. 5. ella. 6. yo. 7. ti. 8. tú. 9. mí. 10. contigo.

Unidad 27: Pronombres personales de objeto (1). ⟦27.1.⟧ 1. lo. 2. la. 3. lo. 4. os. 5. los. 6. te. 7. me. 8. te. 9. la. 10. una. 11. los. 12. lo. 13. as. 14. nos. 15. la. 16. nos. ⟦27.2.⟧ 1. ¿Le dijiste la verdad? 2. Le trajeron las flores. 3. Les regalé bombones. 4. Le conté el chiste. 5. Les sirvieron la sopa. 6. Nos dieron dinero. 7. ¿Te ha devuelto Rosa el libro? 8. Le he devuelto el anillo. 9. María ya les ha escrito. 10. ¿Le has dado las gracias? 11. Laura me mandó besos. 12. Les tengo miedo. ⟦27.3.⟧ 1. se lo. 2. se la. 3. se las. 4. se los. 5. se lo. 27.4. 1. Le; se lo; lo. 2. lo. 3. Lo; lo. 4. Lo; se lo. 5. lo; Le; la. 6. lo; lo. 7. lo. 8. lo; lo. 27.5. 1. ¿Me ves?; no te veo. 2. te ha dicho; Me ha dicho. 3. me lo regaló. 4. ¿Se lo han dicho ya?; no se lo han dicho. 5. ¿Me lo prestas?; no te lo puedo.

Unidad 28: Pronombres personales de objeto (2). 28.1. 1. A esta chica la conozco. 2. A Rafa lo veo todos los días. 3. Los helados los pago yo. 4. Las entradas las compra Jesús. 5. A David lo llama Elena y a Delfín lo llamo yo. 6. A Mercedes no la llama nadie. 7. La cena la haremos nosotras. 8. Los libros los escribo yo. 28.2. 1. ¿Le has regalado algo a Celia?; Le he regalado un collar. 2. Lo he perdido todo. 3. Se la he dejado a Lidia. 4. ¿Qué le has dicho a Jesús?; No le he dicho nada. 5. No, las he vendido todas. 6. ¿Le has contado a Antonio la historia?; No, no se la he contado. 28.3. 1. Los conozco a ellos. 2. La conozco a ella. 3. Anoche las vi a ellas en la feria. 4. Anoche lo vi a el en la feria. 28.4. 1. pero ella no me conoce a mí. 2. pero él no nos ve a nosotros. 3. pero él no la quiere a ella. 4. pero yo no las conozco a ellas. 5. pero yo no los conozco a ustedes. 6. pero Julia no lo vio a usted. 7. pero Miguel no los conoce a ellos. 8. pero Patricia no lo ama a él. 28.5. 1. A mí no me dijo nada. 2. ¿Les dijo algo a ustedes?; A nosotros no nos dijo nada. 3. ¿Le dijo algo a Marcela?; A Marcela/ella no le dijo nada. 4. A nosotros no nos ha preguntado nada. 5. ¿Le ha preguntado algo a Tomás?; A Tomás/él no le ha preguntado nada. 6. ¿Le ha preguntado algo a usted?; A mí no me ha preguntado nada. 7. A mí no me ha comprado nada. 8. ¿Nos ha comprado algo a nosotros?; A nosotros no nos ha comprado nada. 9. ¿Le ha comprado algo a su hermano?; A su hermano no le ha comprado nada.

Unidad 29: Pronombres reflexivos y con valor recíproco. 29.1. 1. se. 2. se. 3. te. 4. os. 5. me. 6. se. 7. nos. 8. Se. 9. te. 10. os. 29.2. 1. me; Me; me. 2. se; ø. 3. se. 4. ø. 5. se. 6. ø. 7. os. 8. ø. 9. te. 10. ø. 29.3. 1. Felipe y David se saludaron. 2. Roque y Julio no se hablan. 3. Tú y Roque os queréis. 4. Sofía y Lina se escriben. 5. Andrés y yo nos conocemos muy bien. 6. Rodrigo y su hermana se ayudan. 7. En Navidad, mi mujer y yo nos hacemos un regalo. 8. Tus amigos y tú os veis los domingos. 9. Gregorio y yo nos entendemos. 10. Lola y tú os insultasteis. 29.4. 1. Teresa y Antonio se conocen muy bien. 2. ¿Por qué no se quieren Isabel y Leo? 3. ¿Por qué no quieres a tu hermano? 4. Conozco muy bien a Fernando. 5. No (me) veo muy bien en este espejo. 6. Siempre acuesto temprano a los niños. 7. ¿Por qué os peleáis tú y Juan? 8. ¿Os veis mucho Alfonso y tú? 9. María y Alfredo se ven todos los días. 10. Hoy no me voy a poner el abrigo.

Unidad 30: Pronombres de objeto con el imperativo, el infinitivo y el gerundio. 30.1. 1. Mándaselo. 2. No la grabes. 3. Calentadla. 4. Tráenoslo. 5. No las suba. 6. Diles la verdad. 7. Dáselas. 8. Compradles el regalo. 9. No la pongas. 10. Llámalas esta noche. 11. Llévamelos. 12. No te la pongas. 30.2. 1. no fue difícil encontrarlo. 2. no quiero verlo / no lo quiero ver. 3. fue complicado traerla. 4. no voy a contárselo / no se lo voy a contar. 5. fue imposible llevarla. 6. parece entenderla. 7. no lamento perderlo. 8. puedo ayudarlas a subir las maletas / las puedo ayudar a subir las maletas. 9. fue imposible comprarlas. 10. parecen odiarla. 11. no quiero comprárselo / no se lo quiero comprar. 12. no van a vendérsela / no se la van a vender. 30.3. 1. Escuchándola. 2. Diciéndosela. 3. Levantándome. 4. pelándolas. 5. Echándotela. 6. Leyéndolas. 7. Llevándolo. 8. Tomándotela. 30.4. 1. lo estoy acabando / estoy acabándolo. 2. llevamos una semana preparándola / la llevamos preparando una semana. 3. sigo queriéndola / la sigo queriendo. 4. están pintándola / la están pintando. 5. estoy buscándolo / lo estoy buscando. 6. sigo llevándoselas / se las sigo llevando. 7. estoy preparándosela / se la estoy preparando. 8 llevo una hora haciéndolo / lo llevo haciendo una hora.

Unidad 31: Relativos (1). 31.1. 1. un ventilador que funciona con pilas. 2. es un mamífero que vive en Los Andes. 3. las ostras que comimos ayer? 4. el libro que estoy leyendo. 5. que trabaja con Paco es venezolana. 6. los cuadros de los que te había hablado. 7. conocí a las chicas con las que vivía Ana. 8. vi la cama en la que dormía Carlos V. 9. Ese es el colegio en el que estudió mi hermana. 10. en la que trabajó mi padre era alemana. 31.2. 1. La que. 2. El que. 3. la que. 4. El que. 5. Las que. 6. Los que. 7. los que. 8. que. 31.3. 1. quien. 2. que. 3. que. 4. quien. 5. que. 6. quienes. 7. que. 8. que. 9. quienes. 10. que. 31.4. 1. El que / Quien. 2. El que / Quien. 3. los que / quienes. 4. La que / Quien. 5. Los que / Quienes. 6. Los que / Quienes. 7. Las que / Quienes. 8. El que / Quien. 9. el que / quien.

Unidad 32: Relativos (2). 32.1. 1. Esta es la casa donde nació Neruda. 2. Me gustó mucho el restaurante donde comimos ayer. 3. Esa es la playa adonde vamos los fines de semana. 4. Pronto veremos el castillo adonde nos llevó tu amigo. 5. Este es el hospital donde me operaron hace dos años. 6. Ese es el hotel donde nos alojamos la primera vez. 7. Este es el castillo donde murió Isabel la Católica. 8. Esa es la clínica donde nació Mario. ☐ 1. 2006 fue el año cuando acabé la carrera. 2. Te llamaré cuando llegue Marta. 3. Saldremos de viaje cuando haga menos calor. 4. El accidente ocurrió cuando estábamos nosotros en clase. 5. El martes es el día cuando llegan mis abuelos. 6. Fue agosto el mes cuando cogí las vacaciones. 7. Agustín se casó cuando consiguió el empleo. 8. La reconocí cuando oí su voz. 32.3. 1. Puedes pintar la habitación como quieras. 2. Elena vive como le gusta. 3. Canta como quiere. 4. Mi tía habla como tú. 5. Lo haremos como nos digan. 6. Tienes que hacerlo como lo hace Jorge. 7. No me gusta como dice las cosas. 32.4. 1. donde. 2. donde. 3. cuando. 4. como. 5. donde. 6. donde. 7. adonde. 8. como. 9. cuando. 10. donde. 11. donde. 12. adonde. 13. como. 14. donde. 15. cuando.

Unidad 33: Interrogativos (1). 33.1. 1. Qué. 2. Qué. 3. Quiénes. 4. qué. 5. Qué. 6. quién. 7. Quiénes. 8. quién. 9. Quién. 10. Quién. 11. Qué. 12. qué. 33.2. 1. Cuál. 2. Cuáles. 3. Cuál. 4. Qué. 5. Cuál. 6. qué. 7. Cuál. 8. qué. 9. cuál. 10. qué. 11. Cuál. 12. Cuál. 33.3. 1. Con quién. 2. Con quién. 3. Cuál. 4. Quiénes. 5. Cuál. 6. Quiénes. 7. Qué. 8. En qué. 9. Quiénes. 10. Quiénes. 11. Qué. 12. A quién. 33.4. 1. ¿Qué habéis tomado hoy de postre? 2. ¿Cuáles son tus intenciones? 3. ¿De qué hablaban tus padres en la cena? 4. ¿Quiénes vinieron a la boda? 5. ¿Para qué son esas tijeras? 6. ¿Cuáles son los insectos que viven más tiempo? 7. ¿Qué animales viven en la tundra? 8. ¿Cuáles de estos relojes son suizos? 9. ¿De qué está hecho este mantel? 10. ¿Por qué calle se va a la catedral?

Unidad 34: Contraste entre interrogativos. [34.1.] 1. *Quién*. 2. *Quiénes*. 3. *Qué*. 4. *Cuál*. 5. *Qué*. 6. *Quién*. 7. *Quiénes*. 8. *Cuál*. 9. *Quiénes*. 10. *Qué*. 11. *Quién*. 12. *Quiénes*. 13. *Quién*. 14. *Cuáles*. [34.2.] 1. *Qué*. 2. *Cuál*. 3. *Qué*. 4. *Qué*. 5. *Qué*. 6. *Qué*. 7. *Cuál*. 8. *Qué*. 9. *Qué*. 10. *Cuál*. 11. *Qué*. 12. *Qué*. 13. *Cuál*. 14. *Qué*. [34.3.] 1. *Qué*. 2. *Quién*. 3. *Cuál*. 4. *Cuál*. 5. *Cuáles*. 6. *Quiénes*. 7. *Quién/Cuál*. 8. *Cuál*. 9. *Cuáles*. 10. *Qué*. 11. *Quién*. 12. *Cuál*. 13. *Cuáles*. 14. *Cuáles*. 15. *Quiénes*. 16. *Qué*.

Unidad 35: Interrogativos (2). [35.1.] 1. *Desde cuándo*. 2. *Adónde*. 3. *Dónde*. 4. *Adónde*. 5. *Para cuándo*. 6. *De dónde*. 7. *Hacia dónde*. 8. *Hasta dónde*. 9. *Dónde*. 10. *(En) dónde*. [35.2.] 1. *Cuántas*. 2. *Cuántos*. 3. *Cuántos de*. 4. *cuántas de*. 5. *Cuánto*. 6. *Cuánto*. 7. *Cuánta*. 8. *Cuántas*. 9. *cuántas*. 10. *cuántos*. 11. *Cuántos*. [35.3.] 1. *Cómo*. 2. *Para qué*. 3. *Cómo*. 4. *Por qué*. 5. *Por qué*. 6. *Para qué*. 7. *Por qué*. 8. *Para qué*. 9. *Por qué*. 10. *Cómo*. [35.4.] 1. *Dónde*. 2. *Por qué*. 3. *Cómo*. 4. *Por qué*. 5. *Cuándo*. 6. *Cuándo*. 7. *Dónde*. 8. *Cómo*. [35.5.] 1. *¿Hasta cuándo vais a estar en Santander?* 2. *¿Cómo están los enfermos?* 3. *¿De dónde es Peter?* 4. *¿Para cuándo es la boda?* 5. *¿Para qué sirven esas tenazas?* 6. *¿Hacia dónde nos dirigimos?*

Unidad 36: Exclamativos. [36.1.] 1. *¡Qué mala suerte tiene Jorge!* 2. *¡Qué bien habla español Lotta!* 3. *¡Qué cansadas estamos!* 4. *¡Qué mal conduce Alfonso!* 5. *¡Qué listas son Sara y Eva!* 6. *¡Qué deprisa come Rodri!* 7. *¡Qué guapo es Lucio!* 8. *¡Qué suerte tengo!* [36.2.] 1. *¡Qué casa tan / más cara!* 2. *¡Qué chica tan / más alta!* 3. *¡Qué coche tan / más rápido!* 4. *¡Qué niños tan / más amables!* 5. *¡Qué examen tan / más fácil!* 6. *¡Qué chica tan / más inteligente!* 7. *¡Qué fiesta tan / más divertida!* 8. *¡Qué día tan / más caluroso!* [36.3.] 1. *Cuánto*. 2. *Cuántas*. 3. *Cuánto*. 4. *Cuánto*. 5. *Cuántos*. 6. *Cuánta*. 7. *Cuántos*. 8. *Cuánto*. 9. *Cuánta*. 10. *Cuánto*. [36.4.] 1. *¡Cómo lloran esos niños!* 2. *¡Cómo corren tus hijos!* 3. *¡Cómo habló Manuel!* 4. *¡Cómo estaba el pastel!* 5. *¡Cómo comió Mariano!* 6. *¡Cómo llovió el domingo!* [36.5.] 1. *Quién*. 2. *Qué*. 3. *Que; Cuánto*. 4. *Qué*. 5. *Qué*. 6. *Cómo*. 7. *Quién*. 8. *Cómo*. 9. *Cómo/Cuánto*. 10. *Quién*. 11. *Quién/Cómo*. 12. *Quién*. 13. *Qué*.

Unidad 37: Presente de indicativo de *ser* y *estar*. [37.1.] 1. *es; Es*. 2. *son; Somos*. 3. *es; Son*. 4. *son; Son*. 5. *es*. 6. *es; Es*. 7. *es; Es*. 8. *es; Es*. 9. *soy; soy*. 10. *sois; Somos*. [37.2.] 1. *está; Está; están*. 2. *estáis; estoy; está*. 3. *Está*. 4. *están; Están; están*. 5. *está*. 6. *estás; Estoy; Está*. [37.3.] 1. *está; Son; es*. 2. *es; está*. 3. *es; Es; son; está*. 4. *es; estamos*. 5. *Soy; estoy*. 6. *soy; estoy; Estás*. 7. *es; Soy; está*. 8. *Estáis; estamos*. [37.4.] 1. *Es*. 2. *es*. 3. *Estoy; Son*. 4. *está*. 5. *son*. 6. *Está*. 7. *Estamos*. 8. *Es*. 9. *Estás*. 10. *están*. 11. *es; Es*. 12. *está*. 13. *está*.

Unidad 38: Presente de indicativo de *haber* impersonal y *estar*. [38.1.] 1. *¿Dónde hay un estanco?* 2. *No hay mucha gente en la cola*. 3. *¿Hay queso en la nevera?* 4. *¿Hay alguien en la calle?* 5. *Hay cuatro cines en esta calle*. 6. *¿Dónde hay una estación de metro?* 7. *En esta academia hay muchos alumnos*. 8. *Aquí no hay aeropuerto*. [38.2.] 1. *hay*. 2. *había*. 3. *ha habido*. 4. *habrá*. 5. *hay*. 6. *ha habido / hay*. 7. *había; hay*. 8. *habrá*. [38.3.] 1. *hay*. 2. *están*. 3. *Hay*. 4. *está*. 5. *hay; Hay*. 6. *Hay; está*. 7. *está*. 8. *hay*. 9. *está*. 10. *Hay; Está*. 11. *está*. 12. *Hay; Está*. 13. *hay*. 14. *están*. 15. *hay*. 16. *hay*. 17. *hay*. 18. *hay; hay; Está*. [38.4.] 1. *Hay un paquete en la entrada*. 2. *La fruta está en la nevera*. 3. *Las oficinas están en el primer piso*. 4. *¿Dónde están los servicios?* 5. *Hay tres platos en la mesa*. 6. *Hay una oficina en el segundo piso*. 7. *¿Dónde hay un estanco?* 8. *El teléfono está en el salón*.

Unidad 39: Presente de indicativo: verbos regulares. [39.1.] 1. *hablan*. 2. *viven*. 3. *recojo*. 4. *come*. 5. *Protejo*. 6. *Escoge*. 7. *envían*. 8. *convence*. 9. *acaba; Continúa*. 10. *Escogen*. 11. *prohíbe*. 12. *discutís*. [39.2.] 1. *crees; creo*. 2. *coges; Cojo*. 3. *escoge; escoge*. 4. *cenáis; Cenamos*. 5. *Veis; vemos*. 6. *llegas; llego*. 7. *recogen; recogen*. 8. *escribe; Escribe*. [39.3.] 1. *(No) trabajo*. 2. *(No) toco*. 3. *(No) monto*. 4. *(No) abren*. 5. *(No) como*. 6. *(No) bebo*. 7. *(No) veo*. 8. *(No) hablan*. 9. *(No) estudian*. 10. *(No) convenzo*. [39.4.] 1. *comes*. 2. *vives / vivís; Vivo / Vivimos*. 3. *pasa; pasa*. 4. *llevas; Llevo*. 5. *Ves; veo*. 6. *convences*. 7. *vende; Vende*. 8. *hablas; habla*. 9. *gana; gana*. 10. *trabajáis; necesitamos*.

Unidad 40: Presente de indicativo: verbos irregulares (1). [40.1.] 1. *quieren*. 2. *mide*. 3. *huele*. 4. *calienta*. 5. *cuezo*. 6. *mentimos*. 7. *quiere*. 8. *llueve*. 9. *sueño; recuerdo*. 10. *muerde*. 11. *dice*. 12. *mueren*. 13. *sonríe*. 14. *consigue*. [40.2.] 1. *dormís; dormimos*. 2. *Riegas; riego*. 3. *Quieres; prefiero*. 4. *Puedes; puedo*. 5. *sigues; tengo*. 6. *corrige; corrijo*. 7. *mides; Mido*. 8. *vuelven; Vuelven*. 9. *prefieres; tengo*. 10. *Vienes; vengo*. 11. *Jugáis; jugamos*. [40.3.] 1. *(No) cierran*. 2. *(No) quiero*. 3. *(No) empiezo*. 4. *(No) mido*. 5. *(No) duermo*. 6. *(No) juego*. 7. *(No) vuelvo*. 8. *(No) sueño*. 9. *(No) tengo*. 10. *(No) tengo*. [40.4.] 1. *quieres; quiero*. 2. *tienes; tengo*. 3. *huele; Huele*. 4. *venís; Venimos*. 5. *dices; entiendo*. 6. *jugáis*. 7. *Recuerdas; recuerdo*. 8. *cuesta*. 9. *piensas*. 10. *recomienda; recomiendo*.

Unidad 41: Presente de indicativo: verbos irregulares (2). [41.1.] 1. *sabe*. 2. *Doy*. 3. *vamos*. 4. *sé*. 5. *va*. 6. *Da*. 7. *ponen*. 8. *construyen*. 9. *Pongo*. 10. *hacen*. 11. *parece*. 12. *sabe*. 13. *huyen*. 14. *Traduzco*. [41.2.] 1. *Sabes; sé*. 2. *vas; voy*. 3. *Conoces, conozco*. 4. *haces; Salgo*. 5. *Hace; hago*. 6. *Sabe; sé*. 7. *Conoce; conozco*. 8. *va; voy*. 9. *hacéis; Damos; vamos*. 10. *Vais; Vamos*. 11. *Hacen; damos*. 12. *Conocen; conocemos; Vamos*. [41.3.] 1. *vais*. 2. *huye*. 3. *No sé*. 4. *No oigo*. 5. *Parezco*. 6. *va*. 7. *Traigo*. 8. *no te conozco*. [41.4.] 1. *(No) salgo*. 2. *(No) sé*. 3. *(No) hago*. 4. *(No) voy*. 5. *(No) sé*. 6. *(No) hacen*. 7. *(No) salen*.

Unidad 42: Presente de indicativo: otros usos. [42.1.] 1. *trabajo*. 2. *hacéis; Vamos*. 3. *acaba*. 4. *tenemos*. 5. *sale*. 6. *eligen*. 7. *Me jubilo*. 8. *operan*. 9. *Empiezo*. 10. *comemos*. [42.2.] 1. *pelas; cortas; Mezclas; añades; trituras; pones*. 2. *Abres; colocas; cierras; compruebas*. 3. *selecciona; mete; pulsa; espera*. [42.3.] 1. *¿(Por qué no) damos un paseo?* 2. *¿Le abro la puerta?* 3. *¿Compro o no compro este sombrero?* 4. *¿(Por qué no) comemos en este restaurante?* 5. *¿Me ayudas a subir las bolsas, por favor?* 6. *¿Me dejas el móvil, por favor?* 7. *¿Salgo con Luis?* 8. *¿Te corto el pelo?* 9. *¿Por qué no cogen un taxi?* 10. *¿Me abre la puerta, por favor?* 11. *¿Me coges ese libro, por favor?* 12. *¿Me llevas a casa, por favor?* 13. *¿(Por qué no) hacemos / hacéis una fiesta?* 14. *¿Te llevo a casa?*

Unidad 43: Presente para expresar períodos de tiempo. [43.1.] 1. *vives*. 2. *hablo*. 3. *conoce/s; conozco*. 4. *estudiáis*. 5. *sois;*

Somos. 6. *ves/veis; veo/vemos.* 7. *conduce/s.* 8. *trabajo.* 9. *sales.* 10. *tenéis; tenemos.* 43.2. 1. *conoce a Jaime desde 2001.*
2. *estudia español desde hace seis meses.* 3. *un año que no bebemos café.* 4. *no me habla desde el día de su cumpleaños.*
5. *no me escriben desde Navidad.* 6. *un mes que salgo con Rosario.* 7. *dos semanas que no voy al cine.* 8. *vivo en Guayaquil*
desde 1999. 9. *tres meses que Andrés trabaja aquí.* 10. *No tenemos vacaciones desde 2007.* 43.3. 1. *Cuánto (tiempo) hace que*
conoces a César. 2. *Desde cuándo no fumas.* 3. *Cuánto (tiempo) hace que vivís/viven en Mérida.* 4. *Desde cuándo salís juntos*
Asun y tú. 5. *Desde cuándo trabaja tu padre en esta empresa.* 6. *Cuánto (tiempo) lleváis/llevan estudiando español.* 7. *Desde*
cuándo conduce/s. 8. *Desde cuándo tiene/tienes ese reloj.* 9. *Cuánto (tiempo) hace que no va/vas al cine.* 10. *Cuánto (tiempo)*
hace que no come/s carne. 43.4. 1. *Viví.* 2. *vive.* 3. *Estuvimos.* 4. *estoy.* 5. *vemos.* 6. *sé.* 7. *vimos.* 8. *Conocí.* 9. *Conocemos.* 10.
pinta. 11. *viviste.* 12. *trabajas.*

Unidad 44: *Llevar* + gerundio / participio / período de tiempo. 44.1. 1. *ø.* 2. *desde.* 3. *ø.* 4. *Desde.* 5. *desde.* 6. *desde.* 7. *desde.*
8. *ø.* 44.2. 1. *Llevamos seis años casados / casados seis años.* 2. *La lavadora lleva rota desde la semana pasada.* 3. *Llevo*
dos días enfermo / enfermo dos días. 4. *Llevo enfadada con Lola desde el mes pasado.* 5. *Los zapatos llevan sucios desde*
anoche. 6. *Esa tienda lleva dos meses cerrada / lleva cerrada dos meses.* 7. *El teléfono lleva estropeado desde el domingo.* 8.
Ese bar lleva abierto desde el verano. 44.3. 1. *Llevamos diez meses viviendo en Quito.* 2. *Llevo una hora buscando mis gafas.*
3. *Alberto lleva leyendo desde las diez.* 4. *Llevo dos semanas trabajando en este bar.* 5. *Jesús lleva media hora esperando*
a Marta. 6. *Alicia lleva diez horas durmiendo.* 7. *Sonia lleva viajando por América del Sur desde julio.* 8. *Pedro lleva*
conduciendo desde las ocho. 44.4. 1. *Llevo sin beber alcohol desde julio.* 2. *Mis padres llevan cinco años sin comer carne.*
3. *Llevo un mes sin ir a clase.* 4. *Josefa lleva una semana sin dormir bien.* 5. *Llevo desde el año pasado sin comer en un*
restaurante. 6. *Mónica lleva desde Navidad sin ir al teatro.* 7. *Llevo diez años sin fumar.* 8. *Llevo desde que tenía veinte años*
sin jugar al fútbol. 44.5. 1. *llevan aprendiendo.* 2. *lleva estropeado.* 3. *Llevo despierto.* 4. *Llevo sin dormir.* 5. *llevas esperando.*
6. *Llevan divorciados.* 7. *Llevo sin ver.* 8. *llevas estudiando.*

Unidad 45: Verbos con *me, te, se...* 45.1. 1. *te levantas; me levanto.* 2. *Os atrevéis; me atrevo.* 3. *se aburre.* 4. *bañas.* 5.
se pone. 6. *me arrepiento.* 7. *defiende; Se defiende.* 8. *Arregla.* 9. *se acuestan.* 10. *Se hace.* 11. *afeita; me afeito.* 12. *nos*
quejamos. 45.2. 1. *(No) me levanto.* 2. *(No) me lavo.* 3. *(No) me pinto.* 4. *(No) me pongo.* 5. *(No) me acuesto.* 6. *(No) se*
acuestan. 7. *(No) se aburren.* 8. *(No) se ríen.* 45.3. 1. *Comes; Me como.* 2. *bebe.* 3. *se bebe.* 4. *aprende; Se aprende.* 5. *lee; Se*
lee. 45.4. 1. *lleva.* 2. *se llama.* 3. *Te sientes.* 4. *duermes.* 5. *se duerme.* 6. *se va.* 7. *se parecen.* 8. *se despide.* 9. *Llamas.* 10. *me*
dejo. 11. *parece.*

Unidad 46: Verbos con *me, te, le...* 46.1. 1. *le encanta.* 2. *no me gustan.* 3. *os gusta; Nos encanta.* 4. *te gusta; Me encanta.*
5. *les gusta.* 6. *me encantan.* 7. *le encanta; no me gusta.* 8. *les encantan; no me gustan.* 9. *Me encanta; no me gusta.* 10. *os*
gusta; Nos encantan; no nos gustan. 46.2. 1. *me duele.* 2. *os apetece; nos apetece.* 3. *te sientan.* 4. *te queda; Me quedan.*
5. *Me duelen.* 6. *le importan; le interesan.* 7. *me molestan.* 8. *te quedan.* 9. *te importa; Me apetece.* 10. *Me interesa.* 11.
Te importa. 46.3. 1. *A mis compañeros les encanta llegar tarde.* 2. *A Hans no le gustan las uvas.* 3. *¿A vosotros os importa*
madrugar? 4. *A nosotras no nos molestan los ruidos.* 5. *A mi madre le duele la espalda.* 6. *A mis amigos no les importa*
ayudarme. 7. *A Pedro le sienta muy bien el negro.* 8. *A nosotros no nos interesa la política.* 9. *A Carla le encantan los*
bombones. 10. *¿A ti te gusta pasear?* 46.4. 1. *a mí me interesa.* 2. *A ti te gusta; A mí me encanta.* 3. *a ella le sienta.* 4. *a*
nosotras nos molesta. 5. *a él le duelen.* 6. *A ustedes les importa; a nosotros no nos importa.* 7. *A ti te apetece; A mí no me*
apetece. 8. *A vosotros os apetece; A nosotros no nos apetece.* 9. *A ti te quedan; A mí no me queda.* 10. *A usted le interesan; A*
mí me interesan.

Unidad 47: *Estar* + gerundio y contraste con el presente de indicativo. 47.1. 1. *Está practicando.* 2. *Están jugando.* 3. *Está*
afeitándose / Se está afeitando. 4. *Están estudiando.* 5. *Está limpiándose / Se está limpiando.* 6. *Están durmiendo.*
47.2. 1. *está estudiando.* 2. *está durmiendo.* 3. *están siempre discutiendo.* 4. *estás llorando; Estoy cortando.* 5. *está*
trabajando. 6. *estáis jugando.* 7. *os estáis siempre pegando.* 8. *está lloviendo.* 9. *estás comiendo.* 47.3. 1. *miras; Parece;*
Lleva. 2. *vienes; Vengo; Estoy haciendo.* 3. *prefieres; como.* 4. *estáis oyendo; están gritando.* 5. *estáis viendo; Están*
luchando. 6. *está bailando; sé; conozco.* 7. *viene; Se está peinando.* 8. *Oyes; oigo; están haciendo.* 9. *tiene; Está pintando.*
47.4. 1. *hace; Trabaja.* 2. *viajan; están haciendo.* 3. *coméis; comemos; estamos comiendo; tenemos.* 4. *Pinta.* 5. *vive; Vive;*
está viviendo; están arreglando. 6. *lees; leo; leo.* 7. *hacéis/estáis haciendo; Estamos practicando.*

Unidad 48: Pretérito indefinido: verbos regulares. 48.1. 1. *terminó; salimos.* 2. *gustó.* 3. *Empecé.* 4. *trabajó.* 5. *llevó.* 6. *regaló.*
7. *saqué; llegamos.* 8. *averigüé.* 9. *vendió.* 48.2. 1. *vivió.* 2. *pagó.* 3. *costó.* 4. *abriste.* 5. *llegó.* 6. *empezaron.* 7. *aparcaste.*
8. *ganó.* 9. *olvidaste.* 10. *ganó.* 48.3. *despertó; Me levanté; encendí; me acerqué; vi; vio; llamó; Di; se alejó; Regresé; apagué;*
me acosté; volví. 48.4. *nació; se divorciaron; regresó; se casó; nació; empezó; publicó; se refugió; vivió; escribió; se trasladó.*

Unidad 49: Pretérito indefinido: verbos irregulares. 49.1. 1. *construyó.* 2. *murieron.* 3. *se cayó; se rompió.* 4. *supo; dijo.*
5. *pasó; Hubo.* 6. *condujo.* 7. *hice; fue; Tuvimos; pudimos.* 8. *hubo; oyó; se puso.* 9. *influyó.* 10. *huyeron; oyeron.* 11. *tradujo;*
dijo. 12. *sintió.* 49.2. 1. *se independizó.* 2. *murió.* 3. *llegaron.* 4. *construyeron.* 5. *trajeron.* 6. *comenzó.* 7. *fundó.* 8. *tuvo.*
49.3. 1. *hiciste; Estuve; Anduvimos; fuimos; estuvimos.* 2. *trajo; trajeron; pudieron; tuvimos.* 3. *fue; dijiste; quise; dije.*
49.4. 1. *fue.* 2. *fue.* 3. *fueron.* 4. *fuiste.* 5. *fuisteis.* 6. *fueron.* 7. *fueron.*

Unidad 50: Pretérito perfecto de indicativo. 50.1. 1. *No he estado en la playa este verano.* 2. *¿Qué ha hecho tu hermana este*
verano? 3. *Ana no se ha levantado temprano hoy.* 4. *¿Ha venido Cristina hoy?* 5. *¿Ha trabajado Toñi hoy?* 6. *Jesús y Carmen no*
han trabajado esta semana. 7. *Luisa ha llamado dos veces esta tarde.* 8. *Mis padres han salido hace cinco minutos.* 9. *¿Qué*
habéis hecho en la clase de italiano esta semana? 10. *María y Antonio se han casado hace muy poco.* 50.2. 1. *Has reservado.*

2. *He dormido.* 3. *ha tomado.* 4. *ha habido.* 5. *ha prometido.* 6. *he olvidado.* 7. *he podido.* 8. *has traído.* 9. *han atracado.* 10. *ha pedido.* `50.3.` 1. *ha pasado.* 2. *ha viajado.* 3. *Habéis visto.* 4. *he leído.* 5. *Han probado.* 6. *ha sido.* 7. *se ha casado.* 8. *ha escrito.* 9. *Ha visitado.* 10. *han vivido.* `50.4.` 1. *Has leído ya.* 2. *Han salido ya.* 3. *Todavía no ha encontrado.* 4. *todavía no ha terminado.* 5. *Has llamado ya.* 6. *todavía no ha encontrado.* 7. *todavía no se ha despedido.* 8. *Has reservado ya.*

Unidad 51: Contraste entre pretérito perfecto y pretérito indefinido. `51.1.` 1. *Compramos.* 2. *vivieron.* 3. *se independizó; se independizó.* 4. *He hablado.* 5. *Hablé.* 6. *Hemos salido.* 7. *hemos tenido.* 8. *estuviste.* `51.2.` 1. *he tenido; He hablado; he quedado.* 2. *estuvimos; Caminamos; comimos; Tuvimos; pasamos.* 3. *dijo; fue.* 4. *llamó; han tenido.* 5. *hemos tenido; Hemos pintado; hemos cambiado.* `51.3.` 1. *ha navegado.* 2. *ha estado; ha tenido; estuvo; perdieron.* 3. *se ha casado; se casó.* 4. *He leído; he leído.* 5. *Has viajado; he salido; fui.* 6. *hemos vivido; vivimos.* `51.4.` 1. *Han traído ya; trajeron.* 2. *Has puesto ya.* 3. *Ya ha acabado.* 4. *todavía no he tenido.* 5. *Te has casado ya; Me casé.* 6. *Han vuelto ya; Volvieron.* 7. *Has sacado ya.* 8. *he abierto todavía.*

Unidad 52: Pretérito imperfecto de indicativo. `52.1.` 1. *encantaba; era; íbamos; llevábamos; comíamos.* 2. *era; lloraba; levantaba.* 3. *se portaban; decía; hacían.* 4. *pasaba; veíamos; Duraba; Era; venían.* `52.2.` 1. *mordió; acariciaba.* 2. *torció; corría.* 3. *estaba; llamó.* 4. *estaban; empezó.* 5. *tuvimos; iba.* 6. *Vi; esperaba.* 7. *se estrelló; intentaba.* 8. *estabais; llegó.* 9. *regresábamos; estalló.* `52.3.` 1. *llegué; hablaba; entendía.* 2. *salimos; era; había.* 3. *conocí; era; Era; hacía.* 4. *oímos; estábamos; estaba; sabíamos; estaba.* 5. *Era; tenía; tenía; llamó.* 6 *tuve; había; estaba.* `52.4.` 1. *Venía.* 2. *Quería.* 3. *Podía.* 4. *Necesitaba.* 5. *decían; se llamaban.* 6. *Esperaba.*

Unidad 53: Contraste entre pretérito indefinido y pretérito imperfecto de indicativo. `53.1.` 1. *jugaba; Era; jugaba; recibió; tuvieron; quiso.* 2. *iban; llevaban; envidiaba; vivía; regaló; Se puso; tenía; llovía.* 3. *iba; Veían; ponían; gustaban; jugaban.* `53.2.` 1. *estábamos; empezó.* 2. *me encontré; esperaba.* 3. *robó; me bañaba.* 4. *salí; Estaba; tenía.* 5. *se torció; bajaba.* 6. *acabó; llovía; se puso.* 7. *había; empezó.* 8. *expulsó.* `53.3.` 1. *estaba; llamaron; Miré; eran; Bajé; abrí; había.* 2. *Era; Llovía; hacía; oyó; apareció.* 3. *fui; había; estaba; sacó; dijo; estaba.* 4. *tuve; estaba; vi; se acercaba; Eran.* `53.4.` *tenía; salieron; dejaron; Estaba; me sentía; preparé; vi; me fui; oí; Cerré; escuché; abrí; bajé; Había; se movía; saltó; Era; Me desmayé; regresaron; encontraron.*

Unidad 54: *Estaba* + gerundio y contraste con el pretérito indefinido. `54.1.` 1. *estaba comprando el periódico.* 2. *estábamos esperando el autobús.* 3. *estaba hablando por teléfono; estaba leyendo el periódico.* 4. *estábamos mirando el escaparate de una librería.* 5. *(Yo) estaba cruzando la calle.* 6. *estaban aparcando el coche; estaba echando una carta a un buzón.* `54.2.` 1. *¿Qué estaban haciendo ustedes anoche a las doce?; Estábamos paseando por el parque del Oeste.* 2. *¿Estaba nevando cuando saliste?; No, estaba lloviendo.* 3. *¿Qué estabas haciendo cuando te vio Sofía?; Estaba hablando con unas amigas.* 4. *¿Qué estaba viendo usted cuando se apagó la luz?; No estaba viendo nada. Estaba escuchando la radio.* `54.3.` 1. *Ángela estaba duchándose / se estaba duchando cuando sonó el teléfono.* 2. *Salimos cuando llamó Marcelo.* 3. *Yo estaba subiendo / en ascensor cuando se cortó la luz.* 4. *Yo estaba leyendo / una novela cuando sonó el teléfono.* 5. *La clase empezó cuando llegamos.* 6. *Pedrito estaba jugando al fútbol cuando se cayó y se rompió una pierna.* 7. *Fina y Celia se fueron cuando llegó el jefe.* 8. *Manuel estaba lavando el coche cuando empezó a llover.* `54.4.` 1. *pasaba; Tenía.* 2. *ibas.* 3. *Estaban viajando.* 4. *llevaba; Parecía.* 5. *venían.* 6. *necesitaba.*

Unidad 55: Pretérito pluscuamperfecto de indicativo. `55.1.` 1. *Cuando llegué a la oficina, la reunión había acabado.* 2. *Cuando llegamos al aeropuerto, el avión se había ido.* 3. *Cuando llegaron mis padres habíamos recogido toda la casa.* 4. *Cuando Aurora quiso comprar comida habían cerrado todas las tiendas.* 5. *Cuando llegué al cine, la película había acabado.* 6. *Cuando nos pararon en la carretera había habido un accidente.* `55.2.` 1. *No pude comprar nada porque me había dejado la tarjeta de crédito.* 2. *Mis padres tuvieron que volver a casa porque se habían dejado encendidas las luces del salón.* 3. *Félix y Paqui no pudieron entrar en casa porque se habían dejado las llaves dentro.* 4. *Te desmayaste porque no habías comido nada.* 5. *Armando estaba muy delgado porque había tenido una enfermedad.* 6. *No reconocimos a Paloma porque se había teñido el pelo.* 7. *Mila aprobó todo porque había estudiado mucho.* 8. *Víctor llegó tarde porque había tenido un pequeño accidente.* 9. *No pude hablar con el profesor porque se había ido.* 10. *No pudimos comer en casa porque Ramón no había comprado comida.* `55.3.` 1. *Fernando todavía no se había levantado / no se había levantado todavía.* 2. *Lidia todavía no había recogido la habitación / no había recogido la habitación todavía.* 3. *Miguel ya había hecho la cama.* 4. *Rosa todavía no se había vestido / no se había vestido todavía.* 5. *Ángel y Pilar ya habían desayunado.* `55.4.` 1. *Luisa vino cuando la llamé.* 2. *Cuando llegamos la película había empezado.* 3. *Carlos me dio recuerdos para ti cuando lo vi en Mendoza.* 4. *Cuando se averió el coche llamé a una grúa.* 5. *Cuando llamé, Elisa ya se había acostado.* 6. *Cuando llamé a casa se habían ido mis padres.*

Unidad 56: Futuro simple. `56.1.` 1. *llamaremos.* 2. *diré.* 3. *sabremos.* 4. *Aprobarás.* 5. *se alegrará.* 6. *Tendrá.* 7. *veré.* 8. *saldremos.* `56.2.` 1. *Ya nos casaremos.* 2. *Ya te invitaré.* 3. *Ya la arreglaré.* 4. *Ya me afeitaré.* 5. *Ya iremos a verla.* 6. *Ya los traerán.* 7. *Ya vendrá.* 8. *Ya haré.* `56.3.` 1. *la vida será diferente.* 2. *La gente vivirá más.* 3. *La gente trabajará menos.* 4. *Comeremos alimentos artificiales.* 5. *Muchas enfermedades desaparecerán.* 6. *Habrá menos guerras.* 7. *Los niños no irán al colegio.* 8. *Seremos más inteligentes.* 9. *Las casas estarán informatizadas.* 10. *Podremos vivir cien años.* `56.4.` 1. *ganará.* 2. *estaré; tendrá.* 3. *iremos.* 4. *vendrán.* 5. *se acordará.* 6. *estudiaré.* 7. *pasará.* 8. *habrá.* `56.5.` 1. *Estará.* 2. *tendrá.* 3. *vendrá.* 4. *Habrá.* 5. *Será.* 6. *sabrá; empezará.*

Unidad 57: Contraste entre el futuro simple e *ir a* + infinitivo. `57.1.` 1. *vais a hacer; Vamos a ir.* 2. *vas a hacer; Voy a*

ducharme. 3. *Voy a acostarme*. 4. *Voy a salir*. 5. *vamos a hacer*. 6. *Voy a ver*. 7. *van a hacer; Vamos a cenar*. 8. *van a dar*. ⬚57.2.⬚
1. *va a despegar*. 2. *Va a estrellarse / Se va a estrellar*. 3. *Va a romperse / Se va a romper*. 4. *van a caerse / se van a caer*. 5. *Va a disparar*. 6. *Va a ganar*. ⬚57.3.⬚ 1. *llamaré*. 2. *vais a ir*. 3. *vais a hacer; diré*. 4. *Acabaré*. 5. *vas a acabar; acabaré*. 6. *será*.
7. *ayudaré*. 8. *vamos a ver*. 9. *querré*. ⬚57.4.⬚ 1. *Va a ganar*. 2. *Ganarás; serás*. 3. *Conocerás; os casaréis; seréis*. 4. *Va a tener*.
5. *Va a romperse / Se va a romper*. 6. *Tendrá; llegará*. 7. *Vas a resfriarte / Te vas a resfriar*. 8. *Van a perder*. 9. *Vamos a llegar*.
10. *vivirán; tendrán*.

Unidad 58: Contraste entre el futuro simple, *ir a* **+ infinitivo y el presente de indicativo.** ⬚58.1.⬚ 1. *vuelve; volverá*. 2. *tengo*.
3. *llamo*. 4. *abro*. 5. *aprobarás; me examino*. 6. *me pondré; estará*. 7. *conduzco*. 8. *compraremos*. ⬚58.2.⬚ 1. *Está*. 2. *Estará*. 3. *Es*.
4. *Será*. 5. *Será*. 6. *Viven*. 7. *vivirá*. 8. *Estudiará*. 9. *tiene*. 10. *tendrá*. ⬚58.3.⬚ 1. *Van casarse*. 2. *abre*. 3. *empieza*. 4. *Va a empezar*.
5. *Va a hablar*. 6. *da / va a dar*. 7. *sale*. 8. *acabas*. ⬚58.4.⬚ 1. *salgo; vamos*. 2. *vamos a ir*. 3. *Salimos; estamos; vamos;*
Regresamos; vais a ver. 4. *vais a venir; nos vamos*. 5. *es*. 6. *vais a casaros / os vais a casar*. 7. *nos casamos*. 8. *se celebran*.

Unidad 59: Futuro perfecto. ⬚59.1.⬚ 1. *habré acabado*. 2. *habré pagado*. 3. *habré hablado*. 4. *se habrá despertado*. 5. *habré*
aprendido. 6. *habrán llegado*. 7. *me habré jubilado*. 8. *habrá llegado*. 9. *habrá mejorado*. 10. *nos habremos ido*. ⬚59.2.⬚ 1. *nos*
casaremos; nos habremos casado. 2. *habré terminado*. 3. *volveremos*. 4. *habrán descubierto*. 5. *inventarán*. 6. *veremos*.
7. *habré conseguido*. 8. *habremos comido*. ⬚59.3.⬚ 1. *Habrá comido*. 2. *Habrá salido*. 3. *Se habrá muerto*. 4. *Se habrá pegado*.
5. *Se habrá quedado*. 6. *habrán estudiado*. 7. *Habrá discutido*. 8. *Habrá encontrado*. ⬚59.4.⬚ 1. *he comido*. 2. *Habrán comido*.
3. *Se ha roto*. 4. *Se habrá roto*. 5. *Habrá llovido*. 6. *Ha llovido*. 7. *Han trabajado*. 8. *habrán dormido*.

Unidad 60: Condicional simple: verbos regulares. ⬚60.1.⬚ 1. *estaría*. 2. *estaríamos*. 3. *sería*. 4. *tocaríais*. 5. *vivirían*. 6. *trabajaría*.
7. *me sentiría*. 8. *hablaría*. 9. *jugarías*. 10. *correríamos*. ⬚60.2.⬚ 1. *Nos gustaría*. 2. *le encantaría*. 3. *No me gustaría*. 4. *Les*
gustaría. 5. *preferiría*. 6. *les encantaría*. 7. *preferiríamos*. 8. *bebería*. ⬚60.3.⬚ 1. *gustaría*. 2. *Nos encanta*. 3. *Preferiría*. 4.
gustaría. 5. *encanta*. 6. *gusta*. 7. *Prefiero*. 8. *encantaría*. ⬚60.4.⬚ 1. *Deberíais*. 2. *Sería*. 3. *dormiría*. 4. *estudiaría*. 5. *buscaría*. 6.
deberías. 7. *iría*. 8. *Deberíais*. 9. *Sería*. 10. *hablaría; pediría*.

Unidad 61: Condicional simple: verbos irregulares. ⬚61.1.⬚ 1. *harían; Hablaríamos*. 2. *no saldría*. 3. *tendríamos*. 4. *vendría*.
5. *querría*. 6. *harías; no diría*. 7. *tendría*. 8. *harías*. 9. *diría*. 10. *vendría*. ⬚61.2.⬚ 1. *Habría*. 2. *Regresaría*. 3. *Vendrían*. 4.
pondrías. 5. *diría*. 6. *pondría*. 7. *saldrían*. 8. *querría*. ⬚61.3.⬚ 1. *tenía*. 2. *hizo*. 3. *tenías*. 4. *sabría*. 5. *harían*. 6. *podrías*. 7.
haría. 8. *Quería*. ⬚61.4.⬚ 1. ¿*Podrías llevar esta maleta?* 2. ¿*Os importaría hablar más despacio?* 3. ¿*Le importaría repetir la*
explicación? 4. ¿*Te importaría esperar un momento?* 5. ¿*Podría decirme dónde hay una parada de taxis?* 6. ¿*Te importaría*
dejarme el diccionario? 7. ¿*Les importaría vigilar mi equipaje?* 8. ¿*Podría decirme la hora?*

Unidad 62: Condicional compuesto. ⬚62.1.⬚ 1. *habría acompañado*. 2. *habría ayudado*. 3. *no habríamos podido*. 4. *no habría*
hecho. 5. *habría llamado*. 6. *no habría acabado*. ⬚62.2.⬚ 1. *no habría hecho*. 2. *habría vendido*. 3. *habría tomado*. 4. *no*
habría dormido. 5. *habría hecho*. 6. *no habrían comido*. ⬚62.3.⬚ 1. *habría pedido*. 2. *había pedido*. 3. *habían dejado*. 4. *había*
preparado. 5. *habían arreglado*. 6. *habrían desayunado*. 7. *había estado*. 8. *Se habrían acostado*. 9. *Habrían discutido*. 10.
Habría perdido. ⬚62.4.⬚ 1. *Me habría gustado ser abogado*. 2. *Nos habría gustado tener hijos*. 3. *Le habría encantado ser actriz*.
4. *Les habría gustado viajar mucho*. 5. *Os habría encantado hablar muchos idiomas*. 6. *Habría preferido vivir en otro país*.
⬚62.5.⬚ 1. *habría comido*. 2. *comería*. 3. *encantaría*. 4. *habría gustado*. 5. *bebería*. 6. *habría bebido*. 7. *habría preferido*. 8.
compraría. 9. *Preferiría*.

Unidad 63: Contraste de tiempos para expresar certeza y probabilidad. ⬚63.1.⬚ 1. *Está*. 2. *Estará*. 3. *Tendrá*. 4. *Tiene*. 5. *Sale*.
6. *Vivirá*. 7. *costará*. 8. *Trabaja*. ⬚63.2.⬚ 1. *Regresó*. 2. *Llovería / Habría llovido*. 3. *Perdieron*. 4. *Estaría*. 5. *pagaría*. 6. *dejó*. 7.
Llevaban. 8. *se casó*. 9. *habrá roto*. 10. *habré perdido*. ⬚63.3.⬚ 1. *No habían pagado*. 2. *habría sentado*. 3. *Se había puesto*. 4.
habían subido. 5. *No habrían cerrado*. 6. *No habrían hecho*. 7. *no había acabado*. 8. *No le habría gustado*. ⬚63.4.⬚ 1. *Vamos a ir*.
2. *Irá*. 3. *Saldrá*. 4. *Sale*. 5. *recogerá*. 6. *va a llevar*. 7. *Cantan*. 8. *buscaré*. 9. *organizará*. 10. *recojo*.

Unidad 64: Imperativo: verbos regulares. ⬚64.1.⬚ 1. *Échate*. 2. *No grites*. 3. *Tómate*. 4. *No pagues*. 5. *Abróchense*. 6. *Escuchad;*
no escribáis. 7. *Espere*. 8. *No crucéis*. 9. *No practiques*. 10. *No veáis*. 11. *Toca*. 12. *No hables*. ⬚64.2.⬚ 1. *Coloque*. 2. *tome*.
3. *coloque*. 4. *Limpie*. 5. *Meta; espere*. 6. *cruce*. 7. *Envíe*. 8. *dé*. 9. *toque*. 10. *Seque*. ⬚64.3.⬚ 1. *compra*. 2. *Pasen; esperen*.
3. *Apaguen*. 4. *comáis*. 5. *corras; Frena*. 6. *abras*. 7. *llore*. 8. *terminen*. 9. *usen*. 10. *corráis*. ⬚64.4.⬚ 1. *salid*. 2. *pasen; pasen*.
3. *Llame; llame / llama, llama*. 4. *no comáis*. 5. *no veáis*. 6. *coge*.

Unidad 65: Imperativo: verbos irregulares (1). ⬚65.1.⬚ 1. *Cierre; siéntese*. 2. *No mientas; Di*. 3. *Siéntate*. 4. *No frías*. 5. *No pidas*.
6. *Despierta*. 7. *piensa*. 8. *Diviértete*. 9. *Sírvase*. 10. *No perdáis*. ⬚65.2.⬚ 1. *Siga*. 2. *Corregid; pensad*. 3. *Mida*. 4. *Caliente*. 5.
pidáis. 6. *Siéntese*. 7. *Cierra*. 8. *empecéis*. ⬚65.3.⬚ 1. *Acuéstate; apaga*. 2. *fríete*. 3. *no sigas*. 4. *Pedid*. 5. *no pierdas*. 6. *No*
cierres. 7. *No os riáis*. 8. *Vístete*. 9. *pide*. ⬚65.4.⬚ 1. *riegues*. 2. *cierres*. 3. *friegues*. 4. *despiertes*. 5. *empieza*. 6. *sigue*. 7. *pide*. 8.
elijas.

Unidad 66: Imperativo: verbos irregulares (2). ⬚66.1.⬚ 1. *No vuelvas*. 2. *Huele*. 3. *Cuece*. 4. *No juguéis*. 5. *Cuenta*. 6. *Duérmete;*
sueña. 7. *No te muerdas*. 8. *Prueben*. 9. *Prueba*. 10. *Dormid*. ⬚66.2.⬚ 1. *Compruebe*. 2. *No se acueste*. 3. *No cozáis*. 4. *Mueva*.
5. *Prueben*. 6. *Remueve*. 7. *Pruébese*. 8. *Tuerza*. ⬚66.3.⬚ 1. *Cuece*. 2. *No voléis*. 3. *Juega*. 4. *No durmáis*. 5. *Mueve*. 6. *Cuenta*.
7. *Pruébate*. 8. *Vuelve*. 9. *acuéstate*. 10. *Cuenta*. ⬚66.4.⬚ 1. *acuestes*. 2. *jugad*. 3. *cuéntame; cuéntame*. 4. *vuelva*. 5. *muevas*.
6. *mováis; Moved*. 7. *tuerce / tuerza*. 8. *Acostaos*. 9. *durmáis*. 10. *vuelve*.

Unidad 67: Imperativo: verbos irregulares (3). ⬚67.1.⬚ 1. *No hagas*. 2. *sal*. 3. *Trae*. 4. *Conduce*. 5. *Oye*. 6. *No salgas*. 7. *Poned*.

8. *Ponte; ve.* 9. *traiga.* 10. *id.* [67.2.] 1. *Utilice.* 2. *Utilice.* 3. *Conduzca.* 4. *No conduzca.* 5. *No encienda.* 6. *Mantenga.* 7. *Tenga.* 8. *No encienda.* [67.3.] 1. *No hagas.* 2. *Ve.* 3. *no salgas.* 4. *sed; Tened.* 5. *Ponga.* 6. *Ponte.* 7. *Sal.* 8. *Haz; No pongas.* 9. *Pon.* 10. *No huyas; Ven.* 11. *Haced; no traduzcáis.* 12. *Sé; Di.* [67.4.] 1. *Oiga.* 2. *Venga.* 3. *Diga/Dígame.* 4. *Vaya.* 5. *Vaya.* 6. *Oiga.* 7. *Venga.* 8. *Diga/Dígame.*

Unidad 68: Imperativo con pronombres de objeto. [68.1.] 1. *Ayúdala.* 2. *Tócala.* 3. *las laves; Lávalas.* 4. *Léelo.* 5. *lo traiga; Tráigalo.* 6. *lo saques; Sácalo.* 7. *lo dejes; Déjalo.* 8. *los abras; Ábrelos.* 9. *lo aparques; Apárcalo.* [68.2.] 1. *Dale.* 2. *Dile.* 3. *le regaléis.* 4. *Dales.* 5. *Haznos.* 6. *pásame.* 7. *Cómprales.* 8. *Escribidle.* 9. *les tengas.* 10. *Préstame.* 11. *Llámennos.* [68.3.] 1. *dáselo.* 2. *nos la laves.* 3. *arréglasela.* 4. *préstaselo.* 5. *cómprasela.* 6. *alquílaselo.* 7. *tráiganosla.* 8. *póngaselo.* 9. *no se la eche/s.* 10. *no me lo hagas.* [68.4.] 1. *no se la regales; Regálamela.* 2. *Tráigaselo.* 3. *no se lo pida; Pídamelo.* 4. *Dígamela.* 5. *Enséñaselo.* 6. *Dámela.* 7. *Póntela.* 8. *se lo des.* 9. *me lo enseñes.* 10. *Laváoslo.*

Unidad 69: Presente de subjuntivo: verbos regulares. [69.1.] 1. *ayudes.* 2. *trabajemos.* 3. *preste.* 4. *estén.* 5. *escriban.* 6. *comamos.* 7. *sea.* 8. *dé.* 9. *seáis.* 10. *lleguen.* 11. *paséis.* 12. *gane.* [69.2.] 1. *esté.* 2. *vea.* 3. *llamen.* 4. *estudie.* 5. *abra / abran.* 6. *estén.* 7. *nos casemos.* 8. *den.* 9. *nos marchemos.* 10. *ganemos.* [69.3.] 1. *A Sonia no le gusta que Agustín beba mucha cerveza.* 2. *A Pilar le gusta que Jaime y Alberto sean amables.* 3. *A Lorenzo no le gusta que Ernestina viva con sus padres.* 4. *A Jacinto le encanta que Ana sea muy cariñosa.* 5. *A Tomás no le gusta que Lolo dé muchas fiestas.* 6. *A tu madre no le gusta que veas muchas películas de terror.* 7. *A vuestro jefe le encanta que trabajéis mucho.* 8. *A sus amigos les gusta que estén siempre contentos.* 9. *A su mujer le molesta que Ramiro ronque por la noche.* 10. *A Agustín le disgusta que Águeda fume demasiado.* 11. *A mi madre le molesta que Román nunca cene en casa.* 12. *Me encanta que los niños me ayuden en la cocina.* [69.4.] 1. *den.* 2. *vuelvas.* 3. *lea.* 4. *hables.* 5. *seas.* 6. *estéis.* 7. *aprendas.* 8. *dejéis.* 9. *apruebe.* 10. *metáis.*

Unidad 70: Presente de subjuntivo: verbos irregulares (1). [70.1.] 1. *cierre.* 2. *pierda.* 3. *se diviertan.* 4. *vaya.* 5. *entienda.* 6. *aparezcan.* 7. *consiga.* 8. *pida.* 9. *te diviertas.* 10. *elijan.* 11. *empiece.* 12. *se rían.* [70.2.] 1. *consigan.* 2. *mida.* 3. *siga / trabaje.* 4. *entienda.* 5. *sirva.* [70.3.] 1. *Me parece bien que César quiera estudiar Bellas Artes.* 2. *Me parece mal que la película de esta noche empiece tan tarde.* 3. *Es lógico que hoy cierren las tiendas; es fiesta.* 4. *Es lógico que queráis salir pronto de viaje por el calor.* 5. *Me gusta que Lola sonría tanto.* 6. *Es natural que no quieras madrugar el domingo.* 7. *Me parece mal que Tania friegue siempre los platos.* 8. *No es lógico que Agustín pierda el móvil a menudo.* 9. *Me gusta que la clase empiece siempre a su hora.* 10. *No es normal que Félix consiga siempre lo que quiere.* 11. *Es lógico que Luis y Pili prefieran este restaurante; es buenísimo.* 12. *Me parece bien que ustedes piensen tanto en sus amigos.* 13. *No es normal que Puri siga fumando. Tose mucho.* 14. *Me parece mal que Arturo elija siempre la película.* 15. *No me gusta que me mientas.* [70.4.] 1. *frías.* 2. *queramos.* 3. *se rían.* 4. *(le) pidáis.* 5. *corrija.* 6. *friegues; friegue.* 7. *despierte.* 8. *empecéis.* 9. *sientas.*

Unidad 71: Presente de subjuntivo: verbos irregulares (2). [71.1.] 1. *vuelvas.* 2. *duermas.* 3. *duerman.* 4. *cueste.* 5. *pueda.* 6. *encuentre.* 7. *muerda.* 8. *juegue.* 9. *huela.* 10. *llueva.* 11. *apruebes.* 12. *podamos.* [71.2.] 1. *No me parece bien que Celia siempre se acueste tarde.* 2. *No es normal que el perro duerma siempre en el sofá.* 3. *No es bueno que este año llueva poco.* 4. *Me parece mal que Sócrates no pueda venir mañana.* 5. *No es normal que nunca te acuerdes de recoger la mesa, Sonia.* 6. *Es normal que el gato se muera de hambre. Hace días que no come.* 7. *Es lógico que mis primos no me recuerden; me han visto poco.* 8. *A mi madre le parece mal que Jorge no duerma en casa los sábados.* 9. *Me parece mal que Álex nunca me devuelva los libros.* 10. *Es lógico que probéis la moto antes de comprarla.* 11. *Es normal que el marisco cueste más que el salmón.* 12. *Es raro que Amparo no cuente nada de su viaje a Chile.* [71.3.] 1. *Me gusta que Carlos juegue al ajedrez.* 2. *Nos extraña que este piano suene bien.* 3. *Me sorprende que soñéis conmigo.* 4. *Me extraña que estas rosas no huelan bien.* 5. *A Encarna no le gusta que volvamos tarde.* 6. *Odio que llueva.* 7. *Nos sorprende que estos pisos cuesten tanto.* [71.4.] 1. *volvamos.* 2. *cuesten.* 3. *huela.* 4. *se acuesten.* 5. *encontremos.* 6. *duerman.* 7. *cuezas.* 8. *cuente.*

Unidad 72: Presente de subjuntivo: verbos irregulares (3). [72.1.] 1. *traiga.* 2. *tenga.* 3. *sepa.* 4. *vayamos.* 5. *oiga.* 6. *haga.* 7. *conduzcas.* 8. *te caigas.* 9. *salgamos.* 10. *conozcan.* 11. *haya.* 12. *digan.* [72.2.] 1. *Me parece mal que haya pobreza en el mundo.* 2. *Es lógico que mi gato huya cuando ve a un perro.* 3. *Me parece mal que Antonia no diga nunca la verdad.* 4. *Me parece una vergüenza que Luciano y Adolfo no sepan usar un ordenador.* 5. *Me parece bien que pongas siempre la mesa.* 6. *Es natural que tengáis siempre hambre; trabajáis mucho.* 7. *No me parece bien que Susana no haga nunca la cama.* 8. *Es una vergüenza que destruyan los bosques.* [72.3.] 1. *se caigan.* 2. *haya.* 3. *salga.* 4. *oigan.* 5. *reconozca.* 6. *sea.* [72.4.] 1. *vaya.* 2. *abra.* 3. *traigan.* 4. *pongas.* 5. *deje; estudie.* 6. *vengas.* 7. *tenga.* 8. *hagas.*

Unidad 73: Pretérito imperfecto de subjuntivo: verbos regulares. [73.1.] 1. *vivieran/viviese.* 2. *cambiara.* 3. *llegaran.* 4. *jugara.* 5. *compraran.* 6. *aprobara.* 7. *tocara.* 8. *se enamorara.* 9. *regalaran.* 10. *saliera.* 11. *tocáramos.* 12. *firmaran.* [73.2.] 1. *jugara.* 2. *lavaras.* 3. *llegarais.* 4. *compraras.* 5. *se enterara.* 6. *ayudara.* 7. *vivieran.* 8. *perdiéramos.* 9. *cantara.* 10. *recibieran.* 11. *llamarais.* 12. *comiéramos.* 13. *estudiara.* 14. *se acordara.* [73.3.] 1. *Sentimos que Mauro no aprobara el carné de conducir.* 2. *Me alegró que Balbina encontrara trabajo.* 3. *Me extrañó que no me llamarais el domingo.* 4. *Nos gustó que Juan y Alicia se acordaran de nosotros.* 5. *No me importó que mi hermana se llevara el coche.* 6. *Sentí que no aprobaras.* 7. *Me pareció mal que no hablaras con Blas.* 8. *No me gustó que no invitarais a Sonia.* 9. *Me extrañó que mis hermanos no salieran anoche.* 10. *Nos gustaría que Armando trabajara con nosotros.* 11. *Nos encantó que mis padres nos regalaran una alfombra.* 12. *Nos extrañó que la empresa pagara la comida.*

Unidad 74: Pretérito imperfecto de subjuntivo: verbos irregulares. [74.1.] 1. *estuviera.* 2. *pudiéramos.* 3. *tuviera.* 4. *dijeras.* 5. *hubiera.* 6. *trajera.* 7. *rieras.* 8. *quisieran.* [74.2.] 1. *perdiera/perdiese.* 2. *tradujera/tradujese.* 3. *muriera/muriese.*

4. *apagara/apagase.* 5. *hiciera/hiciese.* 6. *pudiera/pudiese.* 7. *quisieran/quisiesen.* 8. *trajeras/trajeses.* 9. *tuviera/tuviese.* 10. *hubiera/hubiese.* 11. *oyeran/oyesen.* 74.3. 1. *Me extrañó que no vinierais a la fiesta.* 2. *Nos sorprendió que los niños hicieran sus camas.* 3. *Me pareció raro que nadie pudiera abrir el champán.* 4. *Me molestó que Rafa no se despidiera de mí.* 5. *No me extrañó que Isabel se sintiera mal en la playa. Había mucho sol.* 6. *Me pareció mal que Diego no trajera a su novia a mi fiesta.* 7. *No me pareció bien que mi cuñada no fuera amable con mis padres.* 8. *Me pareció normal que Gabriel estuviera en la bolera toda la tarde.* 9. *Fue raro que los ladrones huyeran de la joyería sin llevarse nada.* 10. *No era lógico que Arturo nunca dijera nada de su trabajo en la discoteca.* 11. *Me pareció mal que Lupe nunca fuera a verme al hospital.* 74.4. 1. *hicierais.* 2. *Quisiera.* 3. *fuera.* 4. *estuvierais.*

Unidad 75: Expresar deseos.
75.1. 1. *pases.* 2. *llegue.* 3. *encuentre.* 4. *tengáis.* 5. *tengas.* 6. *seáis.* 7. *pase.* 8. *te diviertas.* 75.2. 1. *Ojalá ganemos.* 2. *Ojalá (María) me quisiera.* 3. *Ojalá mi madre no me oiga.* 4. *Ojalá aprobemos.* 5. *Ojalá tuviera más pelo.* 6. *Ojalá no llueva mañana.* 7. *Ojalá fuera más alta.* 8. *Ojalá me subieran el sueldo.* 9. *Ojalá supieras tocar el piano.* 10. *Ojalá Elvira comprara ayer aspirinas.* 75.3. 1. *encontrar.* 2. *llames.* 3. *comer.* 4. *prepare.* 5. *conocer.* 6. *vean.* 7. *esperen; quedarme.* 8. *poder.* 9. *descansar.* 10. *moleste.* 11. *acaben.* 12. *te vayas.* 75.4. 1. *que trabajara con él.* 2. *que no llueva mañana.* 3. *que invitara a Laura a la fiesta?* 4. *que no lo dejáramos solo.* 5. *que esperen en su casa.* 6. *que el mundo fuera más justo.* 7. *que vengáis.* 8. *que nos fuéramos.* 9. *que me casara con él.* 10. *que Joaquín viva en Quito.*

Unidad 76: Expresar probabilidad (1).
76.1. 1. *tiene.* 2. *come.* 3. *traerán.* 4. *llamaría.* 5. *suele.* 6. *habla.* 7. *podrá.* 8. *irías.* 9. *llega.* 10. *salen.* 11. *debo.* 12. *sabe.* 76.2. 1. *llueva.* 2. *no vayamos.* 3. *esté.* 4. *no venga.* 5. *dormir.* 6. *haya.* 7. *quiera.* 8. *encontrar.* 76.3. 1. *dijera la verdad.* 2. *no fuera él.* 3. *no lo hiciera / hizo.* 4. *rompiera.* 5. *estuviera.* 6. *perdiera.* 7. *engañara.* 8. *llegara.* 9. *dijeran/dijeron.* 10. *fuera.* 76.4. 1. *sea.* 2. *hagamos.* 3. *encontrar.* 4. *vive.* 5. *tengas.* 6. *fuera.* 7. *cambiará.* 8. *sentara.* 9. *viva.* 10. *apruebe.*

Unidad 77: Expresar probabilidad (2).
77.1. 1. *veré/vea.* 2. *aprobaré/apruebe.* 3. *iremos/vayamos.* 4. *hizo/hiciera.* 5. *encontrarás / encuentres.* 6. *llamó/llamara.* 7. *tiene/tenga.* 8. *vino/viniera.* 9. *sacó / sacara.* 10. *trabaja/trabaje.* 11. *dimitirá/ dimita.* 77.2. 1. *quiere hablar.* 2. *esperan hoy.* 3. *se acostó tarde.* 4. *creían.* 5. *está enamorado.* 6. *hacemos un viaje.* 7. *cenaron.* 8. *llegaron tarde.* 9. *volvió.* 10. *ha sonado.* 77.3. 1. *van.* 2. *abran.* 3. *conozca.* 4. *tuviera.* 5. *fueron.* 6. *espera.* 7. *ha ganado.* 8. *esté.* 9. *sea.* 10. *llama.* 77.4. 1. *gustas/gustes.* 2. *viene.* 3. *sabe.* 4. *vio/viera.* 5. *apruebas.* 6. *hay/haya.* 7. *queda/ quede.* 8. *se separan.* 9. *consigue.* 10. *invitan.*

Unidad 78: Expresar emociones y sentimientos.
78.1. 1. *A Tomás le encanta bailar tangos.* 2. *Estoy harto de trabajar diez horas todos los días.* 3. *A tus amigos les pone nerviosos que te toques el pelo.* 4. *Paula está harta de que Julián llegue siempre tarde.* 5. *Nos alegramos de que Rosa e Iván se vayan a casar.* 6. *Me molesta que Rodri esté siempre gastando bromas.* 7. *Te encanta que tus amigos te ayuden cuando lo necesitas.* 8. *Me fastidia no ir al partido mañana.* 9. *Me preocupa que Rubén no tenga amigos.* 10. *Me sorprende que Carlos sea profesor de informática.* 78.2. 1. *llamara tarde.* 2. *estudiara Económicas.* 3. *se portara bien.* 4. *estuviera en casa.* 5. *cantara bien.* 6. *verlo (a él).* 7. *viniera.* 8. *bebiera.* 9. *besara.* 10. *tuviera.* 78.3. 1. *seas.* 2. *salga.* 3. *haga.* 4. *quedarse.* 5. *llevemos.* 6. *mandara.* 7. *llamara.* 8. *se tumbara.* 9. *caminar.* 10. *oliera.* 11. *adelgazara.* 12. *usara.* 78.4. 1. *Nos encantaría que Rosa y Carlos vinieran a vernos.* 2. *No nos sorprendería que Alonso ganara la carrera.* 3. *Nos gustaría que nos llamarais algún día.* 4. *No me extrañaría que a Rafael le nombraran director.* 5. *Me desagradaría que cambiara el tiempo.* 6. *Nos gustaría que fuerais más amables.* 7. *Me disgustaría que se estropeara la comida.* 8. *No me sorprendería que Victoria y Marcelo se casaran.*

Unidad 79: Expresar valoraciones.
79.1. 1. *esté.* 2. *tengamos.* 3. *llevar.* 4. *gastaras.* 5. *no poder.* 6. *no podamos.* 7. *(no) se despidiera.* 8. *navegar.* 9. *no trabajes.* 10. *no esté.* 79.2. 1. *Es lógico que Lupe prefiera ir a México.* 2. *Es importante ser amable con los demás.* 3. *Sería una vergüenza que Isabel estuviera durmiendo todavía.* 4. *Es maravilloso que Sofía sepa hablar cinco idiomas.* 5. *Fue una pena no poder ver la exposición de Guayasamín.* 6. *Es comprensible que Patricia decidiera regresar a Ecuador.* 7. *Me parece un escándalo que mucha gente pase hambre.* 8. *Es una lástima que Asunción no quiera estudiar.* 9. *Es bueno ser educado.* 10. *Es normal que de pequeño no me gustara madrugar.* 79.3. 1. *que no haya supermercados.* 2. *que los hombres hagan las labores del hogar.* 3. *que todo el transporte sea público.* 4. *que haya pocos bares en esta ciudad.* 5. *que los hombres solteros no puedan salir solos.* 6. *que solo las niñas vayan a la escuela.* 7. *que la gente no duerma la siesta.* 8. *que la gente lleve poca ropa.* 9. *permitan fumar.* 10. *mueran cientos de personas en las carreteras.* 79.4. 1. *falte.* 2. *ganara/ganase.* 3. *tener.* 4. *vayáis.* 5. *aprendiera/aprendiese.* 6. *tirar.* 7. *aprobara/aprobase.* 8. *tomes.* 9. *tenga.* 10. *haga.*

Unidad 80: Contraste entre indicativo y subjuntivo.
80.1. 1. *tenga.* 2. *sea.* 3. *apruebe.* 4. *le gustara.* 5. *puede.* 6. *vayamos.* 7. *está.* 8. *es.* 9. *estropeara.* 10. *haga.* 80.2. 1. *sea.* 2. *hace.* 3. *hay.* 4. *fuera.* 5. *tenga.* 6. *regresa.* 7. *estudiara.* 8. *salga.* 9. *tenga.* 10. *quisiera.* 80.3. 1. *baile bien.* 2. *sepa ruso.* 3. *enseña a programar.* 4. *no haya coches.* 5. *persigue a los gatos.* 6. *enseñe bien.* 7. *hacía submarinismo.* 8. *supiera informática.* 80.4. 1. *tenga.* 2. *tiene.* 3. *hable.* 4. *enseñara.* 5. *sea.* 6. *hiciera.* 7. *lleva.* 8. *ponen; ponga.* 9. *ayuden.*

Unidad 81: Pretérito perfecto de subjuntivo.
81.1. 1. *haya recibido.* 2. *haya salido.* 3. *haya cambiado.* 4. *se haya mudado.* 5. *se haya jubilado.* 6. *haya terminado.* 7. *haya aterrizado.* 8. *haya encontrado.* 9. *haya acabado.* 10. *hayan hecho.* 81.2. 1. *haya llegado.* 2. *haya suspendido.* 3. *haya aprobado.* 4. *hayamos venido.* 5. *hayan helado.* 6. *haya muerto.* 7. *hayáis sacado.* 8. *hayan aprendido.* 9. *hayáis ido.* 10. *haya vivido.* 81.3. 1. *haya regañado.* 2. *haya regalado.* 3. *haya hecho.* 4. *haya hecho.* 5. *haya bajado.* 6. *haya manejado.* 7. *haya trabajado.* 8. *haya estado.* 81.4. 1. *ha llovido; haya llovido.* 2. *han viajado; hayan*

ido. 3. *ha hecho; haya jugado.* 4. *ha vivido; haya aprendido.* 5. *haya salido; ha salido.* 6. *ha vendido; haya vendido.* 7. *haya estado; ha estado.* 8. *haya trabajado; ha trabajado.*

Unidad 82: Pretérito pluscuamperfecto de subjuntivo. [82.1.] 1. *hubiera / hubiese comprado.* 2. *hubiera / hubiese estudiado.* 3. *hubieran / hubiesen vendido.* 4. *hubiera / hubiese comprado.* 5. *hubiera / hubiese muerto.* 6. *hubiera / hubiese traído.* 7. *hubiéramos / hubiésemos aparcado.* 8. *hubiera / hubiese aceptado.* [82.2.] 1. *hubieran ayudado.* 2. *os hubierais ido; hubierais llevado.* 3. *hubiera visto.* 4. *hubiera bailado.* 5. *hubiera alquilado.* 6. *hubieran regresado.* 7. *hubiera querido.* 8. *hubieran dado.* [82.3.] 1. *hubiera roto.* 2. *hubiera sacado.* 3. *hubiera cumplido.* 4. *hubiera reservado.* 5. *hubieras invitado.* 6. *hubiéramos cogido.* 7. *se hubieran casado.* 8. *hubiera salido.* 9. *te hubieras ido.* [82.4.] 1. *hubiera aprobado.* 2. *hubieran invitado.* 3. *hubiera subido.* 4. *se hubieran divorciado.* 5. *hubiera dicho.* 6. *hubiera separado.* 7. *hubiera dado.* 8. *hubiera corregido.*

Unidad 83: Estilo indirecto (1). [83.1.] 1. *no puede venir hasta la semana que viene.* 2. *ha tenido carta de Luci.* 3. *no puede venir hoy, que su mujer va a dar a luz.* 4. *ha quedado con Andrea en su casa.* 5. *lo esperes, que viene hacia aquí.* 6. *mañana te envía el presupuesto.* [83.2.] 1. *te quería.* 2. *iba a venir hoy.* 3. *iba a ir a Argentina este verano.* 4. *habían visto en Murcia.* 5. *era camarera.* 6. *había comprado.* 7. *querían invitarnos.* 8. *gustaría salir mañana.* [83.3.] 1. *Me dijo que vivía en Venezuela.* 2. *Y añadió que se había casado hacía dos años y tenía un hijo.* 3. *Me dijo que trabajaba en una empresa petrolera, pero que iba a crear su propia empresa.* 4. *Me explicó que estaba haciendo un curso de administración de empresas.* 5. *Me dijo que cuando terminara el curso regresaría a Venezuela.* 6. *Comentó que antes de irse, le gustaría reunirse con los viejos amigos.* 7. *Me aseguró que me llamaría esta semana sin falta.*

Unidad 84: Estilo indirecto (2). [84.1.] 1. *Patricia, soy Raquel. Quiero saber dónde has comprado el libro sobre Cuba.* 2. *Fermín, soy papá. Quiero saber cuándo me vas a devolver el coche.* 3. *Susana, soy Ernesto. Quiero saber si vas a venir al concierto esta noche.* 4. *Toni, soy Fede. Quiero saber dónde vive Laura.* 5. *Mamá, soy Ismael. Quiero saber si puedes cuidar a los niños esta noche.* 6. *Ana, soy Lolo. Quiero saber si estás ocupada el sábado.* [84.2.] 1. *si tenía novia.* 2. *cuándo lo ibas a llamar.* 3. *qué hacía Ramón.* 4. *qué íbamos a hacer este verano.* 5. *si nos gustaría salir el sábado.* 6. *por qué había dejado el empleo.* 7. *quién pagaría el arreglo de la cocina.* 8. *si habíamos visto a alguien sospechoso por el barrio.* 9. *si Ángel me había llamado anoche.* 10. *dónde había conocido a Silvia.* 11. *cuándo ibas a pasar por allí.* 12. *si me interesaría hacer un curso sobre sus últimos ordenadores.* [84.3.] 1. *cuántos años tenía.* 2. *dónde había estudiado.* 3. *si sabía usar un ordenador.* 4. *si hablaba algún idioma extranjero.* 5. *por qué quería dejar mi empleo actual.* 6. *si había estado en Hispanoamérica.* 7. *si estaría dispuesta a viajar.* 8. *cuánto esperaba ganar.*

Unidad 85: Estilo indirecto (3). [85.1.] 1. *La directora dice que venga Aurora.* 2. *Raquel me ha pedido que la ayude.* 3. *El profesor dice que escribamos más claro.* 4. *Roberto me ha dicho que lo llame el lunes.* 5. *Mi madre me ha pedido que por favor le lleve unas bolsas a casa.* 6. *Ramón me ha pedido que le explique esa lección.* 7. *Concha dice que no toque esa máquina, que es peligroso.* 8. *Mi hermano me ha pedido que le preste algo hasta el sábado.* [85.2.] 1. *La directora dijo que viniera Aurora.* 2. *Raquel me pidió que la ayudara.* 3. *El profesor dijo que escribiéramos más claro.* 4. *Roberto me dijo que lo llamara el lunes.* 5. *Mi madre me pidió que por favor le llevara unas bolsas a casa.* 6. *Ramón me pidió que le explicara esa lección.* 7. *Concha dijo que no tocara esa máquina, que era peligroso.* 8. *Mi hermano me pidió que le prestara algo hasta el sábado.* [85.3.] 1. *quiere.* 2. *traiga.* 3. *volviera.* 4. *demos.* 5. *dejara.* 6. *iría.* 7. *vaya.* 8. *aparcara.* [85.4.] 1. *advirtió.* 2. *ha pedido.* 3. *ruego.* 4. *ha aconsejado.* 5. *dice.* 6. *exigió.* 7. *sugiere.* 8. *ordenó.* [85.5.] 1. *que vaya al médico.* 2. *que haga horas extra.* 3. *que cuidara a los niños.* 4. *que te calles.* 5. *que llame / llames / llamemos a la policía.* 6. *que hagamos una excursión.* 7. *que no dijera nada.*

Unidad 86: Infinitivo. [86.1.] 1. *Me encanta nadar.* 2. *Comer en exceso no es bueno.* 3. *Discutir no sirve para nada.* 4. *Trabajar es necesario para vivir.* 5. *Soñar no cuesta nada.* 6. *¿Queréis trabajar?* 7. *Viajar ensancha la mente.* 8. *Bailar nos mantiene en forma.* [86.2.] 1. *cenar.* 2. *morir (ella).* 3. *querer.* 4. *romper.* 5. *vestirte.* 6. *vivir.* 7. *esperar.* 8. *venir.* 9. *apretar.* 10. *quitarme.* 11. *bailar.* 12. *lavaros.* 13. *ganar (él).* [86.3.] 1. *Empujar.* 2. *Tirar.* 3. *No hablar.* 4. *No entrar.* 5. *Apagar.* [86.4.] 1. *A trabajar.* 2. *A correr.* 3. *A dormir.* 4. *a estudiar.* 5. *A callar.* [86.5.] 1. *haber estado.* 2. *haber acabado.* 3. *acabar / haber acabado.* 4. *poneros.* 5. *haberse casado.* 6. *haber ganado.*

Unidad 87: Verbos seguidos de infinitivo. [87.1.] 1. *de comprar.* 2. *en pagar.* 3. *a bailar.* 4. *de haber comprado.* 5. *arreglar.* 6. *a nadar.* 7. *de sacar.* 8. *venir.* 9. *con ser.* 10. *de usar.* 11. *haber encontrado.* 12. *hacer.* [87.2.] 1. *Estoy enseñando a conducir a Teresa / Estoy enseñando a Teresa a conducir.* 2. *Mis padres me dejan salir hasta las doce.* 3. *Os oí regresar tarde.* 4. *¿Has visto salir a Juana? / ¿Has visto a Juana salir?* 5. *Ayuda a subir las bolsas a Ana / Ayuda a Ana a subir las bolsas.* 6. *El director regañó a Juan por llegar tarde.* 7. *José no me deja pagar nada.* 8. *Joaquín no les permite llevarse el coche.* 9. *¿Habéis oído gritar a alguien? / ¿Habéis oído a alguien gritar?* 10. *El jefe no nos deja salir antes de las seis.* 11. *El profesor les hace trabajar mucho.* 12. *¿Quién os vio robar el libro?* [87.3.] 1. *Por haber perdido.* 2. *A vender.* 3. *Tocar; cantar.* 4. *Con decir.* 5. *De no haberme portado.* 6. *Jugar.* 7. *No tener.* 8. *A diseñar.* 9. *De controlar.* 10. *Descansar.* 11. *(No) Suspender.* 12. *Por haber dejado.*

Unidad 88: Verbos seguidos de infinitivo o de subjuntivo. [88.1.] 1. *devuelva.* 2. *gastar.* 3. *llueva.* 4. *coma.* 5. *eche.* 6. *tener.* 7. *conduzca.* 8. *haga.* 9. *traiga.* 10. *ayude.* 11. *usar.* 12. *quedemos.* [88.2.] 1. *plantara.* 2. *hiciera parques.* 3. *pusiera más autobuses.* 4. *limpiara las calles.* 5. *bajara los impuestos.* 6. *cuidara a los ancianos.* 7. *gastara menos.* 8. *construyera más centros deportivos.* [88.3.] 1. *acompañara.* 2. *jugarais.* 3. *hacer.* 4. *ayude.* 5. *hablar.* 6. *diera.* 7. *fuera.* 8. *nadar.* 9. *ir.* 10. *vengamos.* [88.4.] 1. *Me gustaría que Antonio fuera más amable.* 2. *Luisa no quiso salir el domingo.* 3. *Mario se ha* acostumbrado a que Lupe haga la comida. 4. *Ernesto preferiría vivir en otra ciudad.* 5. *Recordad que mis padres llegan esta noche.* 6. *La profesora no deja usar el diccionario en clase / La profesora no deja que usemos el diccionario en clase.* 7. *Ayer me olvidé de llamar a Carolina.* 8. *El director prohibió llamar a móviles desde la oficina / El director prohibió que llamáramos a móviles desde la oficina.* 9. *No te olvides de que vamos al teatro mañana.* 10. *Acordaos de apagar las luces.* 11. *Necesito tomar un café por la mañana.* 12. *¿Necesitas que venga mañana?*

Unidad 89: Los pronombres de objeto con el infinitivo. 89.1. 1. *ponerlos.* 2. *Enseñarte.* 3. *romperlas.* 4. *aburrirnos.* 5. *guardarlos.* 6. *sacarle.* 7. *freírla.* 8. *dejársela.* 9. *bañaros.* 10. *Regalas.* 11. *preguntarle.* 12. *quitársela.* 89.2. 1. *Quiero decirte algo / Te quiero decir algo.* 2. *no puedo dejárselo a Peter / no se lo puedo dejar a Peter.* 3. *Queremos darle algo / Le queremos dar algo.* 4. *¿Puedes prestarnos algo? / ¿Nos puedes prestar algo?* 5. *quieres regalarnos nada / nos quieres regalar nada.* 6. *No puedo decírselo a nadie / No se lo puedo decir a nadie.* 7. *El director quiere vernos en su despacho / El director nos quiere ver en su despacho.* 8. *¿Puedes enseñarme las fotos? / ¿Me puedes enseñar las fotos?* 9. *Tenéis que devolvérmelos / Me los tenéis que devolver.* 10. *¿Por qué queréis iros? / ¿Por qué os queréis ir?* 11. *Tenéis que subirlas a pie / Las tenéis que subir a pie.* 12. *Yo no puedo recogerlo / Yo no lo puedo recoger.* 89.3. 1. *darle.* 2. *decírselo.* 3. *servirles.* 4. *pedírselas.* 5. *romperlo.* 6. *reírnos.* 7. *pedírmelo.* 8. *decírselo.* 9. *usarlo.* 10. *dárselo.* 11. *limpiarme.* 12. *devolvérselo.* 89.4. 1. *Va a traérmelos Juan / Me los va a traer Juan.* 2. *Se encarga de comprarlo Tomás.* 3. *Se acordó de cerrarlas Luisa.* 4. *Quiere verla el director / La quiere ver el director.* 5. *Se olvidó de comprarla Ramón.* 6. *Quiere comprármelo una señora alemana / Me lo quiere comprar una señora alemana.*

Unidad 90: Expresiones con infinitivo (1). 90.1. 1. *En cuanto bajó del coche, se puso / echó a correr.* 2. *Cuando les conté lo de Rafa, se echaron a reír.* 3. *Mi hermana se echó / se puso a llorar cuando se enteró del accidente de Juan.* 4. *Todos se pusieron a trabajar cuando llegó el jefe.* 5. *Todo el mucho echó / se puso a correr cuando se oyó la explosión.* 6. *No te pongas a leer el periódico ahora.* 7. *No haces nada durante el día y te pones a estudiar por la noche.* 8. *No os pongáis a cantar aquí.* 90.2. 1. *Cuando tuve el accidente, había dejado de trabajar.* 2. *Cuando veas a Clara, no dejes de decirle que la espero.* 3. *No dejes de llamarme cuando vengas a Madrid.* 4. *Estoy feliz. He dejado de toser.* 5. *Cuando Arturo y Lola se separaron, (ya) se habían dejado de querer.* 6. *Cuando amaneció, (ya) había dejado de nevar.* 7. *No dejes de afeitarte esta noche.* 8. *Cuando conocí a Susi, (ya) había dejado de estudiar.* 90.3. 1. *Lo acabo de comprar.* 2. *Acabamos de comer.* 3. *acababa de casarme.* 4. *acababais de acostaros.* 5. *Acaban de irse.* 6. *Acaban de darme una buena noticia.* 90.4. 1. *iba a haber.* 2. *voy / vamos a hacer.* 3. *Iba a salir.* 4. *Va a caerse / se va a caer.* 5. *Iba a abrir.* 6. *voy / vamos a esquiar.* 7. *ibas a hacer.* 8. *vais a ir.* 90.5. 1. *He dejado de hacerlo / Lo he dejado de hacer.* 2. *Acabo de comprarla / La acabo de comprar.* 3. *Voy a decírselo / Se lo voy a decir.* 4. *No dejes de llamarme.* 5. *me puse a leerlo.* 6. *He dejado de hablarle / Le he dejado de hablar.* 7. *Voy a ducharme / Me voy a duchar.* 8. *nos pusimos a reírnos.* 9. *Acabamos de dárselo / Se lo acabamos de dar.*

Unidad 91: Expresiones con infinitivo (2). 91.1. 1. *no debes.* 2. *tenemos que.* 3. *No tienes que.* 4. *debéis.* 5. *no tengo que.* 6. *No debes.* 7. *hay que.* 8. *No tienes que.* 9. *Hay que.* 91.2. 1. *En mi colegio había que levantarse cuando entraba el profesor.* 2. *Hay que comprar el billete antes de subirse al autobús.* 3. *Raquel tiene que irse.* 4. *Tengo que llevar el coche al garaje.* 5. *En España hay que tener 18 años para conducir un coche.* 6. *Tienen que estudiar más para aprobar.* 7. *tenían que acompañarla al colegio.* 8. *había que tener permiso de los padres para viajar.* 91.3. 1. *No se pueden.* 2. *podemos.* 3. *no se puede.* 4. *podéis.* 5. *se puede.* 6. *no puedes.* 91.4. 1. *Debe de ser muy tarde.* 2. *Lupe no puede estar enferma.* 3. *No debe de estar casado.* 4. *Norma y Sandra deben de estar fuera.* 5. *No podéis tener hambre.* 6. *Manuela debió de romper el jarrón.* 91.5. 1. *No debería decírtelo / No te lo debería decir.* 2. *Tenéis que estudiarlo / Lo tenéis que estudiar.* 3. *Hay que tirarla.* 4. *¿Puedo probármela? / ¿Me la puedo probar?* 5. *¿Puedes dictármelo? / ¿Me lo puedes dictar?* 6. *tienes que perdonarme / me tienes que perdonar.* 7. *Puedes llevártelo / Te lo puedes llevar.* 8. *Debe de haberla escrito ella / La debe de haber escrito ella.*

Unidad 92: Expresiones con infinitivo (3). 92.1. 1. *Hace años solía ir a esquiar todos los domingos.* 2. *Mis amigos y yo solemos ir a bailar los sábados.* 3. *Antes solíamos viajar al extranjero todos los años.* 4. *Rosa suele hacer la comida en su casa.* 5. *No suelo dormir más de seis horas.* 6. *Agustín y su novia suelen verse todos los días.* 7. *…, su padre solía llevarlo al colegio.* 8. *…, no solía ir a clase todos los días.* 9. *…, solía hacer mucho frío en invierno.* 10. *Suelo estudiar dos o tres horas al día.* 92.2. 1. *Llevo un mes sin salir con Cristina.* 2. *Llevo sin ir al cine desde Navidad.* 3. *…, llevábamos dos años sin vernos.* 4. *Felipe lleva tres años sin trabajar.* 5. *… llevas sin hablar con Nora?* 6. *…, llevaba dos días sin comer.* 7. *Llevamos sin ver a Sebastián desde su cumpleaños.* 8. *…, llevábamos seis meses sin tocar el piano.* 9. *Llevo cuatro años sin ir a Argentina.* 10. *… lleváis sin comer carne?* 92.3. 1. *No he vuelto a hablar con ella desde entonces.* 2. *¡No me vuelvas a coger el coche! / ¡No vuelvas a cogerme el coche!* 3. *Me he vuelto a equivocar / He vuelto a equivocarme.* 4. *Tengo que volver a salir.* 5. *Ha vuelto a tener otro accidente.* 6. *Ha vuelto a empezar la carrera.* 7. *Ayer volvimos a ver Casablanca.* 8. *No creo que vuelva a hacer alpinismo.* 9. *… se volvió a casar.* 10. *Le ha vuelto a tocar la lotería.* 92.4. 1. *suelo comprarlo / lo suelo comprar.* 2. *no he vuelto a verlo / no lo he vuelto a ver.* 3. *llevo sin escribirle.* 4. *suele hacerla / la suele hacer.* 5. *Llevo sin hacerla.* 6. *Solemos ducharnos / Nos solemos duchar.* 7. *he vuelto a darles dinero / les he vuelto a dar dinero.* 8. *Suelo comprarlos / Los suelo comprar.*

Unidad 93: Gerundio (1). 93.1. 1. *bebiendo.* 2. *creyendo.* 3. *repitiendo.* 4. *pidiendo.* 5. *vistiéndose.* 6. *escribiendo.* 7. *pudiendo.* 8. *diciendo.* 9. *estudiando.* 93.2. 1. *cambiando.* 2. *pudriendo.* 3. *durmiendo.* 4. *corriendo.* 5. *viviendo.* 6. *friendo.* 7. *leyendo.* 8. *echándose.* 93.3. 1. *Se marchó riendo.* 2. *Me gusta escuchar música trabajando.* 3. *Carmen desayuna leyendo el periódico.* 4. *Me afeito escuchando las noticias.* 5. *Esther salió cerrando la puerta.* 6. *Pedro llegó dando abrazos a todos.* 7. *Mi padre se duerme viendo la tele.* 8. *No debes conducir hablando por el móvil, Casto.* 9. *Gregorio se presentó en la cena trayendo regalos para todos.* 93.4. 1. *Anoche me desperté gritando.* 2. *Contestó sonriendo.* 3. *La cafetería está entrando al museo.* 4.

Bajaron las escaleras corriendo. 5. El hermano de Carla se arruinó jugando. 6. Verás el cine saliendo del aparcamiento. 7. Viajando se conoce a mucha gente. 8. Nadie se hace rico trabajando. 9. Leyendo se conocen muchos mundos. 10. Ferrán se ha hecho famoso cocinando. 93.5. 1. La policía sorprendió a los ladrones haciendo un agujero. 2. Esta mañana he visto a Emilio saliendo de su casa. 3. Amalia conoció a su marido viajando por Cuba. 4. No me puedo imaginar a Daniel dando clases de ruso. 5. Me gusta fotografiar a la gente caminando por la ciudad. 6. Recuerdo a Ana dando sus primeros pasos. 7. Ayer sorprendieron a Elena copiando en un examen. 8. El domingo vi a Fernando conduciendo un Mercedes. 9. Me tropecé subiendo las escaleras.

Unidad 94: Gerundio (2). 94.1. 1. ..., ya iban saliendo los niños. 2. Iba haciendo amigos en mi nueva oficina día a día. 3. ... que el Madrid va perdiendo el partido. 4. Se va haciendo tarde. 5. Ve poniéndote el abrigo / Vete poniendo el abrigo. 6. Ve quitando la mesa, Gerardo. 7. Parece que vas aprobando todas las asignaturas. 8. ..., Ángela iba sacando adelante a sus hijos. 94.2. 1. Sigue haciendo. 2. seguían discutiendo. 3. siguen visitando. 4. Sigue leyendo. 5. sigue siendo. 6. Siguen yendo. 7. Sigue saliendo. 8. Sigue estudiando. 94.3. 1. lleva esperando. 2. Llevas hablando. 3. Lleva años viniendo. 4. llevo oyendo. 5. Lleva viviendo. 6. Llevas cuatro horas trabajando. 7. Lleva muchos años yendo. 8. lleva vistiéndose; Llevo una hora esperando / esperándola. 94.4. 1. Sigo trabajando. 2. lleváis saliendo. 3. va mejorando. 4. Llevo leyendo. 5. siguió bebiendo. 6. ir pasando. 7. Llevo esperando. 8. irá mejorando. 9. Ve sacando. 10. Sigo siendo. 94.5. 1. Estoy hablándote / Te estoy hablando. 2. Llevo media hora esperándola / La llevo esperando media hora. 3. Hay dos señores esperándolo en su despacho. 4. Están llamándome a todas horas / Me están llamando a todas horas. 5. Estoy diciéndoselo siempre a sus padres / Se lo estoy diciendo siempre a sus padres. 6. comiéndoselas.

Unidad 95: Participio. 95.1. 1. dicho. 2. tenido. 3. abierto. 4. asado. 5. conocido. 6. casado. 7. caído. 8. escrito. 9. puesto. 10. vuelto. 11. muerto. 12. acabado. 95.2. 1. visto. 2. encuadernados. 3. asada. 4. sentados. 5. cerrado. 6. vuelto. 7. reciclado. 8. bajadas. 9. muerto. 10. hechos. 95.3. 1. Los ríos están contaminados. 2. Roque sigue preocupado por ti. 3. El ordenador estaba arreglado. 4. Manuel sigue enfadado contigo. 5. Mis hermanas siguen acostadas. 6. Jesús seguía cansado. 7. La televisión estaba estropeada. 8. Las estatuas estaban rotas. 95.4. 1. lleva 40 años dedicado. 2. lleva cerrado. 3. llevo puestos. 4. Llevábamos andados. 5. lleva encendida. 6. llevaba alquilado. 95.5. 1. La biblioteca lleva cerrada desde el año pasado. 2. Esta academia lleva abierta desde 2002. 3. Esta comida lleva dos días hecha / ... lleva hecha dos días. 4. Este restaurante lleva tres años abierto / ... lleva abierto tres años. 5. Mónica y Alberto llevan dos semanas enfadados / ... llevan enfadados dos semanas. 6. El espejo del baño lleva una semana roto / ... lleva roto una semana. 7. Felipe lleva jubilado desde 2007. 8. Sara y Pedro llevan diez años casados / ... llevan casados diez años.

Unidad 96: Contraste entre formas de expresar grados de cualidad o cantidad. 96.1. 1. Esta novela es muy buena. 2. Esther duerme mucho. 3. Mi casa está muy lejos. 4. Raúl prepara muy bien la carne. 5. Me parezco mucho a mi madre. 6. Hacer ejercicio es muy sano. 7. Juan llega siempre muy tarde. 8. Eva gasta muy poco. 9. Hablas muy rápido. 96.2. 1. muchos. 2. bastante. 3. bastantes. 4. demasiado. 5. poca. 6. demasiada. 7. demasiado. 8. poco; mucho. 9. muchas. 10. demasiado. 11. poco, mucho. 12. demasiada. 96.3. 1. Sufre tanto. 2. ¡Hablas tan alto! 3. ¡Duermen tanto! 4. ¿Por qué quieres una mesa tan grande? 5. No aprietes tan fuerte. 6. ¡Comes tanto! 7. ¿Por qué eres tan bruto? 8. ¡Estudian tanto! 9. ¿Por qué eso es tan caro? 10. No hables tan deprisa. 96.4. 1. Alfonso es un chico aburridísimo. 2. Olga es una chica interesantísima. 3. Daniel me golpeó fuertísimo. 4. Héctor es amiguísimo mío. 5. Este edificio es antiquísimo. 6. Estoy leyendo una novela buenísima. 7. Los hermanos de Lola son educadísimos. 8. Durante la semana tengo poquísimo tiempo libre. 9. Paula y Gloria son amabilísimas. 10. Los padres de Aurora son jovencísimos.

Unidad 97: Adverbios en -mente. 97.1. 1. Ana conduce cuidadosamente. 2. Este autobús va lentísimamente. 3. Esos cristales se rompen fácilmente. 4. Luis no se explica claramente. 5. Doña Aurelia nos trata siempre amabilísimamente. 6. José prepara la paella estupendamente. 7. Adolfo se porta siempre educadísimamente. 8. En este restaurante nos tratan siempre atentamente. 9. Me han arreglado el ordenador rapidísimamente. 10. Alberto hace todo limpísimamente. 97.2. 1. mensualmente. 2. Habitualmente. 3. periódicamente. 4. diariamente. 5. continuamente. 6. repetidamente. 97.3. 1. anteriormente. 2. totalmente. 3. Últimamente. 4. absolutamente. 5. desgraciadamente. 6. repentinamente. 7. probablemente. 8. Afortunadamente. 9. Definitivamente. 10. realmente. 11. Efectivamente. 12. solamente. 97.4. 1. hábil y pacientemente. 2. eficaz y rápidamente. 3. cortés y educadamente. 4. abierta y sinceramente. 5. limpia y rápidamente. 6. clara y cortésmente. 97.5. 1. con tranquilidad / de una manera tranquila. 2. con mucha amabilidad / de manera muy amable. 3. con regularidad / de forma regular. 4. con sencillez / de (una) manera sencilla. 5. con alegría. 6. con educación / de (una) manera educada. 7. Con guto.

Unidad 98: Preposiciones (1). 98.1. 1. Berta nació el 3 de enero. 2. No se oye nada desde aquí. 3. Comeremos hacia las tres. 4. Mi casa está a 200 metros de aquí. 5. Pásame esto a máquina, por favor. 6. Jesús no llega hasta el domingo. 7. Me encantan las novelas de misterio. 8. Necesito una bolsa de plástico. 9. Hay una vista estupenda desde el balcón. 10. Me he comprado unas botas de montar. 98.2. 1. a. 2. ø 3. a. 4. a. 5. a. 6. ø 7. a. 8. ø 98.3. 1. De / Desde aquí a / hasta tu casa. 2. de casa de Rubén. 3. a la derecha; a la izquierda. 4. a las once de la mañana. 5. hacia el sur. 6. hasta el final de la calle. 7. A qué hora; Hacia las ocho. 8. hasta mañana. 9. Desde cuándo; Desde hace dos semanas. 10. de / desde 2005 a / hasta 2007 98.4. 1. a. 2. a. 3. de. 4. a. 5. de. 6. a. 7. de. 8. de. 9. a. 10. de. 11. a. 12. De.

Unidad 99: Preposiciones (2). 99.1. 1. con. 2. contra. 3. sobre. 4. sobre. 5. contra. 6. entre. 7. sobre. 8. entre. 9. sin. 10. con. 99.2. 1. En; En. 2. en. 3. en; en. 4. entre. 5. sobre. 6. en. 7. Sobre; Sobre. 8. En; En. 9. En; En. 10. sobre. 99.3. 1. con. 2. Según. 3. con. 4. sin. 5. con. 6. contra. 7. sin. 8. Según. 99.4. 1. a caballo. 2. con cuidado. 3. contra la pared. 4. en moto. 5. sin dormir.

6. entre los tres. 7. con dinero. 8. el 12 de marzo de 2001. 9. sin abrigo. 10. entre los árboles.

Unidad 100: Preposiciones (3). `100.1.` 1. por mis padres. 2. por este pueblo. 3. para esta noche. 4. por teléfono. 5. para hacer ejercicio. 6. por sus hijos. 7. para mediodía. 8. para nosotros. `100.2.` 1. por. 2. por. 3. por. 4. Para. 5. para. 6. Para; Para. 7. por; por. 8. por. 9. por. 10. por. `100.3.` 1. Por. 2. Para. 3. para. 4. para. 5. por. 6. para. 7. Por. 8. por. `100.4.` 1. por el tráfico. 2. por él. 3. para un adulto. 4. por la mañana. 5. por Internet. 6. para tener ocho años. 7. para la cara. 8. para policía. 9. para elegir representantes. 10. por el parque. 11. por haber aprobado todo. 12. por este barrio.

Unidad 101: Verbos con preposiciones. `101.1.` 1. a echarte una mano. 2. a rosas. 3. con no estar enfermo. 4. en encenderse. 5. en mí. 6. de engañarme. 7. a hacer un viaje por Andalucía. 8. de Rosa. 9. de volver a veros. 10. con la jubilación. `101.2.` 1. conmigo. 2. a él. 3. contigo. 4. de mí. 5. de ti. 6. contigo. `101.3.` 1. de. 2. en. 3. con. 4. en; de. 5. a. 6. de; de. 7. con; a. 8. a; a. 9. en; de. 10. en. 11. a. 12. en. 13. con. `101.4.` 1. a perfume. 2. en acompañarme a casa. 3. con la ayuda de sus amigos. 4. para salir a cenar juntos. 5. de hacer ejercicio. 6. de volver a verte. 7. a su madre. 8. con su viaje a Iguazú.

Unidad 102: Oraciones de relativo. `102.1.` 1. la que. 2. la que. 3. las que. 4. que. 5. el que. 6. que. 7. la que. 8. que. 9. que. 10. las que. 11. que. `102.2.` 1. No conozco a la chica que vive enfrente. 2. Anoche tomamos el pescado que compré por la mañana. 3. ¿Cómo se llamaba ese señor que estuvo aquí la semana pasada? 4. Tenemos un dormitorio arriba que nunca usamos. 5. Trabajamos en una empresa que exporta alimentos. 6. Saludé a los vecinos que vimos en el tren. 7. Este es el perro que mordió ayer al cartero. 8. El árbol que está junto a la entrada tiene hojas muy bonitas. `102.3.` 1. al que / a quien. 2. que. 3. que. 4. la que / quien. 5. que. 6. adonde. 7. cuando. 8. los que / quienes. 9. donde. 10. del que / de quien `102.4.` 1. Mis padres, que han estado en Costa Rica, acaban de regresar. 2. Mi novia, a la que / a quien tú ya conoces, acaba de terminar la carrera. 3. Julio César, que / quien fue un gran general, era también escritor. 4. Ese cuchillo, con el que siempre corto la carne, está muy afilado. 5. El Presidente, al que / a quien escuché por la radio el otro día, estaba nervioso. 6. Mi ordenador, que llevaba dos semanas en el taller, ya está arreglado. 7. El ajedrez, que es un juego muy antiguo, es bastante complicado. 8. Mi hermana, que se acaba de casar, se va a vivir a Quito.

Unidad 103: Oraciones temporales (1). `103.1.` 1. antes de cenar / después de cenar. 2. antes de llegar ellos / después de llegar ellos. 3. hasta acabar. 4. Antes de acostarte. 5. después de comer. 6. antes de llegar la policía. `103.2.` 1. venga. 2. terminaran. 3. tenga. 4. abra / abran. 5. sea. 6. se sentara. 7. encontrara. 8. acabes. 9. llegue. 10. me enfade. `103.3.` 1. consiga. 2. sale. 3. tenía. 4. conoció. 5. venía. 6. ha mudado. 7. acababa. `103.4.` 1. salgas. 2. hablar. 3. terminara. 4. ducharme. 5. acabe. 6. se ponga. 7. salir. 8. trabajo. 9. venga. 10. terminara. 11. me levanto; me acuesto. 12. terminar. `103.5.` 1. Después de cenar, iremos a dar un paseo. 2. Me desperté después de que sonara el reloj. 3. Me quedaré aquí hasta que la fiesta acabe. 4. Lee el contrato antes de firmarlo. 5. Tengo que acabar este trabajo antes de irme a la cama. 6. No podrás votar hasta que tengas 18 años.

Unidad 104: Oraciones temporales (2). `104.1.` 1. siempre que. 2. En cuanto / Cuando / Apenas. 3. cuando / siempre que. 4. Siempre que / Cuando. 5. en cuanto / apenas / cuando. 6. Cuando / En cuanto / Apenas. `104.2.` 1. venda. 2. seas. 3. salíamos. 4. termines. 5. llegan. 6. salgas. 7. quieras. 8. veo. 9. cobró. 10. necesito. `104.3.` 1. apruebes. 2. termines. 3. acabó. 4. grito. 5. salgamos. 6. sepas. 7. éramos. 8. puedan. 9. voy. 10. cobre. `104.4.` 1. mientras conduce. 2. mientras preparo. 3. mientras viva. 4. mientras se ducha. 5. mientras tengamos. 6. mientras me visto. `104.5.` 1. Cuando empezó a llover nos fuimos a casa. 2. Siempre que me duele la cabeza me tomo una aspirina. 3. Cuando sea abogado trabajaré en una gran empresa. 4. Siempre que me pidas favores te los haré. 5. Se fue la luz nada más empezar el partido. 6. En cuanto venga Adela le daré la noticia. 7. Nada más salir del metro me encontré a mi prima. 8. En cuanto lleguéis a casa llamadme. 9. La atropelló un coche al cruzar la calle.

Unidad 105: Oraciones de lugar y modo. `105.1.` 1. Es aquí donde conocí a Marta. 2. Mi casa está donde hay un gran centro comercial. 3. Vengo corriendo desde donde hay un pequeño estanque. 4. Tenemos que cruzar el río por donde está la nueva urbanización. 5. Es mejor buscar hotel (por) donde están los lugares de interés. 6. Saldremos por donde nos ha dicho el conserje. 7. Viajamos solamente por donde hay autovía. 8. No pudimos llegar hasta donde estaba el castillo. 9. He alquilado un piso (por) donde vive Marcelo. `105.2.` 1. apetezca. 2. hay; hay. 3. lleguen. 4. encontremos. 5. diga. 6. debe. 7. entramos. 8. vea. 9. compra. 10. encuentres. `105.3.` 1. Hazlo según te ha dicho Susana. 2. Preparé el pescado como lo hace mi madre. 3. Pilar canta como cantan los ángeles. 4. Termina el ejercicio como puedas. 5. Escribo según me han enseñado. 6. Elena ríe como ríe Mila. 7. Ricardo se gana la vida como puede. 8. Los tiestos están según los dejaste. 9. Redacta el informe como te parezca mejor. 10. Hice el examen según me explicaron. `105.4.` 1. quieres. 2. haces. 3. quieres. 4. debía. 5. quisiéramos. 6. podamos. 7. apetecía. 8. piensa. 9. quería. 10. gusta/guste.

Unidad 106: Oraciones causales. `106.1.` 1. Como no teníamos prisa, cenamos tranquilamente. 2. No teníamos prisa, puesto que no habíamos quedado con nadie. 3. Le pusieron una multa por conducir a mucha velocidad. 4. Le pusieron una multa porque había aparcado mal. 5. No salieron por el frío. 6. No salieron, ya que no habían encontrado canguro. `106.2.` 1. Ya que sales, cómprame el periódico / Cómprame el periódico, ya que sales. 2. Como estaba lloviendo cogimos un taxi. 3. Como está resfriada, Inés se ha quedado en casa. 4. Le hicieron un regalo por terminar la carrera. 5. ¿Lo habéis hecho por mí? 6. Cerraron los colegios a causa del huracán. 7. Puesto que ustedes me lo piden, tocaré otra pieza. 8. No puedo subir al tren por no tener billete. `106.3.` 1. Es que. 2. a causa de. 3. por. 4. Como. 5. ya que. 6. por. 7. porque. 8. Como. 9. porque. 10. Es que. `106.4.` 1. Como nadie quería ir al cine, me fui sola. 2. Ya que estáis aquí, quedaos a cenar. 3. Me felicitó el profesor por ser el primero en entregar el trabajo. 4. Como mañana es domingo no tengo que ir a la oficina. 5. Apagaron la televisión porque no querían despertar a los niños. 6. Los aeropuertos están cerrados a causa de la nieve. 7. Rosa tiene muchos amigos porque es muy generosa. 8. *Le duele la cabeza por leer sin luz.* 9. *Será verdad, puesto que lo dices tú.* 10. *Tiene el pelo mojado porque se ha duchado.* 106.5. 1. *Es que no tengo dinero.* 2. *Es que no había/ hay clase.* 3. *Es que no quería / quiere ayudarme.* 4. *Es que está estropeado.* 5. *Es que tengo prisa.*

Unidad 107: Oraciones finales. 107.1. 1. *Tengo que ver a María para darle un recado.* 2. *Tengo que ver a Carlos para que me explique algo.* 3. *Habla bajo para que no nos oigan.* 4. *Habla bajo para no despertar a los niños.* 5. *Llama a casa de Elisa para hablar con su madre.* 6. *Llama a Jesús para que venga a las siete.* 7. *Pablo trabajó mucho para comprarse la furgoneta.* 8. *Rosana trabajó mucho para que sus hijos pudieran estudiar.* 9. *No aparques aquí para no obstaculizar la salida.* 10. *No parques aquí para que no te multen.* 107.2. 1. *Préstales el libro para que no se enfaden.* 2. *Baja la música para que podamos hablar.* 3. *Lleva comida para no pasar hambre.* 4. *Baja la televisión para que se duerma el niño.* 5. *Sube el volumen para oír las noticias.* 6. *Sácate la muela para que no te duela.* 7. *Venid a casa para que no se enfade mi hermano.* 8. *Tómate esta aspirina para que se te pase el dolor.* 107.3. 1. *conozcan.* 2. *abriera.* 3. *vean.* 4. *entre.* 5. *vaya.* 6. *fuera.* 7. *venga.* 8. *viera.* 107.4. 1. *a comprar.* 2. *a / para ver.* 3. *para que conozcamos.* 4. *a cenar.* 5. *para que los niños no pasen.* 6. *a tomar.* 7. *para que descansaras.* 8. *a / para aprender.* 9. *para que recogiera.* 10. *a / para comprar.* 107.5. 1. *para bajar.* 2. *para hacer.* 3. *para envolver.* 4. *para aprender.* 5. *para cortar.* 6. *para crecer.* 7. *para freír.* 8. *para salir.*

Unidad 108: Oraciones condicionales (1). 108.1. 1. *Si esperas un momento, te arreglo la chaqueta.* 2. *Si me dejas tu cámara, te dejo mi móvil.* 3. *Si aprendes idiomas, encontrarás trabajo más fácilmente.* 4. *Si conseguimos la hipoteca, compraremos el piso.* 5. *Si tenéis tiempo, os enseño las fotos de la boda.* 6. *Si no tenemos dinero, no podremos ir a China este verano.* 7. *Si me caso, no tendré hijos.* 8. *Si no salimos pronto, llegaremos tarde al concierto.* 9. *Si pones el hielo al sol, se derretirá / se derrite.* 10. *Si me ayudas, te regalo un cedé.* 108.2. 1. *quemas.* 2. *como; me pongo.* 3. *hace frío; no salimos.* 4. *fríes; se quema.* 5. *no duermo bien; me siento.* 6. *hace; se hiela.* 7. *corro; me canso.* 8. *está; no se aburre / no está; se aburre.* 9. *comemos; no cenamos.* 10. *tomo; no duermo.* 108.3. 1. *Si estáis cansados, acostaos.* 2. *Si tiene dinero, compre acciones.* 3. *Si no entendéis, preguntad.* 4. *Si quieres salir, pide permiso.* 5. *Si no tienes prisa, espera.* 6. *Si volvéis tarde, llamad.* 7. *Si quiere aprender español, practique mucho.* 8. *Si vais a Granada, visitad la Alambra.* 108.4. 1. *gusta; coman.* 2. *Venid; tenéis.* 3. *ayudo; ayudas.* 4. *tenéis; tendréis.* 5. *aprueba; podrá.* 6. *viene; tendremos.* 7. *tienen; pregunten.* 8. *trabajo; desayuno.* 9. *quieres; ve.* 10. *llueve; se ponen.* 11. *os arregláis; estáis.*

Unidad 109: Oraciones condicionales (2). 109.1. 1. *Ahorraríamos; gastáramos.* 2. *viviéramos; veríamos.* 3. *harías; tuvieras.* 4. *ofrecieran; aceptaría.* 5. *hicieran; aprobarían.* 6. *aprendiera; podría.* 7. *saldría; cogieran.* 8. *quisieras; podríamos.* 109.2. 1. *vendría.* 2. *tuviera.* 3. *viera.* 4. *haría.* 5. *llegarían.* 6. *se pusiera.* 7. *pasaría; se enfadaría.* 8. *estuviera.* 9. *fumara.* 10. *supiera.* 11. *despediría.* 109.3. 1. *Si Alberto fuera amigo tuyo, te ayudaría.* 2. *Si Irene es amiga tuya, pídele que te ayude.* 3. *Si tomamos el tren de las ocho, estaremos en Acapulco a la una.* 4. *Si fuéramos millonarias, ahora estaríamos en Acapulco.* 5. *Si se va el sol, hace frío.* 6. *Si se fuera el sol, se helaría la nieve.* 7. *Si fuera tu padre, no te dejaría salir todas las noches.* 8. *Si es tu padre, dile que quiero hablar con él.* 109.4. 1. *da; hará; tuviera; sería.* 2. *presto; devolverás.* 3. *tocara; harías; Dejaría; viajaría.* 4. *presentara; aprobaría.* 5. *enciendes; se despertará; enciendo; veo.* 6. *dices; puedo; dijera; se enfadaría.* 109.5. 1. *comierais; estaríais.* 2. *quisieras; podrías.* 3. *te cortaras; estarías.* 4. *hiciera; vendería.* 5. *buscarais; encontraríais.*

Unidad 110: Oraciones condicionales (3). 110.1. 1. *hubieran tenido; estarían.* 2. *hubiéramos empezado; hablaríamos.* 3. *tendríais; os hubierais acostado.* 4. *hubieran gastado; tendrían.* 5. *hubieran dado; tendríamos.* 6. *hubieras engañado; creería.* 7. *sería; hubieran ascendido.* 8. *hubiera tocado; viviríamos.* 110.2. 1. *Si Arturo hubiera sido médico, habría sido feliz.* 2. *Si nosotros hubiéramos tenido dinero, habríamos hecho grandes cosas.* 3. *Si Noelia hubiera sido culpable, yo mismo habría llamado a la policía.* 4. *Si yo hubiera nacido en otro país, mi vida habría sido diferente.* 5. *Si Juan hubiera comprado un coche más seguro, no habría tenido el accidente.* 6. *Si yo no hubiera tenido que trabajar, habría estudiado algo.* 7. *Si Adela no me / nos hubiera invitado a su fiesta, no habría / habríamos conocido a Rosario.* 8. *Si vosotros no me hubierais ayudado, no habría podido triunfar.* 110.3. 1. *te hubieras casado.* 2. *trabajaras.* 3. *mintieras.* 4. *hubierais ahorrado.* 5. *hicieras.* 6. *viera.* 7. *hubiera ganado.* 8. *quisiera.* 110.4. 1. *hubiera invertido; estaría.* 2. *harías; tocara; Viajaría.* 3. *fueran; podrían.* 4. *habríamos ayudado; hubieras pedido.* 5. *hubiera perdido; estaría.* 6. *hubieras ido; te habrías roto.* 7. *vivieran; sabrían.* 8. *gastaras; tendrías.*

Unidad 111: Oraciones consecutivas. 111.1. 1. *Esta noche hay partido, así que no podremos quedar con Pedro.* 2. *Era muy tarde, de manera que nos acostamos.* 3. *Hacía mucho calor, por eso abrí todas las ventanas.* 4. *Llegó el jefe, así que empezamos a trabajar.* 5. *Aún no ha llamado Teresa, por tanto no te puedo decir nada.* 6. *Juan está con gripe, por eso no ha venido hoy.* 7. *No hay mucha comida en casa, así que será mejor cenar fuera.* 8. *Está durmiendo todavía, o sea que debió de venir tarde.* 9. *Se hacía tarde, por lo tanto cogimos un taxi.* 10. *Roque fue mecánico, de modo que sabe mucho de coches.* 111.2. 1. *de tal forma que parece su abuelo.* 2. *de un modo que parecen cansados.* 3. *de una forma que pensé.* 4. *de una forma que hace llorar.* 5. *de una manera que da miedo.* 6. *de una forma que parece una modelo.* 7. *de tal manera que rompió el abrigo.* 111.3. 1. *tan.* 2. *tan.* 3. *tan.* 4. *tan poco.* 5. *tan.* 6. *tanta.* 7. *tan poco.* 8. *tanto.* 9. *tanta.* 10. *tan pocos.* 111.4. 1. *tanto.* 2. *tanto.* 3. *tan.* 4. *tantos.* 5. *tanta.* 6. *tan pocos.* 7. *tan poca.* 111.5. 1. *Hay tanto ruido que no se oye nada.* 2. *La obra es tan buena que no quedan entradas.* 3. *Hacía tanto frío que no salimos.* 4. *Había tan pocas sillas que no me pude sentar.* 5. *Ana estaba tan elegante que todos la miraban.* 6. *Le gustan tanto los gatos que tiene seis.* 7. *Habla tan poco que parece enfadado.*

Unidad 112: Oraciones concesivas. 112.1. 1. *Tengo que trabajar a pesar de no tener muchas ganas.* 2. *Helena tiene que trabajar a pesar de que no tiene muchas ganas.* 3. *Tenemos que comer patatas aunque no nos apetece mucho.* 4. *Tendréis* que comer la sopa aunque no os apetezca mucho. 5. No me podré comprar esa casa por mucho que ahorre. 6. No me puedo comprar un coche por mucho que ahorro. 7. Ese examen lo aprobamos por poco que estudiemos. 8. Esta comida te puede sentar mal aunque comas poco. 9. Susana no engorda por más que come. 10. Algo te sentó mal aunque comieras poco. 112.2. 1. llame. 2. trabajamos. 3. corráis. 4. me he levantado. 5. jugar. 6. hace. 7. voy. 8. griten. 9. hacía. 10. llovía. 11. ande. 12. pidas. 112.3. 1. hizo muy mal tiempo, nos lo pasamos muy bien. 2. coma mucho, no creo que engorde. 3. espere, no creo que venga. 4. dormir mucho, estoy siempre cansado. 5. diga muchas mentiras, me parece simpático. 6. fuera muy tarde, me molestó que me despertarais. 7. madrugara, llegó tarde a la oficina. 112.4. 1. Aunque no quieras. 2. Aunque esté lloviendo. 3. Aunque no queráis. 4. Aunque no les guste. 5. Aunque estén cansados. 6. Aunque haga frío. 7. Aunque esté de vacaciones.

Unidad 113: Oraciones impersonales (1).
113.1. 1. se vive; Se vive; se tiene; se relaciona uno; se necesita. 2. es uno; se divierte uno; se siente; se vivía; se vive. 113.2. 1. Se puede hablar por teléfono desde aquí. 2. En Chile se suele bailar la cueca en las fiestas populares. 3. Se dice que Norma no se encuentra bien. 4. Se sospechaba que Andrés había causado el accidente. 5. Se supone que Nacho es muy inteligente. 6. Se veía que Olga estaba muy contenta. 7. Para jugar bien al baloncesto no se necesita ser alto. 8. Se espera que el Presidente hable mañana. 9. Se debe ser respetuoso con las personas mayores. 10. Se puede aprender español sin vivir en España. 113.3. 1. va. 2. acaben. 3. es. 4. ibas. 5. sabe. 6. es. 7. fuera. 8. servían. 9. tenía. 10. va. 113.4. 1. se cena. 2. se suele. 3. se sospechaba. 4. se dice / dicen. 5. Se sospecha. 6. se bebe / beben. 7. Se rumorea. 8. se trabaja; se gana. 9. Se ve. 10. se vive.

Unidad 114: Oraciones impersonales (2).
114.1. 1. Es fácil equivocarse. 2. Es importante no equivocarse. 3. Es mejor ser abiertos. 4. Es útil saber cocinar. 5. Es bueno hacer ejercicio. 6. Es malo ser egoísta. 7. Es difícil (poder) estudiar con tanto ruido. 8. Es imposible (poder) salir con este tiempo. 9. Es mejor ser generosos. 10. No es justo abusar del débil. 114.2. 1. que lleguéis. 2. que me regañes. 3. alimentarse. 4. discutir. 5. que me vierais. 6. que paguéis. 114.3. 1. hace. 2. era. 3. Parece; hace. 4. hace. 5. hay. 6. está. 7. hace. 8. Es; es. 9. hay. 10. Hay. 114.4. 1. truena. 2. anochezca. 3. llueve; diluvia. 4. nieva. 5. nevó. 6. amanece. 7. anocheciera. 8. llovía. 114.5. Era; Parecía; había hecho; Era; llovía; había; hacía; parecía.

Unidad 115: Voz pasiva.
115.1. 1. publicada. 2. inaugurado. 3. grabado. 4. hechos. 5. cerrado. 6. situada. 7. liberados. 8. sorteados. 115.2. 1. han sido escritos por mi padre. 2. fueron detenidos por la policía. 3. será elegido por la junta de accionistas. 4. fue enterrado. 5. están enterrados. 6. fue asesinado. 7. están publicados. 8. fue ovacionada. 115.3. 1. inventó. 2. van a ser trasladados / serán trasladados. 3. fue traicionado. 4. descubrió. 5. fueron construidas. 6. fue publicada. 7. diseñó. 8. construyeron. 115.4. 1. se investiga. 2. se prepara. 3. se llevaban / se llevaron. 4. Se mezcla. 5. se fabrican. 6. se exporta. 7. se venden. 8. se pesca; se congela. 115.5. 1. Se arreglan. 2. Se vende. 3. Se liberan. 4. Se alquilan. 5. Se lee.

Unidad 116: Reglas de acentuación.
116.1. 1. ho_gar_. 2. avi_sad_me. 3. arqui_tec_to. 4. saca_cor_chos. 5. _pá_same. 6. alba_nés_. 7. alfa_be_to. 8. _cár_cel. 9. co_med_. 10. ho_tel_. 116.2. 1. Japón. 2. Bárbara. 3. No sé coser. 4. Pon un mantel. 5. Él es marroquí. 6. El bebé lloró. 7. ¿Qué comen? 8. Se venden árboles frutales. 116.3. 1. ca-_mión_. 2. cien. 3. diez. 4. _cuer_-no. 5. _ciu_-dad. 6. _viu_-da. 7. o-_cé_-a-no. 8. hoy. 9. e-_gip_-cio. 10. _ju_-nio. 11. hay. 12. _ví_-de-o. 13. Ig-_na_-cio. 14. sen-_ta_-os. 15. di-_ciem_-bre. 16. die-_cio_-cho. 17. Ruiz. 18. ha-_bla_-bais. 19. cam-_biáis_. 20. _cuí_-da-te. 116.4. 1. oigo, oyes, oye, oímos, oís, oyen. 2. reí, reíste, rió, reímos, reísteis, rieron. 3. actúo, actúas, actúa, actuamos, actuáis, actúan. 4. reúno, reúnes, reúne, reunimos, reunís, reúnen. 116.5. 1. estáis. 2. cuídate. 3. habitación. 4. Europa. 5. Colombia. 6. acostaos. 7. Jamaica. 8. bacalao. 9. ruinas. 10. levantaos. 116.6. 1. tía. 2. oído. 3. raíz. 4. relojería. 5. óleo. 6. hacía. 7. ahí. 8. héroe. 9. vehículo. 10. subíos. 11. frío. 12. envían. 13. acentúo. 14. acentuar. 15. baúl. 16. enviamos. 17. mío. 18. vestíos. 19. reunir. 20. sonreír.

Glosario

Spanish	English
a aburrirse (v)	be/get bored
acabar (de) (v)	have just (done sth), finish (doing sth)
a causa de	due to, because of
a lo mejor	probably
a menudo	often
abajo	downstairs
abogado	lawyer
abrazo	hug
abrelatas	tin-opener
abrigo	overcoat
abusar (de) (v)	take advantage (of)
academia	academy, school
acampar (v)	camp
accidente	accident
aceite	oil
acentuar (v)	stress
aconsejar (v)	advise
acostarse (v)	go to bed
actor	actor
actriz	actress
adelante	ahead
adelgazar (v)	slim
adulto	adult
advertir (v)	warn
aeropuerto	airport
afeitarse (v)	have a shave
afinado	tuned
afortunadamente	fortunately
agenda	schedule
agente	agent
agotamiento	exhaustion
agradable	pleasant
agradecer (v)	please (no), thank
aguantar (v)	bear/put up with
águila	eagle
agujero	hole
ahora	now
ahorro	saving
ajo	garlic
alcalde	mayor
alfombra	rug, carpet
algo	something
algodón	cotton wool, cotton
alguien	someone/somebody
almendra	almond
almendro	almond tree
alojarse (v)	stay
alquilar (v)	rent/hire
ama de casa	housewife
amabilidad	kindness
amable	kind
amanecer (v)	dawn
ambos	both
amenazar (v)	threaten
anciano	old man
anfibio	amphibian
anillo	ring
aniversario	anniversary
anoche	last night
anochecer (v)	get dark
anteriormente	previously
antes de que	before
antipático	unfriendly
anuncio	advertisement
añadir (v)	add
aparato	device
aparcar (v)	park
apenas	scarcely, hardly
apetecer (v)	feel like
aplauso	applause
aplazar (v)	put off/postpone
apoyarse (v)	lean
aprobar (v)	approve, pass
apuntes	notes
aquel, aquella, aquello (demost)	that
árbitro	referee
arreglo	repair
arrepentirse (de) (v)	regret
arriba	upstairs
arruinado	ruined/spoilt
asado	roast
ascensor	lift
asesino	murderer
así que	therefore
asiento	seat
asignatura	subject
asistir (a) (v)	attend
asombrarse (v)	be astonished
atento	attentive, helpful, thoughtful
atleta	athlete
atracador	robber
atractivo	attractive
aunque	although
autobús	bus
autopista	motorway
ave	bird
averiado	broken down
avestruz	ostrich
avión	aeroplane
ayer	yesterday
azotea	flat roof
b ahía	bay
bailarín	dancer
balcón	balcony
baloncesto	basketball
barato	cheap
barco	ship
barrio	neighbourhood
bastante	rather, quite
basura	rubbish
baúl	trunk
bebé	baby
biberón	baby's bottle
bicicleta	bicycle
bigote	moustache
billete (entrada)	ticket
blusa	blouse
bocadillo	roll, sandwich
boda	wedding
bolos	skittles
bolsa	bag
bombero	fireman
bota (calzado)	boot (footwear)
botella	bottle
broma	joke
brújula	compass
buey	ox
bufanda	scarf
búho	owl
c abeza	head
cada	each
caerse (v)	fall down
café	coffee, café
cajón	drawer
calcular (v)	calculate
caldo	broth
calefacción	heating
callarse (v)	be quiet
calor	heat
calvo	bald
cama	bed
cámara	camera
camarero	waiter
cambio climático	climate change
camino	path
camisa	shirt
campeonato	championship
canario (pájaro)	canary
cáncer (tumor)	cancer
canción	song
candidato	candidate
canguro (niñera)	babysitter
caníbal	cannibal
cantante	singer
caracol	snail
carcajada	peal of laughter
cariñoso	affectionate
carne	meat
carné (de identidad, de conducir)	(ID) card, (driving) licence
carnero	ram
carrera (universitaria)	Course, degree (university)
carretera	road
carrito de la compra	shopping trolley
carta (menú)	menu
cartas (juego)	cards (game)
cartera (monedero)	purse
casarse (v)	get married
castaño (árbol)	chestnut tree
catedral	cathedral

causa	cause
cebolla	onion
celebrar (v)	hold/celebrate
célebre	famous
cerca de (adv)	near
cerdo	pig
cereza	cherry
cerezo	cherry tree
cerrar (v)	close/lock
chalé	house
chaqueta	cardigan
chiste	joke
circo	circus
ciruela	plum
ciruelo	plum tree
cirujano	surgeon
ciudad	city/town
claramente	clearly
clavel (flor)	carnation
cocer (v)	boil/stew
cocinero	cook
cola	queue
coleccionista	collector
colocar (v)	place
comedia	comedy
comida	lunch
compañero	class/work mate
comprobar (v)	check
concierto	concert
concurso	competition
conducir (v)	drive
conejo	rabbit
conferencia	lecture
conocer (v)	know, meet
conseguir (v)	achieve
conserje	porter/caretaker, janitor
construir (v)	build
contaminar (v)	pollute
contrato	contract
convencer (v)	convince
copiar (v)	copy
corbata	tie
cordillera	mountain range
correo electrónico	e-mail
Correos (oficina de correos)	Post office
cortaúñas	nail clippers
cortés (adj)	polite
costa	coast
crema	cream
cruzar (v)	cross
cuadro	picture
cualquiera	any
cuarto (de kilo, de hora)	quarter
cuchillo	knife
cuento	storybook, tale
cuidar (v)	look after
culpable	guilty
cumbre	summit
cuñado	brother-in-law
curioso	curious, strange
cursi	pretentious, affected
d atar (v)	date from
de forma que	whereby, so
de repente	suddenly
deber (v)	must
deberes	homework
decorador	interior designer
definitivamente	definitively
demasiado	too (much)
dentista	dentist
dentro (de)	in, inside
dependiente (de comercio)	shop assistant
deprisa	quickly
desagrado	displeasure
descender (v)	descend/come from
desconfiar (v)	be distrustful of
descubrir (v)	discover
desde (que, hace)	since, from
desembocar (v)	flow into
desgraciadamente	unfortunately
desmayarse (v)	faint
despertar (v)	awaken
después (de)	after
destruir (v)	destroy
detective	detective
devolver (v)	return (sth)
dibujar (v)	draw
diccionario	dictionary
diluviar (v)	pour (with rain)
dimisión	resignation
dimitir (v)	resign
dinero	money
director	manager
discoteca	discotheque
discutir (v)	discuss, (have a) row
disfrutar (de) (v)	enjoy
disgusto	upset, misfortune
distraído	absent-minded
divertirse (v)	have fun
divorciarse (v)	get divorced
divorcio	divorce
doble	double
docena (de huevos)	dozen
donativo	donation
durar (v)	last
e char una mano	lend a hand
echar(se) a (v)	begin to
educadamente	politely
educado	polite
efectivamente	sure enough
eficiente	efficient
ejército	army
elecciones	elections
elefante	elephant
empatar (v)	draw, tie
empleo	job
empresa	company
enamorarse (de) (v)	fall in love (with)
encantador	delightful
encantar (v)	charm
encanto	charming
encargar (v)	order/request
encargarse (de) (v)	take charge (of)
encender (v)	switch on, light
enfadarse (v)	get angry
enfermedad	illness/disease
enfermera	nurse
enfermo	patient
engañar (v)	deceive
engordar (v)	put on weight
entrada (billete)	ticket
entrenamiento	training
entretenido	entertaining
enunciar (v)	set out, state
equipaje	luggage
equipo (de trabajo)	team
equivocarse (v)	make a mistake
escaleras	stairs
escándalo	scandal
escaparate	shop window
escoger (v)	choose
esconder (v)	hide
esconderse (v)	hide
escultor	sculptor
ese, esa, eso (demost)	that
espejo	mirror
esquiar (v)	ski
estación	station
estallar (v)	break out
estanque	pond
estar (v)	be
estatua	statue
este, esta, esto (demost)	this
estrella	star
estropeado	broken down
estropearse (v)	break down
examen	exam
excursión	trip/excursion
éxito	success
explicar (v)	explain
exposición	exhibition
extinción	extinction
extraño	strange
f abada	bean stew
falda	skirt
farmacia	pharmacy
fastidiar (v)	disturb, bother
femenino	feminine
feria	fair, show
fiarse (v)	trust
fichero (informático)	file

fiebre	fever, temperature	jubilación	retirement
filete	steak	jubilarse (v)	retire
firmar (v)	sign	juez	judge
flor	flower	jugador	player
fontanero	plumber	jugar (v)	play
foto	photo	juguete	toy
fotografiar (v)	photograph	juntos	together
frecuencia	frequency		
fregar (v)	wash up	**l**ámpara	lamp
fresco	fresh	lápiz	pencil
frío	cold	lavabo	washbasin
fuera	outside	lavadora	washing-machine
furgoneta	van	lavaplatos	dish-washer
		leer (v)	read
gafas	glasses (spectacles)	lejos	far away
galleta	biscuit	lento	slow
gallina	hen	leyenda	legend
gallo	cockerel	libro	book
ganar (v)	win	liebre	hare
ganarse la vida	earn a living	limón	lemon
garaje	garage	limonada	lemonade
gastar (v)	spend	limonero	lemon tree
generoso	generous	listo	ready
genio	genius	llave	key
gimnasia	gymnastics	llevar (v)	take, wear, carry
globo	balloon	llover (v)	rain
gobierno	government	llover a cántaros	rain cats and dogs
gorila	gorilla	lluvia	rain
gorra	cap	lluvia ácida	acid rain
grabación	recording	lotería	lottery
gripe	flu	luto	mourning
gritar (v)	shout	luz	light
grúa	crane		
guantes	gloves	**m**aceta	flower pot
guardar (v)	keep	macho	male
guitarra	guitar	madrugada	early morning, dawn
gustar (v)	like	madrugar (v)	get up early
gustosamente	with pleasure	maleducado	rude
		maleta	suitcase
haber que (v)	impers. need or obligation (one must ...)	mamífero	mammal
habitación	room, bedroom	manatí (animal)	manatee
hablar (de, con) (v)	talk (about, to)	manchar (v)	dirty
hacer (v)	do, make	mantel	table cloth
hacha	axe	manzana	apple
hambre	hunger	manzano	apple tree
harto	fed up	mañana	morning, tomorrow
helado (adj)	frozen	máquina	machine
helado (n)	ice cream	marcharse (v)	leave, depart
hembra	female	marido	husband
herir (v)	hurt	mariposa	butterfly
hermano	brother	marisco	shellfish , seafood
héroe	hero	mármol	marble
heroína	heroine	más	more
hombre	man	masculino	masculine
homenaje	tribute	medias	socks, tights
hospital	hospital	médico	doctor
hotel	hotel	mediodía	midday
huevo	egg	medir (v)	measure
huir (de) (v)	flee (from)	melocotón	peach
		menos	less
imperdonable	unforgivable	mensualmente	monthly
importar (v)	mind, import	mentir (v)	lie, tell lies
incendio	fire	mesa	table
informe	report	meter la pata	put one's foot in it
ingresar (v)	join, enter	metro	underground (train)
		microondas	micro-wave
inmediatamente	immediately	miedo	fear
insecto	insect	miedoso	fearful
inteligente	intelligent	miembro	member
interesar (v)	interest	mientras	while
inundar (v)	flood	millonario	millionaire
investigar (v)	do research	ministro	minister
invitado	guest	mitad (de)	half (of)
invitar (v)	invite	moneda	currency
ir (a) (v)	go (to)	monje	monk
irse (v)	leave	mono (animal)	monkey
isla	island	montar (v)	ride
		morado (color)	purple
jamón	ham	moto	motorcycle
jardín	garden	mover (v)	move
jarra	jug	móvil	mobile phone
jarrón	vase	mudanza	house move
jefe	boss	mudarse (v)	move (house)
jirafa	giraffe	mueble	furniture (piece of)
jornadas	sessions	mujer	woman
joven (adj)	young	muleta	crutch
joven (n)	young person	multa	fine

multitud	crowd
museo	museum
músico	musician
nada	nothing
nada más	nothing else
nadie	nobody, no one
naranja (color)	orange
naranja (fruta)	orange
naranjo	orange tree
natación	swimming
navegar (v)	sail
nevera	refrigerator
nieve	snow
Nochevieja	New Year's Eve
normalmente	normally
noticia	news
novela	novel
nube	cloud
nublado	cloudy
nuera	daughter-in-law
obedecer (v)	obey
ocurrir (v)	happen
odiar (v)	hate
oficina	office
oír (v)	hear
ojo	eye
óleo	oil painting
oler (v)	smell
ONG (Organización no Gubernamental)	NGO (Non-Governmental Organisation)
ópera	opera
operar (v)	operate
ordenador	computer
ordenar (v)	put into order
orgulloso	proud
origen	source, origin
oso	bear
ostra	oyster
otro	other (no) another
oveja	sheep
país	country
paisaje	countryside
paloma	pigeon, dove
paquete	packet, parcel
paracaidismo	parachuting
paraguas	umbrella
parchís (juego)	ludo (game)
pariente	relative
participante	participant
partido	match (sports)
pasear (v)	take a stroll
paseo	walk
pastel	cake
pastilla	pill
patada	kick
patines	skates
pedir (v)	ask for, request
pelearse (v)	fight
película	film
peligro	danger
pelo	hair
pelota	ball
pena	pity
pendientes	earrings
perilla	goatee beard
periódico	newspaper
pero	but
picante	spicy, hot
pierna	leg
pijama	pyjamas
pimiento	pepper, capsicum
pintura	paint
piso (planta)	floor, storey
piso (vivienda)	flat
pistacho	pistachio
plancha	griddle, grill, iron
planeta	planet
planta (botánica)	plant
playa	beach
plaza	square (place)
pluma	feather
poder (v)	can, be able to
poeta	poet
policía	police

política	politics
polvo	dust
poncho (prenda de vestir)	poncho
poner (v)	put
ponerse (a) (v)	get down to
portal	hall, lobby
portero	doorman
posiblemente	possibly
postre	sweet, dessert
potente	powerful
prefabricado	prefabricated
preferir (v)	prefer
presidir (v)	preside
prestar (v)	lend
primavera	spring
primo	cousin
príncipe	prince
prisa	hurry
prismáticos	binoculars
probablemente	probably
profesor	teacher, lecturer
programa	programme
prometer (v)	promise
propósito	purpose
prueba	test
publicar (v)	publish
puente	bridge
pulmón	lung
pulsar (v)	press
pulsera	bracelet
puntual	punctual
puré	purée
quedar (v)	remain, arrange to meet
quejarse (v)	complain
querer (v)	want
quiniela	pools (football etc.)
quitar (v)	remove
quizá(s)	perhaps
r aíz	root
rama	branch
raqueta	racket
rato (tiempo)	a while
ratón	mouse
realmente	really
recepcionista	receptionist
recomendar (v)	recommend
recordar (v)	remind, remember
redondo	round
refugiarse (v)	take shelter
regalo	gift
regañar (v)	tell off
regar (v)	water
regatear (v)	haggle
relacionarse (con) (v)	be related (to)
reloj	clock, watch
reñir (v)	quarrel
repentinamente	suddenly
resbaladizo	slippery
resfriado	cold
resultado	result
reunión	meeting
rey	king
robar (v)	steal, rob, burgle
rodar (v)	shoot, film
rogar (v)	beg
romper (v)	break
roñoso	mean, skinflint
ropa	clothes
rosa (color)	pink (colour)
rosa (flor)	rose
rosal	rose bush, tree
rubí	ruby
rueda	wheel
ruido	noise
ruinas	ruins
ruleta	roulette
saber (v)	know
sabroso	tasty
sacacorchos	corkscrew
sacar (v)	take out
sacrificarse (v)	make sacrifices
salado	salty
salir (v)	go out, leave
salón	lounge

salvaje	wild
sano	healthy
sardina	sardine
sargento	sergeant
secreto	secret
seda	silk
seguramente	surely
sello (estampa)	stamp (seal)
sello (postal)	stamp (postal)
semana	week
sentar algo bien/mal	suit /not suit
sentarse (v)	sit down
sentir (v)	feel
ser (v)	be
serpiente	snake
siempre	always
sillón	armchair
sincero	sincere
situación	situation
sobrino	nephew
solamente	only
soldado	soldier
soler (v)	usually (do sth)
sombra	shadow, shade
sombrero	hat
sonreír (v)	smile
soñar (v)	dream
sordo	deaf
sorpresa	surprise
sospechar (v)	suspect
sótano	basement, cellar
subir (v)	rise, go up
submarinismo	diving
suceder (v)	take place
sucio	dirty
sucursal bancaria	bank branch
suelo	ground, floor
suerte	luck
sugerencia	suggestion
supermercado	supermarket
suponer (v)	suppose
suspender (v)	fail
tal vez	perhaps
talla	size
tango	tango
tanto	so much
taquilla	ticket office
tatuaje	tattoo
teatro	theatre
teléfono	telephone
temporada	season
temprano	early
tener (v)	have
teñir (v)	dye
terraza	terrace
testigo	witness
tiempo (atmosférico)	weather
tijeras	scissors
timbre (puerta)	door-bell
tirar (v)	pull
tobillo	ankle
tocar (v)	touch
todavía	still, yet
torcer (v)	twist
torneo	tournament, competition
toro	bull
tortilla	omelette
tortuga	tortoise, terrapin, turtle
toser (v)	cough
totalmente	totally
trabajador (n)	worker
trabajar (v)	work
traer (v)	bring
tráfico	traffic
traicionar (v)	betray
trampa	trick
transformarse (v)	become
trasladarse (a) (v)	move (to)
trastero	box room
tratar (de) (v)	try (to)
trayecto	route
trimestre	term (school)
tristeza	sadness
tronar (v)	thunder
tulipán	tulip
tumbado	lying down
tumbarse (v)	lie down
últimamente	lately
un par (de)	a pair (of)
uña	nail (finger/toe)
urbanización	housing estate
vanidoso	vain
vaqueros (pantalones)	jeans
vecino	neighbour
vehículo	vehicle
vela	candle
velocidad	speed
vencer (v)	win, beat, overcome
venir (v)	come
ventilador	ventilator
veranear (v)	spend the summer
verano	summer
verdad	truth
vergüenza	shame
vestir(se) (v)	dress
viaje	journey, trip
víctima	victim
vicuña (animal)	vicuña
viento	wind
vigilante (adj)	watchful
vigilar (v)	watch, keep an eye on
vino	wine
violento	violent
violeta (color)	violet (colour)
violín	violin
vivir (v)	live
volumen	volume
voluntad	will
volver (v)	return
yegua	mare
yerno	son-in-law
zapato	shoe

English	Spanish
a pair (of)	un par (de)
a while	rato (tiempo)
absent-minded	distraído
academy	academia
accident	accidente
achieve (v)	conseguir (v)
acid rain	lluvia ácida
actor	actor
actress	actriz
add (v)	añadir (v)
adult	adulto
advertisement	anuncio
advise (v)	aconsejar (v)
affectionate	cariñoso
after	después (de)
agent	agente
ahead	adelante
airplane	avión
airport	aeropuerto
almond	almendra
almond tree	almendro
although	aunque
always	siempre
amphibian	anfibio
ankle	tobillo
anniversary	aniversario
another	otro
any	cualquiera
applause	aplauso
apple	manzana
apple tree	manzano
approve (v)	aprobar (v)
argue (v)	discutir (v)
armchair	sillón
army	ejército
ask for (v)	pedir (v)
athlete	atleta
attend (v)	asistir (a) (v)
attentive	atento
attractive	atractivo
awaken (v)	despertar (v)
axe	hacha
baby	bebé
baby bottle	biberón
babysitter	canguro (niñera)
bag	bolsa
balcony	balcón
bald	calvo
ball	pelota
balloon	globo
bank branch	sucursal bancaria
basement	sótano
basketball	baloncesto
bay	bahía
be (v)	estar, ser (v)
be able to (v)	poder (v)
be astonished (v)	asombrarse (v)
be bored	aburrirse (v)
be distrustful of (v)	desconfiar (v)
be quiet (v)	callarse (v)
be related (to) (v)	relacionarse (con) (v)
beach	playa
bean stew	fabada
bear	oso
beat (v)	vencer (v)
because of	a causa de
become (v)	transformarse (v)
bed	cama
bedroom	habitación
before	antes de que
beg (v)	rogar (v)
begin to (v)	echar(se) a (v)
betray (v)	traicionar (v)
bicycle	bicicleta
binoculars	prismáticos
bird	ave
blouse	blusa
boil (v)	cocer (v)
book	libro
boot (footwear)	bota (calzado)
boss	jefe
both	ambos
bother (v)	fastidiar (v)
bottle	botella
bowling	bolos
bracelet	pulsera
branch	rama
break (v)	romper (v)
break down (v)	estropearse (v)
break out (v)	estallar (v)
bridge	puente
bring (v)	traer (v)
broken down	averiado, estropeado
broth	caldo
brother	hermano
brother-in-law	cuñado
build (v)	construir (v)
bull	toro
burgle (v)	robar (v)
burst of laughter	carcajada
bus	autobús
but	pero
butterfly	mariposa
cake	pastel
calculate (v)	calcular (v)
camera	cámara
camp	acampar (v)
can (v)	poder (v)
can opener	abrelatas
canary	canario (pájaro)
cancer	cáncer (tumor)
candidate	candidato
candle	vela
cannibal	caníbal
cap	gorra
cards (game)	cartas (juego)
carnation	clavel (flor)
carpet	alfombra
carry (v)	llevar (v)
cathedral	catedral
cause	causa
celebrate (v)	celebrar (v)
cell/mobile phone	móvil
cellar	sótano
championship	campeonato
charm (v)	encantar (v)
charming	encanto
cheap	barato
check	comprobar (v)
cherry	cereza
cherry tree	cerezo
chestnut tree	castaño (árbol)
choose (v)	escoger (v)
circus	circo
city	ciudad
class mate	compañero
clearly	claramente
climate change	cambio climático
clock	reloj
close (v)	cerrar (v)
clothes	ropa
cloud	nube
cloudy	nublado
coast	costa
coffee	café
cold	frío
cold	resfriado
collector	coleccionista
come (v)	venir (v)
come from (v)	descender (v)
comedy	comedia
company	empresa
compass	brújula
competition	concurso
competition	torneo
complain (v)	quejarse (v)
computer	ordenador
concert	concierto
contract	contrato
convince (v)	convencer (v)
cook	cocinero
cookie	galleta
copy (v)	copiar (v)
corkscrew	sacacorchos
cotton	algodón
cough (v)	toser (v)
country	país
countryside	paisaje
cousin	primo
crane	grúa

cream	crema
cross (v)	cruzar (v)
crowd	multitud
crutch	muleta
curious	curioso
currency	moneda
dancer	bailarín
danger	peligro
date from (v)	datar (v)
daughter-in-law	nuera
dawn	madrugada
dawn (v)	amanecer (v)
deaf	sordo
deceive (v)	engañar (v)
definitively	definitivamente
degree (university)	carrera (universitaria)
delightful	encantador
dentist	dentista
depart (v)	marcharse (v)
descend (v)	descender (v)
destroy (v)	destruir (v)
detective	detective
device	aparato
dictionary	diccionario
dirty	sucio
dirty (v)	manchar (v)
discover (v)	descubrir (v)
discuss (v)	discutir (v)
disease	enfermedad
dishwasher	lavaplatos
displeasure	desagrado
distracted	distraído
disturb (v)	fastidiar (v)
diving	submarinismo
divorce	divorcio
do (v)	hacer (v)
do research (v)	investigar (v)
doctor	médico
donation	donativo
doorbell	timbre (puerta)
doorman	portero
double	doble
dove	paloma
downstairs	abajo
dozen	docena (de huevos)
draw (v)	dibujar (v)
drawer	cajón
dream (v)	soñar (v)
dress (v)	vestir(se) (v)
drive	conducir (v)
driver's license	carné (de conducir)
due to	a causa de
dust	polvo
dye (v)	teñir (v)
each	cada
eagle	águila
early	temprano
early morning	madrugada
earn a living	ganarse la vida
earrings	pendientes
efficient	eficiente
egg	huevo
elections	elecciones
elephant	elefante
e-mail	correo electrónico
enjoy (v)	disfrutar (de) (v)
enter (v)	ingresar (v)
entertaining	entretenido
exam	examen
exhaustion	agotamiento
exhibition	exposición
explain (v)	explicar (v)
extinction	extinción
eye	ojo
fail (v)	suspender (v)
faint (v)	desmayarse (v)
fair/show	feria
fall down (v)	caerse (v)
fall in love (with) (v)	enamorarse (de) (v)
famous	célebre
fan	ventilador
far away	lejos
fear	miedo
fearful	miedoso
feather	pluma
fed up	harto
feel (v)	sentir (v)
feel like (v)	apetecer (v)
female	hembra
feminine	femenino
fever	fiebre
fight (v)	pelearse (v)
file	fichero (informático)
film (n)	película
film (v)	rodar (v)
fine	multa
finish (doing sth)	acabar (de) (v)
fire	incendio
firefighter	bombero
flat	piso (vivienda)
flee (from) (v)	huir (de) (v)
flood (v)	inundar (v)
floor	piso (planta), suelo
flow into (v)	desembocar (v)
flower	flor
flower pot	maceta
flu	gripe
fortunately	afortunadamente
frequency	frecuencia
fresh	fresco
frozen	helado (adj)
furniture (piece of)	mueble
game	partido
garage	garaje
garbage	basura
garden	jardín
garlic	ajo
generous	generoso
genius	genio
get angry (v)	enfadarse (v)
get bored	aburrirse (v)
get dark (v)	anochecer (v)
get divorced (v)	divorciarse (v)
get down to (v)	ponerse (a) (v)
get married (v)	casarse (v)
get up early (v)	madrugar (v)
gift	regalo
giraffe	jirafa
glasses (spectacles)	gafas
gloves	guantes
go (to) (v)	ir (a) (v)
go out (v)	salir (v)
go to bed (v)	acostarse (v)
go up (v)	subir (v)
goatee	perilla
gorilla	gorila
government	gobierno
griddle	plancha
grill	plancha
grocery store	supermercado
ground	suelo
guest	invitado
guilty	culpable
guitar	guitarra
gymnastics	gimnasia
haggle (v)	regatear (v)
hair	pelo
half (of)	mitad (de)
hall	portal
ham	jamón
happen (v)	ocurrir (v)
hardly	apenas
hare	liebre
hat	sombrero
hate (v)	odiar (v)
have (v)	tener (v)
have fun (v)	divertirse (v)
have just (done sth)	acabar (de) (v)
head	cabeza
healthy	sano
hear (v)	oír (v)
heat	calor
heating	calefacción
helpful	atento
hen	gallina
hero	héroe
heroine	heroína
hide (v)	esconder, esconderse (v)
highway	autopista

hold (v)	celebrar (v)
hole	agujero
homework	deberes
hospital	hospital
hot	caliente, picante
hotel	hotel
house	chalé
house move	mudanza
housewife	ama de casa
hug	abrazo
hunger	hambre
hurry	prisa
hurt (v)	herir (v)
husband	marido
Ice cream	helado (n)
ID	carné (de identidad)
illness	enfermedad
immediately	inmediatamente
in, inside	dentro (de)
insect	insecto
intelligent	inteligente
interest (v)	interesar (v)
interior designer	decorador
invite (v)	invitar (v)
iron	plancha
island	isla
jacket	chaqueta
jeans	vaqueros (pantalones)
job	empleo
join (v)	ingresar (v)
joke	broma, chiste
journey	viaje
judge	juez
jug	jarra
junk room	trastero
keep (v)	guardar (v)
key	llave
kick	patada
kind	amable
kindness	amabilidad
king	rey
knife	cuchillo
know (v)	conocer, saber (v)
lamp	lámpara
last (v)	durar (v)
last night	anoche
lately	últimamente
lawyer	abogado
lean (v)	apoyarse (v)
leave (v)	irse, marcharse, salir (v)
lecture	conferencia
lecturer	profesor
leg	pierna
legend	leyenda
lemon	limón
lemon tree	limonero
lemonade	limonada
lend (v)	prestar (v)
lend a hand	echar una mano
less	menos
lie (v)	mentir (v)
lie down (v)	tumbarse (v)
lift	ascensor
light	luz
like (v)	gustar (v)
line	cola
lobby	portal
lock (v)	cerrar (v)
look after (v)	cuidar (v)
lottery	lotería
lounge	salón
luck	suerte
luggage	equipaje
lunch	comida
lung	pulmón
lying down	tumbado
machine	máquina
make (v)	hacer (v)
make a mistake (v)	equivocarse (v)
make sacrifices (v)	sacrificarse (v)
male	macho
mammal	mamífero
man	hombre
manager	director
manatee	manatí (animal)
marble	mármol
masculine	masculino
match	partido
mayor	alcalde
measure (v)	medir (v)
meat	carne
meeting	reunión
member	miembro
menu	carta (menú)
microwave	microondas
midday	mediodía
millionaire	millonario
mind (v)	importar (v)
minister	ministro
mirror	espejo
misfortune	disgusto
money	dinero
monk	monje
monkey	mono (animal)
monthly	mensualmente
more	más
morning	mañana
motorcycle	moto
mountain range	cordillera
mourning	luto
mouse	ratón
moustache	bigote
move (house) (v)	mudarse (v)
move (to) (v)	trasladarse (a) (v)
move (v)	mover (v)
murderer	asesino
museum	museo
musician	músico
must (v)	deber (v)
nail (finger/toe)	uña
nail clippers	cortaúñas
near	cerca de (adv)
neighbor	vecino
neighborhood	barrio
nephew	sobrino
New Year's Eve	Nochevieja
news	noticia
newspaper	periódico
NGO (Non-Governmental Organization)	ONG (Organización no Gubernamental)
night club	discoteca
nobody/no one	nadie
noise	ruido
normally	normalmente
notes	apuntes
nothing	nada
nothing else	nada más
novel	novela
now	ahora
nurse	enfermera
obey (v)	obedecer (v)
office	oficina
often	a menudo
oil	aceite
oil painting	óleo
old man	anciano
omelet	tortilla
onion	cebolla
only	solamente
opera	ópera
operate (v)	operar (v)
orange	naranja (color)
orange	naranja (fruta)
orange tree	naranjo
order (v)	encargar (v)
origin	origen
ostrich	avestruz
other	otro
outline (v)	enunciar (v)
outside	fuera
overcoat	abrigo
owl	búho
ox	buey
oyster	ostra
packet	paquete
paint	pintura
pajamas	pijama

parachuting	paracaidismo	recommend (v)	recomendar (v)
parchisi (game)	parchís (juego)	recording	grabación
park (v)	aparcar (v)	referee	árbitro
participant	participante	refrigerator	nevera
pass (v)	aprobar (v)	regret (v)	arrepentirse (de) (v)
path	camino	relative	pariente
patient	enfermo	remain (v)	quedar (v)
peach	melocotón	remember (v)	recordar (v)
pencil	lápiz	remind (v)	recordar (v)
pepper	pimiento	remove (v)	quitar (v)
perhaps	quizá(s), tal vez	rent (v)	alquilar (v)
pharmacy	farmacia	repair	arreglo
photo	foto	report	informe
photograph (v)	fotografiar (v)	request (v)	encargar, pedir (v)
picture	cuadro	residential area	urbanización
pig	cerdo	resign (v)	dimitir (v)
pigeon	paloma	resignation	dimisión
pill	pastilla	result	resultado
pink (color)	rosa (color)	retire (v)	jubilarse (v)
pistachio	pistacho	retirement	jubilación
pity	pena	return (sth) (v)	devolver (v)
place (v)	colocar (v)	ride (v)	montar (v)
planet	planeta	ring	anillo
plant	planta (botánica)	rise (v)	subir (v)
play (v)	jugar (v)	road	carretera
player	jugador	roast	asado
pleasant	agradable	rob (v)	robar (v)
please (no) (v)	agradecer (v)	robber	atracador
plum	ciruela	rooftop	azotea
plum tree	ciruelo	room	habitación
plumber	fontanero	rooster	gallo
poet	poeta	root	raíz
police	policía	rose	rosa (flor)
polite	educado	rose bush/tree	rosal
polite	cortés (adj)	roulette	ruleta
politely	educadamente	round	redondo
politics	política	route	trayecto
pollute (v)	contaminar (v)	ruby	rubí
poncho	poncho (prenda de vestir)	rude	maleducado
pond	estanque	rug	alfombra
pools (football etc.)	quiniela	ruined	arruinado
possibly	posiblemente	ruins	ruinas
Post office	Correos (oficina de correos)		
postpone (v)	aplazar (v)	sadness	tristeza
pour (with rain) (v)	diluviar (v)	sail (v)	navegar (v)
powerful	potente	salty	salado
prefabricated	prefabricado	sardine	sardina
prefer (v)	preferir (v)	saving	ahorro
preside (v)	presidir (v)	scandal	escándalo
press (v)	pulsar (v)	scarcely	apenas
pretentious	cursi	scarf	bufanda
previously	anteriormente	schedule	agenda
prince	príncipe	school	escuela, academia
probably	a lo mejor	scissors	tijeras
probably	probablemente	sculptor	escultor
program	programa	seafood	marisco
promise (v)	prometer (v)	season	temporada
proud	orgulloso	seat	asiento
publish (v)	publicar (v)	secret	secreto
pull (v)	tirar (v)	sergeant	sargento
punctual	puntual	sessions	jornadas
purée	puré	shade	sombra
purple	morado (color)	shadow	sombra
purpose	propósito	shame	vergüenza
put (v)	poner (v)	shave (v)	afeitarse (v)
put into order (v)	ordenar (v)	sheep	oveja
put off (v)	aplazar (v)	shellfish	marisco
put on weight (v)	engordar (v)	ship	barco
put one's foot in it	meter la pata	shirt	camisa
put up with (v)	aguantar (v)	shoot (v)	rodar (v)
		shop assistant	dependiente (de comercio)
quarrel (v)	reñir (v)	shop window	escaparate
quarter	cuarto (de kilo, de hora)	shopping cart	carrito de la compra
quarter (school)	trimestre	shout (v)	gritar (v)
quickly	deprisa	sign (v)	firmar (v)
		silk	seda
rabbit	conejo	since, from	desde (que, hace)
racket	raqueta	sincere	sincero
rain	lluvia	singer	cantante
rain (v)	llover (v)	sink	lavabo
rain cats and dogs	llover a cántaros	sit down (v)	sentarse (v)
ram	carnero	situation	situación
rather	bastante	size	talla
read (v)	leer (v)	skates	patines
ready	listo	sketch out (v)	enunciar (v)
really	realmente	ski (v)	esquiar (v)
receptionist	recepcionista	skirt	falda

270

slim (v)	adelgazar (v)	this	este, esta, esto (demost)
slippery	resbaladizo	thoughtful	atento
slow	lento	threaten (v)	amenazar (v)
smell (v)	oler (v)	thunder (v)	tronar (v)
smile (v)	sonreír (v)	ticket	billete (entrada)
snail	caracol	ticket	entrada (billete)
snake	serpiente	ticket office	taquilla
snow	nieve	tie (n)	corbata
so much	tanto	tie (v)	empatar (v)
socks	medias	tights	medias
soldier	soldado	together	juntos
someone/somebody	alguien	tomorrow	mañana
something	algo	too (much)	demasiado
song	canción	tortoise	tortuga
source	origen, fuente	totally	totalmente
speed	velocidad	touch (v)	tocar (v)
spend (v)	gastar (v)	tournament	torneo
spend the summer (v)	veranear (v)	town	ciudad, pueblo
spicy	picante	toy	juguete
spoil (v)	estropearse (v)	traffic	tráfico
spoilt	arruinado	training	entrenamiento
spring	primavera	trash	basura
square (place)	plaza	tribute	homenaje
stairs	escaleras	trick	trampa
stamp (postal)	sello (postal)	trip	viaje
stamp (seal)	sello (estampa)	trunk	baúl
stand (v)	aguantar (v)	trust (v)	fiarse (v)
star	estrella	truth	verdad
station	estación	try (to) (v)	tratar (de) (v)
statue	estatua	tulip	tulipán
stay (v)	alojarse (v)	tuned	afinado
steak	filete	turn on (v)	encender (v)
steal (v)	robar (v)	turtle	tortuga
stew (v)	cocer (v)	twist (v)	torcer (v)
still	todavía		
stingy	roñoso	umbrella	paraguas
storage room	trastero	umpire	árbitro
storey	piso (planta)	unforgivable	imperdonable
storybook/tale	cuento	unfortunately	desgraciadamente
strange	extraño	unfriendly	antipático
stress (v)	acentuar (v)	upset	disgusto
sub sandwich	bocadillo	upstairs	arriba
subject	asignatura	usually (do sth) (v)	soler (v)
subway (train)	metro		
success	éxito	vain	vanidoso
suddenly	de repente, repentinamente	van	furgoneta
suggestion	sugerencia	vase	jarrón
suit/not suit	sentar algo bien/mal	vehicle	vehículo
suitcase	maleta	ventilator	ventilador
summer	verano	victim	víctima
summit	cumbre		
superintendent	conserje	waiter	camarero
supermarket	supermercado	walk	paseo
suppose (v)	suponer (v)	wallet	cartera (monedero)
sure enough	efectivamente	want (v)	querer (v)
surely	seguramente	warn (v)	advertir (v)
surgeon	cirujano	wash up (v)	fregar (v)
surprise	sorpresa	washbasin	lavabo
suspect (v)	sospechar (v)	washing machine	lavadora
sweet/dessert	postre	watch	reloj
swimming	natación	water (v)	regar (v)
		wear (v)	llevar, vestir (v)
table	mesa	weather	tiempo (atmosférico)
table cloth	mantel	wedding	boda
take (v)	llevar (v)	week	semana
take a walk (v)	pasear (v)	wheel	rueda
take advantage (of) (v)	abusar (de) (v)	whereby	de forma que
take charge (of) (v)	encargarse (de) (v)	while	mientras
take out (v)	sacar (v)	wild	salvaje
take place (v)	suceder (v)	win (v)	ganar (v)
take shelter (v)	refugiarse (v)	win (v)	vencer (v)
talk (about, to) (v)	hablar (de, con) (v)	with pleasure	gustosamente
tango	tango	witness	testigo
tasty	sabroso	woman	mujer
tattoo	tatuaje	work (v)	trabajar (v)
teacher	profesor	worker	trabajador (n)
team	equipo (de trabajo)		
telephone	teléfono	yesterday	ayer
tell off	regañar (v)	yet	todavía
temperature	fiebre	young	joven (adj)
terrace	terraza	young person	joven (n)
test	prueba		
thank (v)	agradecer (v)		
that	aquel, aquella, aquello (demost)		
that	ese, esa, eso (demost)		
theater	teatro		
therefore	así que		

Adjetivo *(Adjective)*
Los adjetivos son las palabras que acompañan a los nombres e indican cómo son o cómo están las cosas, las personas, los animales, los lugares, las acciones.

El adjetivo puede variar en género y número. El género y número del adjetivo son los mismos que los del nombre al que acompaña (*un jarrón rojo, una taza pequeña, unos jardines preciosos, unas camisas coloridas*).

- **Adjetivo calificativo** *(Descriptive adjective)*
  Los adjetivos calificativos expresan una cualidad o un estado de una persona, animal o cosa (*un coche <u>pequeño</u>, una chica <u>inteligente</u>, unos chicos <u>altos</u>, unas flores <u>rosadas</u>*).

- **Adjetivo de nacionalidad** *(Adjectives of nationality)*
  Los adjetivos de nacionalidad son aquellos que expresan la nacionalidad de una persona o cosa (*comida <u>italiana</u>, un chico <u>asiático</u>, la bandera <u>americana</u>, una escritora <u>chilena</u>*).

- **Formas comparativas y superlativas de los adjetivos** *(Comparative adjectives)*
  Los adjetivos que expresan una cualidad o estado de un nombre pueden mostrar distinta intensidad o grado. El adjetivo puede tener grado comparativo o superlativo.

  Grado comparativo *(Comparative)*:
  Expresa la intensidad de una cualidad o de un estado comparándolo con otro. Hay tres tipos:

  - Igualdad: *Tu casa es <u>tan antigua como</u> la mía.*

  - Superioridad: *Tu casa es <u>más antigua que</u> la mía.*

  - Inferioridad: *Tu casa es <u>menos antigua que</u> la mía.*

  Grado superlativo *(Superlative)*:
  Expresa una cualidad o un estado en grado máximo: *Tu casa es <u>la más antigua</u>.*

Adverbio *(Adverb)*

Los adverbios son palabras que expresan en qué circunstancias ocurre la acción del verbo: lugar, tiempo, modo, cantidad, etc. Los adverbios no varían en masculino o femenino ni en singular o plural.

- **Adverbios de cantidad** *(Adverbs of quantity)*
  Por ejemplo, *mucho, poco, demasiado, suficiente, muy, bastante.*
  Hoy he comido <u>demasiado</u>.

- **Adverbios de frecuencia** *(Adverbs of frequency)*
  Por ejemplo, *frecuentemente, asiduamente, siempre, nunca.*
  Leo <u>frecuentemente</u>.

- **Adverbios de lugar** *(Adverbs of place)*
  Por ejemplo, *aquí, allí, debajo, arriba, alrededor, encima, lejos, cerca.*
  La pelota está <u>debajo</u>.

- **Adverbios de modo** *(Adverbs of manner)*
  Por ejemplo, *deprisa, despacio, bien, mal, fácilmente, peor, mejor.*
  Iré <u>deprisa</u>.

- **Adverbios de tiempo** *(Adverbs of time)*
  Por ejemplo, *hoy, mañana, luego, después, ahora, pronto, tarde.*
  Iré <u>luego</u>.

Artículo *(The article)*

Los artículos acompañan a los nombres y aparecen siempre con el mismo género y número que el nombre al que acompañan: *el chico, la chica, los chicos, las chicas, un chico, una chica, unos chicos, unas chicas.*

- **Artículo definido** *(The definite article)*
  Se utiliza el artículo definido especialmente cuando el nombre al que acompaña se refiere a algo o alguien conocido por el hablante y el oyente (*He perdido <u>el</u> libro*), para referirnos a algo concreto (*<u>La</u> lámpara azul es preciosa*) o para hablar de algo en sentido general (*<u>El</u> perro es el mejor amigo del hombre*).

- **Artículo indefinido** *(The indefinite article)*
  Se utiliza el artículo indefinido especialmente cuando hablamos de algo nuevo para el oyente (*He perdido <u>un</u> libro*), cuando hablamos de alguien o algo como parte de una clase o un grupo (*He visto <u>una</u> película de terror*) o para indicar cantidad (*He visto <u>un</u> león en el zoo*).

Conjunción *(Conjunctions)*
Las conjunciones son palabras que unen y relacionan conjuntos de palabras u oraciones (*Tengo que comprar manzanas y naranjas; ¿Quieres salir a dar un paseo o prefieres quedarte en casa?*).

Demostrativos *(Demostrative adjectives)*
Los demostrativos sirven para señalar algo o alguien. Identifican el objeto o la persona a los que se refiere el hablante.

- **Este, esta, estos, estas.** *(this / these)* Se utilizan para señalar a alguien o algo próximo al hablante: *Este libro está muy interesante.*

- **Ese, esa, esos, esas.** *(that / those)* Se usan para señalar a alguien o algo un poco alejado del hablante: *Ese libro está muy interesante.*

- **Aquel, aquella, aquellos, aquellas.** *(that / those)* Se usan para señalar a alguien o algo alejado del hablante: *Aquel libro está muy interesante.*

Exclamativos *(Exclamatories)*
Los exclamativos se usan para expresar diferentes sentimientos: alegría, sorpresa, admiración, desagrado.

> *¡Cuánta gente hay!*
>
> *¡Qué alegría verte!*
>
> *¡Cómo nieva!*

Género: masculino y femenino. *(Gender: masculine and femenine)*
Los nombres tienen género y pueden ser masculinos (*el vaso; el billete*) o femeninos(*la mesa; la calle*). La mayoría de los nombres terminados en *−o* son masculinos (*el juego*) y la mayoría que terminan en *−a* son femeninos (*la casa*).

Algunos nombres tienen una forma masculina (*un perro; un actor*) y otra forma femenina (*una perra; una actriz*). Algunos nombres no varían en masculino y en femenino (*el guía, la guía; el estuadiante, la estudiante*).

Indefinidos *(Indefinite reference)*

Los indefinidos acompañan a los nombres. Se usan para referirse de una manera imprecisa a los componentes de un grupo. Algunos ejemplos de indefinidos: *algunos, varios, muchos, todos, uno, ninguno, alguno, demasiados...*

> Hay <u>muchos</u> libros en el aula.

> <u>Varios</u> de mis amigos viven en las afueras.

Interrogativos *(Interrogatives)*

Los interrogativos se usan para pedir información sobre personas, animales o cosas.

> ¿<u>Qué</u> ha pasado?

> ¿<u>Quién</u> ha llamado?

> ¿<u>Cuánto</u> cuesta?

> ¿<u>Cuál</u> es tu coche?

Nombre *(Nouns)*:

- **Nombre común** *(Common nouns)*
  Los nombres comunes nombran seres, objetos o ideas en general. Algunos ejemplos de nombres comunes: *paz, amistad, tabla, pared, silla, idea...*

- **Nombre propio** *(Proper nouns)*
  Los nombres propios nombran seres, objetos o una idea en particular. Se escriben con mayúscula inicial. Algunos ejemplos de nombres propios: *Mario, Pilar, Italia, Roma, Renacimiento...*

Números *(Numbers)*

- **Números cardinales** *(Cardinal numbers)*
  Los números cardinales indican una cantidad exacta.

  Me he comprado dos libros.

- **Números ordinales** *(Ordinal numbers)*
  Los números ordinales indican el orden en una clasificación o secuencia (*primero* = ocupa el lugar número uno; *décimo* = ocupa el lugar número diez).

Oraciones *(Clauses)*
Tipos

- **Estilo indirecto** *(Indirect speech)*
  Se usa el estilo indirecto para transmitir palabras dichas en otro momento sin repetirlas exactamente. Normalmente se utiliza el verbo *decir, afirmar, comentar, contestar... + que* para introducir informaciones en estilo indirecto.

  Dice que mañana vendrá.

  Comentó que te llamaría.

- **Oraciones causales** *(Reason clauses)*
  Las oraciones causales indican la causa, el motivo o la razón de una acción o situación.

  Juan no come carne porque es vegetariano.

  Como tenían hambre, se compraron un bocadillo.

- **Oraciones concesivas** *(Concessive clauses)*
  Las oraciones concesivas dan información sobre algún obstáculo u objeción a una acción determinada.

  Aunque llueva mañana, iremos de excursión.

  A pesar de que salimos temprano, llegamos tarde.

- **Oraciones condicionales** *(Conditional clauses)*
  Las oraciones condicionales expresan una condición, que puede cumplirse o no, o que puede ser verdad o no, para la realización de otra acción o situación.
  Si mañana llueve, no iremos de excursión.

  Si te hubiera visto, te habría saludado.

- **Oraciones consecutivas** *(Result clauses)*
  Las oraciones consecutivas indican la consecuencia o el resultado de otra acción o situación.   *Estaba agotado, por eso me quedé dormido.*

  No quieren venir a casa, así que iremos nosotros a la suya.

- **Oraciones de lugar** *(Place clauses)*
  Las oraciones de lugar dan información sobre el lugar (situación, procedencia, destino o dirección).

  Mañana podemos ir donde tú digas.

- **Oraciones de modo** *(Manner clauses)*
  Las oraciones de modo dan información sobre la manera en la que se hace o sucede algo.

  Lo haremos como tú digas.

- **Oraciones de relativo** *(Relative clauses)*
  Las oraciones de relativo dan información sobre una persona, animal, cosa o lugar. Las oraciones pueden ser especificativas (*No encuentro el libro que te gusta*) o explicativas (*Ese libro, que tiene muy buena pinta, está agotado*).

- **Oraciones finales** *(Purpose clauses)*
  Las oraciones finales indican el objetivo o la finalidad de una acción.

  Llamé a tu hermana para ir al cine.

- **Oraciones impersonales** *(Impersonal clauses)*
  Las oraciones impersonales no tienen un sujeto concreto.

  > Aquí *se vive* muy bien.

  > *Es importante* que aprendas bien este concepto.

- **Oraciones temporales** *(Time clauses)*
  Las oraciones temporales dan información sobre el momento de realización de la acción o situación principal.

  > *Cuando llegues*, cenamos.

  > Me voy *antes de que llueva.*

Partes de una oración *(Parts of a sentence)*

- **Sujeto** *(Subject)*
  El sujeto de una oración corresponde a la persona, animal o cosa que recibe la acción del verbo. El sujeto tiene concordancia con el verbo de la oración.

  > *Los niños* han salido de la clase.

  > *El perro* enterró el hueso.

- **Predicado** *(Predicate)*
  El predicado es la parte de la oración que informa sobre el sujeto. El núcleo del predicado es el verbo.

  > Mi vecino *trabaja en una fábrica de colchones*.

  > El libro *se centra en una historia de amor*.

- **Objeto directo** *(Direct object)*
  Completa el significado de un verbo e indica qué persona o qué cosa recibe directamente la acción del verbo

  > Le he escrito *una carta*.

- **Objeto indirecto** *(Indirect object)*
  Complementa el significado de un verbo e indica el destinatario o beneficiario de la acción.

  > He escrito una carta *al director del centro*.

Ortografía *(Spelling)*

- **Reglas de acentuación** *(Rules for accenting)*
  Las palabras con una sola sílaba no suelen llevar tilde.

  En las palabras que llevan el acento en la última sílaba, se escriben con tilde cuando terminan en *−n* (*león, canción*), en *−s* (*inglés, parchís*) o en vocal (*mamá, carné*). No se escriben con tilde el resto de casos (*mujer, mantel, comer...*).

  En las palabras que llevan el acento en la penúltima sílaba, se escriben con tilde cuando no terminan en *−n, −s* o en vocal (*fácil, lápiz, ángel*). No se escriben con tilde en el resto de casos (*elefante, comen, cometa, crisis*).

  Las palabras que llevan el acento en la antepenúltima sílaba siempre se escriben con tilde (*música, último, lámpara*).

  En algunas palabras, los grupos formados o *i/u* acentuadas y *e/a/o* forman dos sílabas. Llevan siempre tilde cuando el acento va en i o u (*día, maíz, búho*).

Posesivos *(Possessives)*

Los posesivos indican a quién pertenece lo nombrado por el nombre u otro tipo de relación (familia, origen, autoría).

Nuestro coche está empezando a dar problemas.

Mi casa está retirada.

Sus padres viven en Valencia.

Vuestro pueblo tiene muchos habitantes.

Preposiciones *(Prepositions)*

Las preposiciones sirven para unir y relacionar unas palabras con otras. Las preposiciones en español son: *a, ante, bajo, con, contra, de, desde, durante, en, entre, hacia, hasta, mediante, para, por, según, sin, sobre, tras.*

> *Estoy <u>en</u> el cine.*

> *He desayunado leche <u>con</u> galletas.*

Pronombres personales *(Personal pronouns)*

- **Pronombres personales de objeto directo y de objeto indirecto** *(Personal pronouns: direct and indirect objects)*

  Los pronombres personales de objeto directo (*me, te, lo, la, se...*) se usan para hacer referencia a alguien presente o a personas, animales o cosas mencionadas anteriormente.

  > *Vi a Sofía y a Carlos = <u>Los</u> vi.* (pronombre personal de objeto directo)

  > *¿Qué <u>te</u> ha preguntado?* (pronombre personal de objeto indirecto)

- **Pronombres personales de sujeto** *(Personal pronouns: subject)*

  Los pronombres personales de sujeto se usan para hacer referencia a la persona que hace la acción del verbo o de la que se dice algo.

  > <u>*Yo*</u> *he viajado por todo el mundo.*

- **Pronombres reflexivos** *(Reflexive pronouns)*

  Los pronombres reflexivos se usan para indicar que la acción del verbo la recibe la misma persona que la realiza, una parte del cuerpo de esa persona o la ropa de esa persona.

  > *En verano <u>me</u> baño todos los días en la playa.*

  > <u>*Me*</u> *he torcido un tobillo.*

Relativos *(Relative pronouns)*

Los relativos se usan para añadir información sobre un nombre anterior. La información que se transmite a partir del relativo sirve para identificar el nombre al que se refiere o para definir el nombre al que se refiere.

El chico que está hablando con la profesora es mi hermano.

Un carnívoro es un animal que se alimenta de carne.

Singular y plural *(Singular and plural)*

El singular se usa para hablar de una sola persona, animal o cosa. El plural se utiliza para hablar de más de una persona, animal o cosa. Los nombres tienen número plural o número singular. El plural de los nombres se forma de diferente manera según cómo termina el nombre:

una casa ⟶ dos casas

un león ⟶ unos leones

un lápiz ⟶ unos lapiceros

un árbol ⟶ varios árboles

el lunes ⟶ los lunes

una vez ⟶ dos veces

Tiempos verbales *(Verb tenses)*:

- **Formas no personales** *(Impersonal forms)*
  - **Gerundio** *(Gerund)*
    El gerundio se refiere al acto de realización de la acción indicada por el verbo.
    Está estudiando matemáticas.
    Me contestó sonriendo.

- **Infinitivo** *(Infinitive)*

  El infinitivo es la forma básica del verbo y es la que aparece en los diccionarios. Los infinitivos acaban en *–ar, –er* o *–ir*.

  Me encanta <u>bailar</u>.

  Límpiate los dientes después de <u>comer</u>.

- **Participio** *(Participle)*

  El participio se usa con el verbo *haber* para formar los tiempos compuestos y con el verbo *ser* para formar la voz pasiva. También se puede usar el participio para el adjetivo.

  Hoy he <u>estudiado</u> dos horas seguidas.

  El centro fue <u>inaugurado</u> en 2012.

  Tengo la camisa <u>manchada</u>.

- **Indicativo** *(Indicative)*

  El indicativo se suele usar para presentar un hecho como real u objetivo.

  - **Condicional** *(The conditional)*

    Se usa el condicional para expresar una posibilidad teórica o para referirnos a situaciones imaginarias, distintas de la situación real. El condicional también se usa para expresar deseos, especialmente con verbos como *gustar, encantar, preferir.*

    Creo que <u>serías</u> una buena médica.

    Me encantaría <u>visitar</u> México.

  - **Futuro simple** *(The future)*

    Se usa el futuro simple para hablar de acciones o situaciones futuras, hacer predicciones, expresar opiniones o hipótesis sobre el futuro.

    <u>Iré</u> a verte la semana próxima.

    Dice que mañana no <u>asistirá</u> a clase.

  - **Futuro perfecto o compuesto** *(Future perfect)*

    Se usa el futuro perfecto para referirse a una acción futura que estará acabada antes de un momento posterior en el futuro o antes de otra acción también posterior en el futuro.

    En julio ya <u>habremos terminado</u> el curso.

    Cuando tengamos treinta años más, <u>habremos pagado</u> el piso.

- **Presente** *(Present simple)*

  Se usa el presente para pedir o dar información sobre el presente, hablar de lo que hacemos habitualmente, hablar de verdades generales o para describir acciones que están sucediendo en el momento de hablar.

  Trabajo en un colegio.

  Por las tardes voy al gimnasio.

  Los osos comen pescado.

  Estoy en la oficina.

- **Pretérito imperfecto** *(Past imperfect)*

  Se usa el pretérito imperfecto principalmente para hablar de acciones habituales o en desarrollo en el pasado, describir personas, cosas o lugares en pasado, o para expresar cortesía en el presente.

  Cuando era pequeño quería ser bombero.

  Estaba en la cocina cuando sonó el teléfono.

  Buenos días. Buscaba un libro de cocina china.

- **Pretérito indefinido o pretérito perfecto simple** *(Past simple)*

  Se usa el pretérito indefinido para hablar de acciones o situaciones pasadas.

  Ayer me acosté muy tarde.

  Comimos y luego dimos un paseo.

- **Pretérito perfecto** *(Present perfect)*

  Se usa el pretérito perfecto para hablar de acciones o situaciones pasadas ocurridas en un período de tiempo que llega hasta ahora o ocurridas recientemente, dar noticias recientes, o hablar de experiencias pasadas sin decir cuándo ocurrieron.

  Hoy no hemos estudiado mucho.

  He estado con tu madre hace un momento.

  He visto esa película dos veces.

- **Pretérito pluscuamperfecto** *(Past perfect)*

  Se usa el pretérito pluscuamperfecto para referirse a una acción pasada concluida antes de otra acción o situación también pasada.

  Cuando llegué al banco, ya había cerrado.

- **Subjuntivo** *(Subjunctive)*
  El subjuntivo se suele usar para presentar un deseo, un hecho posible o un hecho irreal.

  - **Presente** *(Present)*
    El presente de subjuntivo se usa con algunos verbos y construcciones que expresan deseo, probabilidad, duda o diversos sentimientos (sorpresa, alegría, agrado). También se usa para valorar acciones o situaciones.

    Puede que tu madre <u>esté</u> ya en casa.

    Espero que <u>seáis</u> muy felices.

    Me alegra que <u>queráis</u> participar.

    No está bien que <u>veáis</u> tanto la tele.

  - **Pretérito imperfecto** *(Past imperfect)*
    El pretérito imperfecto se usa con expresiones con *ojalá*. También se usa con verbos o construcciones en pasado o condiciones que expresan deseos, probabilidad o duda, diversos sentimientos (agrado, alegría, miedo), o para valorar acciones o situaciones.

    ¡Ojalá <u>pudiera</u> ir!

    Mi padre quería que <u>estudiara</u> Medicina.

    No me gustó que no me <u>invitaran</u>.

    Era lógico que <u>fueras</u> a verle.

  - **Pretérito perfecto** *(Present Perfect)*
    El pretérito perfecto se usa para expresar probabilidad sobre una acción futura acabada antes de otro momento futuro o de otra acción futura. También se usa con verbos y construcciones que sirven para expresar deseos, probabilidad o duda, diversos sentimientos o hacer valoraciones.

    Quizá la próxima semana ya <u>haya llegado</u> su pedido.

    Dudo que no <u>haya ido</u>.

    Me alegro de que <u>hayáis llegado</u> bien.

- **Imperativo** *(Imperative)*

  El imperativo se usa para dar órdenes o instrucciones o para pedir algo.

  > *Copiad este texto en el cuaderno.*

  > *Cierre la puerta, por favor.*

  > *Paga tú, por favor.*

- **Voz pasiva** *(Passive voice)*

  Se utiliza un verbo en voz pasiva cuando la acción no la realiza el sujeto de la frase, sino que se realiza sobre él.

  > *La penicilina fue descubierta por Fleming.*

  > *Ese libro está escrito en chino.*